信用价值论

——宏观经济理论新原理

（上卷）

蔡定创　蔡秉哲　著

经济日报出版社
THE ECONOMIC DAILY PRESS

第二版序言

经济学的曙光

2015 年 5 月，国内有一本经济类的书悄然问世，没有名人作序，没有隆重的发行仪式，但就是这本《信用价值论——宏观经济理论新原理》在社会上慢慢掀起了风浪，一群网友纷纷聚集在作者周围，学习这本书，宣传这本书，他们创办了创源经济研究院，开办了“思想者 + 新宏观经济学原理”网络课堂，在新浪网、草根网、凯迪网等博客上发表了上千篇宣讲和评介文章。

第一版经修订后由经济日报出版社再版，距第一版出版正好 5 年。此时正值新冠肺炎在全球暴发，此前，国内依靠社会资本生产（本书中重新定义的新概念，即政府职能或政府直接组织的生产）的力量短期内成功阻击，与世界各国因社会资本生产力量薄弱造成疫情失控、大面积感染和较高比例的死亡相比，凸显了该著述中的由社会资本生产方式所决定的社会主义制度在应对这种高感染疫情、打造国民生命生活环境安全方面所具有的明显优势。世界各国在疫情暴发后的不同应对所反映出来的社会生产和社会治理深层次问题，启示了各国政府和人民，只有加强社会资本生产的力量，才能应对与解决人类社会的安全与发展问题。法国总统马克龙表示将吸取教训，将民生医疗等行业置于国家控制。西班牙立即将所有私营医疗资源交由国家掌管。欧洲发达国家在抗疫中的这些行动，使得《信用价值论》中论述的欧美等发达国家更需要通过加强社会资本生产来解决发展问题，世界社会主义变革已经开始的预测，如此快地就得到了验证。

诺贝尔奖获得者莱尔德堡格曾说：“同人类争夺地球统治权的唯一竞争者就是病毒。”而作为社会产物的资本主义的“社会病毒”，随着资本主义的发展不断变异，现在也已经开始侵蚀着人类文明的发展肌体。现代（西方）经济学在肯定它的历史作用的同时，也要看到它不能应对当代经济危机与社会的增长和发展问题。根据变化了的现实创新发展经济理论，已经成为当代社会发展的时代需要。

《信用价值论》应社会发展所需，依据客观现实的本来逻辑所构筑的这个理论体系，很好地解释了现实客观世界的发展。凡是读过该著第一版的读者，都有一个强烈的感受：这是一部完全创新的、理论逻辑严密、体系内容完整的宏观经济学系统新理论，也是政治经济学系统新理论。它通过严密的逻辑体系将政治经济学、宏观经济学、部门经济学三者融于一体，将当代社会十分复杂的价值生产过程的整体，通过它们各自逻辑上相互联系的不同的生产方式，有条不紊地、十分清晰地展现在人们面前，从而使人们对社会价值生产的结构既有整体了解，又有分系统的了解。它颠覆了人们对经济学的认知，用它来解释现实经济现象和应对经济问题，如通货膨胀、货币利率、股市低迷、汇率变动、经济涨跌等，洞若观火、切中肯綮。而本书第二版则在第一版的基础上，增加了新发现的“集聚生产”，并对“集聚生产”在共产主义社会新生产力的价值生产过程进行详细论述，更加丰富了人们对社会发展趋势与历史进程的认知。

（一）

从整个经济理论体系来看：《信用价值论》既是政治经济学，又是宏观经济学，还包含部门经济学，它的13大理论发现涵盖了经济学的整个体系

经济学发展至今，整个经济学理论可分为三个层次：政治经济学、一般经济学和部门经济学。政治经济学主要研究的是生产力与生产关系矛盾运动所决定的社会经济本质的运行过程，是抽象最高、层次最深的理论；一般经济学（包括微观经济学与宏观经济学）主要研究社会经济运行的一般规律，是处于次深层次的理论；部门经济学则主要研究各个具体部门内部的经济学的特殊规律，是处于最浅层次的理论。经济学这三个方面缺一不可，都在各自的层面上起作用。一般都认为经济学是所有学科中最庞大、最复杂的学科。而要通过一本论著来实现对经济学这三个层次的全面涵盖，这是迄今以来经济学史上从来没有过的。但是，《信用价值论》做到了这一点，《信用价值论》通过对该著中的13个理论创立与创新，实现了对这三个层次经济学内容的全

面涵盖，使经济学成为体系性的完整系统。

为什么说《信用价值论》是一部同时涵盖政治经济学、一般经济学与部门经济学的论著?

1. 从政治经济学的角度看,《信用价值论》提出了两大创新发现：一是发现了资本生产的信用价值生产规律，并且全面揭示了属于资本生产第二个阶段（即资本生产的信用价值生产主导实体价值生产的阶段）的价值生产过程与运行规律；二是在发现“集聚生产”这一共产主义社会生产力基础上，从生产方式的角度上揭示了社会主义与社会主义高级阶段共产主义的价值生产过程与共产主义生产关系在这两个阶段上的特征、共产主义实现的生产力节点。通过对当代社会生产力与生产关系的矛盾运动过程的论述，全面展示了当代社会经济发展的趋势与方向。

2. 从一般经济学的角度看,《信用价值论》完整地演绎了当代宏观经济两大部类实体价值生产、虚拟经济信用价值生产、社会资本环境价值生产等三个层次的价值生产过程与运行规律，可为政府宏观调控提供可量化的理论指导。

3. 从部门经济学的角度上看,《信用价值论》可为货币、银行、股市、国债、税收、汇率、产业结构等这些部门经济学提供基础理论支持与可量化的应用支持，是货币银行学、股市经济学、新财政税收学、新汇率学这些部门经济学的创新发展的理论基础。

将经济学的三个层次合而为一，构造并写作出三位一体的经济学理论著作，是十分困难的，没有对社会政治与经济、现实与历史十分通透的了解，是不可能做到的。蔡定创先生之所以能创建出三者合而为一的《信用价值论》，这与他长期坚持理论与实践相结合的理论研究分不开。据蔡先生自己介绍，他1974年在军校时就开始学习《资本论》，从这开始的40多年的时间里，他不仅是深究了哲学、经济学，更是广泛涉猎社会学、政治学、心理学、历史、地理、计算机与网络信息技术学科等，他不是学校、研究院所的专业理论工作者，而是为研究经济理论在政治、经济、军事、文化这些部门从事过15种职业转换的将理论与实际相结合的工作者。他担任过外汇期货投资公司与信息技术发展公司这一当代最前卫行业公司的总经理，有过对证券与期货操作、网络信息技术开发与服务的亲身实践，有着对知识生产中的“聚合反应”最细致的观察。理论是灰色的，实践之树常青。他不是那种从理论到理论的理论工作者，而是从理论到实践，从实践中学习理论、审视理论的理论研究者。这种既广泛地学习研究各相关学科的理论，又有在社会与经济运行中各主要部门从职的经历，为理论与实践相结合深入研究创造了条件，从而才实现了对经济运行的各个层面以及经济运行的社会历史、政治与社会文化环境条件多层次的通透的了解，实现了对我国改革开放前与40年来改革开放过程的整个经济发展历程的全方位了解。可谓是积40年之功力，在理论与实践两个方面深入结合，才获得的如此成就。

对经济现象迷惑不解的读者，或者经历过用所学理论无法去解释经济现实，当读完这部三个层次经济学理论合而为一的著作时，定会豁然开朗，对该论著将多种生产方式放到各自特定社会环境中去考察并如此清晰地描述，都会产生深刻的印象。虽然是同时包含政治经济学、一般经济学、部门经济学三个层次的经济理论，但在这部著作中却看不到这三个层次的刻意分层，或者是分别去描述，而是通过严密的理论逻辑连成一体，整个著作读起来感觉是一气呵成的。只有读透它，细细的品味，认真的归纳，才会感觉到经济学这三个层次的理论的存在。这是一部体系性、系统性的经济学理论著作，通过这一部著作就可实现对社会主义变革、政府经济宏观调控以及货币银行、金融证券、汇率政策、国债发行、产业结构调整等多方面的理论指导。

（二）

从政治经济学角度来看：《信用价值论》通过对当代社会生产四种生产方式的考察、“集聚生产”社会新生产力的发现以及其运行规律的揭示，发现当前社会主义生产关系已经在资本主义生产关系内部孕育产生，未来共产主义正在向我们走来

《信用价值论》第一次将资本生产分为这样的两个阶段，第一个阶段是自由资本主义阶段，是以资本实体经济实体价值生产为主的阶段，第二个阶段是信用价值生产主导实体经济实体价值生产的阶段。当代资本生产已经发展到了信用价值生产阶段，它的运行方式与运行规律都发生了根本性的变化，这些方面至今还没有被任何一个经济学家及经济学论著所涉及。

《信用价值论》以《资本论》中的核心内容——资本生产的一般过程作为其理论的基础。以此为基础和逻辑起点，《信用价值论》对当代资本主义和

当代社会主义的生产过程进行了全面系统考察，发现了当代社会生产存在着私人资本生产、国有资本生产、社会资本生产、非资本价值生产四种生产方式。与四种生产方式相对应，《信用价值论》还论述了当代经济四大信用价值生产：货币信用价值生产、虚拟经济信用价值生产、印钱消费信用价值生产、社会资本信用价值生产。当我们读完这些从来也没有过的理论发现之后，就会明白，原来传统的经济学理论都只局限在资本生产这个范围内，从来没有超出资本生产的范围进行理论考察。而当代社会生产客观上早已不仅仅是资本生产了，在资本生产的同时也包含有社会资本生产与非资本价值生产。

在当代经济中，传统的资本生产（包括私人资本生产、国有资本生产）客观上也早已不再是纯粹的资本生产了，资本生产的每一个商品都有来自国家对企业生产环境的价值投入，这种对企业生产环境的价值投入具体表现为：国家经济管理投入、公共环境投入、公共安全投入、国民教育投入、科研投入、国防投入、基础设施投入。概言之，资本生产的每个商品价值中，都包括来自国家对资本生产的生产环境价值的转移。资本在进行生产的同时，也在不自主地生产着非资本属性的价值；而社会非资本属性的价值的不断增长，在积累到某一个节点时，就会形成埋葬资本的力量。

从所有制的关系上考察，《信用价值论》认为社会资本生产与非资本价值生产具有全体劳动者共有的特征。在非资本价值生产中，由于所生产的产品有价值而没有价格表现，所以没有所有制这个概念。这种没有价格表现的产品，是属于共有、共享的产品，属于共产主义的各取所需、不需要分配的产品。也只有在没有所有制的条件下，才能实现真正的各取所需。由此可知，当代已经在资本生产内部由资本生产不自觉地生产出来的非资本价值生产，就是未来共产主义主导的生产方式。

同时我们也可以看出，上述的当代四大价值生产方式中，已经有两个即社会资本生产、非资本价值生产，属于社会主义性质的生产。这四大价值生产方式不仅在中国才有，而且当代世界各个国家都有，只不过各国中的比例大小不同而已。社会主义已经在资本主义的生产关系内部孕育产生了。但中国已经走在世界的前列。中国奇迹发生的原因，正是因为在当代四大价值生产方式并举中，既发挥了国有资本生产的重要作用，又发挥了私人资本生产激励劳动者的积极性，更重要的是发挥了属于社会主义的社会资本生产、非资本价值生产的作用。

20世纪90年代末随着苏联的解体与东欧社会主义阵营的瓦解，有些人对共产主义产生了迷茫。正如美国著名社会学家、新马克思主义的代表人物伊曼纽尔·沃勒斯坦（Immanuel Wallerstein）认为的那样：现代世界体系正在走向终结，进入了一个过渡时期，过渡到某种新的历史时期，但是这个体系尚不被我们认识，而且事先不可能认识，人们对资本主义社会生产方式的具体演化发展方向，整体上处于迷茫之中。事实果真如此吗？蔡定创先生通过对社会新生产力及它们的演进规律的发现，从生产力和生产关系的层次上论证了共产主义的必然性，从而在全新的理论基础上再次坚定了人们对共产主义的信仰。

《信用价值论》通过对客观现实价值生产过程的详细考察，发现了当代社会并不仅仅是"劳动分工"这一种社会生产力在起作用，还有产生共产主义生产关系的"集聚生产"的社会新生产力在同时起作用。社会资本生产与非资本价值生产这两种生产方式就是在"集聚生产"的新社会生产力基础上产生的。共产主义新的生产方式已经产生。

"集聚生产"的特性与"劳动分工"的特性不同，甚至是相反。由"劳动分工"所生产的产品，必然要通过交换才能进入消费，由于交换所以这些产品都成为商品，由交换而产生交换的价格。而由"集聚生产"所生产的劳动产品不用经过交换直接进入消费，没有交换自然也就没有价格。"集聚生产"所生产的产品是有价值而没有价格的劳动产品。没有价格的产品也就不存在所有权关系。

因此，在"劳动分工"这个社会生产力基础只能产生资本生产。不管生产资料公有制与生产资料私有制，同样也都是属于资本生产的范围。所以，依据生产资料公有制，并不能建成共产主义所有权关系是由"劳动分工"这个社会生产力基础所决定的。不仅私有制产生于"劳动分工"，公有制也同样产生于"劳动分工"。只要社会生产力基础是"劳动分工"，就不可能消灭私有制。只有在"集聚生产"这个社会生产力基础上，才能消灭私有制。因为在"集聚生产"的社会生产力基础上产生的生产关系，不存在所有权关系，私有制不存在，公有制同样也不存在。

那么共产主义究竟如何实现？共产主义实现需要哪些条件？《信用价值论》通过对人类消费品使用价值属性的考察发现，原来人类消费品的使用价值属性有三种类别：一次性使用价值属性的消费品，独占性可重复使用价值属性的消费品与无限可重复使用价值属性的消费品，当人类实现了对无限可重复使用价值属性消费品的生产时，共产主义（社会主义高级阶段）就能实现。这个对人类一次性和独占性生活消费品的无限可重复使用价值的生产是由智能机器人来完成的。当人类生产出制造机器人的智能机器人时，人类就从生产一次性使用价值与独占性使用价值的消费品的生产中彻底解放出来。由此，共产主义实现就是这种社会生产力发展的必然结果。在智能机器人的高级阶段，人类在生存生活必需品方面，就必须采用各取所需、共享消费才能支持这种生产方式的实现，如果不采用这种消费方式，反而不能支持这种社会生产力的产生与发展。

从社会生产力与生产关系的层面上来说明共产主义实现的具体方式，是一个世纪以来理论工作者们都想完成的任务。质疑者通过对“劳动分工”这一社会生产力具体分析认为，在“劳动分工”的社会生产力基础上必然产生的是资本生产关系，不可能实现共产主义。共产主义到底能不能实现，实现它是历史的必然还是必须通过人的主观作用努力才能达到？《信用价值论》通过对“集聚生产”这一必然产生共产主义生产关系的社会生产力的发现，首先说明人类知识劳动的一部分具有有价值无价格的劳动价值属性，人类知识劳动的大部分产品并不需要经过交换就直接进入消费（包括生产消费）过程，这种消费就是共产主义性质的各取所需。《信用价值论》通过对“集聚生产”如何爆炸性地产生价值的详细说明，通过对人类消费品在使用价值属性上有三种类别（一次性消费、重复性消费、无限可重复性消费）的研究上的突破，说明了共产主义就是人类在生活消费品生产上实现了“无限可重复使用价值属性消费品的生产”。由此也就说明了共产主义是历史的必然。

在《信用价值论》中，其理论发现远不是我这里所介绍过的这些，他的理论发现与创新可谓是成系列的。为什么《信用价值论》能获得这一系列新的理论发现？其中一个重要原因应归结于作者在该著中有两个方面的理论突破：首先是将货币分为投资货币与消费货币分类上的突破，由于这一分类，使货币进入宏观经济运行过程的分析成为可能，由此才发现当代宏观经济中的货币信用价值生产、虚拟经济信用价值生产、印钱消费信用价值生产、社会资本信用价值生产等四大信用价值生产。其次，是人类消费品在使用价值属性三种分类上的突破，由于这种突破，才发现凡是具有无限可重复使用价值属性的消费品，人类必然是各尽所需，共享消费。因此，共产主义要实现各尽所需、共享消费，只要实现对“无限可重复使用价值属性消费品”的生产就行。而在“集聚生产”的社会生产力条件下，通过智能机器人的生产替代，人类就可以实现对“无限可重复使用价值属性消费品”的生产。

从对《信用价值论》的这些理论介绍中我们也可获得一个新的发现，原来经济学研究的一系列重大发现与突破，都是围绕着劳动价值生产的研究与使用价值属性的研究才实现的。经济学史上曾经发生过两次最重要的革命，第一次革命由亚当·斯密《国富论》的出版作为标志，因为其发现了“劳动分工”这一产生资本生产关系的社会生产力，这是属于劳动价值属性方面的研究。该著通过对“劳动分工”是如何进行价值生产的详细分析研究，奠定了古典经济学与现代经济学的基础，斯密因而成为现代（西方）经济学的鼻祖。经济学的第二次革命是19世纪70年代开始的对边际效益递减规律的发现，这是属于在消费品使用价值属性研究上的发现，这一发现为现代微观经济学奠定了理论基础。《信用价值论》再次进入到劳动价值属性层面与人类消费品使用价值属性层面这两个曾经发生过经济学重大理论革命的层面进行研究。亚当·斯密通过《国富论》，发现的“劳动分工”的社会生产力，并进行了详细的论述，蔡定创先生通过《信用价值论》，发现了“集聚生产”的社会新生产力，并进行了详细的论述。英国经济学家杰文斯、法国经济学家瓦尔拉斯和奥地利学派的门格尔发现了消费品使用价值属性的边际效用递减规律，同样在人类消费品使用价值的属性层面，蔡定创则发现了“无限可重复使用价值属性消费品”的存在，这就为共产主义实现提供了基础理论的支持。

马克思说：“大体说来，亚细亚的、古代的、封建的和现代资产阶级的生产方式可以看作是社会经济形态演进的几个时代”。蔡定创先生通过对当代资本主义和当代社会主义的研究分析，发现了当代世界经济形态存在着四大价值生产方式及其经济形态的演进规律，即：私人资本生产是资本主义初期（也即自由资本主义时期）的主要经济形态；国有资本生产（股份制混合生产是介于私人资本生产和国有资本生产之间的特殊形式）是资本主义中后期（即金融垄断资本主义时期）的主要经济形态；社会资本生产主要是资本主义末期（即垄断金融资本主义时期）和社会主义时期（即共产主义初中期）的主要经济形态，这一生产方式比较充分地体现出社会主义因素，是资本主义末期和社会主义初中期阶段生产方式的主要特征。当代世界资本主义和社会主义的区别就在于这一生产方式的比例多寡、谁为主导；非资本价值生产是社会主义高级阶段（共产主义）的主要经济形态。这一发现，清晰地界定了人类社会特别是资本主义社会以来的几种经济形态（某种意义上也是社会形态）的区别和联系，使科学社会主义具有了鲜明的时代特征和科学特征。

（三）

从宏观经济学角度来看:《信用价值论》通过揭示当代社会价值生产过程与运行规律，为宏观经济调控提供了理论依据

《信用价值论》通过考察当代社会价值生产过程与运行规律，发现了当代社会信用价值生产的秘密。当代经济运行不再是传统经济学理论中的单向的实体经济单层级的运行，而是包含着三个层级结构的价值生产循环。第一个层级循环为实体经济实体价值生产的循环。这个层级的生产循环就是人们通常所看到的实体经济的生产循环。这个层级的循环是社会生产中最基础的循环，决定着生产率的发展水平与经济产出效益。第二个层级循环为实体经济实体价值生产与虚拟经济信用价值生产之间的循环。这个循环使当代经济形成“双轮经济”构架。第三个层级循环是将第一、第二个生产循环看作是一个资本生产循环的整体与社会资本生产之间的循环，是资本生产最外层的循环。其生产方式主要通过生产资本生产的环境条件，从而实现参与资本价值生产过程，再由国家税收收回转移来的价值，通过财政分配投入到政府机关、企事业单位的运作，实现价值生产循环。

三个层级循环理论可为政府分三个层级宏观调控提供理论依据。西方国家的宏观调控政策都只局限于实体经济实体价值生产的宏观调控，因此在经济发展到全面产能过剩阶段时，必然陷入低增长与经济危机的循环。如果运用《信用价值论》宏观经济三个层级循环理论，对实体价值生产、信用价值生产和社会资本生产同时进行宏观调控，那么经济可持续高增长仍是可期望的。

除此之外，《信用价值论》中的四次分配理论也有现实的指导意义。当代世界经济，主要经济体都已进入到了全面产能过剩，甚至经济也开始发生萎缩。这个阶段生产与消费这对矛盾中消费需求是矛盾的主要方面。在这一阶段中，如果继续仅用第一个层级的宏观调控，显然是不能解决增长与发展问题的。对经济规律的运用，只有将宏观调控水平提高到第二个层级与第三个

层级上来，才会产生全新的发展空间。在这个时候就必须同时应用四次分配理论，第一次分配（劳资分配）、第二次分配（社会资本生产分配、财政分配）、第三次分配（股市分配）、第四次分配（“印钱消费”分配）同时并举。化解资本主义的基本矛盾，就要从四次分配方式入手，这样才能奠定实现共产主义的物质基础。

我国在改革开放过程中对于是否引入私人资本生产一直存在理论争论。《信用价值论》通过严密的理论逻辑，论证了当代社会私人资本生产、国有资本生产、社会资本生产、非资本价值生产的客观必然性。按当代社会生产中同时存在着“劳动分工”与“集聚生产”两种社会生产力的现实，引进私人资本生产与发展国有资本生产、社会资本生产，都有客观必然性，只有四大价值生产一起上、四个分配轮子一起转，既要发挥私人资本生产的基础性作用和国有资本生产的骨干作用，也要发挥社会资本生产的保障作用。在做好第一次分配、第二次分配的同时，引导增加国民第三次财富分配和第四次民生分配的比例，才能解决经济和社会发展中的困难和问题，推动经济社会更好、更快地向前发展。

（四）

从部门经济学的角度来看:《信用价值论》通过对当代社会总生产过程的考察，全面揭开了货币、银行、股市、财政、税收、汇率的秘密，为部门经济学的创新应用提供了秘钥

——货币银行学。建立在现代西方经济学基础上的货币银行学中的货币，被定义为“人们普遍接受的交换媒介”。在这个货币定义中，货币仅有一重属性，就是交换媒介属性，作为现代纸质（包括电子）货币是没有价值与价值保障的。在《信用价值论》中第一次将纸质（包括电子）货币定义为“有价值与价值保障的交换媒介”，货币是具有价值与交换媒介两重属性的，而不是像传统的货币银行学中货币只有交换媒介一重属性。《信用价值论》中货币具有价值与价值保障这一货币本质属性的发现，为货币进入宏观经济分析提供了理论基础。

——股票证券学。在《信用价值论》中，股市是虚拟经济的主体。股市的运行必须依赖于政府对股市运行所建造的股市运行环境方面的信用与上市

公司对上市股票的价值创造信用，它在“双轮经济”的构架中运行。而且在“双轮经济”构架中的股市，明显地是受到宏观经济中的实体经济实体价值生产状况的影响。所以，在《信用价值论》中，股市被分为以集资为主要功能的股市与以财富效应功能为主的股市两个发展阶段。在宏观经济进入到全面产能过剩阶段后，以集资为主要功能的股市必须向以财富效应功能为主的股市转型，否则，国民经济很难实现从外延扩展向内生效益性的经济发展战略转型。

——财政税收学。在《信用价值论》中，财政税收是社会资本生产价值循环的重要节点。国家通过财政实现对经济管理投入、公共环境投入、公共安全投入、国民教育投入、科研投入、国防投入、基础设施投入，通过这些投入实现对资本生产企业环境价值的生产。这些环境价值在资本企业生产过程中都会像不变资本的价值投入一样转移到企业生产的商品中，形成其商品价格的一部分。税收只不过是对这些转移到资本企业所生产的商品中的环境价值的回收。因此，税收是社会资本生产所生产的价值回收，不是资本生产中剩余价值的转移。

——国际贸易汇率学。传统的汇率理论是建立在没有价值属性只有交换媒介属性的货币理论基础上的，货币只有价格，没有价值，两国的货币只有价格的比值，而没有价值的比值。所以传统的汇率理论只能从货币价格的比值上寻找汇率变动的依据。《信用价值论》中的汇率，是同时具有货币的价格比值与货币的价值比值的。货币的价格比值受制于货币的价值比值，货币的价值比值受制于劳动生产率与劳动力价格（工资）的比值。所以，汇率具有三个层次的四维运行空间。汇率价格决定的第一层是主观价格决定层，深一层的第二层是客观价值决定层，最深层的第三层，也就是极终的决定层是由劳动生产率与劳动力价格（工资）的比值决定的。只有通过汇价的三层决定与四维运行空间理论，才能找到各国之间货币由价值决定的真实汇率，由此才能正确地指导国家之间的贸易战与汇率战，正确地应对来自美国的“印钱消费”。

由上可知，《信用价值论》融政治经济学、宏观经济学、部门经济学于一体，可以说是创新了经济学理论的扛鼎力作。它不仅从政治经济学的角度，通过生产力和生产关系的矛盾运动，科学论证了新的生产力和生产方式、社会发展的趋势、社会主义经济的运行规律、共产主义生产力基础、实现条件与具体的实现方式，又从宏观经济学的角度，详细论述了当代四大价值生产方式的演进和四大信用价值生产的生产过程与运行规律，可为人们应用这些规律发展生产、实现经济可持续增长及对运行过程中出现的问题进行宏观调控提供理论指导与方法，而且还在货币、金融、财政、税收、股市、汇率等部门经济学分支学科方面奠定了全新的理论基础。可以毫不夸张地说，《信用价值论》在经济学全领域的基础理论上实现了创新性突破，揭开了经济和社会发展的密码。我相信，随着时间的推移，这本书将会愈来愈显示出其理论创新的光辉，为各国经济的增长与社会的发展做贡献。

特聘教授 研究员 社科成果评审专家

李云庆

2020 年 9 月 8 日

再版说明

本著第一版2015年5月由光明日报出版社出版，2017年2月发布网络版。2018年4月我去北京中央财经大学讲课时，在国家财政部蒋伟宁博士、北京创源智博经济研究院执行院长李云庆研究员、副院长刘贺总经理的劝说下，我才动了再版此著的心思。

为此，我前后花了一年多的时间，重整国债货币理论、社会资本生产理论、非资本生产理论、历史进程中的社会主义等七个章节内容，并增写了与“由‘集聚生产’所引发的变革”“新世纪曙光”等章节。增补与修改的章节如下：

第一章　经济学方法比较与批判　第9节；

第二章　劳动价值论历史论争与信用价值产生　第6、10节；

第十九章　社会资本生产　第5、6、7节；

第二十一章　国债货币　第6、7节；

第二十三章　非资本价值生产　第2、3、4、7、8、10节；

第二十四章　四大价值生产与三层级宏观调控　第1、2、3节；

第二十五章　历史进程中的社会主义　第3、5、6节；

第二十六章，由“集聚生产”所引发的变革第1、2、3、4、5、6节；

第二十七章　新世纪曙光　第1、2、3、4、5节。

增设了第七编“集聚生产”社会生产力基础上新生产关系的产生与发展。将原来的第二十五章，新增写的第二十六章、第二十七章编入第七编中。

新增编内容侧重说明：

1. 建立在“劳动分工”社会生产力基础上的社会主义，仍然是属于资本生产的性质。在社会主义历史阶段，“劳动分工”与“集聚生产”（包含有“聚集效应”与“聚合反应”两种价值生产方式）两种基础社会生产力并存的复合的生产力，因而资本生产方式与非资本生产方式同时并存。共产主义的生产关系只能是建立在“集聚生产”的新社会生产力基础上。

2. 资本生产中由竞争所导致的价格消失，不仅对资本主义产生影响，也将对社会主义所有制关系产生重大影响。由于价格消失，将会导致所有权制的消失，从而催生新生产关系的产生。

3. 第一次具体地描述共产主义第一阶段（即社会主义阶段）与其高级阶段（即共产主义阶段）的“集聚生产”的社会生产力的具体组织形式与共产主义具体如何实现、实现的生产力条件与历史节点。

本著在北京创源经济研究院执行院长李云庆研究员的参与下，对原版中的错漏作了修订，特在此表示感谢！

蔡定创

2019 年 9 月 19 日

网络版序言

应读者要求，现在百度网上发布本电子版。电子版除对原来的纸质版进行了修订外，内容完全照搬。但由于电子版的特点，注释方式稍有不同：原来的内容注释在页底，引文注释在文尾，现在全部采用电子版所特有的现场注释。表格则全部采用图形方式。

本著出版发行后，由于理论体系较庞大，很多读者急于了解，曾有读者要求作者用一句话概括本著内容。如果用一句话来概括：这是一部全面揭示社会价值生产过程与宏观经济运行规律的论著。但仅有这个概括是不够的。为了让读者较好地从总体上把握这个理论体系，下面采用三种方式来概括，一是从理论创新的角度概括；二是从理论体系结构与理论逻辑的角度概括；三是从理论对象的特征方面概括。

一、从理论创新的角度概括

从创新的角度上看，本著有十大理论创立与创新。所谓创立，是指原来从未有过这个理论（无中生有，新创立）；所谓创新，是指对原来已有的理论重新构造（有中生新，新创造）。

1. 属于创新的理论有五个：货币理论、国债货币理论、汇率理论、虚拟经济理论、社会主义理论。

这5个方面的理论原来都有，但是，本著通过理论论证证明，原有的这些方面的理论有的是不准确的，有的是随着社会历史的发展、环境条件的变化不适合时代发展了。本著对这些理论进行了重新定义、重新构造。

例如，重新定义了货币，发现了货币信用价值生产的规律；重新定义了国债货币，发现了国债货币的本质与传统理论和观念完全不同，发现了国债货币信用价值生产的规律；重新定义了虚拟经济，详细论证了虚拟经济信用价值生产过程与运行规律。

本著阐述的新社会主义理论，是通过对当代社会四种生产方式的详细考察，通过发现新的运行规律后，依据这些新规律所创立的新理论。这些新的运行规律的发现，特别是所有制形式，原有理论认为，社会主义所有制形式中只有国家所有制和集体所有制两种，而当代的价值生产方式除了国有制企业外，还有信用价值生产方式、社会资本生产方式与非资本生产方式等。这些生产方式在所有制关系上都是属于社会主义生产方式，或者是包含有全民所有制性质的社会主义的生产关系在其中。此发现正说明了马克思关于社会主义的生产关系也会从资本主义生产关系中孕育产生的预言。社会主义不仅在中国，同样也已经在欧美发达国家资本主义内部孕育产生了。

新汇率理论是建立在本著所创建的新货币理论基础上的。西方经济学已有十来种汇率理论，大多是浮在表面现象的价格层面上来说明汇率的决定。本著中的汇率理论是建立在新创立的货币理论与货币赋值理论基础上的，是重新构建的汇率理论。这个新汇率理论通过构建汇率的三层构架、四维度空间运行过程，详细演绎了汇价变化与劳动生产率变化、劳动力价格（工资）变化、货币面值变化与币值变化的十分复杂的关系。因此可称为汇率的三层构架、四维度运行空间理论。

2. 属于完全创立的新理论有七个方面：“双轮经济”构架理论、“印钱消费”理论、四次分配理论、社会资本生产理论、资本条件下非资本价值生产理论、宏观经济三层构架理论、“集聚生产”理论等七大新理论。这七个方面的理论都是属于从未有过的、传统经济学从未涉及的新理论。

“双轮经济”构架理论与“印钱消费”理论，已经出版了《双轮经济》（2013 年）与《印钱消费》（2011 年）两部专著。因为这两部专著理论都是属于本著这个理论体系中的子系统理论，但各自本身都有一个子系统理论的完整逻辑结构。

什么叫社会资本价值生产？社会资本概念不是目前学界现用的私人资本总和这个概念。在本著中，社会资本价值生产是重新定义过的，是指由政府职能或政府直接组织所产生的社会价值生产。不能否认，政府工作人员的劳动也是创造价值的劳动，但是在西方经济学中是不承认政府工作人员的劳动也是价值生产劳动的。由于西方经济学只考察价格生产，不考察价值生产，政府工作人员的劳动是不通过价格来表现的。所以也不可能看到政府工作人员的劳动也是创造价值的劳动。社会资本生产的产品对资本生产来说，是不可或缺的。为什么不可或缺？因为任何资本生产都必须在一定的政治经济、社会历史环境中才能进行生产，而这种环境因素，才决定着资本生产的效率。社会资本生产就是对这种环境因素的生产，为资本生产所生产的环境产品，其价值也会像资本生产中的不变资本一样发生价值转移，这才是国家税收真正的来源。当然，社会中其实还存在着大量的只有价值，没有价格的社会共享产品，这也是社会资本生产的功劳。

这其中又涉及另一个较为重要的理论问题，即国家税收的价值来源问题。传统理论认为，税收是对资本利润的分割。本著通过对社会资本生产的考察认为，税收的主体部分，并不是对资本利润的分割，而是来自社会资本生产。

什么叫资本条件下的非资本价值生产？非资本价值生产就是在资本条件下的非商品的产品的生产，即有价值但却没有价格表现的，为社会成员所共享的劳动产品。这种产品即使参与资本生产过程，其价值在资本生产过程中也会发生价值转移，但是在所形成的新商品中，这一部分由非资本品转移来的劳动价值，虽然是包含在新商品的价值中，却不会通过价格表现出来。也就是说，非资本品在所参与生产出来的新产品中，所发生的价值转移并不参与价格形成。这就使得当代资本生产的商品，由于其内部也包含有各种不同比例的非资本品在参与生产过程中所发生的价值转移来的价值，但由于它不是生产成本的构成因素，因此并不反映到价格中，这就使得商品的内含价值往往大于价格，甚至是远远高于其价格。

也有独立的非商品生产，这种生产的产品只有价值，没有价格，其产品通常为社会所共享。也就是消费者不用付钱购买，就可以各取所需的消费这种非资本价值生产品。由于在资本主义发达国家中非资本价值生产的普遍存在，当代社会商品的价格小于其内含的价值是十分普遍的现象。社会也大量地存在着不需要购买的共享产品。人们生活在其中的这个社会，不管是花钱购买的商品，还是不花钱购买的共享产品，都包含有大量的非资本价值生产所创造的价值在其中。

有人问道，西方经济学中有对社会公共产品的描述，是不是就是指非资本价值生产？社会公共产品只是一个表象。公共产品既不等于都是非资本生产品，更不是非资本价值生产。西方经济学没有价值生产理论做基础，只有建立在劳动价值论基础上的理论，才可能发现当代社会已经客观存在社会资本生产方式与非资本价值生产方式。

二、从理论体系框架结构与理论逻辑关系方面概括

由于本著是对当代宏观经济生产过程和运行规律的全面系统描述和论述，因此理论体系结构比较庞大。为了使大家对这个理论的整体结构与各部分理论之间的逻辑关系有个较好地把握，特绘制了“核心理论框架结构与逻辑关系图”（见 19 页）。这个结构图仅包括建立在“劳动分工”社会生产力基础上的资本生产的这个部分，“集聚生产”作为新社会生产力在这其中还是仅处于从属作用的地位，包括在社会资本生产与非资本价值生产的这个逻辑图块中。由“集聚生产”所引发的新生产关系，也就是本著中的第七编内容，因为已经属于新的社会形态，与现有的社会形态有本质的不同，故不包括（也无法包括）在本逻辑关系图中。这需要特别说明的。

本著中这种理论逻辑关系是内在的，论述中并没有专门的说明，只有对整个理论体系真正把握后，才会体会到这种内在的理论逻辑关系的存在。希望下面这张图对读者学习和理解本著有所帮助。

对该图的几点说明：

1. 总理论结构框架图中可清晰地反映社会总经济过程为三个层级的生产循环、四大信用价值生产，均包含在这三个层级的总生产循环中。在经济总过程的三个层级循环中，只有第一个层级的循环有独立的生产过程；第二个层级的生产循环是通过信用价值生产方式，重新调配投资货币与消费货币的比率，作用于第一个层级的生产循环而实现的；第三个层级的生产循环是通过生产资本生产的环境条件，从而在资本生产过程中实现附加环境价值的生产。由此可见，第一个层级的资本生产是基础，其劳动生产率也决定第二个层级、第三个层级价值生产的生产效率。非资本生产没有独立生产循环。分二种情况：①资本条件下的非资本价值生产是通过“聚集效应”与“聚合反应”的形式附着在资本生产中；②独立的非资本价值生产由社会资本投资实现，属社会资本生产的产品。

2. 三个层级的生产循环，也决定了有三个层级的宏观调控手段，代表着三种不同的宏观调控水平。

3. 各个层级内部的价值生产循环过程与运行规律，在本图中无法反映。其中包含有如下可供实用的宏观调控的量化计算的公式。

《信用价值论》核心理论框架结构与逻辑关系图

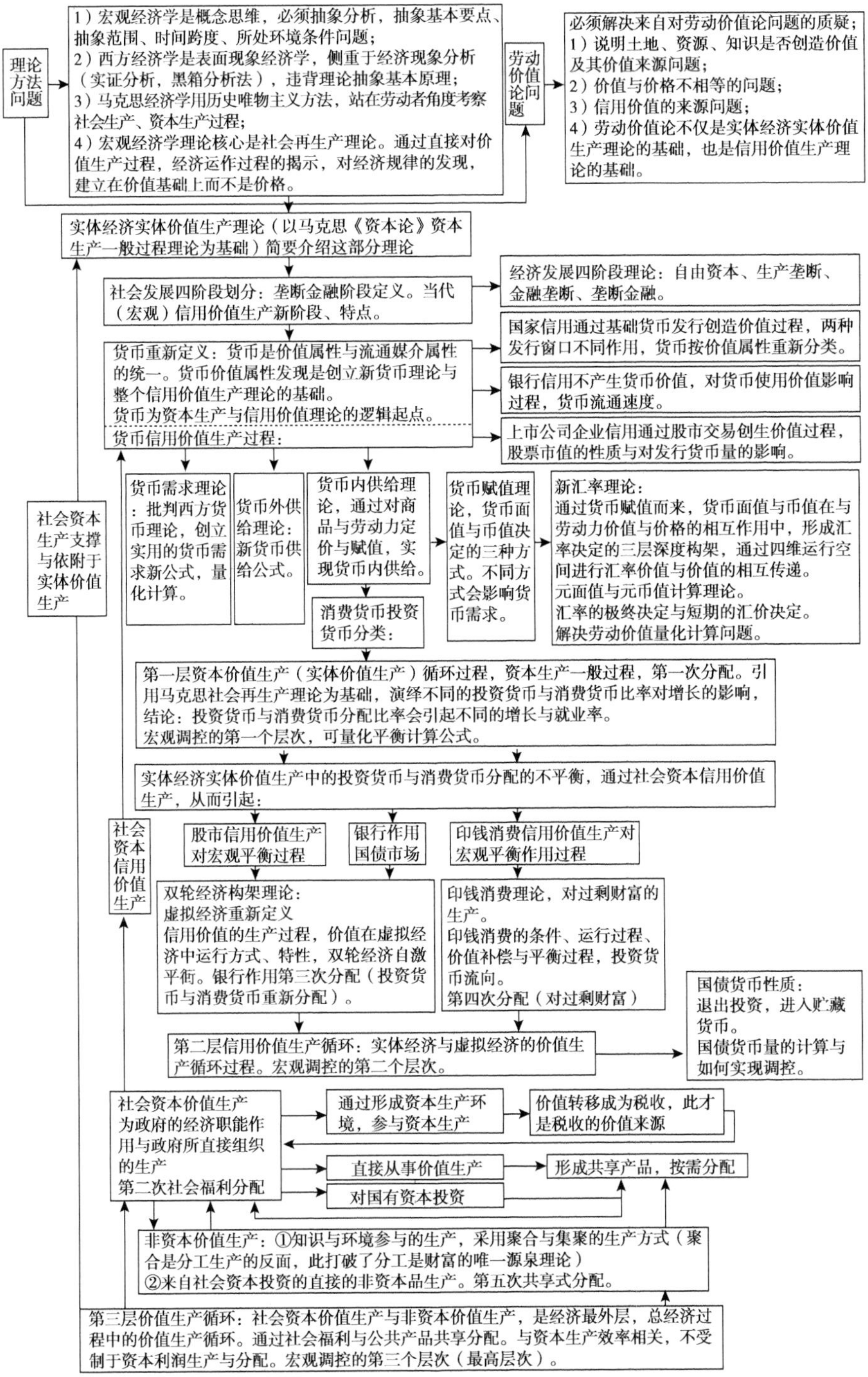

①第一个层级的宏观调控可量化计算公式：社会再生产均衡方程式，该方程式是宏观调控总量平衡中最重要的一个方程式，通过它可实现两大部类精确的计量平衡；通过它可使行业产能过剩获得事先控制。

②货币需求、货币外供给可量化计算公式：该公式可实现对货币 M_2 的需求计算与预测，使央行的货币调控精确化。

③股市中股票与资金平衡公式：可用于对股市资金需求的计算，指导对股市的精确调控。

④关于国债货币需要量的计算与新汇率理论中的量化计算理论，在本著中提供了计量原则与方法。

三、从理论对象的特征方面概括

有读者问到，本著为何叫《信用价值论》？还有一些读者看到本著叫《信用价值论》，自然想到与问到的是微观企业的信用、品牌产生价值等这些层面东西。这是属于微观经济学的内容，本著不涉及。

资本主义社会生产发展到当代，已经经历了两个发展阶段：第一个阶段为私人资本生产占主导的实体经济实体价值生产阶段；第二个阶段为信用价值生产主导实体经济实体价值生产的阶段。在信用价值生产主导的阶段里，其最主要特征是信用价值生产主导着资本实体价值生产。当代已经存在着四大信用价值生产：一是货币信用价值生产；二是虚拟经济信用价值生产；三是印钱消费信用价值生产；四是社会资本信用价值生产。这也就是说，信用价值生产是当代经济最本质的特点。当代经济已经不再是传统经济理论中所描述的那个由私人资本生产、自由竞争规律所主导的经济体，而是一个由信用价值生产所主导的经济体。本著主要论述的是，以信用价值生产为特征的当代社会价值生产过程与运行规律。

在这个阶段里，社会生产由实体经济实体价值生产与信用价值生产两个经济体所组成，通过自激平衡的“双轮经济”构架，重新调配原有社会生产中投资货币与消费货币的比例。股市是虚拟经济中的主体，依据不同股市所形成的制度机制不同，或均衡投资货币与消费货币的比例，或加大投资货币与消费货币比率的不平衡，从而实现正向的财富效应或者负向的财富效应，促进经济增长或者引发经济危机。

所以，社会经济运行根本就不是传统经济学理论中的单向的实体经济层级的运行，只有在读完本著的全部内容后才可发现，原来社会经济总过程是十分复杂的，除了信用价值生产作为生产的本质特征外，还包含着三个层级结构的价值生产循环。

第一个层级循环为实体经济实体价值生产的循环。这个层级的生产循环就是人们通常所看到的这个实体经济的生产循环。传统的经济学理论也仅止于对这个生产循环的描述。其中马克思在《资本论》中有对这一个层级价值生产过程最为详尽描述。这个层级的循环是社会生产中最基础的循环，决定着生产率的发展水平与经济产出效益。

第二个层级循环为实体经济实体价值生产与虚拟经济信用价值生产之间的循环。这个循环使当代经济形成“双轮经济”构架。这是一个由基础的核心层级的经济体与寄生在其外层的虚拟经济体，通过重新调配投资货币与消费货币的配比的这种信用价值生产的方式所进行的价值生产循环。在这个循环中，存在着一个由正向反馈所形成的自激关系。在产能过剩、资本过剩的当代，有化解产能过剩、资本过剩的功能；不正确的做法，也有可能扩大产能过剩、资本过剩，从而引发经济危机。只有掌握规律正确地运用，才有可能成为经济增长的重要手段。

第三个层级循环是将第一、第二个生产循环看作是一个资本生产循环的整体与社会资本生产之间的循环。它是资本生产最外层的循环。其生产方式主要通过生产资本生产的环境条件，从而实现参与资本价值生产过程，通过国家税收收回转移来的价值，再通过财政分配投入到政府机关、企事业单位的运作，实现价值生产循环。

三个层次循环理论可为政府分三个层级进行宏观调控提供理论依据。

在本著一系列的理论中，不得不提到并引起读者注意的一大理论是，发现了与“劳动分工”相反的“聚集效应”与“聚合反应”的新生产力形式。

我们知道，自从斯密在《国富论》中第一次提出了劳动分工理论以来，劳动分工对提高劳动生产率和增进国民财富增长发挥了巨大的作用，同时劳动分工理论也就成为资本主义经济学的理论基础与理论逻辑的起点。但是，随着社会生产力的高度发展与科学技术的广泛深入发展，在当代的社会生产中，生产中的劳动分工并不再是社会生产率提高的唯一途径，社会的“聚集效应”“聚合反应”也已成为社会生产率提高的越来越重要的另一途径，并成为社会主义生产方式的生产力基础。

传统的社会主义理论认为，消灭私有制，建立公有制，共产主义的生产关系是全民公有制。本著通过对社会价值生产过程与历史发展趋势的全面考察，提出了全新理论。

所有权关系源于“劳动分工”。由于“劳动分工”必然是商品生产，因而必须通过交换使劳动价值得到补偿。资本私有与资本公有，都是属于由“劳动分工”这个社会生产力水平决定的资本生产方式下的财产关系。也就是说，只要有“劳动分工”这个社会生产力基础，资本私有制与资本公有制一样，都不可能被消灭。

共产主义的社会生产力基础是高于“劳动分工”的“集聚生产”（包含有“聚集效应”与“聚合反应”两种价值产生方式形式）。“集聚生产”的产品不用经过交换直接进入消费，因此，没有因交换而形成的价格。所有权是对交换中的商品价格的占有，没有价格就没有所有权关系。因此，建立在“集聚生产”社会生产力基础上的共产主义没有所有权属关系，自然也就没有公有制。

本著结论，当代社会资本全面过剩后，不是世界的终结，而是社会发展到了一个社会资本生产与非资本价值生产大发展的新阶段。建立在“聚集效应”“聚合反应”基础上的社会资本生产与非资本价值生产，是新的社会财富涌流的源泉。新的社会变革已经到来，希望人们打破传统的经济学思想与陈旧观念，让《信用价值论》来为你带来全新的经济理论思想，开拓全新视野。

蔡定创

2017 年 2 月 12 日

第一版序言

资本主义从自由资本主义开始，历经了产业垄断资本主义、金融垄断资本主义、垄断金融资本主义等四个阶段。在自由资本主义阶段，资本生产主要是实体经济实体价值生产，信用价值生产虽然也有，但在这个阶段上比较弱小，因而可忽略不计。从20世纪70年代开始，由于资本主义的滞胀危机，在发达国家内部，已经在实体经济实体价值生产的基础上，悄然生长出了信用价值的生产方式。宏观经济不再是单独的实体价值生产，而是与信用价值生产相互作用的“双轮经济”构架结构。如果仅从资本生产方式的角度上区分，资本生产可划分为两个阶段：第一个阶段为实体经济实体价值生产阶段；第二个阶段为信用价值生产主导实体经济实体价值生产阶段。

但是，当代经济的社会总生产过程中，已经不再仅仅是资本生产这一种生产方式了，在资本生产的体系外，还有一层社会资本（本著中重新定义的新概念）生产方式与非资本生产方式。资本生产起源于“劳动分工”的社会生产力，社会资本生产与非资本生产这两种生产方式的社会生产力基础不再是“劳动分工”的生产了，而是社会新生产力“集聚生产”了。也就是说，当代社会生产的社会生产力构成是“劳动分工”与“集聚生产”，是两种社会生产力同时作用的复合结构。“集聚生产”是继“劳动分工”之后，并在“劳动分工”基础上产生的社会新生产力，依据马克思主义关于生产关系必须适应生产力发展的历史唯物主义原理，在“集聚生产”新社会生产力基础上，必然产生与之相适应的新生产关系。

宏观经济学的核心和任务是围绕着价值如何更多地被生产出来、价值生产过程与经济运行规律。本著力图展示当代宏观经济运行的全景，揭示在当代资本生产中，价值与信用价值是如何被生产出来，信用价值生产是如何主导着实体经济实体价值生产、“集聚生产”这一新社会生产力是如何进行价值生产，由此又会产生什么样的新生产方式，其内在的本质过程与运行规律。

为完成本著的任务，本著秉承马克思经济学的方法论，而且将《资本论》中揭示资本生产一般过程，即实体经济实体价值生产过程，作为论述当代信用价值生产过程的基础。《信用价值论》的整个理论体系正是建立在《资本论》这个基础上的。

理论探索是一种十分艰辛的劳动。阅读本著可能一点也不会轻松，不仅需要有一定的《资本论》知识作为基础，也需要有一定的当代金融与经济实践知识基础，如此才能获得更好的理解。其中，对劳动价值的多种新形式、当代价值生产的多种新形式，仍然是阅读本著的重点与理解本著的难点。我相信，读者只要有努力攀登高峰的勇气，是完全可以同作者一起，共同攀登宏观经济学系统理论这座高峰的。当攀上这座高峰时，也必将享受到无穷的乐趣。

蔡定创

2014 年 12 月 8 日

上卷目录

第二编 货币与信用价值生产

绪　论

一、宏观经济学任务对象

展现在您面前的是一部宏观经济学新理论体系，它以全新的视角审视当代经济，演绎当代经济的价值生产过程，并试图揭示在这个过程中发生的各种客观规律。

宏观经济学通常是与微观经济学对称的，研究社会如何生产更多的价值财富，以满足社会日益增长的物质与文化需求。微观经济学通常是以单个经济单位为研究对象，以价格理论为轴线，分析单个生产者的产量与成本、商品的效用与需求，研究企业如何通过价格竞争，获得更多的利润。而宏观经济学完全不同，研究的是社会价值如何生产、社会财富总量如何增长。价格的高低，生产成本与利润，在宏观经济中是没有太大意义的。西方经济学要求宏观经济学有微观经济学的基础，是不对的，原因在于它的层级根本不一样。微观经济学往往处于表层的，或者是面上的，日常生活中可直观的。例如价格、企业利润等。而宏观经济学研究的都是不可直观的，如价值如何生产，经济运行规律等。如果将宏观经济学建立在微观经济研究的基础上，从方法论上来说，就一定是庸俗的、流于表面且陷于经验层级的经济学方法。经济的表面现象纷繁复杂，而且会依据环境条件的变化而不断地变化，宏观经济学如果不采用抽象本质的分析方法，不可能发现社会经济内在的本质的运行规律，这种经济学也不可能有普遍的指导价值。

财富的本源是劳动价值，因此，宏观经济学必须研究劳动价值是如何被生产出来的，而不是价格如何形成。以价值生产为主线，通过研究社会价值的生产过程、运行规律，实现社会价值财富的均衡生产与持续的增长，这才是宏观经济学的任务与目的。

因此，宏观经济学不能脱离客观现实去空想，也不是人们凭着美好的愿望，在头脑中主观地凭空塑造、规范设计出来的东西；宏观经济学是对客观现实的映像，是揭示现实客观经济运行规律的科学。而客观经济运行规律是不以人们意识存在而存在，不以人们的意志为转移，却是无形中支配着人们行动的一种力量。经济理论有没有用，要看是否是符合客观，是不是客观现实对象的本质反映。只有懂得客观经济运行的规律，才有可能运用这些规律，为经济发展服务，为民富国强服务。

当代宏观经济的运行过程，从基础层面来说，我们可以将它划分为两个大的过程：实体经济的实体价值生产过程与信用价值生产过程。实体经济的生产过程，马克思在《资本论》中详尽地进行了论述。这本150年前对资本主义实体经济实体价值生产过程的详尽论述，至今也没有人超越。而信用价值生产过程则是从资本主义的一开始，就已经有了萌芽，真正快速发展并逐渐形成一个重要的影响实体经济价值生产的新价值生产方式，还是最近40多年随着资本主义全面过剩危机以来的事。信用价值生产是建立在实体经济之上的，不能脱离实体经济实体价值生产的一种价值生产，在某种程度上它已具有驾驭实体经济实体价值生产的能力。这是一个客观存在着并绝对不能忽视的现实，但却被传统的经济理论忽略了，或者说基于传统的理论方法而没有看到。

这就是说，当代经济已不再仅仅是实体经济的实体价值生产了，而是在实体经济价值生产的基础上，还客观存在着一个信用价值生产体。本著是在对实体经济实体价值生产理论的基础上，在对现实经济客观对象全面考察的基础上，依据事物的本来发展逻辑，创建包含以信用价值生产过程与运行规律为主要特征的宏观经济学理论新体系。

在信用价值生产过程中，还可分为四个分过程：①货币信用价值生产过程；②虚拟经济信用价值生产过程；③“印钱消费”信用价值生产过程；④社会资本信用价值生产过程。这四个分过程的总和构成了当代宏观经济信用价值生产的总过程。

二、实体价值生产与信用价值生产

从古至今，我们一直有一个实体经济的实体价值生产体，正是这个实体经济的价值生产，人类社会繁衍至今。

在进入到市场经济条件下，人类社会为何会发展出一个信用价值生产体？信用价值生产是如何产生的，并且成为不可或缺的生产体？

首先说明，这里我们所讨论的信用价值生产不是指微观的企业信用与管理上对信用的应用，虽然这里也存在着信用价值的生产活动。这里所说的信用价值生产是指宏观经济的信用价值生产，是已经形成一种生产方式的信用价值生产。

实体经济的实体价值生产，除受资源束缚外，由于人们有追求货币价值的需求，在生产中从客观上说是有着无限的科技创新能力与价值创造能力的。但是，资本主义的分配方式使得劳动者分配到的是仅仅作为商品的劳动力的价格，由此构成的社会总的消费需求能力总是受限制，产能过剩、资本过剩由此而发生；由于基本经济制度造成了有效需求不足，因此制约着资本主义实体经济实体价值生产的进一步发展。这一资本主义无限发展的社会生产能力与有限消费之间的基本矛盾，在资本主义的各个发展阶段上，都已经引发了大大小小的、各种形式的经济危机。虽然总是危机重重，但资本主义发展至今并没有灭亡，这是为什么呢？

原来，在资本主义的实体价值生产基础之上，已经逐渐生长出了一个信用价值生产系统，正是这个信用价值生产系统，可以通过重新调节投资货币与消费货币的平衡，从而大大缓解资本主义经济危机状况。

微观企业层面的信用价值生产虽然是与资本主义与生俱来，但是，宏观层面的信用价值生产并不是与资本主义生产方式与生俱来的，它是在资本主义的基本矛盾不断激化过程中，在经济危机的压力下，人们应对现实危机而逐渐生长出来的。这就是事物的辩证逻辑，也是人们的主观能动性发挥作用的结果。当人们认识到危机的原因，就会采取应对措施解救危机。宏观经济中的信用价值生产也有部分是从微观企业信用中生长强化而来。例如股市中的信用价值生产，就是从企业信用发展而来；有部分是纯粹因为应对经济危机而来。“印钱消费”也是纯粹属于应对产能过剩危机而采用的宏观调节。如果没有信用价值生产体系的产生与发展，或许资本主义就真的已经灭亡了。

信用价值生产理论是建立在实体经济实体价值生产理论基础上的，因此，必须以马克思《资本论》中的实体经济的实体价值生产过程理论为基础。虽然信用价值生产对当代资本主义是如此的重要，信用价值生产方式是如此广泛而大量地存在着，并影响着每一个人的生产、生活，但是，受到被庸俗化了的西方经济观念与那种只看到并迷惑于表面现象的方法论的影响，人们对信用价值生产竟然是如此的熟视无睹。表面经济学的方法最多只能看到微观企业中的信用，例如，金融企业中的信用、企业品牌信用等，虽然对这些微观信用的研究与运用都十分充分。像股市的“财富效应”问题，本质上也是属于宏观中的信用价值生产问题，在西方经济学那里也只止于“财富效应”这种表观性的东西，而看不到这其中的信用价值生产的本质。所有这些问题的根源，都是因放弃劳动价值论，放弃了对经济运行本质、生产过程理论研究所必然导致的结果。

经济理论是对经济客观现实的本质与经济运行规律的认识，而不应是表面现象的描述、主观的规范与理想化的设想。要揭示这个本质与运行的规律，必须继承马克思的方法论，同样采用抽象本质的分析方法，对客观现实经济的运行过程进行抽象的、本质的分析才能完成。

货币信用价值生产，是随着信用货币的产生而发生的。由国家信用产生的货币发行价值，并不是必然产生的过程，而是会随着货币发行方式的不同而不同。货币发行价值的作用在于能对资本主义基本矛盾起调节作用，在于能重新调节投资货币与消费货币的分配比率。当然，这种作用并不是与生俱来的，而是需要管理者对货币发行价值规律有正确的认识与主观能动性的发挥。

虚拟经济信用价值生产，是随着生产全面过剩、资本过剩后，才由股票市场的发展转型而来。生产过剩、资本过剩使得资本无法继续通过外延扩大投资，过剩资本只有通过进入股票市场，利用股市对投资货币与消费货币重新分配功能，将投资货币转换为消费货币，产生新的消费动力，从而激发新的价值生产过程。它对资本主义基本矛盾的调节作用就在于通过社会的第一次分配、第二次分配后，社会继续获得了第三次对投资货币与消费货币的分配手段，从而延长了资本主义的发展阶段。虚拟经济信用价值生产显然是比较复杂的价值生产方式，它不仅仅是要依靠实体经济已有的充分发展了的社会生产能力、产能过剩的条件，它也更依赖股市创生价值的能力。虚拟经济信用价值生产是一把双刃剑，它既有创生价值的能力，也有湮灭价值的能力。由于它是凭借信用、信心这些人们的主观因素来进行信用价值生产，因而具有更大的脆弱性与起伏性。因此，需要有对其运行规律的深刻认识与高水平的管理，否则，所造成的危机更甚于其创生价值的能力。

“印钱消费”信用价值生产，是在社会通过第二次分配、第三次分配充分发挥作用后，仍然存在着资本主义的基本矛盾，且再次深度激化，从而引发新的经济、金融危机，这种情况下只有“印钱消费”的手段可以缓解危机。必须理解，“印钱消费”仍然是属于信用价值的生产过程，它也是在生产过剩条件下，资本生产被迫停止，通过透支消费货币给资本再生利润的方式，从而使资本生产得以持续进行的信用价值生产过程。此时虽然消费货币是外生的、注入式的，但价值生产仍然是通过实体经济的实体价值生产而进行的。这种信用价值生产方式，已经孕育了共产主义的按需分配的成分，印证了马克思的预言。

社会资本信用价值生产，这里的“社会资本”是重新定义的新概念。概括地说，国家信用、政府信用，主要来自社会资本信用价值生产，它的价值生产是形成前三个信用价值生产的基础。

三、秉承《资本论》之理论

从理论角度上说，本著所创立的信用价值理论立足于马克思的《资本论》，因为这种信用价值生产理论与马克思在《资本论》中的实体经济实体价值生产理论一脉相承，不仅是理论方法上的继承，更是价值生产理论上的继承。马克思主义活的灵魂就是具体地分析具体的情况，这也是辩证方法论的基本原则。马克思所生活的时代里，资本主义生产还处于初期阶段，宏观信用价值生产完整的形式，还是马克思身后 100 年的事。2008 年国际金融危机的发生，宣告了西方宏观经济学的危机。西方宏观经济学在这场危机中既不能解释它，更不能提供解救之策，反而是《资本论》中的对资本主义的基本矛盾的分析，切中要害，使得马克思经济学 150 年至今仍闪耀着光辉。

如果我们遵从辩证法与历史唯物主义的方法论，那么很快就可发现，信用货币、股市、国债、金融衍生品等，不管是从其体量上，还是对经济的影响力上，都与过去自由资本主义时期完全不同，一种与过去不同的信用价值生产方式已跃然在我们面前。

信用价值是建立在劳动价值论的基础之上的一种劳动价值的发展形式。当然，它会远比原有的实体经济实体价值生产在方式上更复杂。在产能过剩、投资货币过剩，消费缺口存在的情况下，它通过信用与信心的方式或者虚拟价值先期支付消费的方式，运用资本利润导向的原则，引导资本在实体经济中的价值生产系统将其（价值）生产出来。在这其中仍然遵循着马克思所揭示的资本主义生产方式中的两大原则：资本利润原则和实体价值生产原则，只不过形式与过程都更复杂。

在本著中，《资本论》是作为实体经济实体价值生产的部分而开始的，并且也是以实体经济实体价值生产中资本生产这部分为基础的。但是，如果经济理论与思想认识还停留在马克思《资本论》中所描述的资本的实体经济实体价值生产的过程中，那就会出错，就是把马克思理论当作教条了。因为马克思身后100多年来资本主义生产发展，不仅仅发展出一种信用价值的生产方式，而且，社会资本生产与非资本价值生产也获得了大发展。当代社会生产，已经包含有实体经济实体价值生产、虚拟经济信用价值生产、社会资本价值生产、非资本价值生产等四大生产体系。《资本论》产生于资本主义的初始阶段，只揭示了资本的实体经济实体价值生产这一部分，其他三个部分没有论述。

本著主要论述信用价值生产过程与运行规律。信用价值生产有着更复杂的运行过程与规律，其中包含资本生产的部分，即资本在生产中形成实体经济与虚拟经济的“双轮经济”构架，也包含社会资本生产的部分，或者说社会资本生产中也有信用价值生产的这种生产方式。

对这些复杂的逻辑关系，本著在论述上做出如下简化：当论述资本的一般生产过程时，这种一般的生产过程与运行规律是资本生产与社会资本生产这两种生产方式所共有的，只在资本生产的章节中论述，当论述到社会资本生产时，对资本生产的一般过程[①]就不再论述了，只论述其特殊的、不同的部分。因为，资本生产包括了对社会资本生产的抽象。与社会资本生产相对应的资本生产，包括了私人资本生产与国有资本生产两个部分。不要认为国有资本是属于社会资本的范围，私人资本与国有资本在生产中的运行规律上是一样的，但它们与社会资本生产在运行方式上却有很大的不同。

信用价值生产包含在私人资本、国有资本与社会资本这三种不同所有制关系的资本生产中。从所有制的关系上来看，宏观上的信用价值来源于国家

① 一般过程中的“一般”，是哲学中的与“特别”对应的概念。“一般”是指“普遍”的，“共性”的。与其对应的概念通常可表述为“一般与特别”“普遍与特殊”“共性与个性”。上文中的“资本生产的一般过程”，也就是指资本生产的抽象过程，或者说是资本生产具有共同特性的过程，这种过程是必须要经过抽象，舍去那些特殊的、个别的过程，才能获得一般的、共性的、普遍的过程。在资本生产的实体经济实体价值生产阶段与信用价值生产主导实体经济实体价值生产的两个阶段中，一般过程就是指共同都有的过程。

信用与政府信用，也是属于公共资源，为全体国民所共有。非资本价值生产所生产的产品是非商品，只有价值没有价格，也是属于公共资源的生产，为全民所共有。它其中的一个产品就是信用价值。

四、信用价值理论概要

我们现在所处的时代是垄断金融资本主义时代，其经济有两大基本特征：①在实体经济实体价值生产之上已经生长出一个信用价值生产体，这个信用价值生产体一经生长出来，就成为控制与主导的力量，主导着实体经济实体价值的生产；②正是由于信用价值生产体对实体价值生产体的主导与控制作用，垄断金融就实现了对社会整个生产过程的全控制。

本著以货币作为理论逻辑的起点，重新定义当代货币，并将货币分为投资货币与消费货币，并作为宏观经济中矛盾运动的分析主线，创立了一个全新的反映当代经济运行规律的理论体系，这个理论体系的总框架是依据客观现实的经济运行的逻辑过程，是以起源于货币的信用价值生产为特征的货币作为起点。信用价值生产的基本条件是生产过剩，及与其转化了的形式资本过剩。生产过剩、消费不足的矛盾在这种条件下，也就转化为投资货币过剩与消费货币不足的矛盾。由于货币已经取得了主导生产的作用，改变投资货币与消费货币的分配比例，就可以实现对资本总生产过程的重新调节，这就使得投资货币与消费货币的矛盾运动，成为当代宏观经济运行过程中始终存在的基本矛盾。信用价值生产的各种形式与运行的过程，都是围绕着解决这个矛盾而展开。因此说，将货币分类为投资货币与消费货币，也是本理论经济学体系创建的一个最重要的突破口，因为，只有看到了投资货币与消费货币在各生产过程中的矛盾运动，才能发现原来信用也能进行价值生产。只有认识到信用价值的生产规律，人们才能发挥主观能动性处理好危机，社会财富才会避免遭受损失，发展中国家才能步入发达之列。

信用价值生产在微观经济过程中也大量存在，例如银行信贷、企业品牌信用等。有不少人持有信用是能创造价值的观点，就是指这些微观企业中的信用价值生产。本著所说的信用价值生产，恰恰是不包括这些微观信用价值生产的内容，而是特指宏观经济中的信用价值生产。宏观经济中的信用价值生产主要有货币信用价值生产、虚拟经济信用价值生产、“印钱消费”信用价值生产、社会资本信用价值生产等四个方面。社会资本信用价值生产是一个过去没有涉及过的新领域，货币信用价值生产与虚拟经济信用价值生产在西方经济学中是一直被否认的，根本不承认信用货币本身有价值，虚拟经济在传统的经济学中被看作是泡沫经济。关于股市中的信用价值生产，其实西方经济学者进行过卓有成效的研究，例如，股市财富效应理论在西方经济学中就有很丰硕的成果。但遗憾的是，西方经济学的那种黑箱式的研究方法，只研究表面现象的弊病，使得此理论始终只停留在表观的价格层面上，而不能深入到价值生产的层面进行认识。而对“印钱消费”中的货币信用价值生产过程与规律，在西方经济学中则是根本不可能看得见的，虽然实践中已经有了不少的对货币进行“量化宽松”的政策应用，要上升到理论层面上认识它，则缺乏对价值、货币价值、信用价值这些基础理论的认识。将这些价值、信用价值的生产过程与运行规律，以及当代经济由于信用价值生产而形成的“双轮经济”总构架规律揭示出来，就成为本著的重要内容。

本著的结构是按理论逻辑进行编排的。

第一编为宏观经济学的基础理论篇，共 3 章。主要论述宏观经济学必须使用哪些理论方法，价值生产理论的基础劳动价值论的产生与发展的历程，历史上劳动价值论在哪些方面引起了论争等。

介绍了马克思的实体经济实体价值生产理论，因为马克思的实体经济实体价值生产理论是构建整个当代宏观经济理论的一个重要组成部分，正是以马克思的《资本论》这部著作为基础，我们才能达到对信用价值生产理论的新认识。

第二编为货币信用价值生产理论，共 6 章。这一理论包括：国家货币信用价值生产过程、货币流通过程、股市如何产生“货币放大”以及对基础货币数量的影响、货币的内供给与外供给原理、货币的需求原理、货币赋值原理。

需要说明的是，本著中的“货币”不再是传统理论中的“货币”，而是重新定义了的。由于对货币的重新定义，并且发现了信用货币的价值基础，由此才打开了整个信用价值理论这块坚冰的缺口。由此可以看到，正确地认识货币的本质，对整个信用价值理论体系来说具有重要的基础性的作用。国家的不同货币发行方式，可获得完全不同的货币发行价值，商业银行的信用创造是货币的使用价值（货币派生），不能与货币发行混为一谈。国债货币本来既属于货币信用价值生产的范围，又属于虚拟经济的范围，但是，如果资本生产过程完成后，仍然存在着投资货币过剩，需要有国债作为持有货币保值的手段，并成为宏观经济最后调节的手段与解救危机的工具，如果对此没有认识，就不能真正理解国债货币的本质。因此，国债货币没有放在本编中论述，也没有放在虚拟经济编章中论述，而是按照理论逻辑放到了第六编。

第三编为社会再生产过程中投资货币与消费货币运行与均衡过程分析，共 2 章。主要是引用马克思两大部类数量平衡的社会再生产理论建立宏观经济的运行模型，通过设置多种运行条件，再现社会再生产过程。

通过对社会再生产过程研究发现，实体经济的均衡过程，就是投资货币与消费货币矛盾运动与均衡的过程。将货币分类为投资货币与消费货币，是宏观经济理论分析中的一个十分重要的突破口，分析投资货币与消费货币的矛盾运动，成为解开宏观经济运行秘密的最重要的分析方法。通过消费需求缺口分析与社会在均衡中补缺口过程分析，发现了信用价值生产的本质，其实就是在社会再生产过程中重新调节投资货币与消费货币的分配比例，由此才产生出多种前所未有的信用价值生产的多种新形式。因此，本编是理解宏观经济运行过程与规律的核心理论。

第四编为虚拟经济中信用价值的生产过程与运行过程，共 4 章。虚拟经济概念在本著中被重新定义。传统的虚拟经济概念不能反映客观现实本质的经济运行过程，就不可能达到对客观现实逻辑的本质的认识。虚拟经济经过重新定义后，就会发现虚拟经济体决不是一个为实体经济服务的服务体，而是一个无时无刻都在从事着信用价值生产的经济体。股市是虚拟经济的主体，股市具有创生信用价值或湮灭信用价值的能力。股市通过对社会再生产中投资货币与消费货币原有比率的重新再分配，引起实体经济实体价值生产发生正向的或者负向的变化。

虚拟经济的这种信用价值生产与实体经济的实体价值生产的互动作用，构成了当代经济的“双轮经济”宏观构架。在这个“双轮经济”构架中，最主要的规律是自激与平衡规律，在这个规律中，平衡的条件比较苛刻，因而，通过正向自激引导经济的效益性增长需要多方面创造条件，而一旦发生反向自激，如果不加以控制则会引发经济危机。

第五编为“印钱消费”理论，共 3 章。“印钱消费”是一种解救危机的理论，也是一种客观规律。本质上说，“印钱消费”也是信用价值生产的一种形式，它是通过信用价值生产的方式，从透支消费货币开始，利用资本追求利润的本性，使因为过剩而停止了的资本生产得以延续。因此，需要掌握了这一规律的人的主观能动地应用，才能使得经济可持续发展。

第六编为经济总过程，共6章。包括社会资本生产一般过程与总生产过程、四次分配理论、国债货币理论、新汇率理论、非资本价值生产理论、总生产过程三层级价值生产循环等六个部分。

经济总过程是指经济运行从价值生产开始，经过分配、交换（流通），最后到消费，完成一个价值生产到消费的不断循环过程。当代经济总过程十分复杂。除了资本生产方式外，还有不属于资本生产的社会资本生产方式与非资本价值生产方式。在本编中，侧重考察了不属于资本生产范围的社会资本生产方式与非资本价值生产方式，以及产生它的社会生产力基础“集聚生产”。在资本生产中，分配是由生产所有制形式决定的，不同的生产所有制形式决定不同的分配方式。由于社会资本价值生产与社会资本信用价值生产参与资本生产总过程，从而产生了社会新的分配方式，四次分配理论由此产生。

交换（流通）过程取决于社会生产力，“劳动分工”的社会生产力，每个劳动者所生产的都不是自己所需要的使用价值的产品，所以必须要通过市场交换，才能实现价值生产的循环。但是在“集聚生产”的社会生产力条件下，社会所生产的产品不用经过交换就直接进入消费，因此没有交换过程。

本编中的新汇率理论是建立在本著所创立货币赋值理论基础上的全新理论，与传统的汇率理论没有继承关系。

资本生产过程的终结，使国债转化为国债货币，资本生产又回到了它的逻辑原点——货币形态，似货币其实又不是货币，而是国债货币。为何是国债货币而不是货币？由于信用货币不再具有货币的保值贮藏功能了，资本生产的目的是要获得更多的能保值贮藏的货币，而不是不断贬值的货币。由此，国债货币才应运而生。在资本过剩经济条件下，国债货币的产生，使经济的总运行发生了根本性的变化，政府可以不断地发行国债来满足资本对利润的贪求。一方面是政府的负债，另一方面是资本对货币的保值贮藏。资本的生产循环终结了。

本编中的“社会资本”这个概念也是重新定义的。为何不新定义一个概念，而对老概念重新定义？原因在于只有这个概念才名实所归。“社会资本”是指由国家财政开支而对资本生产形成环境（包括政策环境、知识与技术环境、土地资源环境等）支持所投入的资金。其独自生产阶段的产品是非商品的劳动价值，当参与资本生产时，转移到商品中的价值是国家的税收来源。此理论彻底打破了原有的税收是对资本利润分割的理论。

非资本价值生产是资本价值生产的反面，却是当代经济中大量存在而没有被人们所发现的一种生产。非资本价值生产广泛地存在于知识生产与环境价值生产中，它是以非商品的价值形式被生产出来，不用分配，广泛地为社会成员所共享，是真正的按需分配的一种生产。

需要提醒大家注意的是，生产总过程与经济总过程在本著中是两个有区别的理论概念，本编论述的是经济总过程而不是生产总过程。生产总过程与生产方式相联系，当代在资本生产方式条件下的资本生产总过程，是指资本在实体经济实体价值生产中的生产过程，与资本在信用价值生产主导实体经济实体价值生产的“双轮经济”构架过程。在本著中，对实体经济实体价值生产是作为资本生产的一般过程来论述的，其中也隐含了不属于私人资本生产的国有资本生产、社会资本生产（与资本生产相联系）的一般过程（抽象过程）在其内，这在本著中论述到第十章就完成了。与生产总过程不同的是经济总过程包含有两种以上生产方式的生产过程。例如，当代经济的经济总过程则包含有资本生产方式与社会资本生产方式、非资本生产方式。由于经济总过程包含有多种生产方式在其中，每一种生产过程都包含有自身的价值生产循环过程，当代经济由于在经济总过程中多种生产方式并存，从而构成复杂的三层价值生产循环。

第一个总生产过程中的生产循环，是私人资本的实体经济实体价值生产的循环。我们过去已有的经济学理论，绝大部分是建立在这个生产循环层级上的理论。在本著中，将这个层级上的生产总循环称为实体经济实体价值生产循环，以其作为基础，建立在这个基础之上，还有更高层级上的经济循环过程，这就是本著中所论述的第二个层级上的实体经济与虚拟经济这两个经济体之间的价值生产循环总过程。第二层级的价值生产总循环，在本著中被称为“双轮经济”构架，所涉及的内容至十八章全部完成了论述。

那么，在第二层级的价值生产总循环之上，也就是“双轮经济”构架基础之上，还有一个更高层级的第三层价值生产总循环是什么？它是指资本生产（包括了私人资本生产与国有资本生产）与社会资本生产之间的循环，也就是本编中所要论述的经济总过程。在这个经济总循环过程中，我们不仅可以看到私人资本生产、国有资本生产，还会看到在它们外围的社会资本价值生产与非资本价值生产。至此，看到当代社会价值生产的全景。

社会资本价值生产与非资本价值生产，在其他社会形态的生产中也会存在，例如，社会主义社会、共产主义社会等。非资本价值生产存在所依据的社会形态就更为广泛，封建社会、原始社会中都有。本著中所论述的当代社会资本价值生产是在资本生产条件下存在的，它的价值生产是依附于资本生产的，是在资本价值生产过程中参与价值形成的社会资本生产。也会有部分社会资本生产的价值转移到资本生产的商品价值中去，形成交换价值，通过价格来表现。但也有部分社会资本生产的价值与非资本价值生产中生产的价值一样，成为非商品价值，不形成交换价值，不通过价格来表现。

在资本生产加上社会资本价值生产与非资本价值生产这三大价值生产形成的经济总过程中，由于有大量的非商品价值被生产出来，此时社会生产的总价值再也不等于总价格，而是远远大于总价格。在单件商品中同样也同时包含有不进入价格的劳动价值积累，单件商品的价值也往往会大于其价格。

由此就使得过去的一些理论失灵，或者需要在限定的条件下使用。当代汇率理论较复杂，因为汇率的终极比价是货币的内含价值而不是价格，而现实汇率却往往是以价格为基础。但是，由于各国的社会资本价值生产和非资本价值生产在总比例上与资本生产的比例大不相同，因此各国商品的价格与价值差值也会大不相同，由此就会产生现实汇价既与国内商品的价格（购买力平价）有矛盾，又会与货币内在所包含的价值有矛盾。但是，现有的所有汇率理论都不反映这些关系，更没有看到这些关系，所以现有的汇率理论并不反映汇率的本质。比较优势理论失去对中国经济奇迹解释力的根本原因，也是因为只看到表面现象的价格生产，不懂得深层次的价值生产，仅从价格上来解释宏观经济中的价值生产，必然会产生隔靴搔痒的效果。

第七编为“集聚生产”社会生产力基础上新生产关系的产生与发展，共3章。包括依据“集聚生产”（包含有“聚集效应”与“聚合反应”两种价值生产）新社会生产力的出现与发展所产生的新生产关系，从而论述了需要理解传统社会主义与共产主义理论的原因。

由于在社会主义这个历史阶段上“劳动分工”与“集聚生产”（包括“聚集效应”与“聚合反应”两种价值生产）这两种社会生产力同时并存，因而，必然是私人资本生产、国有资本生产、社会资本生产、非资本价值生产等四大价值生产方式并存。中国改革开放引进私人资本生产，不是社会主义倒退走回头路，而是适应社会主义两种社会生产力同时并存的复合社会生产力的要求，四大价值生产方式并举才是社会主义历史阶段上生产关系适应社会生产力的典型特征。

在当代发达的资本主义国家中，资本生产已经普遍地进入到了全面过剩阶段。由于过剩，资本利润越来越薄；在资本生产的同时，非资本价值生产也在其内部侵蚀资本生产中的价格，资本生产的利润不仅仅是薄，甚至在逐渐消失。过去发达的国家资本生产除借助国际化以外，也通过加强信用价值生产，使资本生产得以延续。但现在明显地感觉到，既使通过这些手段来挽救危机，也仍然是力不从心，只有在继续发挥私人资本生产作用的同时，加强国有资本生产、社会资本生产与非资本价值生产等这些具有社会主义因素的价值生产，才能战胜危机、走出经济萎缩状态，步入新的发展之路。

共产主义社会生产力的基础是“集聚生产”，在“劳动分工”的社会生产力基础上产生的必然是资本生产。但是，“集聚生产”这个新社会生产力已经从资本主义生产的内部孕育产生了，即使在纯资本主义的发达国家，这个新社会生产力也已经占有相当大规模了，在这个时候，资本主义已经在向社会主义悄悄地过渡。

五、理论创新要点

本著理论系统的构建，涉及一系列的理论创新，这些理论创新可概括为两大理论发现：一是当代信用价值生产方式的发现；二是产生共产主义生产关系的“集聚生产”的新社会生产力发现。也正是因为这两大理论发现，并由此创立了下面的分系统理论。

为了使读者对这个理论体系的逻辑结构有一个清晰的了解，笔者将所涉及的理论创新归纳如下：

（1）对信用货币重新定义。新定义中增加了货币的信用价值理论，这是构建整个信用价值生产理论的逻辑基础，对整个宏观经济理论的构建具有奠基的作用。

（2）在货币价值发行、货币流通数量、货币赋值、货币供给与货币需求方面，突破了传统的理论框架，提出了新理论原理。

（3）将货币按流通中的职能分为投资货币与消费货币。这一分类是货币进入宏观经济运行过程分析的理论突破口，也是创立信用价值理论的突破口。

没有这一分类，货币理论进入宏观经济运行分析是不可能的。

（4）创立了新的国债货币理论。此理论可为如何正确地运用国债发展经济，解救国债危机提供理论依据。

（5）在所创立的货币赋值理论基础上，创立了全新的汇率理论。

（6）创立了股市“货币放大”理论与虚拟经济信用价值生产理论。

（7）创立了“双轮经济”构架理论。

（8）创立了“印钱消费”理论。

（9）创立了四次分配理论。

新的四次分配理论与我国理论界将慈善捐赠看作是第三次分配，将人们财产性收入看作是第四次分配理论有根本不同。第一次分配属于传统理论中的分配，没有争议。本著理论中的第二次分配，其国家税收来源不是传统理论中所说的对资本利润的分割，而是来自社会资本价值生产的价值。第三次分配是指虚拟经济信用价值生产中对投资货币与消费货币比例的重新分配。第四次分配来自“印钱消费”所生产价值的分配。除四次分配外，本著中还论述了来自非资本价值生产中的价值非分配性质的共享，虽然这也是社会成员享有价值的第五大来源，但因为是来自非分配的价值，故不纳入分配理论中，而在社会总生产中论及。

（10）创立了“集聚生产”新社会生产力理论。“集聚生产”包含有“聚集效应”与“聚合反应”两种价值产生的方式。正像在“劳动分工”这一社会生产力基础上必然产生资本主义生产关系一样，“集聚生产”的社会生产力基础上必然产生与之相适应的共产主义生产关系。共产主义是历史的必然，其原因与“集聚生产”新社会生产力的产生是历史的必然是同样的。

（11）创立了社会资本生产理论。在当代的资本生产体系中，还隐藏着一个社会资本生产体系，这是从来未发现的。

（12）创立了非资本价值生产理论。这个理论的产生，为经济学研究开拓了一个全新视角的研究领域。

（13）创立了当代宏观经济价值生产的三个层级结构新理论。资本实体经济实体价值生产为第一个层级的价值生产循环，实体经济与虚拟经济的“双轮经济”构架是建立在第一个层级资本生产循环基础上的第二个层级的资本生产循环；社会资本生产与非资本价值生产是建立在第一、第二层级之上的最外层的社会生产循环。当代社会生产是包含这三个层级结构的价值生产，而不仅仅是第一个层级的资本生产。

六、相关结论

通过对宏观经济运行规律的发现，可获得如下相关结论：

第一，中国经济奇迹发生的原因。本著从价值生产方式的角度上来说明中国奇迹发生的原因及继续发展的方向，也论述了世界各欠发达国家如何学习中国的发展经验。本著从理论上证明中国奇迹发生的主要原因不是比较优势（比较优势只是非主要原因），而是中国在市场经济的基础上，正确地采用了国有资本生产、社会资本生产和非资本价值生产。而正是这些社会主义的生产方式在制造中国奇迹。政府对经济的规划管理能力与在市场经济基础上运用社会主义的生产方式组织生产，是中国经济获得持续高速发展的根本原因。

第二，当代世界社会主义不仅没有式微，而且正在资本主义最发达的国家内部孕育生长。在发达国家中，对具有社会主义因素的生产方式的要求，其实比任何一个历史时期都更为迫切。而且，当代社会中的具有社会主义因素的生产方式，也比任何一个时代都更多。本著揭开了社会主义全新的生产方式，通过对当代社会生产运行过程中矛盾的分析，揭示了社会主义因素正在当代社会生产中空前地生长。社会主义将再次成为人们的期望与目标。

第三，传统的社会主义生产资料所有制形式与分配观念也将被颠覆。未来社会主义生产方式将由信用价值生产、国有资本生产、社会资本生产（“社会资本”这个概念在本著中已重新定义）与非资本生产四种生产方式构成。国有资本生产具有两重性，既具有资本主义属性，也具有社会主义属性。因此，资本主义可以用，社会主义也可以用。国有资本生产是资本主义的还是社会主义的，取决于对其的管理权与分配权掌握谁的手中。上述这四种价值生产方式已经在当代资本主义生产中普遍存在，是否会质变为社会主义，取决于在社会总生产中与私人资本比较所占的比例。

第四，通过对价值生产过程的考察与分析，国企不如私企的论调也将被颠覆。被人们诟病的国有资本生产，将与信用价值生产方式一起，在未来的时间里，必将被那些深陷在国内生产萎缩、产业空心化、失业率持高不下、国民生活水平持续下降的发达国家所采用，作为重振国内经济的手段。其原因在于，虽然信用价值生产与“印钱消费”手段是当前主导的生产形式，但是并不足以解决生产萎缩、产业空心化这种问题。皮凯蒂在《21世纪资本论》中所提出的向富人高征税方案，同样也不能解决这些问题。只有重新启用以追求社会效益为重、对资本利润不敏感的国有资本生产，才是解救这方面危机的唯一有效良方。

还有一些关于国家税收、国债、货币数量与发行、虚拟经济等问题的创新理论，这里就不一一列示，相信读者通过对本著的认真阅读，可以获得对指导实践有用的各方面结论。本著更重要的功能是提供了一种观察宏观经济问题的方法，并由此开拓了经济学的一些全新研究领域。

第一编　方法论与实体价值生产理论

引 言

理论方法决定着理论的成败，特别在宏观经济理论中尤其重要，原因在于宏观经济理论必须运用抽象的方法，去伪存真、由表及里，找到经济运行过程的本质进行分析，才能发现其运行规律。西方经济学所强调的实证分析方法本质是一种经验主义的方法。实证分析不是不重要，而是当脱离对事物本质的认识时，会陷入表面现象的泥潭而不能自拔。宏观经济的表面现象常常与本质有很大的背离，有时甚至会发生完全相反的事情，其原因在于，在微观经济主体都以利润最大化为目标时，在宏观上是不可能实现的，因为一方利益最大化时，另一方利益必然受损；如果以宏观经济利益最大化，那么微观经济主体也必然不能实现利益最大化。微观经济主体管理的目标是企业如何生产出更多的价值，个体企业内部强调有效的组织，而无数的个体企业的外部则是相互竞争与排斥，由此就会造成宏观经济中的混乱、矛盾与不平衡。宏观经济管理则侧重于宏观的组织、协调与解决结构上的各种利益的不平衡。因此，不管从内容、目标到手段上，微观与宏观都会有巨大的不同。

宏观经济理论的本质，就是研究价值是如何被生产出来，生产的过程、条件以及其运行的规律。本编从理论方法论、劳动价值论在历史上的争论与论战开始，简要地介绍西方经济学在实体价值生产过程的理论研究中是如何走偏了方向，以及马克思的实体经济实体价值生产理论原理概要，为当代实体经济的实体价值生产与信用价值生产理论的论述打基础。

理论历史告诉我们，劳动价值论不仅是实体经济实体价值生产理论的基础，也是信用价值生产理论的基础。

第一章　经济学方法比较与批判

本章导读

人们普遍认为，经济理论无科学。为何会产生这种看法？原因何在？原因就在于在经济理论上，特别是宏观经济理论上，照搬照抄西方宏观经济学理论错谬太多，人们上当受骗太多。纷繁复杂的各种理论与观念，同一个现象出现了各种相左的解释。其实真理只有一个。但是，人们如何能透过纷繁复杂的经济现象看到本质，如何能到达真理的彼岸？宏观经济分析首先必须有一套严谨科学的分析方法。我们从马克思《资本论》的研究与分析经济问题的方法中可以看出，宏观经济必然进行抽象分析，这种抽象甚至仅次于哲学的高度。例如对劳动价值的抽象，就只有站在自然界与人的关系这一层哲学的高度，自然界如果没有人的参与，何来价值？如果没有抽象到这一层次的高度也就不易看清为什么劳动是唯一的价值源泉。只有首先建立了一套符合科学思维规律的严谨且科学的经济学方法论，才有可能建立科学的经济学体系，达到真理的彼岸。

1.1 西方经济学问题

如果从最早提出劳动价值论的古典政治经济学家配弟开始，宏观经济学已经有 300 多年的历史了，但是，近年来人们发现，对于宏观经济上的问题，用已有的西方经济学理论解释现实经济会产生相互矛盾，也无法解救经济危机。如 2008 年的国际金融危机、欧债危机、我国持续的产能过剩危机等。

为何会出现这种情况？是什么原因导致了这种情况？为此，我们先来审视一下，在过去的几十年中西方宏观经济学做了一些什么？

美国曼昆教授的《宏观经济学》是教授西方经济学①中使用得最广泛的经典教材，其中对宏观经济学的定义是："宏观经济学是对整体经济——包括收入增长、价格的变动和失业率的研究"[1]，是"以国民经济总过程的活动为研究对象，主要考察就业总水平、国民总收入等经济总量，因此，宏观经济学也被称作就业理论或收入理论"[2]。在其他一些教材中也有解释为，研究经济中各有关总量的决定及其变动，以解决失业、通货膨胀、经济波动、国际收支等问题，实现长期稳定的发展。几种说法其实质内容是一样的。

上述的这种宏观经济学的定义或表述中所确定的研究对象与目标，在短期宏观经济政策与宏观经济计量模型中有一定的适用范围，为国民经济管理提供了特定的支持。但是，人们往往将它看作是宏观经济学的全部内容，因为除此之外，西方宏观经济学没有再深入一步的内容。如果从方法论上说，从实践中无法解释与解决现实经济问题与经济危机的结果方面来说，明显就可看出其具有缺陷。

西方宏观经济学缺陷与问题在哪里呢？

首先，宏观经济理论当然是要解决经济增长、通胀、失业、经济危机等问题，这正是宏观经济学的目标。但依据什么理论来解决这些问题，是需要对现实对象进行全方位大历史跨度，运用高度抽象的方法，由表及里，找到经济运行的本质过程与运行规律，应用这些规律才能真正解决经济增长等问题。"研究经济中各有关总量数据的决定及其变动"。这些总量数据的性质是什么？这些都是属于经济运行的结果，是属于表面现象性的东西。在宏观经济问题上，由于参与经济的主体十分复杂而庞大，而且有着个体、企业、政府、金融服务等众多的性质不同关系复杂的层次，因此，现象与本质往往相距遥远。例如，在经济体中，各经济个体的行为方向往往相反，作用力往往相互抵消，在微观经济中，1+1＝2，但在宏观经济中1+1往往不是等于2,1+1＝0的事情也不鲜见。在微观经济中追求的是利润最大化，而在宏观经济中，追求的是供给与需求的平衡。也就是说，微观的原因与宏观的结果有时可能完全相反。这种情况下，如果仅知道0这个结果，怎可能知道是由1+1这些

① "西方经济学"这个概念是中国境内相对于"马克思主义经济学"而形成的特有概念。由于中国在改革开放前只有马克思主义的经济学与社会主义政治经济学等，改革开放中引进私人资本生产的同时，也引进产生于欧美国家的现代经济学，为区别马克思主义经济学，故而将产生于欧美国家的现代经济学称为"西方经济学"。

原因构成的？

像西方宏观经济学中应用得最广泛的IS-LM模型、菲利普曲线等，用财政增减、货币余额的变化，税收、利率、汇率、物价等数据的变化来推定产出的结果，但所有这些数据都是表面现象性的数据，如果它们之间存在原因与结果关系的话，那么它们之间也相距着宏观经济的生产过程与运行过程，而在这个过程中，却有着复杂的投资货币与消费货币的不同分配比率在其中矛盾运动，其中的产能不足与产能（资本）过剩又是在这个生产过程中属于性质完全不同的两种运行状态。在这两种性质不同的运行状态中，同一种变量的增加，有可能产生完全相反的联系或者结果。各种表面的宏观经济总量数据往往取决于社会再生产过程中投资货币与消费货币的分配比率，不同的比率有着不同的一组表象。因此，单纯寻找表面现象性的总量数据之间关系的IS-LM模型、菲利普曲线等，即使将这些表面现象数据研究与比较得再好，也只是一些经验性的结论，只能用于该国短期的政策抉择参考，没有普遍的对世界各国经济的解释与指导意义。在各个不同的国家，同一个国家的各个不同的发展阶段，经验性的结论是决不能照搬照用的。

停留在宏观经济各种总量关系上的数据关系研究，例如弗里德曼将美国1960年前100年来货币增长值与通货膨胀率所进行的比较研究，这典型属于系统理论中的“黑箱”研究法。这种研究法将国民经济的价值生产过程与经济运行过程当作一个不可知的“黑箱”，只研究它的输入与输出之间的关系，而对“黑箱”内部经济运行的过程则完全不清楚。难道宏观经济体真的就像一个工程技术中的放大电路？输入一个正弦波信号，就会输出一个N倍放大的正弦波信号？以实证为基础的西方经济学在研究方法论的本质上确实如此。这种实证研究往往受搜索到的数据的片面性，人们历史实践的局限性的影响，属于抽象层次较低、抽象范围较小的一种研究方法。自从西方经济学背叛古典经济学中的劳动价值论，批判了马克思剩余价值理论，从此放弃了对价值理论的研究，滑向了反映其表面现象的价格研究后，就再也不可能回到属于经济运行本质的价值生产过程理论的研究了。当然，对价格等表面现象的研究也不是一无是处，特别是“边际效益”革命，极大地丰富了微观经济学的研究成果。但是，宏观经济学从此却止步于马克思的《资本论》对价值生产过程的研究。有人将西方经济学比作股市里面的波浪理论、蜡烛图技术，这种比喻是很形象的，它与股民对股市的研究一样，用过去的各种经济表面数据进行归纳与总结，给出的经验性结论，既缺乏对现实的解释能力，也无法预测未来。正像曼昆教授自己所说的，“宏观经济学家预测经济事件未来走向的能力并不比气象学家预测下一个月天气的能力强”[3]。而马克思的《资本论》在150年前所揭示的经济规律与所预测的经济事件，不仅被1929年世界资本主义经济危机所证实，直至2008年的国际金融危机，人们都在惊呼其预测的准确。

西方宏观经济学在方法论上的缺陷在于，社会经济系统是个十分复杂的东西，特别是宏观经济运行，不仅仅是受生产力发展水平的影响，更有来自历史、政治、文化、社会心理、人口与资源、发展阶段等诸多因素影响，即使是同一种市场经济，国与国之间的“黑箱”内部也都没有可比性。因为，正是这些社会历史、政治、经济技术、文化、社会心理、人口与资源、发展阶段等，构成了经济运行的环境条件。而这些实际的环境条件千差万别，这说明了这个黑箱，其实是各不相同的黑箱，对本质上千差万别的不同黑箱，同一个输入变量，可能会产生千差万别的不同的输出结果，而同一种输出的结果，有可能会是十分不同的输入组合。所以，不同的黑箱怎有可能有同样的输入与输出？

其次，凡是经济关系都是一种辩证逻辑关系。不仅仅黑箱外部的输入与输出并不是绝对的因果对应关系，输出对输入也有反作用，各经济总量之间的关系也必然是作用与反作用的关系；在宏观经济这个黑箱内部，投资与消费、虚拟经济与实体经济、经济中的各种资源与环境变量，都是一种作用与反作用、主次矛盾与矛盾的主要方面会依据一定的条件相互转化的关系，是一种复杂的相互影响的辩证逻辑关系。在这种辩证逻辑关系条件下，因果联系还有没有？肯定有，但是，必须知道这种因果关系是在一定的环境条件下主要矛盾与矛盾的主要方面起作用的结果，当主次矛盾转化或矛盾的主要方面转化了，原来的因可能就转变成了果，原来的果就可能转变成了因。例如，在某一个时点上，到底是实体经济决定增长，还是虚拟经济决定了增长，他们之间的因果联系就十分复杂，主次矛盾与矛盾的主要方面都会在运行过程中相互转化。如果不具体分析它的运行过程，就会迷茫。

因此，研究经济中各总量关系这种本来就属于经济运行结果的东西，并不能使我们获得对经济运行规律性的认识，即使是通过对历史资料的归纳总结，能够获得一些好像是属于规律的东西，那也是属于同一个国家，同一个经济发展阶段上的，并且只能归属于经验上的东西，只能用于同一国的、固化黑箱条件下的政策应对。例如货币主义的理论，是对美国 100 年来的货币政策输入与输出之间数据的总结，只能适用于美国在金本位时期的情况，不仅在国家之间没有普适性，即使是在美国本国，当进入到信用货币阶段后，货币主义的理论也基本失灵。因为经验实证主义的方法、黑箱式的研究方法，虽然简单而又直观，很能为多数人所理解，但是，它却是一种典型的从表面现象到表面现象的东西，是一种只知结果不知所以然的东西。这种结果背后的原因，恰恰是在被忽略的这种黑箱体中，而西方经济学却去忽略它！

当然，我们也不能说这种表面性的现象经济学一点用处都没有，出于各国经济发展的压力，一国之内常常需要对本国内的成功与失败的经验教训进行总结，用以解决具体的经济政策性应对问题。在国际范围内的各国经济竞争，也仍是需要价格竞争理论来支持。另外，有些猜想（例如凯恩斯的有关边际消费倾向）也是某一经济阶段或某种经济模式下的局部但也是正确的抽象，在这个局限的范围内是有意义的。但必须知道，这都属于经验性的认识，即使其中有些理论是在某一段历史时间、某一些国家有一些短期的应用效果，但是也仍然是有严重局限性的，它的适用范围是有限的。要真正解决经济中深层次矛盾，解决各种形式的经济危机，实现国民经济可持续增长，就必须摒弃被称为“黑板经济学”① 的西方宏观经济学的这套理论，必须用更高抽象的逻辑分析，以整个历史阶段上的全景的资本生产方式为对象，解开被西方经济学当作“黑箱”忽略的，对其中的价值生产过程与运行过程进行研究，才能揭示宏观经济中的各种运行规律。

从理论体系上讲，不能将宏观经济学研究仅仅停留在对经济表面现象的描述上，要深入对宏观经济的本质运行过程进行分析。只有深入分析经济运行过程，我们才可能知道经济运行的各个阶段上，有些什么矛盾在起作用，需要解决的主要矛盾是什么，矛盾的主要方面在何种情况下可以相互转化，经济运行中有哪些规律在起作用。

从经济学方法上讲，要彻底摒弃那种不深入本质、浮在表面现象的“黑箱”式的研究法，采用深入本质的运行过程分析法、运行过程中矛盾运动分

① “黑板经济学”是我国对西方经济学的戏称，来自于罗纳德·哈里·科斯，他曾把西方 20 世纪初形成的主流经济学称之为“黑板经济学”，这种经济学只注重抽象的演算，忽视现实的经济现象，就如同闭门造车。

析法。特别在宏观经济方面，经常会发生现象与本质的不一致，只有由浅入深、由表及里，将大量的非本质的表面现象过滤掉，找出在特定范围、特定历史时间内起特定作用的某一类事物共有的质，才能在这个基础上形成概念，完成理论，实现对事物本来逻辑及发展过程的本质认识，找到其运行的规律，完成从必然王国到自由王国的飞跃。

1.2 概念思维与抽象

理论经济学是概念思维，因此要求对概念进行准确的定义与准确的理解。在建立经济学理论体系的时候，首先就要求对所涉及的新概念进行准确的定义。在这方面马克思《资本论》为我们提供了榜样。在马克思经济学里，每个概念的提出，都首先进行过严格的定义。定义的过程其实就是对该概念所反映的对象事物的本质的揭示过程。在《资本论》中我们可以看到有一个完整的概念体系，如商品与货币、价值与使用价值、具体劳动与抽象劳动、不变资本与可变资本、绝对剩余价值与相对剩余价值、资本的积累与集中、资本的循环与周转、简单再生产与扩大再生产等。这些概念的定义过程，也是对这些概念对象的本质属性及与其反映其本质属性发展变化或者其运行过程的揭示过程，也是对事物共同的、本质性的特征抽象过程。

举一个例子：劳动是一个已经存在并被广泛使用的概念，但马克思研究后发现，劳动具有两重性，人们特定地生产具体的某种商品的劳动，马克思将它重新定义为具体劳动，具体劳动生产商品的使用价值；但当撇开劳动的一切具体形式，只抽取其中的都是人类无差别的劳动的时候，仍然还是劳动，但就不再是体力劳动还是脑力劳动这种具体的劳动了，是一个高度抽象的、一般性的劳动。马克思将它重新定义为抽象劳动。抽象劳动生产商品的价值。这样，劳动这个概念就分为具体劳动与抽象劳动两个不同定义的概念。但它并不是两种劳动，而是同一个劳动的两种属性，区别它们两者之间的不同，只是在于抽象程度。作为具体劳动，我们日日可见到，每天重复着的人对具体工作对象的一个体力与脑力的支出；作为抽象劳动，那就是巨大范围，即人对整个自我之外的客观世界，所有人类存在的时间长度中共同存在的共有的劳动这个质。那么在这么一个时间长度与广度中对劳动进行抽象，共同的质只有人类对自然界与人类对自身进行改造中的体力与脑力的支出。为什么要做这种抽象与区分？原因在于需要阐明商品的价值与使用价值是如何生产的，是反映事物本质属性与运行过程的需要。反过来说，如果不正确区分具体劳动与抽象劳动，就无法认清商品的劳动价值过程。

这就是说，概念的定义与抽象并不是随意性的、胡乱性的，而是必须与认清事物的本质相联系。而我们一些经济理论工作者却往往忽视这一点。在后面的对虚拟经济重新定义的过程中就遇到了这个问题。因为对虚拟经济能否正确的定义，是涉及能不能准确反映“双轮经济”构架本质属性的大问题，而传统的对虚拟经济的定义是存在问题的，反映的不是事物的本质属性。重新定义虚拟经济也不能有任何的随意性，必须严格按照事物的本质属性进行抽象。

概念在定义与抽象的过程中，必然地带有环境因素，而环境又与时间长度、范围的大小相关联。所谓抽象，就是从众多的事物中抽取出共同的、本质性的特征，而舍弃其非本质的特征。例如我们获得水果这个概念时，是从香蕉、苹果、桃子、梨子中抽出它们的共同特性从而得出水果这个概念的；获得蔬菜这个概念时，是从青菜、黄瓜、豆角、西红柿等中抽出它们的共同特性从而得出蔬菜这个概念的。但如果我们从香蕉、苹果、桃子、梨子、青菜、黄瓜、豆角、西红柿这些既包含水果又包含蔬菜的这些东西里抽象出一个概念时，就同时还有环境条件因素在起作用，不同的环境条件进行抽象其概念就会不同。如果是在餐桌上，与肉蛋类对应，上面的这些水果与蔬菜又可被抽象定义为“素食”；如果是在土地上，与生长的其他植物相对应，又可被抽象定义农作物。从这里我们可以明显地看到概念的定义与抽象过程中不仅仅是有范围的大小，其实是隐含地、无形中带有环境条件的，但是这种环境条件因素在使用概念时往往被忽略。日常生活中如果发生这种忽略概念的环境因素的情况，人们是能分辨的，因为一是日常生活中的概念都比较简单，有常识支持这种分辨，如果在经济学理论方面往往比较复杂，多数人只能记得结论，而对其隐含的环境因素往往忽略。特别是有些概念是一种理论的概括，例如：剩余价值、印钱消费等概念，它不是凭直观就可以理解或想象出来的，而是必须对这个概念所对应的理论体系都有深入的理解才有可能懂得这个概念的内涵与外延。其隐含的环境因素更容易被忽略。这就是教条主义形成的认识上的原因。

有意象思维特质的人不仅不太注意概念的抽象范围、抽象程度、抽象的环境条件，甚至在对这个概念定义未作任何学习的情况下，就会习惯性的用个人的想象来代替对理论的学习理解。类比、触类旁通、望文生义是具有意象思维者的特长，却是理论经济学的大敌，不管是理论创立者还是理论学习应用者都应抛弃意象思维。

理论经济学要求概念必须建立在准确定义的基础上，它也同样要求在进行概念思维的时候、理论推导的时候，不仅要准确地运用概念的内涵与外延，也要注意概念产生的环境因素。那么，理论经济学主要涉及哪些环境因素呢？下一节讨论。

1.3 抽象范围问题

经济学如果仅仅是对现象进行描述，那不是理论。现象纷繁复杂，理论的过程是抽象的过程，是从纷繁复杂的现象进行由表及里、去伪存真、由现象到本质的抽象过程。同样是作抽象，不等于就能形成正确的能用于指导你当前行动的理论。这其中还有一个所抽象的范围的大小、时间的长度问题。

例如，价格的形成规律，所抽象的范围就有：商品价格范围、劳动力价格范围、股票价格范围。如果分别在这三个范围内对它们进行理论抽象，就会形成三种不同的价格形成规律，各自适用于这三种不同的情况；如果将这三个范围合并成一个大范围进行抽象（如果能进行这种抽象并且找到其中的共性或规律的话），那么这种共性或规律才能适用于这个大范围的情况。这是从范围的角度方面来说的。从时间的长度来说，自由竞争时代通过理论抽象所产生的价格形成规律理论，在经济发展到了垄断阶段后显然就不能适用了。因为到垄断阶段后价格因垄断而发生了变化，这里包括了买方垄断、卖方垄断、信息不对称等。为什么早期建立在自由竞争资本主义时代的边际效用理论、由供求曲线所描述的均衡价格理论，在近 20 年来都需要用修正了的新理论来替代。即使是已获得了诺贝尔奖的最新价格理论，也不能适用于当前在商品期货市场的价格形成的情况。最近 10 年由垄断金融所造成的金融衍生品交易中的标的物价格形成机制，已经与所有过去的价格形成机制完全不同。垄断金融后的证券市场、期货市场的价格形成，不仅仅是由追涨杀跌而形成由供求两条曲线不能相交的问题，而且会因为失去信心而发生价格崩溃、由垄断资本在期货市场中的猎杀而形成斩仓价格等。

可见，在进行理论抽象时，时间跨度长短的划定具有根本性的意义。如果原有的价格形成规律在理论抽象过程中，从抽象的范围来说，没有包括期货市场，从抽象的时间长度来说，没有包括最近十几年来国际垄断金融形成后的情况，这种价格理论显然是过时的理论，不是正确抽象中形成的理论。西方经济学中有很多宏观理论，例如由市场价格配置资源的理论、比较优势理论等，都是建立在早期的自由竞争资本主义时代的由供求均衡形成价格的理论基础上，这种理论由于基础早已坍塌，不能适用于当今的情况是显而易见的。

在货币理论方面，我们同样可以看到相同的情况。在我国 2010 年之前一度占主导地位的并用于指导货币政策的西方货币主义理论，来自于弗里德曼对美国 1960 年前 100 年来货币政策与经济总量关系的实证研究，从理论抽象范围来说，只是美国一国的、金本位制时期的货币范围（美元作为国际储备货币，至 1971 年才与金本位制彻底脱钩），从抽象的时间长度来说只有 100 年的货币历史。

我们先不论及弗里德曼的理论抽象在这一段的时间与范围是否是正确的抽象，因为即使是正确的抽象，也只能适用于金本位制货币时期的情况，对于之前的完全商品货币时期与当今的完全信用货币时期，显然是不能适用的。

因为，在完全商品货币时期，货币的数量多少，并不能影响到商品的价格，当货币数量多于交换所需要的货币时，货币可退回到原来的商品形态。而在当今的信用货币时代，一方面过度的信用扩张固然是引起物价上涨的一个因素，但信用扩张同时也是经济发展的必要手段与动力，信用也可通过实体经济而创生价值；另一方面，引起物价大幅上涨的原因并不像金本位制时期那样仅仅受制于商品供求关系，也有很多新产生的，例如垄断因素、过剩资本在期货市场上的炒作因素等多方面原因。

所以，显然弗里德曼的“所有通货膨胀（这个概念当今已经泛化于指 CPI 指数上涨）都是货币或货币数量问题”并不具有比金本位制货币时期更长的时间长度，比美元国际储备货币更大的范围的适用性。再用此过时的货币理论指导货币政策，意图通过紧缩货币来控制输入性通胀，与因资源紧缺或因垄断因素所造成的物价上涨，显然牛头不对马嘴。

必须注意理论的抽象范围问题与抽象的时间长度问题、环境条件问题。抽象的时间长度与范围决定着该理论适用范围、该概念的内含与外延。例如，对货币这个概念的抽象，从抽象的时间长度方面来说，既考察商品货币时期的货币状况，也考察金本位制货币时期的状况，更考察当今信用货币时期的货币与过去的货币比较发生了哪些变化。从抽象的范围来说，既考察中国的非国际化的货币，更考察美国等处于国际储备货币地位的货币，涵盖考察至今所有状态的货币。只有对货币产生以来至今世界各国的货币全历史、全方位的考察，才有可能对货币这个概念形成正确的定义。

时间范围与地域范围，本质不是时间与地域本身，不但经济的各种条件会随时间的变化而变化，而且地域范围也是同样，不同国家不同地区一定会有区别于其他国家与地区的不同环境因素。抽象的程度是与地域的大小、时间的长短有关系的。时间越短、区域范围越小，其抽象的程度越低；时间越长、区域范围越大，包含的对象越多，其抽象的程度就越高。而抽象程度越高时，它的共同属性就越少，能被抽象出来的规律性的东西就会越少，但它的应用范围就越广。例如，我们可以从红苹果、青苹果、烂苹果、大苹果、小苹果、冰糖苹果等这些具体的苹果中，抽象出它们的共同属性苹果这个概念，这在生物界是个很小的范围，是只有很短的历史（例如5万年的历史），但是如果我们要从全宇宙的范围，无限长的时间刻度来描绘世界存在的东西，可能就只有用哲学上抽象程度最高的物质与精神这两个概念了。当然，描述物质的运行规律的适用范围必然远远大于苹果。

在进行抽象过程中，同样要用到假设条件，这与西方经济学理论方法中常用的在假设条件下做理论模型似乎是一样的，其实仅仅是形似却有本质上的不同。例如，西方经济学者要做一个汇率模型，他首先假设市场是均衡的，或者是理论必须隐含着这个前提，而经济现实中，均衡状态仅仅是各种不均衡状态中的一个特例，是相对的一个状态，当一个均衡状态要形成时，新的不均衡又出现了，因此，不均衡是绝对的。以“均衡”为假设条件或前提条件所做的模型就不可能反映现实。而在对现实进行抽象的过程中，通常也要用到假设。例如，当对一般的生产过程进行描述的时候，就需要由表及里，砍掉它的表面纷繁复杂的现象枝叶，抽出它的本质与主干，对事物本质进行描述，这其中也是需要通过假设条件来实现。例如，某种描述假设没有税收，没有出口，税收对生产过程中的分配来说是旁支，出口对生产与资本的循环过程来说也是旁支。进行抽象分析的过程，就是舍去这些枝叶，抽取本质进行分析的过程。所选取的假设条件正是舍去这些枝叶和过程的需要，是为了更好地抓住本质而不会影响对事物本质的认识。所以，虽然同样都有对假设的运用，但两者是有本质的不同。

1.4 实证方法问题

在弗里德曼用美国 1860 年—1960 年 100 年来的货币政策与经济状况的关系以实证他的“通货膨胀无论如何都是一个货币现象”的结论后，实证主义的研究方法一度被当作经典而被西方一些学者所鼓吹。当然，理论需要用实践与经验来验证，这一条是无疑问的，但不能反过来说，实证就一定能出理论。虽然，我们有些理论是通过经验总结而来的，理论方法其中之一就有一个归纳法。用归纳的方法找出事物发展的规律，也是实证的一种方法。

但是，社会生活领域与自然科学领域有很大的不同，由于社会是由人参与的，人的参与就有博弈的因素。因此，引起社会事件的发生，往往原因更复杂，各方面影响的因素更多；同一事件引起发生变化的原因很多，而不同的时间与不同的地点，各种影响的因素往往又会发生变化。

例如，在自然界里，我们可以把母鸡孵蛋看作是一个自然系统，鸡蛋只要给出适当的温度就可以孵出小鸡。影响孵蛋的因素主要是温度，而且十分确定，几万年不变。而一个社会系统中，我们举物价为例，引起物价变化的原因就很多很多，而且在不同的时间里会有不同的影响因素。在自由竞争资本主义时代，有成本因素、竞争因素、货币数量因素、资源紧缺因素等；在垄断金融资本主义时代，除了上述这些因素外，又增加了一些新的因素，例如，炒作因素、垄断因素，等等。

这也就是说，在社会系统中，影响事物发展变化的原因往往很多，如果单方面地从一个方面来考察原因与结果之间的关系，虽然也能构成因果关系，甚至也能被实证而证实，但是，必然地存在很大的片面性。就以上述物价为例，引起物价的涨跌有成本因素、竞争因素、货币数量因素、资源紧缺因素、炒作因素、垄断因素等，如果仅仅是拿出其中的一个货币因素来考察，说无论何时何地，物价的涨跌（通货膨胀）都是一个货币现象，这不是很荒唐吗?

我们来看看实证的过程，如果我们采用使货币贬值的方式增加货币发行（货币发行有两种窗口，贬值发行窗口与非贬值发行窗口，货币是否贬值发行，其发行方式与发行窗口相关），货币贬值了，物价必然上涨，因此，此种货币增发与物价上涨是因果关系，也能被下一次同样的因果关系所证实。但是，这里我们明显地可以看到，只有在因为货币是采用贬值方式增加货币发行的时候，才会引起物价上涨，并不是任何增加货币发行都会引起物价上涨；而且，并不能将凡是物价上涨都归于因为货币的增加，因为还有很多其他因素会引起物价上涨。

我们再来举一个由实证而产生荒谬的例子。为什么要举这个例子？因为在弗里德曼的货币主义理论实证过程中，曾经用过一种叫做“时序”实证的方法。所谓时序实证，就是前一个时序中货币量的变化，在后一个时序中，可以观察到物价的变化。其实这个被弗里德曼看得很重的时序实证方法，同样存在巨大的逻辑漏洞。我们举一个常识性的例子。例如，通过时序论证，在地震发生前的一个时序中，我们可以找到“老鼠到处乱跑、蚂蚁搬家”这样一种现象，在接着的下一个时序中，地震发生了，而且此为多次地震发生的前后关系所证实。那么，我们能不能由此而得出结论说，是因为“老鼠到处乱跑、蚂蚁搬家”的原因，从而引起地震的发生呢？显然不能，因为这是一个常识问题，这个结论违反常识，如果谁要坚持这个结论，必然是荒谬的。

但是在货币与物价的关系问题上，人们就不是那么有常识，因为两者关系复杂，这其中有太多的似是而非，有时候甚至是逻辑颠倒。因为，非货币的其他因素而引起的物价上涨，就会引起对货币需求的增加；这也就是说，不是因为货币增加而引起物价上涨，而是因为物价上涨而引起对货币需求的增加。所以说，在地震与“老鼠到处乱跑、蚂蚁搬家”这种常识问题上，人们是因为常识而不会相信荒谬，但当人们一旦离开了常识的领域时，将荒谬的结论当作真理也就丝毫不会奇怪。

因为任何理论都需要有实践来验证，需要有事实来支持，因此说，实证的方法是一个很重要的理论方法，但不是唯一的方法，实证的方法在宏观经济理论研究上作为主要的方法，有很大的缺点。因为宏观经济所包含的面广时间长，其内容十分复杂，相互关系更复杂，任何一个从表面现象得出的结论（甚至是任何一个结论）都可能找到现实的数据与事实支持，但不一定是事物本质的反映，甚至是远离事物本质。这就是为什么我们经常看到两种相反的观点都能找到佐证与现实依据的原因。其实，亚当·斯密著名的“看不见的手”就是讲宏观经济中的现实表现与本质作用并不是直观的，有时甚至是完全相反。而本章前面内容已经说明，在进行理论抽象的时候，恰恰是要过滤很多表面现象上的东西。理论抽象的过程是由表及里，事物本质的发现，应用实证的归纳法只是其中之一，而本质分析的方法则显得更重要。

也有人提出，为什么会发生在本质分析逻辑过程中没问题的理论，还是被实践证明是错误的呢？发生这种情况决不是实践的错误，而往往是所使用的概念出错，或者是使用的概念并不周延，概念在抽象范围与抽象的时间长度方面发生了错误，或者概念抽象原来本是正确的，随着时间的推移事物的变化发展，概念所指向的事物的环境条件发生了变化，而使用概念者却不知情，继续使用的这种概念用原有的逻辑，就必然会发生错误。逻辑思维的力量在于没有逻辑就必然得不到正确结果，但逻辑思维的正确前提是概念必然首先正确无误。

1.5 经济学理论源问题

当我们知道了做理论抽象时，其实是无形中隐含了环境因素的。这个环境因素是无形中隐含的，甚至往往不被论著者注意到，或者限于论著的篇幅与重点而被省略。因此，这就产生了关于理论源的问题。

经济学理论源在哪里？经济学理论源于现实人的社会实践，源于现实的经济运行。这一点在经济理论大师们那里本来是早已解决了的问题。我们都可以看到，这些原创的理论体系，基本上都是建立在对历史的、现实的经济考察、人的行为考察的基础上的。尽管这种考察有时可能会在对象与范围方面发生一些局限性，或在实证时、作理论抽象时可能会发生一些错误，但是，他们在理论源于人的社会实践、源于现实的经济运行这一点上多数人并不会发生错误。

在这个问题上容易犯错误的是引进理论的国家。由于经济学理论高度抽象，引进理论的国家的学者们，很注意引进理论的原理、理论的结论，而往往忘记原创理论家们在作理论抽象时的历史环境与作理论分析时的环境条件或假定条件。容易犯的错误主要在两个方面：一方面是将来源于局部的或是某一个历史阶段中片面的理论，当作全历史的、不分条件不分阶段的普遍真理，不加条件、不加分析地套于各种情况下的现实。这种做法就是我们通常所说的教条主义。另一方面出于理论具有能动地指导实践的作用，在人们取得成功后，往往主观地夸大这种作用，认为对经济现实是可以不遵循经济规律，凭主观的想象就可以任意地进行规范的。

我国学界已有的经济学体系主要是马克思主义经济学理论体系和西方市场经济学理论体系。由于经济学体系是引进的，虽然也有部分针对国内情况而进行的应用方面的具体加工，但从理论体系方面来说并没有脱离这两大派系。存在着将这两大派系理论把局部的、有条件成立的理论结论教条地当作普遍的应用结论来规范现实的问题，在革命战争年代，曾经就发生过以王明为代表的那些在前苏联学习得特别好的革命者，教条地引用前苏联革命的成功经验于中国实际，给中国革命带来严重损失，毛泽东同志将马克思主义的原理中国化，源于中国现实创造性地提出“以农村包围城市”等一系列中国特点的武装革命道路，来替代从前苏联照搬来的“城市暴动”“夺取中心城市一省数省成功”，从而将革命引向胜利。

既不了解中国现实，也不了解当今的世界经济已经发生了哪些变化，是那些从学校到学校、从学校到研究所的经院经济学人极容易犯的教条主义错误。由于经济学理论过于抽象，体系又过于庞杂，往往就产生出这样一种现象：一些经济学理论学者学得越深，所形成的思维定势越严重，越是习惯于用具有局限性的固有的思维定式来套用丰富的现实。虽然经济学原创理论者并不一定会违反理论源于对现实的抽象的规则，但后来学习者往往忽视当初理论原创者当时所处的理论环境与现实环境、所选取的理论抽象对象与抽象范围、分析模型的假设条件等。

站在教条主义反面的则是在经济实践中过分地强调主观能动性作用的主观唯心主义的学者。这些人在看清西方经济学理论在中国经济实践所产生的不良结果后，产生了对西方经济学不屑一顾的心态，由此当然也就分不清楚哪些理论原理与市场规律在市场经济中仍然有作用，哪些理论原理与市场规律已时过境迁，或者在限定的条件下部分地仍起作用。由于已看到了原有的市场经济规律失效不起作用，也就产生了对什么经济规律、经济理论都不信任的态度，这时候往往就陷入了凭主观的臆想构思一种经济学的虚幻境界。

其实，主观主义的命令经济学在我国也出现过。由于我国早期经济政策是计划经济，这种经济体制也被一些人称之为命令经济。这种经济在很大程度上的确需要靠人的主观能动性的发挥，因此，以主观想象来规划经济的思维习惯也被一些人带到了市场经济时代。还有一种原因是对纷繁复杂的经济现象缺乏多方面的了解与研究，也缺乏对事物理解的辩证的哲学思维，看问题往往习惯于表面化、浅层化，因此，以主观想象来代替对客观的现实的十分辛苦的考察，主观地想象着经济政策应该如何如何才是好的，规定与设计着各种理想的政策，也成为一些基础理论比较浅薄的学者热衷的行为。这些人并不懂得人们在经济实践中产生错误的原因主要是不能认识经济运行的规律，人们在实践中必须遵循经济规律办事才有可能获得成功。经济理论的任务是对经济运行规律的揭示，只有建立在对客观的、不以人们意志为转移的经济规律的认识的基础上的主观能动性，才能对实践有指导作用。

客观的现实经济对象是理论的源泉。缺乏对客观的经济现实与理论应用对象的深入理解与研究，是犯教条主义的原因；脱离客观现实，也是犯主观主义的原因。

主观主义经济学对我国经济发展所产生的不利影响反映在前30年的计划经济时代，在人们的革命热忱过去后，由于缺乏对人的行为规律的研究与对人的行为规律的尊重，主观地认为可以依靠号召、学习、命令，就可以发挥各个层级中的生产者在生产中的积极性，结果是基层的生产积极性不能发挥出来，其他层级中生产者的积极性也不能很好地发挥，经济管理中的主观主义严重，整体国民经济发展缓慢。

在市场条件下，我们也看到一些主观地设计出来的政策尽管十分的理想，却是无法实现。像这些年来内需不足、经济发展转型，喊了很多年，不少经济学者也出了很多主意，还是不能完全解决问题，其原因就在于这些主意、规范性理论，不是出于对经济运行规律的运用，而是一种凭主观想象的规范。

经济学理论对社会进步的影响巨大。只有采用正确的理论方法，紧紧抓住客观的经济现实进行深入的研究，才能获得正确的反映客观现实的经济运行规律的科学理论，即使是应用原有理论，也必须是建立在对客观的经济现实深入理解的基础上，才有可能使这些理论获得正确的运用。

1.6 两大经济学体系理论方法比较

当今的经济学形成了马克思经济学与西方经济学两大理论体系。简要地比较这两大理论体系对理解本著理论会有帮助。

首先要强调，不要认为这两大派系的理论有些部分已经过时了就彻底否认它们。经济理论过时，主要原因不仅是人们的社会生产、经济行为是最复杂的行为，而且会在行为过程中不断地修正、博弈。这两大派系的理论都曾经促使社会生产力获得高度的发展，因此说这两大派系理论都是人类智慧的最高成果，都是来源于对现实经济社会的客观描述，并从不同的侧面客观地反映或部分地反映着现实。不加分析或带有阶级偏见随意地否认一方理论，都可能使我们在理论上犯错误。只有站在巨人的肩膀上，特别是继承马克思经济学方法论，我们才有可能进行理论创新，发现经济理论的“新大陆”。

马克思主义政治经济学是用历史唯物主义的方法，将人、人的社会关系放到历史的过程中考察，通过高度的抽象，从纷繁复杂的经济表象中找到经济运行的本质过程。出发点是人，通过对人与自然界物质的关系的高度抽象，找到人的抽象劳动的本质。沿着人的劳动、劳动价值、商品分析、资本运行过程、劳动者在资本运行过程中地位变化、资本运行的历史发展趋势等进行系统的考察，从而建立了一套逻辑结构十分严整的理论体系。

西方经济学侧重于经济的表象分析，用对经验数据进行归纳、概括、计量分析方法，意图对经济决策找到优选的方法。西方经济学中也并非不做抽象。在古典经济学中，马克思经济学与西方经济有着共同的源头（即斯密、李嘉图政治经济学），只是因为在劳动价值论的纷争中因为方法论的重大区别而分道扬镳，西方经济学从此走向表面现象经济学。由于仅停留在对经济的表象分析上，虽然理论过程仍是需要运用抽象的方法，但是，其在抽象的范围与时间的长度上，就比较窄与比较短。例如，弗里德曼的货币理论以美国一个国家作为范围，以 100 年的美国货币史作为时间长度来研究货币理论；而同样是研究货币问题，马克思则从全世界范围内、人类开始从事经济活动有交换开始。再例如，同样是研究劳动价值问题，马克思是从 5 万年人类产生以来，人与自然界的关系的高度抽象中得出结论，而现代西方经济学（不包括古典经济学）只是从人们日常能观察到的现象出发，从可见的经验中进行抽象，这种抽象不仅时间长度短到只有几十年的时间，而且范围也只是当时西方几个工业国家，从而才抽象出像效益价值论、各种不同时期的价格理论。所以说，虽然都用到抽象方法，但所抽象的时间长度与范围根本不同。

我国的一些经济学者在介绍西方经济学时，会说西方经济学是从人性出发的。在这一点上马克思经济学与西方经济学也是有很大的不同。西方经济学从人性出发，是从作为个体人的人性出发，如人的理性、人的欲望、人的决策等，舍去了经济关系中人的社会历史属性。而马克思经济学则不同。马克思经济学并非不关注人性，而是将人放到特定的社会历史属性中进行研究，例如资本的人格化、作为人的劳动者的商品属性等。

两大派系研究的出发点、立场、方法都是有本质的区别。马克思政治经济学是站在劳动者的立场上考察资本运行过程，理论侧重的是揭示人在经济活动中的社会关系。就其完整、严密的思想体系和对事物本质逻辑过程的深刻揭露方面来进行评价，至今也是人类历史上最伟大的理论体系。由于它侧重了人的关系的考察、对资本主义的生产过程与运行中矛盾的分析，对资本运行仅是揭示其一般过程，抽象程度高，可适用的历史时间长，适用于对宏观经济的指导，同时也是一种革命者的理论。因为马克思经济学理论结论是资本主义必然灭亡，既然是必然灭亡，那对资本主义就没有进一步研究的必要了，马克思主义经济学者对经济理论研究就自然地转向于对社会主义与计划经济的研究了，在其后就没有大的发展。其实，马克思经济学理论体系的主体部分主要是揭示实体经济的价值生产过程与运行过程，虽然资本主义发展至今已有 300 多年的历史，至今也不过时，对观察分析宏观经济中的矛盾运动、指导宏观经济是有益的。

更主要的是，由《资本论》所代表的马克思经济学，已经为资本主义的实体经济实体价值生产理论建立了一个十分坚实的基础，这为在这个基础上根据当代资本主义的发展而创新发展新理论提供了广阔的空间。当然，也有很多理论可发展为现成宏观经济分析工具。例如，其对劳动与资本分配的趋势分析、生产与再生产的实现条件、平均利润与垄断的形成机制、经济危机产生原因的分析等，都可以进行进一步的逻辑推演，产生出宏观操作层面的理论。

西方经济学是站在资本的角度考察资本各要素变化过程，其实在这里西方经济学是没有人的，它的人都是微观中的人（只能依据此建立消费经济学）。在资本眼中，只有生产要素，劳动者也只不过是其中的生产要素。这是一个与马克思经济学根本不同的一个观点。由此而产生巨大的理论分歧就是，在西方经济学看来，个体人是自私的，作为一种生产要素，就是如何使这种生产要素发挥最大效能，包括发挥人这种生产要素的效能。所以西方经济学通常也就将自己看作是如何优化资源配置的学问，这一切都是源于以资本利益最大化为中心。个体利益都最大化了，也就是每一个资本家都赚到更多的钱，那么根据经济学的一条基本定理，没有消费对象的商品是不能被生产出来的，那么从宏观经济上说，这个整体资本家怎能赚到很多钱？所以西方经济学在宏观经济分析上是短腿的，即使到凯恩斯革命，发现了生产与消费的不平衡，也只是从主观心理方面找原因。而在马克思经济学看来，这是早已发现的经济现象，《资本论》从商品生产的一开始就发现了生产价值与实现价值的这种矛盾。人是社会性的人，商品生产反映的是劳动与资本的社会关系。社会性的人一方面通过劳动创造价值，另一方面必须通过消费来实现价值，创造价值与通过消费实现价值的不平衡，必然形成资本主义的基本矛盾。

应该说，抽空了人的经济学，对一家企业的管理来说，确实有用。企业中的人、财、物对管理者来说，都是生产要素。西方经济学在微观领域，特别是其企业管理学部分，有很多量化分析，确实有很多亮点。但是，在社会总生产过程中，人不仅仅是生产要素，或者说，起主要作用的不是生产要素的部分。人在生产中是消费者，人是生产的主人，人的生产只是手段，满足人的消费才是目的。

所以，西方经济学本质上是微观经济学，即使是凯恩斯主义的经济学，虽然客观上解决了宏观经济上的问题，但也是站在资本利益最大化这个微观经济的角度上看问题的。马克思《资本论》本质上是宏观经济学，他从一开始就是站在整个社会生产运行过程、资本的生产过程角度进行分析的。而西方经济学恰恰相反，在微观经济分析中得心应手，在宏观经济分析中束手无策。

下面我们具体地比较一下：

1. 关于价值与价格理论

西方经济学体系是将人作为个体的人分析开始的，马斯洛将人的需要分解为五个层次，效用就是满足这种需要的能力。而边际效用是指最后增加的单位商品或劳务的效用。不管是商品也好，劳务也好，其边际效用是递减的。满足社会需要的这些商品、劳务等的价格，都是由边际效用决定的。边际效用递减律无疑是个天才的发现，它确实反映了人们在满足需要时对价格衡量的一种主观心理过程。

西方经济学中最基本的供需曲线是建立在边际效用论基础上的，这里就抽象掉了人、人的分配因素、因劳动与资本分配的区别而产生的需求区别等经济过程中的本质因素。由此基础而建立起来的供需均衡分析就只能是在假定条件下进行。例如，它必须假定资本是可以自由流动的，劳动者工资成本是可随着市场供求而自由地变化的。因此可以作为一个很好的价格形成的分析说明工具应用于有限的企业管理范围。当然，我们这里并不能否定其在给定条件下对单个产品价格产生的作用。但在社会总供需的分析中，此理论就无能为力，基于此前对单个产品假定的条件不可能存在。例如，在宏观经济中，劳动力的整体价格不可能随着市场供求而快速地波动，甚至只能涨工资与福利，不能降工资与福利。资本与劳动力在国与国之间的转移虽然是有一些，但会十分困难。所以，一般性均衡分析中的假设条件在宏观经济中是不可能存在的。宏观经济中研究价格的市场形成是没有意义的，只有研究价值如何被生产出来，才是宏观经济学的真谛。

马克思首先将人作为社会的人，分析人的社会属性，资本只不过是反映人与人之间关系的产物，是从人的社会属性中找到了劳动价值所在。价格的形成本质上不是供需决定，而是由劳动价值决定，在宏观经济中，是由一国的生产力水平决定。因此，马克思将整个经济学理论体系建立在劳动价值论基础上，而不是像西方经济学将理论建立在边际效用论基础上。

如果将劳动价值论与边际效用论两大基础理论作一比较，我们还会发现这两者巨大的不同。劳动价值论是从价值的本质、价值的绝对值方面来考察的，价格是由价值决定的，并围绕着价值波动，劳动价值论更能反映出事物的本质和价值的绝对来源。而边际效用论则是从需求的心理层面来考察价格的形成过程，它是价格形成过程中的一个需求因素、一个相对量，本身没有客观标准。商品价格形成最终还是要牵涉到商品的成本、利润等范畴，而成本、利润的价格决定又在哪里？从边际效用的角度看，一部电视机与一瓶矿泉水，在满足边际需要的那一刻，可以有相等同的效用，但是它们的价格却永远也不会等同，此用边际效用理论就无法解释，而劳动价值论则很轻松地说明，因为生产一瓶矿泉水与生产一部电视机所花费的社会劳动时间不一样，它们的价值不同，因而价格也不一样。边际效用论不能说明商品的绝对价值形成，但却能很好地说明价格围绕价值波动的原因。而劳动价值论不能说明价格波动的原因，但在宏观经济的分析中却不可否缺。

2. 成本与利润理论

在西方经济学对成本分析中，除了总成本、平均成本的分析外，引入了边际成本分析：

平均成本（AC）＝总成本 / 产量＝（固定成本 + 可变成本）/ 产量

边际成本（MC）＝ 总成本的增量 / 产量的增量

在数理分析中，边际成本曲线总是在平均成本曲线最低的 E 点相交。此表示当企业投资达到规模经济后，如果继续增加投资会引起平均成本上升时，一般会停止增量投资。通过边际成本分析，可以找到最低平均成本点，通过对生产函数的分析，可以对投入的各生产要素进行合理化调节，以达到最优的投入产出比。

但是，在完全竞争条件下，资源可以自由转移，一旦某行业出现超额利润，就有新企业加入，因此，企业的长期均衡条件是：

边际收益（MR）=边际成本（MC）=平均成本（AC）

这时的企业只能获得正常的利润，不可能获得超额利润。

在完全垄断条件下，不发生新企业加入的情况，产品可按垄断价出售，企业可获超额利润。

随着资本的积累与集中，垄断竞争和寡头垄断成为普遍的形式。垄断竞争条件下的长期均衡，超额利润会消失。只有在寡头垄断条件下的长期均衡，超额垄断利润才得以保持。

马克思经济学对剩余价值的各种形态，利润、平均利润和超额垄断利润也有详尽的分析。但分析中所使用的概念与西方经济学是有区别的。马克思经济学认为利润是剩余价值的转化形态，来源于可变资本的增值，商业利润、利息、地租都是剩余价值的转化形式。随着社会资本有机构成的提高，平均利润有下降的趋势。而西方经济学中，用成本、收益分析取代利润分析，利息、地租、企业管理费等都包含在企业成本中，利润来源于全部的生产要素（包含了不变资本与可变资本）的创造。

应该说明，从企业的管理角度上看，将劳动、资本、土地、企业家的管理全部视作生产要素，从成本、利润的角度上进行分析，有它逻辑上的必然性，因为作为企业来说，劳动者只是一种生产要素，企业成本的一部分，舍去劳动者社会性的一面，有利于简化分析。实际上，在成本、利润、厂商均衡、生产函数、规模经济等方面的分析，也确是成为西方经济学中最精彩的分析，普遍地应用于微观经济中的企业管理中，并获得巨大的成功。作为一家微观主体的企业来说，是有一个赚钱盈利问题，要不，企业就无法生存；但是，从宏观经济的角度来说，一部分人赚钱，就等于另一部分人亏损，宏观经济决不是如何赚钱的问题，而应该是如何增加社会价值总量的生产问题。要增加社会生产的价值总量，就要增加社会总消费，总生产与总消费就要平衡。而马克思经济学是建立在社会价值再生产过程的分析基础上，不是企业管理的视角，侧重的是劳动、资本的社会性方面与生产和消费的总体生产过程方面的考察。因此，微观经济学方面，西方经济学是强项，宏观经济学方面，马克思经济学是强项，而且从逻辑结构上来说更严密，更具有应用性。

3. 收入分配与再分配理论

西方经济学中社会各阶层的收入，被定义为生产要素的价格，取决于生产要素的供给与需求。四种生产要素分别获得四种收入。劳动的提供者获得工资，资本的提供者获得利息，土地的提供者获得地租，企业家的管理获得利润。对单个企业来说，在完全竞争条件下，生产要素的价格由市场供求自发调节。其均衡条件是，生产要素的边际成本等于它的边际收益产量。

从需求方面来说，劳动者是生产要素的提供者，其工资取决于劳动边际生产力。这就是说，雇主雇佣的最后那个工人所增加的产量，等于付给该工人的工资。

从供给方面来说，工资取决于两个因素。第一，劳动力的成本。即劳动者养活自己和家庭的费用，劳动者所需的教育、训练费用。第二，劳动的负效用或闲暇的效用。

工资水平的决定被认为是生产要素供给和需求两种力量作用所获得的均衡价格，工会被看作是劳动供给的垄断者，认为工会能够控制劳工的供给量，人为地提高工资率。属于不完全竞争的劳工市场。

社会的四种人：劳动提供者、资本提供者、土地提供者、企业管理者，分别提供劳动、资本、土地、管理四种生产要素，分别按边际生产力水平获得工资、利息、地租、利润。政府提供服务与公共产品，通过税收获得财政收入。财政收支具有再分配功能，例如，税收的调节、转移支付、公共产品的提供、财政收支的方向变化、国债的使用调节等。

马克思经济学中的分配理论与西方经济学有本质的区别。

在马克思经济学里，劳动不是商品，本身没有价格，但劳动力是商品，同任何其他商品一样，具有价值与使用价值。它的价值是由生产和再生产这种商品的社会必要劳动时间决定的。其包括：劳动者本人所必需的生活资料价值；劳动者赡养家属所必需的生活资料价值；劳动者所必需的教育、训练费用。这里是包含了历史的和道德的因素。劳动力的使用价值就是能在生产中提供劳动，能够通过劳动创造比自身价值更大的剩余价值。劳动者工资只不过是劳动力价值或价格的转化形式。而利息、地租、利润、税收都是对劳动者所创造的剩余价值的分割。

应该说马克思的分配理论是从社会生产关系上所作考察的结果，它反映的是事物的本质联系。劳动、只有劳动才是一切价值的源泉。资本只不过是过去劳动的积累，土地的价值也在于过去劳动对该土地开发的积累。至于企业管理者，自然地也应归于劳动者之列。现代企业与马克思生活时代的企业已有很大的不同，当时资本家人格与企业的管理职责没有明显的分离，而现在不仅是人格上分离，而且职责上也完全分离。

上面的比较可以看出来，西方经济学中的分配理论只是对现象的描绘。而且，同生产理论一样，不是站在全社会的角度，而仅是站在企业角度进行的考察。例如，边际生产力决定劳动者工资就是一种最典型的企业管理者在招聘员工时的思考方法。从企业管理者的角度看问题，并不需要去思考劳动、劳动力的本质属性问题，而且需要量化的计算也只有从现象出发。如果我们将马克思经济学看作是从生产关系的角度揭示价值规律的经济学，那么西方经济学就是从企业管理的角度揭示商品（包括劳动力）价格的量化方法。

事物的复杂性、多面性，决定事物的考察必然存在多角度，它们之间并不一定相互排斥。过去经济学存在着用劳动价值论否定西方经济学，或用边际效用论否认马克思经济学，实际上都有片面性的一面，正确的方法是将它们放到各自理论所特定的抽象范围内进行考察与研究。

1.7 西方宏观经济理论失效的原因

要注意到，当我们说西方经济学失效并不是说整个西方经济学理论体系全部失效，一般来说都是指西方的宏观经济学部分。

2009 年 6 月诺贝尔经济学获奖者保罗 · 克鲁格曼（Paul R. Krugman）教授在伦敦经济学院发表的演讲中说："过去的 30 年来，宏观经济学说得好点是毫无用途；说难听点是贻害无穷！"同是诺贝尔经济学获奖者科斯（Ronald Coase）则公开声称"西方经济学已经坏掉了"。他在 2012 年 11 月 20 日发表于《哈佛商业评论》（HBR）的一篇论文中指出："经济学不知不觉间沦为一种特别的自然科学，忽略社会、历史、文化以及政治对经济运行的影响，这是在自取灭亡。"《现实世界经济学评论》的主页上引用了这样一句话："现有的经济学是一个飘在空中的理论体系，它与现实世界中发生的事联系甚微。"这句话也是出自罗纳德 · 科斯[4]。

西方经济学宏观经济部分之所以在2008年国际金融危机中失效，最重要的一个因素就是理论方法上出错。他们不对经济运行过程作具体的分析，把经济运行过程当作一个黑箱来处理，研究的视角是对黑箱的总量投入（输入）与总量产出（输出）的关系。例如，储蓄与产出、货币政策与产出、投资与产出的关系等。在微观经济学中，是可以站在资本的角度，研究单个资本如何地通过投入到产出利润问题的。但是，在宏观经济中，主要矛盾是供需不平衡，这种不平衡是在社会生产、交换、分配的过程产生的，只有研究这个过程才能揭示其中的运行规律，找到解决问题的办法。单个企业有效率，并不表明整体经济的效益，有时甚至会相反。资本越有效率，供需平衡矛盾反而会越大。因此，不研究社会生产、交换、分配运行过程，而是将其作为一个黑箱，只研究诸如就业总水平、国民生产总值、国民总收入、货币投入总量、价格总指数等，认为通过市场价格信号的传导，经济就会自寻平衡，运行过程中的各种矛盾过程都看不到了，不平衡的发生过程看不到了。正是这种研究方法，才使得西方宏观经济学理论体系失效。

弗里德曼的货币主义就是这种方法的典型代表。弗里德曼通过研究美国100年来的货币历史，得出“通货膨胀无论如何都是一个货币现象”就是这种将货币运行过程当作一个黑箱，只研究从货币政策的输入，到经济总量、通货膨胀的输出这种总量关系。先作假设，再用片断的、有选择的历史事实来证明。其实，由于经济现实十分复杂，任何一个理论结论，甚至荒谬的结论，都是可以在现实中找到事实来证明的。事物真正的因果关系有可能完全相反，或者说是颠倒的都有可能。例如，物价上涨，有可能是货币的因素，也可能是非货币的因素。如果因为非货币因素而上涨，货币数量也必须增加。那么实证数据所说明的到底是因物价上涨引起货币数量增加，还是因货币数量增加引起物价上涨？这种完全颠倒的因果关系如何能通过总量的实证数据被说明？因此，被西方奉为经典的实证主义方法其实是违反理论抽象的基本原理的，也就是说，被片断的事实所证实的不一定就是正确的抽象，而正确的抽象不被证伪才是真谛。

1.8 表面现象经济学的特点与危害

西方宏观经济学失效还与其表面现象经济学的特征有关。西方经济学总体来说是从研究现象入手。从研究现象入手的方法并不是说这些方法绝对不好，现象是人们认识事物的开始，经验也是人们获得知识的基本途征，依靠从现象入手的研究，经济学也曾取得了十分可观的成果。例如：从人的需要层次、人的自私与欲望开始的研究，发现了边际效用递减规律，由此一度在微观经济学中掀起了边际革命，提出了边际生产力、边际成本、边际收益、边际替代率、边际消费倾向等范畴，极大地丰富了经济学研究的内容。

但是，宏观经济学不同，它不仅不是微观经济的简单叠加，而且，与微观经济学上的观察、结论甚至完全相反。例如，资本如何降低成本，提高利润水平，企业如何提高经济效益等是微观经济学研究的主要课题与目标，但是，如果在微观上果真能实现利润最大化，那么在宏观经济中就有可能发生危机。因为，要实现企业成本最低，其中一条就是必须将劳动者工资压低到最低水平，这样在微观上实现了企业效益提高，但劳动者工资越低，社会总消费需求就越少，在宏观上就会有企业所生产的商品卖不出去，就会发生产能过剩的危机。因此说，宏观经济并不是微观经济总量相加。在宏观经济中，往往现象与本质相距很远。从现象入手研究往往无法到达本质。

例如，西方宏观经济学将国民收入作为分析宏观经济的一个起点。国民的收入等于工资、地租、利息、利润的总和。企业通过向生产要素的提供者“居民户”，支付货币形态的工资、地租、利息、利润，此构成国民总收入。国民收入的货币形态通过二个途径又会返回到企业：一是“居民户”向“企业”购买消费品；二是“居民户”将剩余的货币用于直接投资，或存入银行、购买股票、购买债券等，“企业”向金融机构融资获得货币资金。由此实现了货币循环流转，商品循环的反方向流转。西方经济学据此而推论出：储蓄＝投资，三驾马车说也就是由此而来。而经济的实际运行证明，这种等式是不存在的，三驾马车说任何问题都不能解决，而且这种分析框架无法使分析深入，从现象开始最后仍回归到现象。因为，不管是国民收入概念也好，储蓄、投资、通胀通缩、GDP 也好，都是经济运行的结果，这些结果（现象）中所包含的经济运行过程、运行中的各种矛盾、运行规律等，仍然是不知道，如果发生了经济危机，自然是无法解决。即使是经济学家们做出很大努力所发展起来的计量经济学或实证分析，实际上仍然只是将一国的经济数据纵向，或几国经济数据横向的比较，属于经验性的总结，与该国当时、当地的特殊环境条件相关，并不能由此构造出有普遍指导意义的经济理论。

有一些学者从头脑中构造经济学。例如，将西方经济学认为有用的地方与计划经济学中认为有用的地方叠加，或者是各个理论中认为是好的理论叠加起来，提出一些经济政策、政府行为应该如何规范性的意见。这种各派理论好的方面的叠加貌似最优的经济政策、政府行为的方案，其实是主观空想的产物，是无法实现的。例如，提出建立“低生存成本社会”，就是一种主观唯心主义的产物。一旦实行市场经济，它就会有属于市场经济的一系列规律在起作用，包括商品的价格形成，价值规律等，并不是由哪一个人，或者政府所能决定的。生存成本问题本质是一个分配问题，由分配规律在主导着。你如果不是对经济运行规律的掌握与能动的应用，仅仅凭主观想象将认为是好的政策拿来实施，实际结果是一厢情愿。

那么，我们应该建立什么样的宏观经济学？宏观经济学的首要任务是对价值生产过程、经济运行过程的揭示，对经济运行规律的发现，这才是宏观经济学的基本任务。只有懂得了宏观经济的价值生产过程、经济运行过程，只有懂得了经济运行背后的规律，才有可能懂得如何去管理宏观经济，能动地应用这些规律来解决问题，解决经济运行中深层次的矛盾，避免各种危机。

1.9 民族思维特质对宏观经济学体系构建的影响

2005 年，世界著名科学家钱学森向来看望他的总理感慨地发问：“为什么我们的学校总是培养不出杰出的人才？”，至今十几年过去了，虽然各种回答很多，现实却依然如故。看来这些回答都未找到根本的原因。

“钱学森之问”的确揭示了一个严酷的现实。日前看到一个统计资料：从 1901 年诺贝尔奖首次颁奖到 2001 年的 100 年间，在总共 680 名获奖者中，犹太人或具有犹太血统者共有 138 人，占了五分之一；而犹太人占全世界人口的比例不过是五百分之一。社会科学大师马克思、自然科学泰斗爱因斯坦，以及心理学鼻祖弗洛伊德等大名鼎鼎的人士，都是犹太人。而中国人占世界总人口的四分之一，中国人不管是历史上，还是近现代，在自然科学与社会科学的基础理论上，能拿得出世界级的理论贡献者寥寥无几。

也许有人说，中国古代有四大发明，难道这个不是对世界的贡献？这个当然也是属于世界级的贡献。不过，四大发明是属于技术层面的东西，而我们这里讨论的是基础理论层面的东西。基础理论层面与技术性层面，在对人类的贡献方面是属于完全不同层级。基础理论层面的创建与创新，是人类对客观世界与自身认识史上质的飞跃。这对整个人类社会历史的发展，都将会产生重大而深远的影响。

社会科学史上的大师马克思、自然科学史上的泰斗爱因斯坦，他们所做的贡献就是属于这一类的。马克思理论产生至今已 100 多年，人类社会运行至今也仍然是按马克思所预测运行轨迹在发展着。爱因斯坦相对论对人类的贡献更不用说了，人类当代生活，已经无时无刻都离不开这个理论发现所产生的成果。而马克思的《资本论》，爱因斯坦的相对论，都是运用高度抽象思维能力的结果。没有高度抽象思维能力的运用，是不可能产生这种影响人类历史进程的理论的。

为什么要在经济学中特别地强调运用抽象思维？因为经济学，特别是宏观经济学是必须运用概念进行思维的科学。首先就要求其概念抽象必须正确，没有含混不清的地方，由此才可能运用逻辑进行推理。概念是抽象思维中最基础的思维要素。正确的概念来自正确的抽象。凡抽象才能去除表面现象达到事物的本质特征。在运用概念进行推理时，必须依据形式逻辑与辩证逻辑的原则严格进行，不允许有任何的类比、象形、喻意、联想。

马克思在《资本论》中就为我们在抽象思维方面做出了光辉的典范。《资本论》首先对商品、货币、劳动、价值进行抽象分析，找出它的本质特征。只有通过这种高度抽象的本质特征分析，才能一步一步地揭示表面纷繁复杂的资本生产的内在运行秘密。

爱因斯坦的相对论，同样也是高度抽象思维的产物。例如爱因斯坦的相对时间公式 $t = to*\sqrt{(1-v^2/c^2)}$（通过这个公式可知，速度越大，物体时间走得越慢，当物体以光速运动，物体的时间就不再流逝，从而时间停止），没有高度抽象思维是永远也不可能被认识的，因为人的感官所能感觉到的对于宇宙来说，是一个极其微小的范围，宏大宇宙运行的规律不可能通过直观观察达到。

在社科领域，同样也有不能通过直观验证这种情况。像劳动价值论这个只有通过高度抽象思维方法才获得的正确的结论，就发生过与意象（直观）思维者在观点上的严重冲突。当代有过不少人用直观的价格与价值不相等的大量例证，来否定劳动价值论，其实是这些人的认识还处于意象思维的直观、浅表的层次。也可能发生原有的劳动价值论解释不了当代现实的情况，这其实也是现实发展了，而原有的理论却没有发展，或者理论本身也有欠缺，认识深度还不够。

从马克思与爱因斯坦这两个分别为社会科学与自然科学的巨人这里，我们可以看到，改变人类历史的基础理论的创立，必须是运用抽象思维方法。当然也不是说凡是抽象思维就能得出正确的理论，而是说创造与改变世界的基础理论，不管是自然科学领域还是社会科学领域，都必须是运用抽象思维方法才能找得到。因为，像“当物体以光速运动，物体的时间就不再流逝，从而时间停止”这一类的结论，人类不可能通过感官感知，也无法做试验通过经验而获得。在宏观经济学理论中也是同样，人们不可能凭经验，或者做实验而在纷繁复杂的表面现象上感知宏观经济的运行本质。像仅对商品的价格、企业的成本与利润的认识，是无法感知商品的价值存在。而一个国家如何生产更多的价值，则更是要通过高度抽象的理论分析才能获得正确的结论。

在近代中国与现代中国为何没有出自然科学与社会科学方面的理论大师的讨论中，何新先生曾经有一个观点，就是，中国人长于意象思维，缺乏抽象思维能力。中国人古代虽有老子道德经之类的朴素的哲学思想产生，但从来也没有过像西方古典意义上的哲学产生。当然，19 世纪中后期以来，随着西方经济学走向庸俗的表面现象经济学之后，强调实用主义的方法论体系，使得曾经产生过伟大思想家的西方国家，同样无真正意义上的哲学可言。其中这涉及在经济学中，严密逻辑的抽象思维方法被为利益所需要的崇尚经验主义与实用主义的方法所替代的问题。西方经济学服从于资本利益的需要，明确地将实证方法列为基本的经济学方法。因为马克思在《资本论》中应用高度抽象的严密理论逻辑的方法，展现了整个资本主义的本质运行过程，而相较于严密逻辑的本质抽象思维方法，表面现象思维方式的实证经验式的思想方法，则不仅适合于普通大众的思维习惯，也为资本利益服务之所需要。

西方经济学的这种将个人利益最大化作为人的本性的实用化思维训练，在当代世界上最少影响了三代人。所以，在当代西方社会科学领域，特别是哲学、政治经济学领域，同样也在退倒。例如，最近美国有个学者，就依据最新量子纠缠理论发现写了一篇文章，证明人死后意识不灭，意识也是物质等，说是此理论还惊动了科学界。这是典型的类比性的意象思维的产物，是缺乏哲学头脑违反概念思维的一种很典型的表现。因为意识这个概念是个高度抽象的哲学概念，在对意识这个哲学概念的定义中，意识是人脑对客观世界的反映，与存在相对应，因此它不可能有物质的属性。人死亡意识消失。不能因发现了量子纠缠现象就类比为意识也是这种东西。意象思维是依据相似性、联想、比喻、类比的方式进行思维，而抽象思维首先是对事物进行本质的抽象，表现在先对概念进行的定义，然后严格依据定义的概念运用逻辑进行推理。意象思维认识的是事物的浅表层，抽象思维认识的是事物深层次的本质。

在经济学中，各种概念都是有明确定义的，其概念的内涵与外延则是完全不一样的，不同定义的概念不能类比、不能混用于推理。宏观经济学中事物的相互关系是复杂的辩证逻辑关系，是必须用严密的辩证逻辑来认识概念之间的相互关系的。很多从外貌上、表面现象上相似的东西，本质上可能完全不同，甚至有可能完全相反。经济学中我们经常会看到一些数量公式、图形曲线，例如大家都知道的供需曲线与函数表达式等，其实，这些都是用于定性分析的工具，而不是定量分析的。本著后面我们也将会看到大量的各方面的数量公式，其中只有少部分，例如货币需求公式、宏观调控平衡列式等，可代入具体数量进行计算，其他大多数公式，都是出于定性分析的需要而产生的，是为了让人们更好地理解各个概念之间的相互关系，并不用于具体的量化计算。

发明象形文字的中国人意象思维能力强，中华文明就是在这个基础上产生的。即使是古代哲学思想，也多采用意象思维的方式表述。唐宋朝代之后的文化主要载体诗歌、散文大发展，八股文科举考试，更是强化了这种意象思维的民族特质。如果说中国的诗词、国画，由于主要是运用意象思维能力，可以说到了绝妙的境界。改革开放以来所发展的教育，特别地重视语文与传统文化的教育，则继承了中国人所长的这一传统。在教学方式上常常是采取知识灌输为主、不重视思维方法的训练，仍然注重强化意象思维能力，抽象思维能力在这种教学方式下很容易被扼杀。

缺乏抽象思维能力，就会缺乏重大的理论创新。当然，对每一个个体来说，如果缺乏抽象思维能力或抽象思维能力较弱，仍然是可通过学习与思维训练来提高的。本著也是力图提高抽象思维能力的样本。宏观经济学是运用概念进行思维的科学，因此在学习中，必须要首先把握概念，弄懂概念的定义，弄懂概念的三要素：内涵、外延、概念抽象时的范围与条件。本著后面将会看到不少新概念的定义与原有概念的重新定义，必须要真正搞清楚。绝对不能用类比、比喻、相似性的概念来替代对概念的理解。只有准确地把握了概念，才能在此基础上进行比较分析、逻辑推理。

1.10 经济学应用呼唤与方法论

近代历史上，中国经济发展落后于世界发达国家。计划经济时期，我国引进了以马克思主义经济学为基础的前苏联政治经济学，该经济学以命令式的计划调配资源与动员式的基层激励为基本特征，有两大致命弱点：一是只有管理层的积极性，直接的生产者缺乏持续的积极性和创造性的发挥，以至于到“文革”时期一线生产者的消极怠工成为普遍的现象。二是计划调配在多数情况下成为主观的想当然，极端的情况像1958年大跃进中，定钢铁产量指标一年翻番的情况也出现过。改革开放后，一些人运用西方经济学新自由主义的话语体系来故意曲解改革政策，强调资本的“自由之手”。此理论在资本主义发展的早期，尚未形成金融垄断的自由资本主义时代，曾经对社会生产力的推动起过良好的作用。但是，当中国经济转轨为市场经济体系时，西方发达国家资本主义已经进入到了垄断金融新阶段，在此一阶段上的西方发达国家，通过民主宪政的力量在本国内部已经完成了普通民众的基本需求的满足，而强大的金融资本，则急需要向欠发达国家寻找奴役的对象。在改革开放初期，资本“自由之手”仅用十来年时间就使我国的“基尼系数”由0.3演进为接近0.5，成为世界上贫富差距悬殊的国家之一。而国际垄断资本，则可以通过新自由主义的资本与劳动要素国际化、自由贸易理论，将生产性国家锁定在为国际垄断金融资本打工的低端制造业上。由此，一系列奇怪现象发生了，人民币币值升也升不得，贬也贬不得；美国大量印钱，却不发生通胀，中国通胀却形影相随，如果紧缩货币却实质上是支持美国印更多的钱；同时牺牲了中国的环境、牺牲了资源，牺牲了一些重要行业的控制权，换来几万亿外汇储备却无处可用，再返回到美国购买金融产品以支持国际垄断资本对欠发达国家的金融垄断。新自由主义的理论实质，是国际垄断金融资本实现垄断与对生产性国家奴役的自由，是将资本对劳动产品的享有权关系，由原来的发达资本主义国家的内部，扩大为国际间的垄断金融国家对生产性国家的金融垄断，也就是发达国家主要生产垄断的金融产品（如股票、债券、金融衍生品、货币等），交换生产性国家的实物商品。当然，实现这种交换有着十分隐蔽与复杂的形式。例如，处于国际储备货币地位的美元，利用生产性国家资本“赚美元”的做法，就可实现对生产性国家的“印钱消费”。

当然，西方的凯恩斯主义也好、新自由主义也好，不管历史作用如何，我们都应看到它的运行总与一定的历史条件有关。也就是说，在一定的历史条件下它的存在是合理的。例如，建立发达国家资本与生产性国家劳动的这种纽带关系，在这种关系建立的初期，对带动生产性国家走出绝对贫困还是很有好处的，但如果奉行资本绝对自由的理论，它同时也就给生产性国家套上了一副枷锁。当这些国家谋求进一步发展时，结果发现内部贫富差距已经加大、通货膨胀频频，“两难”问题挥之不去。而垄断金融国家内部资本过剩更加严重，资本的利润本性使得过剩资本聚集在虚拟经济、商品期货市场、金融衍生品交易中寻找获利机会。由此，资本主义基本矛盾在一方面缓解了，却又在另一方面形成新的尖锐矛盾，垄断金融国家因为在虚拟经济领域过度地使用杠杆操作，或者是滥用信用，前所未有的国际金融危机发生了。

1929 年，资本主义世界的生产过剩危机，是通过湮灭过剩的商品来实现供需的平衡；2008 年，以美国暴发次贷危机为标志的国际金融危机，则是通过湮灭过剩资本从而实现生产性国家与资本性国家的生产与消费、投资性货币与消费性货币之间的再平衡。但是，国际金融危机并没有改变美国利用国际储备货币地位继续实行“印钱消费”的本质，“印钱消费”反而成为国际金融危机后发达资本主义国家在进入到严重资本过剩后唯一解救危机的手段。

新自由主义的所谓自由，是资本的自由，是资本发展垄断的自由，资本利用垄断优势，放任地、不受限制地获取生产性国家实体财富的自由，而生产性国家资本弱势，只有低价劳动，在国际化、自由竞争、劳动者相对过剩条件下，演变成“竞次”出口的自由。生产性国家如果照搬这些为国际垄断金融资本服务的理论，无异于将自己关进牢笼，套上精神枷锁。如果这样的话，国家民族经济发展就没有希望，此拉美国家已有前车之鉴。

经济发展中的惨痛教训反复说明了正确的经济理论对一国经济发展的重要性。经济理论的目的是为了揭示经济运行的规律，只有掌握了经济运行规律的人，才能能动地推动经济快速发展，实现从必然王国到自由王国。经济运行的规律也是有层次的，有小范围的、某一国或某一经济发展阶段的，或某一个经济领域的规律，也有深层次的，基本性的经济运行规律。必须懂规律的作用范围与层次性，不懂得规律的层次性、规律的作用范围、规律的运行环境，同样是教条主义的错误。

宏观经济理论不是属于小范围的、短期的应对政策研究，是属于对一种生产方式（例如资本主义）的经济深层次的运行规律的发现与揭示，因此，必须通过对这种生产方式中的生产、交换、分配、消费的全过程进行揭示，才能发现其中的运行规律。

资本主义生产方式的实体经济运行过程与规律，马克思在150多年前用他的《资本论》进行了全方位的揭示。但是，马克思身后的100多年来，资本主义的生产方式已经经过了自由资本主义、生产垄断资本主义、金融垄断资本主义、垄断金融资本主义等四个发展阶段，资本主义具体生产的形态也已经发生了巨大的变化。生产的价值创造过程早已经不再仅限于实体经济。虽然早在马克思生活的时代里就已经有证券市场，信用价值生产也是伴随着资本主义产生同时而产生，但是那时候只是处于初期的，或是处于萌芽状态的。随着经济的不断发展，经济体内矛盾运动的变化，特别是经济由生产过剩走向全面的资本过剩，量变终究会引起质变。如果我们将早期的股票市场看成是一个为生产资本集资服务的市场，它依附于实体生产资本扩大生产的需要，那么，当生产全面过剩、资本全面过剩发生的情况下，证券市场的本质也就悄悄地发生了质变。它已经由服务于实体经济集资需要的市场，演化为可通过实体经济的实体价值生产从而实现信用价值生产的一个与实体经济相对应的经济体。而引发这一本质性改变的因素正是因为频频引发经济危机的生产过剩、投资货币过剩。而股票市场之所以能产生信用价值，其原因也就在于能改变实体经济中投资货币与消费货币的分配比率，缓解投资货币的过剩。

因此，世界经济发展到了这一个阶段上时，当代经济虽然仍然是马克思当年在《资本论》中所描绘的以实体经济实体价值生产为基础，但在这个基础上不是简单的重复着，而是在这个基础上生长出了一个信用价值的生产体系，与实体经济相对应的虚拟经济也可以通过实体经济的实体价值生产而从事信用价值的生产了。

当代社会再生产过程与马克思《资本论》中所描述的实体经济的社会再生产过程相比，发生如此巨大的质的变化，而且，这种社会再生产质的变化在欧美发达国家，最少在20世纪80年代就已经完成了这种经济的转型，即使是后发国家的我国，也已经在近年里发生着这种转型。但是，苦苦追求着从经济危机中解脱的东、西方经济理论界为何对这些变化没有丝毫的察觉呢？其关键的原因在于，马克思生活的当时还没有这种虚拟经济的生产过程，所以马克思的《资本论》是对实体经济的社会再生产过程进行研究。而自从斯密、李嘉图的继承者将古典经济学庸俗化后，西方经济学中就不再有基础的价值生产理论的研究了，因此，有关价值生产基础理论，属于宏观经济理论中的核心社会再生产理论从此就断了线。在当代社会经济已经进入到“双轮经济”构架的时代里，社会再生产理论需要重新研究。

其实，在当代经济中信用价值生产并不止于虚拟经济的过程中，在国家信用创生货币价值的过程中也有体现。但是它们都是建立在实体经济的生产过剩、投资货币相对于消费货币过剩的基础上的，信用价值的生产仍是需要通过实体经济的实体价值生产来完成其价值的最终实现。通过信用价值生产方式来缓解资本主义的基本矛盾，这也就成为当代经济的一个本质特征。

由于价值生产方面的变化，必然导致分配方式上的随之变化，只是因为理论方法上的欠缺，人们才熟视无睹、视而不见。

资本主义基本矛盾具体体现为经济体内的投资货币与消费货币分配比例的严重失衡。依据经济的自发过程，至今已经发生并客观存在着四种分配方式。马克思的《资本论》揭示的是资本与劳动在实体经济运行中的第一次分配；凯恩斯发现了可以通过扩大国家投资、增加就业以及通过财政税收手段，进行社会公共福利的第二次分配，以解决社会在第一次分配中所产生的在马克思看来是不可调和的矛盾，从而使资本主义国家相继进入发达国家行列。

然而，社会还客观地存在着由股市“货币放大”规律而形成的第三次分配。这种分配机制是建立在第一次、第二次分配基础之上的。当人们获得第一次与第二次分配后，必将手中的财富重新分配于投资还是即期消费。除即期消费外，在股市功能良好的国家中的股民，还会将剩余货币，或者是未消费的货币投资于股市，当股市“货币放大”作用发生正效益时，又会发生一次将由股市创生的价值分配于投资货币与消费货币重新进入实体经济的分配过程，使经济获得总体效益性的增长，缓解了原来过剩的矛盾。当股市“货币放大”作用发生负效益时，会产生“价值湮灭”，使得股民投资于股市的原本是用于消费的货币减少，其结果也会改变原由一次分配与二次分配中所形成的投资货币与消费货币的比例，使投资货币与消费货币更加不平衡，加剧了原有的经济体内的过剩矛盾。

第四次财富分配是在生产过剩条件下运用“印钱消费”规律而产生的对“过剩财富”的分配。在正常情况下，这种财富是不存在的。因为，如果生产过剩会引发经济危机，过剩的生产能力会在危机中自行湮灭，“过剩的商品”

在实际中是不会被生产出来的。但此时如果使用“印钱消费”手段，这种“过剩的商品”就会被生产出来。在一国之内运用“印钱消费”手段可以消灭贫困，在国与国之间的“印钱消费”只有在实施“印钱消费”国家的国际储备货币地位与生产性国家不适当的货币政策条件下才能实现。例如美国使用“印钱消费”手段消费中国的这种“过剩财富”，我们自己却因为资源的过度消耗和资源瓶颈而忍受着通货膨胀的痛苦。只有我们学会自己“印钱消费”，才能解决当前我国存在的生产过剩问题，挖掘发展潜力，实现国民收入倍增。

可见，经济生活的现实已经有了巨大的发展，本著以现实为对象，以马克思经济学与方法论为基础，详细地揭示信用价值生产过程与运行规律，就是下面各章的理论。

第一章思考题

1. 宏观经济学为什么必须用抽象概念的思维方法，实证方法在宏观经济学中应用应注意什么问题?

2. 为什么在使用理论概念时，要注意该概念形成时抽象的范围与时间长度?

第二章 劳动价值论历史论争与信用价值产生

本章导读

本著所要论述的信用价值论，是建立在马克思的劳动价值论基础上的。劳动价值论，从古典经济学创建开始，经过马克思的完善与发展，至今已超过200年的历史，其间经历了风风雨雨的发展过程。简要回顾这一过程中理论的争论、争论的焦点、理论迷惑之处，马克思解决理论问题的方法，这对于信用价值时代里劳动价值理论的丰富与新发展起到奠基的作用。同时，只有深入理解了劳动价值论，才能更好地理解信用价值理论，才能使我们进一步体会宏观经济理论中方法论的重要性。

2.1 斯密、李嘉图劳动价值论的漏洞

马克思的劳动价值论，理论来源于亚当·斯密（Adam Smith）与大卫·李嘉图（David Ricardo）。劳动决定价值这一思想最初由英国经济学家配第提出。亚当·斯密和大卫·李嘉图对劳动价值论做出了巨大贡献，特别是李嘉图对劳动形成价值的理论和价值量的分析取得了很大成绩。

在人类经济思想发展史上，人们对什么是“财富”经历了一个曲折的探索过程。在资本主义以前的时代里，人们生产出来的产品主要供自己消费，产品的具体的、直接的使用价值是财富的直接表达形式，因此，财富表现为对生产要素（例如土地、奴隶）的直接占有，人们不会去追究“一般财富”的形式，也不存在对一般的、抽象的财富（指货币）占有欲望。社会发展到

资本主义阶段后，产生了以占有“抽象的”货币财富为目的的生产，之后又产生了分工，产生了工业劳动、农业劳动与商业劳动。劳动变得越来越复杂，人们虽然意识到劳动在创造社会财富中所起的作用，但仍然不能意识到抽象的、一般的劳动的存在，也就是不能从各种各样的具体劳动中抽象出“一般的人类劳动”，因而也就不懂得如何去增长一国之财富。只有到了亚当·斯密，才第一次从形式多样、纷繁复杂的具体劳动中抽象出“一般的人类劳动”这个概念，开创了现代意义上的真正的经济学。

继英国经济学家配第提出劳动价值概念后，亚当·斯密是最先系统地论述了劳动价值论的经济学家。他的价值理论主要体现在他的《国民财富的性质和原因的研究》（简称《国富论》）一书中。他在该书中明确提出了劳动决定价值的观点，并且研究了复杂劳动与简单劳动的问题。但亚当·斯密在正确地肯定商品价值由生产商品的耗费劳动决定的同时，又错误地提出了商品价值是由这个商品在交换中所能购买或支配的劳动量决定的。实际上就混同了物化劳动和活劳动。因为已经形成的商品是物化劳动，而“所能购买或支配的劳动量”是指活劳动，活劳动是指人的劳动能力，或是指劳动力。在资本主义生产关系条件下，劳动力本身也是商品，具有价值与使用价值，劳动力价值的货币表现形式是工资。而亚当·斯密却没有分清物化劳动与活劳动的这种重大的区别。由于亚当·斯密把耗费劳动与购得劳动等同起来，无法看清它们根本不能构成等量关系。如果由购买的劳动决定商品价值，等于就是说用劳动力价值即工资来决定商品价值，这显然是一种价值决定价值的循环论，同时也混淆了价值的内在尺度（凝结在商品中的劳动）和外在尺度（价值的货币表现即价格）等一系列概念。

亚当·斯密在考察价值问题时，是最先区分了使用价值和交换价值，认为交换价值的大小不决定于使用价值。这是他正确的部分。但他在这个问题上认为劳动产品天然就是商品，不能理解商品必须同时具有使用价值与价值这二重属性，也没有将价值看作是交换价值的内在基础，交换价值是价值的表现形式。

亚当·斯密的劳动价值论是不彻底的二元价值论。亚当·斯密一方面把创造价值的劳动归结于无差别的一般的社会劳动，虽然此时他的劳动价值论还是有些概念上的混乱，分不清劳动与劳动力在概念上的区别。“经常把商品价值决定于商品中所包含的劳动时间这一规定，同商品价值决定于劳动价值这一规定混于一谈”[5]。这其中“商品价值决定于劳动价值”，实际上是说商品的价值由商品价值来决定，是一种循环推理。不过，这种错误主要是因为亚当·斯密在当时还不能区分“劳动价值”与“劳动力价值”在概念上的不同，仍是在认可劳动价值论。但他在分析商品的价格构成时说：“工资、利润和地租，是一切收入和一切可交换价值的三个根本源泉”[6]。工资、利润和地租这三部分只是对已经创造出来的商品价值进行分割的结果，怎么能倒过来成为商品价值的源泉？这里，他实际上又抛弃了劳动价值论。

斯密的二元价值论就是一方面提出了劳动价值论，另一方面又提出了所谓三位一体的收入价值论，从而陷入了价值决定的多元论，形成了自相矛盾的两个体系。在这其后，马克思继承了其劳动价值论，而西方经济学家们继承了收入价值论。

在劳动价值论上，李嘉图比他的前辈前进了一大步，他进一步发展了亚当·斯密劳动决定价值的学说。他探索了稀有物的价值决定与可由人类的劳动无限制地增加它们的数量的商品的价值决定，后者这一可竞争生产的商品的价值量决定于劳动时间，而价值的大小则与这种劳动量成正比。他反对亚当·斯密把价值由耗费掉的劳动决定与购买到的劳动决定混为一谈，摒弃斯密关于商品的价值由该商品所能购得的劳动量决定这样一种错误的说法（“购得的劳动量”的说法是混淆了“劳动”与“劳动力”这两个概念的区别），指出：“体现在商品中的劳动量规定商品的交换价值”[7]（要注意，这里“体现在商品中的劳动量”，与“购得的劳动量”含义的区别，前者是指劳动力价值，后者是指劳动价值）。把生产商品的劳动看成是价值的唯一源泉，而且价值不是由生产某一种产品时的实际耗费的劳动量决定，而是由社会生产这种商品总的社会必要劳动量决定。李嘉图也不同意斯密的关于商品价值是由工资、利润、地租这三种收入决定的意见。他认为，已经生产出来的价值，无论如何划分都不再会影响到劳动决定价值的这一原理。李嘉图同时还提出了商品的价值由新增劳动与物化劳动共同决定的意见。可见，李嘉图坚持了劳动价值论的一元决定的观点，使他成为古典政治经济学的集大成者，他将交换价值决定于劳动时间这一规定性做了最透彻的阐述与发挥；他以整个国民经济为研究对象，从而创立了经济学的理论体系；他在国际贸易理论中的比较成本学说，至今也是国际贸易理论中不可动摇的基石。

但是，李嘉图劳动价值论仍然存在缺陷与漏洞，他仍然没有找到斯密之所以提出价值由购得的劳动决定的真正错误根源，主要有四大理论问题没有解决：一是劳动价值与劳动力价值的概念区分问题，经常将劳动价值与劳动力价值混为一谈，不能解释如何确定生产商品的社会必要劳动量，也无法回答劳动与资本的交换这一在当时来说是属于重大的理论问题；二是劳动的二重性，即具体劳动与抽象劳动这两个概念的区分问题，从而无法解释土地的价值问题，也不能回答土地等原来积累下来的劳动价值与现实的活劳动价值如何实现同时转移的问题；三是当时斯密与李嘉图都忽视了对价值形态的研究，将价值形态看作是与商品价值无关的东西；四是不懂得在自由竞争条件下，平均利润率规律的存在，从而导致部门之间存在着利润的转移，因而无法回答为何等量资本可以获得等量利润这一客观现实问题。所以，尽管李嘉图学派曾经盛极一时，最终还是在著名的新旧葡萄酒价格差的辩论中，由于李嘉图的劳动价值论不能解释为何陈葡萄酒与新葡萄酒在投入的劳动量差别不大，而价格差别巨大的问题；由于不懂得劳动的二重性，当需要说明新增价值的创造与原有价值的转移是如何同时进行时，也是束手无策，等等，最终导致李嘉图学派的解体。

其实，现实中的等量资本获得等量利润问题，斯密在他从事理论时就已经看到了，但是他采用回答不了就绕道走方法，这就是他从劳动价值论走向收入价值论的二元价值论的根源。李嘉图同样也看到了这种劳动价值规定同现实中等量资本获得等量利润之间存在某种抵触，但是他认为，由于售价五千镑的商品所用的资本量可能等于售价一万镑的其他商品生产所用的资本量，所以两者的制造利润也会相等。但如果商品的价格不随利润率的涨落而变动，其利润就会不相等了。李嘉图认为需要对劳动价值原理做出一定的修正，但他坚持认为，工资和利润的涨落对商品价值的影响是次要的、例外的，主要的还是由劳动量决定商品的交换价值或相对价值。

2.2 劳动价值论被攻击与篡改

由于斯密、李嘉图的劳动价值论存在着缺陷与漏洞，因而引起了反对劳动价值论者的攻击。最有代表性的是萨谬尔·贝利在 1825 年出版的《价值的本质、尺度和原因的批判研究，主要是论李嘉图先生及其信徒》的著作，对李嘉图的价值论和利润论进行了全面的攻击。在他看来，没有绝对的、独立存在的、内在的价值，价值就是交换比例，就是价格，是纯粹相对的东西。

他将劳动者的工资、利润都看成是一种交换比例。

当时的罗・托伦斯（R.Torrens）虽然是李嘉图贸易理论的追随者，却用强调价值与生产价格相背离的现象反对李嘉图的劳动价值论。他说，只要两笔资本相等，它们的产品的价值就是相等，不管它们所推动的或者说它们的产品所需要的直接劳动量如何不同。如果两笔资本不等，它们的产品的价值就不等，虽然花费在它们的产品上的劳动量完全相同。这表明劳动决定价值的原理只适用于社会发展的初期，资本积累出现以后，价值便决定于生产费用即资本的支出。

马尔萨斯（Thomas Robert Malthus）则利用李嘉图混淆劳动价值与劳动力价值这两个概念所产生的混乱来反对李嘉图的劳动价值论原理。因为李嘉图将工资说成是劳动的价值或价格，即工资是劳动的全部成果。既然工资是劳动的全部成果，那么资本家已将工资即劳动价值的全部成果给了工人，那么利润的价值从哪里来？李嘉图就不能在劳动价值论的基础上说明利润的来源了。李嘉图理论中的这个矛盾和困难，李嘉图本人当时并没有觉察到，但被马尔萨斯看到了，并成为击破李嘉图理论的有力武器。他说，如果工资确如李嘉图所说是劳动的价值，利润从何而来？而利润是客观存在的，不能被否定的，那么，唯一需要否定的就是李嘉图的劳动价值原理了。他强调说，正因为工资和利润都不可缺少，所以商品的价值就应由工资量和利润量来决定。这个量构成了资本家的生产费用，又是从同劳动的交换中得来的，因此，价值论就是生产费用论。

所谓生产费用论，是指商品价值是生产商品的生产费用决定的。理论渊源就是前面所讲的斯密的二元价值论中的“商品价值是由工资、利润、地租三种收入构成的”，而这三种收入也就是商品的生产费用。“生产费用论”在当时的代表人物是法国的让・巴蒂斯特・萨依（Jean-Baptiste Say）。萨依除了有一个臭名昭著的萨依定律外，他认为商品的价值是由劳动、资本和自然力共同协作的结果，当使用劳动、资本与自然力时就产生了工资、利息和地租，商品价值是由劳动、资本、土地这三要素共同创造的。从根本上否认劳动价值论，却成为现代西方经济学主流理论。

在新陈葡萄酒价格矛盾的争议中，即使是李嘉图的忠实追随者，约翰・斯图亚特・穆勒（John Stuart Mill）和约翰・雷姆赛・麦克库洛赫（John Ramsay McCulloch）等人，虽然力图反驳那些反对劳动价值论者，也都是不成功的，反而将李嘉图的经济学陷入庸俗化的境地。

为什么窖藏葡萄酒相比新葡萄酒没有增加劳动时间而价值却增加了呢？约翰·斯图亚特·穆勒认为，这是因为酒在窖藏期间，人手的劳动虽然停止了，但当初生产新酒时耗费的蓄积在其中的劳动还在继续劳动，所以陈酒比新酒贵。他似乎也感到这种说明难以理解，于是进一步解释说，一部机器的价值不是一下子消耗完的，而是逐渐消耗，这就说明当初生产机器时所耗费并蓄积在其中的劳动还在劳动。穆勒的这种解释不仅不能令人信服，反而偏离了劳动价值论的基本原理。因为，葡萄酒在窖藏期间，的确会占用生产资料，这部分占用的生产资料会发生部分价值转移，不属于新劳动的价值创造，从所转移的价值量来说，并不能说明已经离开劳动过程的产品在窖藏期间价值提高数量上的原因。而且，人的劳动已经停止了，怎能因为酒的发酵还在继续，就说人“还在劳动”？麦克库洛赫的解释比穆勒更糟糕。麦克库洛赫说酒在窖藏期间“是机器设备以及自然力对酒发生了一种我们所期望的作用”。自然力创造价值的说法、发酵过程创造价值的说法，这已经是诡辩，距离资源创造价值论说只有一墙之隔了；而机器设备到底是创造价值还是转移价值，说不清楚，就会陷入资本创造价值的生产费用论。穆勒在其《政治经济学原理》中对价值理论作了总结，他对其说不清楚的劳动价值论采用折衷主义的方法，他将生产要素归纳为土地、劳动和资本。从这里可以看到，李嘉图的劳动价值论的追随者们将劳动价值论最终演变成生产成本论，意味着劳动价值论从此在西方正统经济学中终结了，生产成本论确定了，从此以后在西方正统经济学中不再有劳动价值论了。

虽然西方经济学的鼻祖亚当·斯密与大卫·李嘉图都是劳动价值论的创立者，但当代西方经济学家多数都是劳动价值论的反对者。其原因既有亚当·斯密与大卫·李嘉图的劳动价值论本身存在缺陷，而他们的继承者又面对缺陷不能解决从而将经济学庸俗化的一面，也有当代的西方经济学者普遍缺乏对马克思经济学的全面理解的一面。因为在马克思经济学里，新陈葡萄酒的价格矛盾的全面解决，是必须到《资本论》的第三卷“资本平均利润”的论述以后，由于平均利润的形成，资本周转时间长的资本在同时间内会产生同时间的资本平均利润，陈旧葡萄酒储存时间长，占用资本周转的时间长，在占用资本时间内也会产生资本平均利润。由于《资本论》第三卷在 1894 年才出版，而此时西方经济学已经由效用价值论与边际效用理论占统治地位，理论方法也从分析生产的本质过程转向了经济现象的分析。

2.3 马克思最终解决劳动价值论理论中的矛盾

马克思将李嘉图看作是“古典政治经济学的完成者”，对他在劳动价值论方面的贡献给予了很高的评价。

李嘉图劳动价值论中存在的四个理论缺陷，两大理论难题，后来都被马克思在他的《资本论》中解决了。马克思的发展在于，将价值与使用价值看作是商品所必须有的、不可或缺的二重属性；价值作为抽象的一般的人类劳动的凝结，它必须以商品的使用价值作为载体，交换价值只不过是商品价值的外化形式。马克思严格区分了具体劳动与抽象劳动、物化劳动与活劳动、劳动价值与劳动力价值、不变资本与可变资本等问题，详细研究了价值形态的转化问题，发现了用于购买劳动的价值（表现为劳动者工资）与该劳动者在劳动生产中由劳动所创造出来的价值之间的差额，这些都在 1867 年出版的《资本论》第一卷中进行了充分的论述，从而使得李嘉图理论中不能解释的劳动与资本如何实现等价交换问题得到了解决。由于劳动价值与劳动力价值的区分，资本购买的是劳动力而不是劳动，工资是劳动力价值或价格，而不是劳动的价值。资本家购买了劳动力后，劳动力所从事的劳动才是商品价值的来源，剩余价值来源于劳动价值，它是劳动价值与劳动力价值之间的差额，利润是剩余价值的转化形式。正是在劳动价值论基础上，马克思发现的资本主义剩余价值生产的秘密，并创立了剩余价值理论、社会再生产理论。

《资本论》第二卷、第三卷由恩格斯整理分别于 1885 年、1894 年出版，其中第三卷中的价值转化为生产价格、剩余价值转化为利润、利润转化为平均利润、资本由竞争所造成的资本利润平均化的理论，从根本上解决了在李嘉图理论中不能解释的等量资本获取等量利润方面的问题。如果对新陈葡萄酒问题回答：人们在生产新陈葡萄酒的时候，人们在体力劳动与脑力劳动支出上并不会有很大的区别，它们所含有的价值量是大体相等的，虽然陈葡萄酒比新葡萄酒在占用生产设备时会有稍多一些的设备价值转移，但在总劳动量的区别上仍然不是太大，但陈酒的卖出价格却贵很多，其根本原因在于，陈葡萄酒必须在生产过程中滞留较长的时间，在这期间仍然占用资本，按照资本利润平均化的规律，等量资本在占用时间上会产生等量的利润，这不是因为这期间资本生产了价值，而是有一部分剩余价值从其他部门流出转移到陈酒上来了，使之能在占用资本的期间也能获得平均利润。等量资本获得的等量利润，这部分利润仍是劳动价值，是因为平均利润规律所产生的，剩余价值在部门之间的价值转移。这就是为何陈酒的价格高于新酒的劳动价值原理。这也是马克思劳动价值理论与生产价格理论相统一的最重要理论贡献之一。

马克思 1883 逝世，他在《资本论》第三卷中关于平均利润规律理论直到 1894 年才公诸于世，此时的西方经济学中，已经不再有任何以劳动价值论为基础的理论了，供求论、生产费用论、边际效用论已经占据统治地位。

“供求论”的代表人物是马尔萨斯。他认为，商品无所谓内在价值，它的价值是由市场上供给与需求的状况决定的。市场上对某种商品的需求越是超过供给，这种商品的价值便越大，反之越小。这种供求论后来不断地完善成为西方经济学的供求曲线决定价格的最基础理论。

应该说，供求论对市场价格形成的分析，在企业管理的微观层面还是有一定作用的，但明显是经济表面现象的分析，与其他的表面现象的分析一样，需要设置很多特定的条件才可能成立，因此，只能成为微观经济中的分析工具。例如，需求曲线，通常认为是向下的曲线，表示物品的需求数量与价格呈反比关系，价格提高则需求数量减少，价格降低则需求数量增加。但是这也需要设定市场条件，完全竞争、垄断竞争、寡头垄断与完全垄断的多种市场条件，不同的市场条件下曲线并不一样。即使是如此，也不能说明全部，有不少高品质商品的需求曲线不是向下，而是相反向上。价格提高则需求数量增加，价格降低则需求数量反而减少。如劳工工资提高在一定节点后的供给反而减少，古董、古字画、证券市场追涨杀跌等，有时房地产市场也会产生这种情况。所以，依据表面现象所做的抽象，供求关系规律性并不强。

“供求论”者当时的目的是企图使人们只注意商品的流通过程中的价格现象，而不去注意生产过程，因为剩余价值只有通过生产过程才能揭示。正是因为西方经济学从此不关注生产过程，才使得西方经济学在微观经济的实证分析上发挥了较好的作用，而在宏观经济理论中始终只处于实证性的经验总结性的理论水平上。

边际效用价值论最早是由 17 世纪的英国经济学家 N・巴贲提出来的，经由德国经济学家 H.H. 戈森、英国的杰文斯、奥地利的门格尔和法国的瓦尔拉的各自论述，后由奥地利的欧根・冯・庞巴维克集大成，并加以发展成为西方经济学的主要价值理论之一。边际效用价值论认为，价值并不是商品内在的客观属性，商品的价值取决于效用，效用大则价值大，反之，价值则小，如果是稀有物则价值贵。所谓效用是指物品能满足人们欲望的能力，因此普遍存在着消费效用递减的规律，某种物品越多，效用越低，市场价格是买卖双方物品效用主观评价形成均衡的结果。

边际效用价值论被用来反对古典政治经济学和马克思主义的劳动价值论，是典型的主观价值论，这种主观价值论，使得客观的价值成为一种可以随着人们的主观评价而任意变化的东西，违背人们对价值认知的基本常识。因此，用边际效用来说明价值来源是十分可笑的说法，此即便是西方经济学界也遭受到多数人的反对，包括赞同边际效用作为一种分析方法的学者。

其实，效用价值论把有用物品的稀缺性看成是其交换价值的决定因素，如果我们沿着这个逻辑继续分析，却反而可以导出劳动价值论的结论。

自然界有使用价值的物品，如果自然界不稀缺，人们可以自由取用，谁也不可能将其全部占有，就用不着通过交换来获取。因此，“稀缺性”是物品进入交换的前提。由于稀缺，人们要想获得这个使用价值，只有两个办法：一是自己用劳动去生产这个物品；二是通过交换从别人那里获得。要进行交换，就得用同样是对别人来说也是稀缺的物品，因为交换的对方如果能从自然界自由地获得这个物品，那么这个物品就属于不稀缺的东西，不稀缺的东西就无法进入交换。因此，不管是己方还是对方，只有通过劳动，才能获得稀缺的物品。凡是自然界中所缺少的东西，都是需要通过人类用劳动去创造的。物品的稀缺性是对于人们的需求而言的，人们的任何需求，最终都可以归为对于人类劳动的需求。在交换中，越是表现稀缺的物品，实际上也是越要花费更多劳动的物品。这个道理是一样的，因为如果通过劳动很容易生产出来的物品，单位商品中所包含的劳动也少，比较来说稀缺性差。越是需要花费更多劳动才能生产出来的物品，其稀缺性就强。社会必要劳动时间是在市场竞争中实现的，市场竞争也是劳动耗费的竞争，通过劳动生产的竞争，从而得出每一种物品都按社会平均劳动时间进行交换。那么仍然是稀缺的物品，必然是需要耗费更多的劳动时间才能被生产出来的物品，那么它的交换价值也就必然高了。因此，“稀缺性”与必须耗费社会更多的劳动量其实是一回事。论证稀缺性决定价值，其稀缺性只是表象，取决的因素仍然是人类的社会必要劳动量。

同样，如果我们沿着边际效用理论分析也可导出劳动价值论。在人类的各种欲望中，人们最愿意放弃的是不劳动的欲望，人们最愿意用这种欲望的牺牲去换取其他欲望的满足。因为劳动是人的本能的发挥，人的肌体中蕴含着这种本能。这种本能的发挥，并不一定是痛苦，有时还是愉快，是一种享受，尤其是对脑力的使用更是如此。劳动虽然不是享受，但却是与享受有紧密联系的。劳动是人们对自己本能的超出享乐需要的发挥。如果用边际效用论的术语来表达，劳动就是“超出享乐边际的活动”。从满足之时开始，也就是从人们的活动到达“享乐边际”之时开始，人们发挥其本能的活动就不再是享受，而成为一种支出、一种忍耐、一种令人厌倦的活动。超出“享乐边际”越远，人们就越感到痛苦。只要超出“享乐边际”不是太远，人们是最愿意用劳动去换取自己所需要的东西的。在这方面，人与人之间的差别仅仅在于有些人只需付出超出“享乐边际”不远的劳动，有些人却不得不付出超出这个边际很远的劳动。但是，不论如何，他们付出的都是劳动。由此可见，即使从效用价值论出发，也会得出劳动是交换价值的本原或基础这一结论[8]。

由边际效用学派所发起的边际革命，其主要贡献就是因为提供了一种边际效用的分析方法，这种分析方法使得经济学从古典经济学的强调生产、供给和成本，转向关注消费、需求领域。如果剔除其错误的主观价值部分，作为一种经济学的分析方法的确是起到了重要作用的。

人类从事经济活动的目的就是为了满足人类的生存发展需要，所以经济学必须高度注重对“人的需要”以及满足这种需要的“效用”的研究。所谓效用，其本质是商品的使用价值，不是价值。对于使用价值，马克思说：“物的有用性使物成为使用价值”，但“物的有用性”是什么？就是指“效用”。但马克思《资本论》的主要任务是分析生产关系，这主要通过分析资本主义（宏观经济）的生产过程才能实现，因此，马克思必然会忽略对商品的使用价值（即效用）分析研究。边际效用学派发展了这种研究方法，并在其后被广泛地应用到边际生产力、边际成本、边际收益、边际替代率、边际消费倾向分析，此为丰富经济学的内容立下了汗马功劳。直到凯恩斯革命，也有边际消费倾向递减分析、资本投资边际效率递减分析的功劳在其中。

2.4 西方经济学放弃劳动价值论的恶果

庸俗经济学通常称为表面现象经济学，其特点是迷惑于经济的表面现象，而不能看到纷繁复杂的经济现象运行背后的本质。西方经济学中关于价值理论的研究，自从延续19世纪的“供求论”“生产费用论”“效用价值论”后，100多年来，再也没有提出过新的理论，或有所新的建树。这与西方经济学走向表面经济学，只研究表面的价格，不再研究抽象的价值有关。边际效用、供求曲线决定价格，它是价格围绕着价值波动的一种价格决定形式，是价格围绕着价值波动的表面现象，只能应用于微观经济的管理方面，例如企业价格定价策略、成本利润分析之类。而在宏观经济方面，则是没有太大意义的，因为在宏观经济中，价格与价值并不是一回事。宏观经济研究的是价值如何被生产出来。如果只看到价格决定看不到价值决定，就会产生只看到表面现象看不到本质，由此所建立起来的宏观经济学必然最终走入死胡同。由于不再研究价值，也就无从对生产过程进行研究了。古典经济学关注价值生产，这与古典经济学研究劳动价值论本来是一脉相承的，而随着研究对象从本质走向表面，现代主流经济学也只有走向消费分析，走向微观与管理方面。

只有马克思继承了古典经济学的劳动价值论的优秀成果，并科学地改造并完善了它。在此基础上，也只有在此基础上才创立了一整套的资本实体经济实体价值生产过程、运行规律的理论。马克思经济学理论的创立，同时反衬了劳动价值理论作为基础理论的重要性。经过100多年来的经济实践证明，西方经济学中的众多理论原理与理论结论，除了在微观经济分析与管理方面发挥了较好的作用外，在宏观经济方面大部分都已过时而显得毫无用处。特别是2008年国际金融危机发生，更显得现代西方宏观经济学在解决危机方面的无能为力。相反，这个时候使人们想起了马克思，由此掀起一股重读《资本论》的热潮，人们发现，原来《资本论》中所描述的资本运行过程与经济规律，至今仍是与现实经济丝丝相扣，并不过时。

西方经济学对劳动价值理论的抛弃，所产生的影响远不止这些。信用价值生产其实是与资本主义生产与生俱来的，只不过在开初的阶段并不太显眼。在西方发达资本主义国家，最少可追溯到20世纪70年代，信用价值生产方式就已开始明显地显露出它的重要性。这个时候以美国为首的欧美各国，都陷入了因实行凯恩斯主义而带来的严重的滞胀危机，表明在资本主义生产体系的内部发生了全面的生产过剩、资本过剩。由此而引起当时的主要资本主义国家发生了经济转型。当时的经济转型有三个方面：①以美元金本位为中心的国际货币体系的体解，表明世界经济已完全进入到信用货币时代；②股市转型。由于生产全面过剩，股市的集资功能趋弱，通过70年代大规模的兼并与集中，股市功能转型于发挥财富效应方面；③劳动密集型产业向欠发达国家转移。这三个方面的经济转型，除了第三个方面是属于特定的历史条件下的产物外，第一、第二两方面都是属于对信用价值生产方式的转型，而第三个方面的世界范围的产业转移、技术转移其实也与信用价值生产有关联，这就是由国际货币体系向信用货币体系转型而产生的关联。如果没有国际货币体系向信用货币体系的转型，国际产业转移、技术转移并不会那么顺畅。

可见，信用价值生产方式其实早已产生了并显著地存在着，但是西方经济理论界却没有发现，笔者的论著《货币迷局——当代信用价值论》，第一次将价值的基础研究重新纳入理论经济学的视野。

2.5 对反劳动价值论者的批判

从前面论述的劳动价值理论的历史可见，价值理论是一本蒙受上厚厚迷雾的理论，是一种很难见到庐山真面目的理论。现在，因为信用价值生产方式的出现并广泛地发生作用，这种远离劳动价值本质的现象，使得本来在价值理论上已经蒙上的厚厚一层迷雾上再加重了一层。当代，由于一般人习惯于形象思维，且这是大家通过经验都能看到的，来自表层的浅薄的反映现象的知识反而更受欢迎，而对于高度抽象的反映深层次的理论，反而会更受表层理论的排挤。其实劳动价值论不仅仅是受到了来自西方经济学者的批判，甚至原来属于马克思主义的学者，由于不能解释当代的信用价值的现象，也纷纷对劳动价值理论提出了怀疑与质疑。如果我们排除那些浅薄的质疑这里不赘述，综合那些比较深层次的对劳动价值论的质疑与批判，我认为主要来自两方面：一是资源（包括土地）是否也是价值来源，二是信用是不是创造价值。有关信用价值问题，是本论著重点讨论的主题，放在后面章节中论述，这里重点论述资源（包括土地）是否是价值来源问题。

关于资源（包括土地）是否是价值来源问题，是价值多源论的观点，即认为价值不仅来源于劳动，资源也是价值来源之一。这种理论最早的渊源是来自斯密的“价值是由工资、利润、地租三种收入构成的”多源价值说，后来在马尔萨斯、穆勒为代表的生产成本论中得到了加强。资源价值论是从土地创造价值中引申出来的，因为土地也就包含土地下的各种矿产资源，认为是没有人的劳动参与的自然条件下生成的价值，所以叫资源价值论。其实这是历史上早就批判过的理论。

首先，我们先讨论资源有没有价值？要说清这个问题，就要说清楚价值这个概念，什么是价值？价值是一个哲学上的抽象层次最高的概念，所以说包含的对象范围广泛；就像物质这个概念是一个最高的抽象，越抽象所包含的对象范围与属性越广泛是一样的。正因为如此，所以至今人们很难给价值这个概念下个准确而统一的定义，此与对价值的认知与理解有关。人们广泛认可的宽泛意义上的价值定义是泛指客体对于主体表现出来的积极意义和有用性。但这个宽泛的价值定义与我们在经济学中所讨论的价值定义是不同的。在经济学中，价值是商品的一个重要属性。在这其中，西方经济学与马克思经济学对价值的定义也是有所不同的。现代西方经济学认为价值与价格是等同的，有的经济学家甚至不承认有价值存在，只有价格。马克思经济学认为，价值和价格并不等同，价格是交换价值的表象形式，围绕着价值波动，商品价值是由凝结在商品中无差别的人类劳动决定。在马克思经济学中，价值与使用价值是两个平行的概念，同为商品的两个属性。使用价值也可以解释为效用价值。这里需要注意不能混淆的是：①广义上的价值与经济学中的价值概念是不同的两个概念，前者泛指客体对于主体表现出来的积极意义和有用性，后者特指来源于劳动的产品。②这里的价值是特指商品的唯一的只有两个属性中其中的价值属性。商品在最高层次的抽象中，只有两个属性，一是对人有用，二是劳动产品。

有人指责说马克思对经济学中的这个价值定义不科学，需要说明，这个价值定义并不是马克思定义的，而是从配弟、斯密、李嘉图那里继承来的。任何一个理论中的概念只要定义明确，学习、继承与批判者都应该在这个理论定义概念的内涵与外延上使用这个概念。我们常常看到很多的批判者并没有真正从作者的原意上理解这个概念。更有一些初级学者将人们所持有宽泛的价值概念与经济学中的价值概念相混淆，或者将马克思经济学中价值概念与西方经济学价值概念、价格概念相混淆。人们通常先验地认为价值或价格是来自生产成本加利润，因为这样更直观，更接近表象。只有这种来自直观表象的价值观念，资源才会被看成为价值的源泉之一。

在《资本论》中，马克思并不是没有考察土地与土地上的附作物自然资源的价值问题，而是详细地考察了土地的级差地租与绝对地租的产生的原因，级差地租与绝对地租都是来源于人类的劳动[9]，明确只有劳动才是唯一的价值源泉。

资源价值论者常常举例说，人们对土地、矿产资源并没有施加劳动，或者所施加的劳动很少，而所获得的交换价值往往远远大于对其所施加的劳动所生产的价值；而且，土地还随着时间在不断地升值。又举例说，大海中的鱼都是自然生长的，所产生的价值大于投入捕捞劳动而产生的价值，挖出来的黄金、稀有金属都是如此，而且越来越贵，不是仅仅投入挖矿劳动所能解释的；私有制下的土地所得地租收入者，他的祖先在历史上未投入过任何劳动，却能获得地租收益，如果其地下有黄金，其收入更丰厚，只能说这是土地与资源所创造的价值才能解释。是的，土地与土地下的自然资源在当期所获得的收入，与当期的劳动支付有些时候的确是不能相等甚至不成比例，这时候好像是发生了资源也能创造价值的假象，但是，如果真正理解了抽象劳动的含义，这种假象仍然是可以被揭开的。

所谓抽象劳动，不仅是同一个劳动者在作用同一个劳动对象时，其中包含有具体劳动与抽象劳动，也包括该对象在历史上的劳动积存与历史上、现实中并不是直接作用于该对象，但对该对象有影响的人类劳动。

什么是该对象在历史上的劳动积存？一次性消费的商品可能不存在这种在历史上的劳动积存问题，而土地却是个具有承载历史劳动积存的典型商品。自从有人类在该土地上的繁衍生息中所付出的劳动都会在该土地上积存下来，产生正面的或者是产生负面的价值都会有。不仅如此，土地还是一种因为位置固定，最容易接受周边环境影响的一种商品。还有一种更广义上的劳动对土地这种容易接受周边环境影响产生价值影响。例如，国家的管理，军队对边疆的守卫、和平环境的护卫。战乱中的土地是不值钱的。历史上对疆界土地的争夺、边疆的守卫，国家的管理，这些虽然都不是对该土地直接的劳动，却都是通过外部环境对该土地最大的价值积存因素，影响着该土地的价值。

难道这些都不是人类的劳动吗？当然是谁也不能否定的。如果没有人类劳动，土地与资源还有没有价值呢？我看只要抬头看一看月球上、土星上、火星上的土地有没有价值，应该就能明白这个道理。当然，随着人类开始登月，人类为登月而付出的巨大的科研成本，也会转移到月球的土地上去，并且会积存下来，将来在月球的土地与矿产资源进入商品交换时，这些积存价值也会起作用。只有那些绝对没有任何人类劳动投入的星球土地，对人类来说，也就绝对不会有任何的价值。例如，火星上的土地，人类至今未涉足，他对人类有没有交换价值？没有！因为这是真的人类从未投入过任何劳动。但是，现在正在探月，如果有一天月球上的土地成为稀缺资源，需要通过交换才能获得时，现在的探月也就构成了它的劳动价值。人类现在进行的南极考察，将来如果南极的土地与资源需要经过交换才能获得时，将来也会构成南极土地与资源的交换价值。

再以喜玛拉雅山的土地与资源为例，这是属于人迹罕至的土地，与月球不同，它不需要登月开发，它的价值又从何而来？它的价值仍在于国家在历史上和现实中为它付出了抽象的劳动，这种劳动包括历史上争夺这块土地所付出的劳动、现实中军人为守卫边疆所付出的劳动，甚至还应包括对这块土地的地图上的标识、测绘、登山运动员登山对这块土地的水文资料获取、电视的转播宣传等劳动。地下矿产资源的劳动价值形成其实还更广泛，因为除了它是土地上的附着物，具有土地价值的相同属性外，还应包括对该矿产对象的历史上的科研成果的劳动价值的积存，对该矿产资源使用价值的科研劳动价值转移，等等。

更有一种反对劳动价值论的说法是，城市的土地没有经过劳动，会随着时间自行增值。甚至举例说，城市中的某一房地产一天一个价。的确，我们经常可看到某一块土块，因为通了路，该土地价格翻几倍，某一个房子因为通了地铁、建了学校、修了医院、有了大超市菜市场，交通更方便，等等，此地房子价格翻倍涨价。甚至某一个地方因为建造了一所好的学校，或者政府搬迁至此，由此成为市政中心等，都会引起该地方房地产的升值，原因在哪里？其原因就在于，人的劳动虽然不是直接在该地块上的投入，房子可能还是那个房子，土地还是那块土地，但是周边的环境却发生了变化，也可能是周边环境上的某些投资项目有良好的正外部性，对该土地与房子有好的影响。由于土地有区位的特殊属性，可以通过周边环境条件的改善与“聚集效应”来获得价值。虽然就该块土地来说是没有投入任何的劳动，坐享其周边的外部性影响而获得的价值，表面上看这种价值是自然生长出来的，其实根子仍然是通过人类劳动的投入，通过这块土地环境的改变的正外部性而来的。各地方政府都有一句口头禅：“要想富，先修路”。有些地方政府即使发生巨大的亏损也要修飞机场，你认为这些人傻吗？其实正是聪明人，因为他们都认识到，这些项目虽然就本身来说是亏损了，但却因为有良好的外部性而提升了整个城市的价值。

什么叫外部性？外部性又称为溢出效应、外部影响或外差效应，指一个人或一群人的行动和决策使另一个人或一群人受损或受益的情况。经济学的外部性的概念是由马歇尔和庇古在20世纪初提出的，是指一个经济主体（生产者或消费者）在自己的活动中对自身之外的人或者社会的福利产生了一种有利影响或不利影响，这种有利影响带来的利益（或者说收益）或不利影响带来的损失（或者说成本），都不是这个经济主体本人所获得或承担的，是一种经济力量对另一种经济力量“非市场性”的附带影响。它的价值创造来自社会组织与管理中的价值效应或原生主体价值创造的外部溢出。例如，科学研究所创造的价值，并没有完全地分配给当时的劳动创造者与资本，而是主要地外溢给社会，并且随着对该知识应用的深入，而外溢给应用主体。在后面的第十九章、第二十三章将会继续论及，社会组织与管理、教育与科研的投入，所形成的是一种社会资本，社会资本不直接从事价值生产，而是参与价值生产。

矿产资源、海洋资源中当交换价值大于直接的挖矿、捕鱼中的劳动耗费时，这大于的价值来源也决不是来自自然力。资源的价值中有几个部分是属于社会资本所参与的价值创造而产生的价值，往往被一些人所忽视或看不到：

①历史上科研的劳动与该劳动所产生的正外部性。例如门捷列夫发现了元素周期表，居里夫人发现了镭，爱因斯坦发现了相对论，这些科研成果所产生的巨大价值与良好的正外部性价值输出，往往不是直观的，需要通过历史的长河中人们的持续的生产过程体现出来。试想，任何一个矿产，如果没有科技人员的科研劳动对其性能的发现，怎可能成为有价值之物？例如，锂的价值就不能仅仅是挖矿提炼，也包括科研人员大量科研的劳动，如锂的发现、锂的用途，特别是锂在电池中的用途等。

②通过输出负外部性而获得超额价值。例如对环境的破坏，对海洋鱼产品的过度捕捞。

③国家的管理劳动。例如，国与国之间的谈判、海洋划界，国家对土地、海洋保卫的劳动投入。历史上的文化积存方面，如郑和下西洋使得南海成为中国的传统渔场、该渔场的有关水文资料、渔业资源的状况等，这属于人类

历史上的劳动所积累下来的。此外，还包括国家管理方面的经验、理论和国家对文化方面的劳动投入。

所以，商品的交换价值并不仅仅是现实的、具体对该商品上直接的劳动投入，它也包含有间接的抽象的劳动投入、投资外部性与获得性价值、历史上劳动投入，以及通过知识、知识的溢出效应与文化传承而获得的价值等。马克思对劳动价值一再解释是来源于人类一般的抽象劳动，土地与土地上的资源所形成的商品与普通的粮食、布匹这些易耗品不同，它不能移动，所以更与环境、历史、国家管理有关。在计算劳动价值量时就不能仅计算具体投入到某商品生产中的具体劳动量，而应计算到现实的、历史的、环境的、知识与文化形式的，直接的、间接的、外部性获得的劳动价值。只有真正认识到了这些，才算是真正认识了劳动价值论。

还有一种认为是，私人资本也是创造价值的源泉之一，这是一种低水平的反对劳动价值论的论点。因为私人资本的价值来源于劳动，属于物化劳动，这在《资本论》中有详细的论证。反对劳动价值论者在这个地方发生错误的关键是，混淆了资本与资本家这两个概念的区别。不能否定，资本家在发挥对资本运行、企业管理时，也是人类的劳动。复杂劳动、技术劳动、脑力劳动、管理劳动等，都是人类劳动，在这里并没有排除资本家作为劳动者的身份从事的劳动，他也是活劳动，会创造价值。而资本则是物化劳动，只会做价值转移，不能创造价值。

2.6 关于劳动价值论中的价值与价格

在马克思的劳动价值论中，价值来源于劳动，是指来源于生产这个商品的劳动，不是指所有的、任意的劳动。价值来源于劳动，也不能反过来说“劳动＝价值”。要注意西方经济中的效用价值论中的“价值”概念，它的涵义是价值来源于商品的效用。商品的效用这个概念，对应马克思商品价值论中的“使用价值”。马克思认为商品有两重性：使用价值与价值。认为价值来源于效用，等于说，价值来源于使用价值，是将价值与使用价值等同。当然，“效用价值”对马克思的“使用价值”概念作了延伸与发展，将效用价值与价格等同起来，最终，在边际效用中将价值与人的主观感受联系起来。

马克思在商品的“使用价值”概念中认为，不同的“使用价值”是无法比较的。效用价值论则通过人的主观感受到的“效用”，来对使用价值进行比较，从而形成价格的心理因素。因此，效用价值论的“价值”，不能与劳动价值论中的“价值”概念混为一谈。但持效用价值论者都是将这个“效用价值”看作是商品的价值，并且与价格混为一谈的。

在马克思的劳动价值论中，价值来源于人类的劳动，价值量取决于生产这个商品的社会平均劳动时间。可见，价值量是在生产的过程中决定的。价格是交换价值的表现形式。交换价值并不等于商品在生产过程中由社会平均劳动时间所决定的价值（关于这一点，将在后面的非资本价值生产中说明原因），因此，价格是在交换过程中形成的。价值与价格的决定时间是不同的，西方经济学将价格混为价值，所谈的效用价值、供求曲线中的价格，这都是在谈交换时的价格形成。

由于资本生产存在着市场价格竞争，当代社会生产中，商品中的价值已经普遍地不等于价格。在第十九章的社会资本生产、第二十三章的非资本价值生产中，将会考察价格如何地消失，价值为什么不等于价格，大多数单个商品中的价值大于其价格，社会价值总量大于社会价格总量。

因此，如果将宏观经济学建立在价格基础上，就会发生错误。因为社会生产的真实总量是价值总量，对价格的统计与各种与价格为基础的计算模型，由于只反映了其中的一部分生产情况，却把它当作总量，会使得这种计算与在此基础上产生的理论没有任何的意义。此同时也说明，在劳动价值理论上如果发生错误，整个宏观经济理论体系就会发生崩溃。

价格消失理论完满地解答了西方经济学者们用价格与价值不相等的实证对劳动价值论所提出的质疑。

2.7 马克思的劳动价值观的哲学思考

必须将马克思在劳动与价值的关系上的抽象看作是一种经济哲学上的最高的抽象，没有这种哲学方法论上的认同，必然犯错。

价值这个概念，是反映客观世界与我的这个主观世界的一种关系，而不是“市场中商品之间交换比例”的关系。在客观世界与我这个主观世界的关系中，就经济哲学范围内进行考察，只有两种抽象关系，一是客观世界对自己的有用性。例如，空气、水等可自然获得的东西。人类早期生存生活的一切条件，都是在自然环境中获得的（包括采摘、捕捞等）。随着人类劳动，扩大了生存空间，反过来又促使人类人口数量的增加和个体生存空间的缩小。

为了争取生存生活条件，人类从两方面作了努力，增加劳动与对土地进行争夺（战争）。从对自然的关系这个广度上来说，战争也是一种人类为生存而付出的劳动。劳动最先是为了满足自己主观的需要，是增加对自然世界中的有用性的获取，或者通过对自然物的改造以使自然物对自己有用。因此，在客观世界与我这个主观世界的关系中，就产生了第二种抽象关系：我的这个主观世界改造客观世界，以获得更多的有用性。这个改造客观世界的过程，就叫劳动。也就是说，自我主观世界要获得有用性，只有客观世界的自然提供与自我主观世界对客观世界的改造提供，或者说是劳动提供，而自然提供的物品是不需要通过交换就可自由获取的，而别人的劳动产品获得，就不能自由地获取，或许就需要用自己的劳动产品进行交换。

必须明白，价值是个很宽泛的概念，最高层次抽象的价值，就是指客观世界对自我主观世界的有用性。在这个哲学最高层次的价值下面，还要分为经济学中的价值概念与社会学中的价值概念。社会学中的价值概念有如：价值观、社会价值等。价值观是一种主观对客观有用性的判断，不存在交换问题，社会价值是指某一对象对社会的有用性，也是一种无法具体衡量的主观判断，由于它有共享性，也不存在个体之间的交换。当然，如果一旦产生了个体与社会的价值交换，也就进入经济学意义上的价值了。

即使是经济学意义上的价值，也仍然是需要细分的。经济学上分商品经济与非商品经济，商品经济并不是唯一形态的经济。在非商品经济中，不存在商品交换，并不能说就没有了价值这个概念的。非商品经济中的物品的有用性仍然构成产品的使用价值。因为非商品经济中，因为自己享有，或者是原始社会中的劳动产品公共享有，不存在交换，因此虽然是劳动的产品，它包含的人类的劳动量，但并不需要显现它，它只是一种隐含的属性。而在商品经济中，必须通过交换才能获得商品的使用价值，因为商品是一种别人的劳动产品，或者是为别人生产的劳动产品，那么在交换中，唯一能起到衡量作用的就只有同为人类的劳动。马克思劳动价值概念，是特指经济学中商品经济的商品价值属性的概念。

只有运用抽象思维，抽掉一切具体的价值形态，商品价值就只剩下人与物质世界的一种关系属性。我们反过来还可试图设想一下，如果世界没有人类的参与，何来的价值？物质世界是存在，自然资源是存在，海洋中的鱼也任意在游，动物在地上任意奔跑，一切矿产资源也就像月球上的石头，没有人，何来的价值?

自从有了人类，土地、空气、水等才对人类有用，对人类生存须臾不可缺少，因而这些东西才有价值，对人有用性的价值也叫效用性价值，马克思已经将它通通归于使用价值。这是人与自然界的第一种关系，既效用价值的关系。如果人还是动物，此时人不会劳动，各取所需，人人都可自由地享用自然界的资源物的使用价值，用不着交换，何来交换价值?仍然只是效用价值关系。只有当不能各取所需时，这时候才发生了人与自然的第二种关系，人类通过劳动改造世界。那么，通过劳动而获得的使用价值，其交换的基础只有同是劳动产品。难道还可能有别的东西能进行交换?因为当我们高度抽象后，其实这时候自然界摆在大家面前的只有两项东西：未经过劳动加工的自然物与经过劳动加工的物品。而劳动也不仅仅指具体的挖矿这种具体形态的劳动，也包括对物品的认识或者历史上积累的劳动等。

有些人认为商品中的使用价值与价值是同一种价值，或者归纳、抽象于同一价值，这是不对的。商品中的使用价值与价值是平行的两种价值。使用价值是商品与非商品的劳动产品都有的属性，换一种说法，它就是物品的有用性。而价值是因为交换的需要才产生，它是由劳动量来决定的。商品的劳动量与有用性是分别来自两个方面的属性反映，因此不能将使用价值与价值归于同一价值。

人类通过劳动改造世界的对象是千差万别的。在现实中，人们多通过直观看到供自我主观个体的消费为对象，而有很多劳动产品供群体、社会整体消费为对象，也有很多劳动产品是可以通过特殊载体积存下来，产生相对恒久的作用。例如，土地载体、社会知识载体、自然与社会环境载体等。土地与该土地上的资源，与地理位置的区位相关。有些人说，土地与该土地上的资源是自然力作用的结果，没有人类劳动参与，这是不对的。如果地上地下的资源能像空气一样自由流动，人们可以自由地获取它的使用价值，当然也就不需要人类的劳动参与。但是，为了更好地独占性的享有某一土地与土地上的资源，人类最早的劳动投入是对土地的抢夺与战争，后来由此而产生了国家，以及国家对土地的保卫，社会政治、经济、文化各种环境因素的影响，对这块不能自由流动的土地来说，都是属于社会劳动的投入。因此，这就形成了土地与土地上的附着（资源）最早的价值积存。现代科技条件下，对土地与资源的劳动投入又有了新的形式，例如，对南极的考察、对星球的考察、登月飞行等。这些对人类尚未居住的土地与资源方面的劳动投入，就目前来说表观上还难以体现交换价值，但这必然也是人类劳动的一部分，在今后人类历史的长河上，如果仍然还是商品社会，必将会形成某种交换价值。商品交换是个历史范畴，离开了人，地球照转、太阳照亮，一切价值都不存在，何来的交换价值？因此，劳动价值也是个历史范畴。

2.8 土地与资源的特别价值获得形式

通过前面的论述我们可以看到，通过劳动所形成的价值，会依据劳动的对象不同，采用不同的价值形态，价值形态也会发生转化。在《资本论》中马克思曾详细论述过，货币就是一种价值形态转化后的价值形式。

当劳动对象为土地时，劳动价值会在土地上积存。这是因为土地与一次性消费的商品不一样，一次性消费的商品，在生产时，必须在一定的时间里，生产出一个相对完整的产品，劳动价值在生产过程中完成转移，消费完成后，价值消失。

土地则完全不同。土地是一直处于生产与消费的过程中，没有生产的结束时，也没有消费的结束时。有时生产与消费同时在进行。土地由于地理区块不能流动的特点，还会接收环境的影响，如国家对基础设施的投资建设、周边区块投资价值外部化的影响、国家政治、经济、文化、安全保卫等正向价值或负向价值的影响。该土地上劳动价值生产与外部环境影响所传导来的劳动价值的增加或减少，以及同时对土地的消费可能导致的劳动价值的消耗与转移出去，都会以价值增加与减少的形式在土地内积存。这种积存的价值在不进行交换时，是以隐含的价值形式存在着，只有进行交换才会以交换价值的形式表现出来。

对土地的消费也与传统的商品消费不同，首先它表现为一个长时间的过程；其次，在土地消费中，它所消耗的价值主要来自环境传导来的价值，例如，国家政治经济制度、基础设施健全、交通便利、生产生活、教育、文化娱乐、安全保卫方面的条件等，都能给该区块上的土地带来价值，我们将其统称为环境价值，该期间的土地与房产消费者就消费这些环境价值。如果在这块土地上正在进行着战争，这块土地上的房地产肯定不值钱，因为此时的环境价值为负数；如果当这块土地上获得了国家的安全保卫、社会治安良好，人们享受安全祥和的生活环境时，这块土地上的房产就值钱，因为此时这块土地上的环境价值为正数。此时对土地与土地上的房产的价值消费，就不仅仅是土地、房产的直接的建筑成本所提供的价值消费，更有来自环境方面的价值消费。直接的建筑成本的价值并不是一次性的被消费，而是分次被消费，而来自环境的价值，则是在提供的时间内一次性被消费。这是一种获得性、享用性的消费，当环境价值持续获得时，对这种价值的消费也在持续，当环境价值消失时，对环境价值的消费也就中止。在农业生产中，由于作物的生长也有可能产生对地力的消耗，在工业中对土地的污染，造成土地的不能使用或不能做某一特定的使用，这都是一种特定形式的价值耗费。但在城市中的房地产不存在这些对土地的价值耗费，它所消费的价值主要来自环境传导来的价值。

2.9 信用价值本质与信用消费

信用价值在某些方面与土地价值有相类似的价值形式。与土地价值由土地所承载的不是一次性消费的价值相类似，信用价值也不是物的价值，而是由信用主体所承载的、不是一次性消费的价值。什么是信用主体？信用主体也就是参与经济的主体，例如，参与经济中的个人、企业、国家。这些主体在经济活动中就会自动地、必然地分别形成个人信用、企业信用、国家信用。

什么叫信用？信用首先表现的是一种信息，一种来自个人、企业、国家在从事经济活动中的诚实、守信方面的信息。例如，如何通过更多的劳动投入生产质量更好的产品，在交换过程中不因时间或空间上的脱节而按约定的时间与空间完成价值转移。在国家一级的信用中，不仅是全体微观经济主体能够生产质量更好的产品，也表现在国家对经济的良好组织、协调与管理，国家管理者对人民的诚信，国家法律法规的健全，国家在国际经济交往中的守信。当然，这些方面的信息记录肯定是有正面与负面两方面的、双向的。

信用虽然表现的是一种信息，或通过信息来表现，本质仍然是一种劳动价值的积存。作为微观经济主体的个人、企业，要想获得正面的信用信息的积存，就必须付出比一般性的生产劳动数量更多，或者质量更好，或者投入更多管理上的劳动。克服时间与空间限制按约定完成价值的转移，有时也是需要付出更多的劳动。例如，按约定某日某地的交货，因突发洪水的阻隔，需要绕道运输或更换交通工具，为及时支付某一笔货币而高息拆借等。现在的网络银行、支付宝的支付信用，都是有着巨大的货币价值的投入，使得黑客不能从技术上攻破网络，有的还要做一些特别的担保，从而获得网上资金与网上价值转移上的安全，由此获得使用者的信任。因此，微观经济主体要想获得正面的诸如诚信、守信的信息，是必须有劳动价值的投入。国家信用来源比较复杂些，它既有微观经济主体劳动价值投入的外化价值的积存，也有国家管理者劳动价值的积存，更有来自科技、教育、军事、社会文化方面的劳动价值的正负两方面的积存，它是一种来自该国家全体劳动者劳动价值在历史上的、现实的价值积存，必然的也是一种劳动价值，而不是别的什么。

信用价值定义：信用价值首先表现为信用主体在过往的劳动价值上积存的守信记录与评价信息，它能够对现在正在进行的价值生产产生正向的、或者负向的影响。这种能影响现价值生产的主体信用信息，就叫信用价值。通过劳动价值生产来注入与积累这些守信记录与评价信息，就叫信用价值生产。

信用价值在劳动价值上的积存有着与土地中的劳动价值积存相类似的形式，表现在它对历史价值的积存形式隐含在经济主体中，对它的消费也不是一次性的，它始终处于一种不断的价值积存与不断的价值消费的过程中。像土地一样，信用主体是长期存在的，消费中所发生的价值转移，不是制造信用主体本身，而是当期所显示的信用的信息中所包含的当期信用主体为诚信、守信所付出的更多的劳动，在与历史上积存的劳动价值正负相加后的一种价值。这种价值与土地使用中所消耗的环境输入价值相似，它是一种在进行其他价值生产过程中所产生的外部性影响而形成的一种信用信息形式，这实际上是内含（正负）价值的输入。也就是说，信用价值在消费过程中所消费的不是信用的主体，而是信用价值主体在从事其他的各项价值生产中所产生的，对该项价值生产来说是属于外部性的影响形式的价值，综合作用到信用价值主体，这种即时的输入信用价值与原有积存的信用价值的叠加后所形成的价值。所以，信用价值对价值承载的主体来说，具有不断的价值输入源，也具有不断被消费的特点。

早期的信用主要使用在借与贷、赊购赊销商品方面。这是一种按约定的日期贷出货币、赊销商品，再按约定日期偿还贷款或货款并支付利息的业务。正常的商品交换是商品价值与货币价值同时运动，通俗的说法是一手交钱一手交货，而在使用信用的情况下，商品价值、货币价值的运动不是同时进行，而是单方面进行，单方面的商品价值或货币价值由一个经济主体向另一个经济主体流动。这种单方面的价值流动，被流入的一方在流入的时刻并没有付出价值，这时就需要使用信用。这个时候信用的具体表现形式有四个方面：①有到期支付价值的能力，②过去从未发生过到期未支付的情况，③显示出有足够的经济实力，④有某种后台的支付担保。当被流入价值一方的这些信用的信息能被预先支付价值一方所相信与接受时，预先支付价值一方才会将己方的商品价值或货币价值先期支付给对方。

信用与商品买卖不同，商品买卖是商品价值与货币价值双向等量转让运动，信用是定期的单方面转让价值物，到期再偿还。

商品的赊购赊销一般是比较短期的，它的信用支付一般有如下两个信用条件才可以进行：①有到期支付价值的能力，②过去从未发生过到期未支付的情况。如果某一经济主体发生过到期未支付的情况，被称为没有信用，赊购赊销就不能进行。在原始社会、封建社会也有直接借用商品的，例如，农民在青黄不接时向地主借粮食，待夏粮收上来后再还。在这里的信用支付就需要用到上面列举的："①有到期支付价值的能力，③显示出有足够的经济实力"这两个信用。如果过去曾发生过未在约定时间内按期偿还的情况，偿还时的利息（粮食）就会增加。

现代商业银行从事专业的信贷业务，民众将货币存入银行，一定是相信银行能在约定的时间内按约定支付货币的。要做到这一点，银行必须在：①有到期支付价值的能力，②过去从未发生过到期未支付的情况，③显示出有足够的经济实力，④有某种后台的支付担保，在这四方面显示信用。例如，为了显示有足够的经济实力，现代商业银行总是在各地盖有最高最大的楼；而中小私人银行如果显示实力较弱，就要进行存款保险。我国的国有商业银行都隐含有国家信用担保。银行如果一旦发生到期不能支付的情况，立即就会发生挤兑，信用崩溃，银行也就倒闭。

从这些具体的信用事例中，我们可以清楚地看到，信用的产生，背后都是劳动价值生产的结果。像有足够的经济实力与到期支付价值的能力，这都是反映这一经济主体劳动价值生产的外化力量的强度是足够的。像农民之所以能在地主那里借到粮食以解青黄不接，首先是他已经在地里种下了足够的粮食，给地主看到所种的粮食除自己食用外足以偿还所借的粮食。老百姓之所以将钱存入银行，除了银行需要显示有足够多的自有资本金、足够大的资产（盖高楼显示强大的资本实力），还要装修气派的门面，将一笔钱存入央行做存款准备金，银行还要留有足够多的备付金，还要支付一笔钱去做存款担保；为了实现货币资金的支付信用，还要建立完善而健全的收付结算系统，修建现金库房，保证现金支付、流动、库存的安全系统等。所有这些，都需要有相应的劳动价值的投入。

信用的使用也是一种对信用的消费。与商品交换和消费不同，商品交换时，消费者支付货币价值，获得商品价值，消费者在消费这个商品时，如果是一次性消费商品，它的价值是被一次性消费而消失，如果是多次消费商品，它的价值是被多次消费而消失。总之，随着商品被消费，商品的价值也会随之消失。但是信用在交换（支付）时，并没有实体的价值物发生转移，信用的承载体还是原来的经济主体。信用的消费表现在支付信用的经济主体对信用的保持。因为，经济主体要使信用持续地保持下去，就需要不断地投入新的劳动价值，因此信用的消费虽然没有发生价值体的转移，但是，由于信用是一种会随着时间消逝而消失的价值信息，对所支付信用消费仍然是一种对劳动价值的消费，因为，支付信用的经济主体要为保持信用持续而不断地投入新的劳动或支付新的劳动价值。

信用在当代已经有了巨大的发展。就微观企业信用来说，发展主要表现在两个方向上：一是企业的品牌信用。企业通过对产品质量管理与售后服务持续的劳动投入，从而打造消费者信得过的产品，以至打造消费者信得过的企业。获得品牌信用的企业，自然而然地获得更多的商品（服务）销售，实现比无品牌信用的企业更多的劳动价值。二是信用产品化。除了传统的银行借贷业务外，如今已经发展到了由各种金融企业专业经营各种专门的信用产品了，例如，各种保险、理财、期货、信托、信用卡等都已经实现了专业产品化。随着电子化支付与结算工具的出现，相应各种类似的支付宝、财付通、电子借记卡等，都以特定的产品形式向用户提供。信用产品的特点是，就某一专门的事项、某一专门的领域，通过一系列特定的规定与履行特定的合约，提供特定的信用服务。信用有多种分类方法。不仅是可从信用的经济主体上分类为个人信用、企业信用、国家信用，还可从信用的形式上分为商业信用、银行信用、消费信用、国家信用；从信用的作用性质上可分为微观信用与宏观信用。本著主要研究的是宏观信用价值生产。

2.10 国家信用

国家信用指的是作用于经济方面的信用，相对于个人信用与企业信用来说，是属于宏观经济信用。国家是一级政权组织，同时，它又是一级经济管理组织。因此，国家信用与政权的性质、政权所处的状态、对经济管理的水平、经济的发展阶段、国家经济实力的强弱有关系。

首先，国家政权的性质与各种组合的状态纷繁复杂。在原始社会的部落群体时是没有国家的，通常认为国家产生于奴隶社会，此时国家主要功能是对地域与人口（奴隶）的争夺，国家政权主要由军事组织来构成，对地域的进攻与防卫成为国家政权的主要内容，此时的国家政权没有对经济管理的功能，因此也无从谈国家在经济方面的信用。

在封建社会中，由于是小农经济，通常表现为以家庭或庄园为一个经济单位，在这个经济单位中消费品（吃、住、穿衣）从生产到消费自给自足。这种经济状态下的国家政权，有一个从对政权的争夺而形成的动乱与战争到政权稳定运行的过程。在政权动乱与战争状态下，也无从谈国家信用。在政权稳定运行期间，国家政权通常会通过土地政策、税收政策、对水的治理等方面来对国家的经济进行管理，提升国家的经济实力，从而使国家的信用获得相应的提高。小农经济的自给自足，是指从生产到消费主要在一个家庭或庄园内部，通过家庭级别的协作劳动而完成。例如，中国传统家庭的男耕女织，男人主要从事农耕，从种稻、种棉花、种油菜、收割到碾米，女子纺纱、织布、做衣服、家务劳动等，这些主要生活消费品从生产到消费都不需要通过市场交换。但也有部分必须通过交换才能获得消费的劳动产品，例如农耕中的铁器、盐等。只是这些需要通过交换的劳动产品在社会总消费品的比重比较小。

有交换就必须要有货币，有货币就必然会涉及国家信用。在封建社会中的货币主要由贵金属（金、银、铜等）充当，由于贵金属本身具有价值，充当货币时，其货币信用主要靠充当货币的贵金属自身的价值来保证。在封建社会政权稳定期间，国家信用已经初步产生，所以在这个时候，国家可以铸币，铸币自身的价值与在交换中充当的价值会产生一个价值差，这个价值差通常被称为铸币税，这个铸币税就是由国家信用而产生的。此时的国家信用仅靠政权稳定所产生的对经济方面的信用虽然总体上来说是有，但是较为微弱。因此，像中国元朝忽必烈、明朝朱元璋在建立新政权相对稳定的时期，出现了由朝廷发行的纸币“中统元宝交钞”“大明宝钞”等这种需要完全靠国家信用支持的货币，但运行的时间都不长，说明政权稳定虽然是国家信用的基础，但不是构成国家信用的主要因素。

当进入到资本主义社会时，国家政权的性质与所组合而来的状态就变得复杂。由于资本需要对世界市场的争夺，国家之间的战争变得更为频繁，除两次世界大战外，还有殖民地、半殖民地性质的国家的民族解放而发生的战争，因争霸世界、对资源的争夺等原因而发生的战争。当然战争也有范围与强度的区分，通常，打破一个国家政权的战争的国家都无从谈国家信用。殖民地性质的国家也无从谈国家信用，该国家信用通常以宗主国的国家信用来替代。半殖民地的国家信用虽然不至于完全丧失，一般来说会表现得很微弱。虽然资本主义使得各资本生产的国家的社会生产力获得大提高，但国家信用仍然是依据国家所处的战争状态、殖民地状态、和平稳定状态等情况而发生变化。这些可以通过需要国家信用支持的各国货币发行、货币币值变化情况来观察与验证。

其次，社会经济制度、国家经济管理水平对国家信用有较大影响。在奴隶社会，国家政权的功能主要表现在军事方面，没有经济管理功能；到了封建社会，国家政权的主要职能仍然是在军事方面，如抵抗外族的入侵、稳定边疆、镇压国内农民起义与各种形式的造反等，只有在政权稳定运行期间，才开始通过促进农耕的政策介入对经济的管理事务，国家的经济恢复与增强，国家信用也开始产生，但与现代国家比较，其国家信用仍是十分微弱的。当国家进入到资本主义的发展阶段后，国家经历自由资本主义、垄断资本主义等过程，国家对经济的管理也从放任自由的发展到深度干涉、全面宏观调控的管理，国家信用也就由管理的深度加强与水平的提高而不断地获得提升。

经济危机是国家信用提升的反面。当经济危机发生时，国家信用会依据经济危机发生的程度与深度而相对应地受到损害。

社会主义国家的经济制度与资本主义国家的经济制度有很大的不同，社会主义国家的经济制度从一开始就是由国家对经济进行全面的管理，相对于资本主义的经济发展过程，社会主义国家经济也会经历一个经济发展水平不断提高的过程。由于社会主义国家对经济管理无论深度还是广度，从一开始就强于资本主义，因此，社会主义国家由对宏观经济管理的水平与程度上所获得提升的国家信用，在发展的各个阶段上都会稍高于资本主义国家相对应的各个发展阶段。

即使同为资本主义国家，各国对宏观经济的管理水平也是有较大区别的，由此也决定各国的国家信用水平上的区别。例如，美国对宏观经济的管理与调控水平明显地高于其他资本主义国家，表现在不仅仅是经济增长方面，也表现在解救经济危机的能力方面，美国还通过军事霸权来打击别国的国家信用，增强自身的国家信用水平。所以，目前美国的国家信用水平是高于其他资本主义国家的。

就目前中国与美国比较，社会主义的中国虽然在对宏观经济的管理与调控水平上明显地高于资本主义国家，但还不能说已经就高于美国。因为国家的经济实力也是影响国家信用的重要因素，从国家的经济实力方面来考察中美两国，目前的中国还无法与美国相比。因此，由国家经济实力所赋于的国家信用水平仍然还低于美国。当然，各国都在发展与变化，国家信用水平也会随着这些发展变化而改变。只有把握这些影响国家信用的各方面因素，才能有意识地提升一个国家的信用水平。

第二章思考题

1. 李嘉图劳动价值论与斯密的劳动价值论有何不同？
2. 马克思是如何解决李嘉图劳动价值论中新陈葡萄酒价格矛盾的？
3. 西方经济学放弃劳动价值论对其后的理论产生了哪些恶果？
4. 劳动价值论中的价值概念与价格概念有何不同？
5. 土地与资源是如何获得价值的？
6. 什么叫信用价值？什么叫信用价值生产？

第三章 实体经济价值生产理论

本章导读

实体经济实体价值生产理论是由马克思早就完成了的。马克思《资本论》是一部以劳动价值论为基础的，全面揭示资本主义实体经济实体价值生产过程、运行规律的鸿篇巨著，通常被称为政治经济学。如果我们避开对其有关政治方面的论述与结论不提，那么，该著就是一部完整的揭示资本主义实体价值生产过程与运行规律的宏观经济学著作。笔者这里所取的就是这一部分。

在浩瀚的、形形色色的经济学著作中，100多年来，只有《资本论》经受住了历史的考验，至今闪耀着真理的光辉。2008年国际金融危机后，人们一方面痛斥西方宏观经济学的“毫无用处”，另一方面再次惊叹《资本论》对资本主义的准确分析和预言经济危机的神奇力量，人们纷纷重读《资本论》。目前，美国哈佛和耶鲁大学、英国的剑桥和牛津等世界顶尖大学都开有《资本论》课程。网传在国际金融危机进行时，当时任法国总统的萨科齐也翻阅《资本论》。

当代宏观经济已经发展出了一个信用价值生产体，而信用价值生产是必须建立在实体经济实体价值生产基础上的。从实体经济与虚拟经济的“双轮经济”构架的角度上说，《资本论》中所论述的实体经济实体价值生产过程，正是属于当代宏观经济理论的基础部分。现实发展了，理论也应发展。当代信用价值理论正是对《资本论》中价值生产理论的发展。为了方便不熟悉《资本论》的读者了解马克思的实体经济实体价值生产过程的理论，这里先对《资本论》的理论原理做一个简要介绍。其实这一理论同时也是本著一个不可或缺的组成部分。只有先读好了这一章，读者对后面的信用价值生产与运行过程理论就好理解得多。

3.1 理论方法论

马克思分析资本主义生产是以商品分析为起点的。商品是资本主义经济的细胞。从商品这个最单纯的现象入手，对研究对象进行抽象，找到其中内含的本质，运用辩证逻辑方法与历史过程相结合方法进行解剖，分析其矛盾的运动，再从抽象到具体，一步步地解开价值的本质、劳动价值生产过程、剩余价值生产过程、社会再生产总过程、交换、流通、分配过程。

经济理论方法论在马克思《资本论》中有着十分重要的意义。马克思在《资本论》第一版序言中指出："分析经济形式，既不能用显微镜，也不能用化学试剂。二者都必须用抽象力来代替"，这就是说，研究经济学与研究自然科学是不一样的，不是放到显微镜下一看它的结构就出来了，也不是滴一滴化学试剂它怎么反应就清楚了的；这里所讲的抽象法就是从简单的范畴开始，用科学的抽象法，而不仅仅是对现象归纳与概括的方法。什么叫科学的抽象？马克思举例说："如果我从人口着手，那么这就是一个混沌的关于整体的表象，经过更切近的规定之后，我就会在分析中达到越来越简单的概念；从表象的具体达到越来越稀薄的抽象，直到我达到一些最简单的规定。于是行程又从那里回过头来，直到我最后达到人口，但这回人口已不是一个混沌的关于整体的表象，而是一个具有许多规定和关系的丰富的总体了。"

与西方经济学方法论最大的不同是，西方经济学多数学者奉行唯心主义方法论，例如，个人理性主义、效用价值论、机械均衡论等，就是这种唯心主义方法论的结果。而《资本论》运用的是建立在实践基础上的历史唯物主义和辩证唯物主义，辩证逻辑方法与历史过程相结合方法进行分析，经济关系中决不是用机械式的联系看问题，而是对矛盾运动中的作用与反作用过程进行分析，大量的对立统一规律在分析中运用。应该说，《资本论》的成功，与辩证唯物主义和历史唯物主义方法的应用密切相关。只有方法正确，才能完成对资本主义这个十分复杂的经济体的运行过程的解剖，揭示其矛盾运动，找到其运行的规律。

3.2 商品分析

商品的两重性质：使用价值与价值。商品首先是一个可以满足人的需要的物品。物品的有用性、效用，就是物品的使用价值。一个物品要成为商品，首先必须有用，无使用价值的东西是不能拿来交换的，使用价值是财富的物质内容。但是，商品的使用价值是提供给别人、提供给社会消费的，所以商品生产者更关心的是商品的交换价值，为了获得交换价值，所以才生产使用价值。使用价值是交换价值的物质承担者。

交换价值首先表现为一种使用价值同另一种使用价值相交换的量比关系，这个比例关系可能随着时间和地点的不同而不断改变。因此，这是与西方经济学有分歧的。西方经济学者认为，两种东西之所以能交换，是因为它们有同等的效用。效用大，交换价值大，效用小，交换价值小。这就将本来客观存在的价值，说成是主观心理上衡量的结果。只有同质的东西才能比较，将不同质的东西进行效用比较，这就陷入了主观心理决定价值的错误。

在人们进行商品交换时，主观心理对物品效用的判断，所影响的是价格，不是价值。有些人将价值与价格混为一谈，是因为分不清价格与价值是两个概念。价值是一个高度抽象的概念，是看不见摸不着的，价格是价值的外在表现形式，是与我们日常生活时时相关的表面现象；价值是价格的内在本质，是价格的主要决定因素（不是唯一的决定因素）。因此，在具体的交换过程中，人们的效用比较可能会在一定程度上影响到交换的价格，而决不是价值。

那么，不同商品在交换中有没有一个共同质的比较？有！这就是劳动，同是人类劳动的产品，是劳动凝结。在生产商品时所耗费的人类劳动形成的价值，才是交换价值的基础。交换价值是商品价值的表现形式。

因此，商品具有两重属性：使用价值与价值。只有使用价值，如果不是人类的劳动产品，则构不成商品，如自然界的空气与水，人类虽然绝对离不开它，对人来说有极大的效用，但它不是商品，没有价值。因为它不需要经过人类的劳动就可获得。当然，如果将自然的水净化，或者装到瓶子里给你享受，或者将空气净化后给你享受，虽然同样是自然之物，但变成经过了人类劳动的产品，自然就包含有价值在其中了。

另一方面，虽然是人类的劳动产品，但是别人不需要，例如你的字画卖不出去，这也不是商品，只能叫产品。包括为自己需要、自给自足而生产的产品，例如，农民为自己生产的各种农作物，并不拿到市场上去卖，而是自己消费，这也不叫商品。使用价值与价值是商品必然包含的两个属性。

商品生产者只有努力做好满足社会需要的具有使用价值的产品，通过市场交换才能实现价值；商品的使用价值与价值的这种矛盾是内在的，是商品社会一切矛盾产生的基础。人们为了实现价值而生产，一方面推动了科学技术的高速发展，劳动生产率极大地提高，另一方面又会产生假冒伪劣与欺诈等不良行为，以及经济危机的频发等，也都早已包含在商品的这个最初的矛盾中。所以商品社会，市场经济，它一方面能调动社会中每一个人的生产积极性，另一方面也会产生各种丑恶的问题，必须有法治来保障。

3.3 劳动的两重性

商品的两重属性来源于劳动的两重性：具体劳动与抽象劳动。各种不同形式的具体劳动生产商品的使用价值，从人们各种各样的具体劳动中进行抽象，避开劳动的具体属性，就是一般的人类劳动支出，即抽象劳动。抽象劳动形成商品的价值。

这里要特别注意马克思对抽象方法的运用。因为经济学是概念思维，而概念的形成都是由不同程度、不同范围的抽象而来。具体劳动与抽象劳动不是两种劳动，而是劳动的两个方面，或者说，是对劳动抽象程度的不同。同一种劳动，既是具体的劳动，例如，具体的生产粮食、布匹等，同时，也是抽象的人类劳动。商品价值量是由生产商品中所耗费的抽象劳动时间决定的。

生产同一种商品，可能每一个人耗费的劳动时间会有不同。由于竞争关系，花费劳动量多的劳动产品可能卖不出去，不能完成交换，花费劳动量少的产品，则很容易地实现交换，由此就会形成一个社会平均劳动量，也叫社会必要劳动时间。商品价值量是由社会必要劳动时间决定的。什么叫社会必要劳动时间？社会必要劳动时间是指在现有的社会正常生产条件下，在社会平均的劳动熟练程度和劳动强度下，制造某种使用价值所需要的劳动时间。

社会必要劳动时间对商品生产者来说十分重要，只有低于社会必要劳动时间的产品，才能得到更多的赢利，高于社会必要劳动时间的产品，将得不偿失，他所劳动的价值得不到补偿。由此，商品生产者必须努力提高自己的劳动生产率。这一因素推动了社会整体劳动生产率的提高。

社会必要劳动时间随着劳动生产率的变化而变化。劳动生产率包括：工人的平均熟练程度，科学的发展水平，生产工具的装备水平，劳动产品的历史积累与科学技术的历史积累，生产组织效能，生产资料的规模与效能，所受自然条件的影响，等等。劳动生产率水平越高，商品价值量越低，反之越高。可见，商品的价值量与体现在商品中的劳动量成正比，与劳动的生产率成反比。

社会必要劳动时间中的劳动，分为简单劳动与复杂劳动。知识、科学技术、管理等，属于复杂劳动。复杂劳动是简单劳动的倍数关系。

将劳动区分为具体劳动与抽象劳动，是马克思劳动价值论区别于斯密、李嘉图劳动价值论的重要之点。正是因为这一区分，使得劳动价值论有了坚实的基础。马克思的理论正是从劳动价值论出发，通过分析生产中的价值运动与矛盾过程，揭示了整个资本主义实体经济生产过程的秘密。

3.4 价值形态与货币

商品的使用价值形态就是商品的自然形态；商品的价值形态则是看不见摸不着的一种形态，它反映的是一种社会属性。交换价值是价值的表现形式。最初的交换，一种商品的价值是通过另一种商品表现出来的。例如，1 只绵羊＝N 把斧子，用 N 把斧子来表示 1 只绵羊的价值；这其中，绵羊处于相对价值形态，斧子处于绝对价值形态或者是等价形态，因为斧子并不表现自己的价值，而是充当绵羊价值的表现材料。

这种等价形态后来发展成一种固定的等价物，最后发展成了一般等价物——黄金。作为货币的黄金，首先自身就是人类的劳动产品，具有价值，正是因为它的价值属性，才成为一般等价物，充当交换媒介的功能。

价值形态的分析往往被一些介绍《资本论》的书所忽略，其实这是劳动价值论中很重要的一部分。正是通过对价值形态的分析，更进一步地证实了价值的劳动来源，只有同为劳动产品才能充当一般等价物。

货币的出现，代表商品中价值与使用价值的矛盾转化为商品与货币的矛盾。货币成了价值的体现，一切商品必须换成货币后才能实现自己的价值。一切具体劳动也必须通过货币才能还原为抽象劳动。一切私人劳动，也必须通过货币才能取得社会劳动的形态。

（商品）货币的职能，首先是充当商品流通中的一般等价物，由此而产生了货币的五大职能：价值尺度、流通手段、支付手段、贮藏手段、世界货币。

价格是价值的货币表现。

商品流通公式：商品－货币－商品（W–G–W）。原来的以物易物交换中的一个过程，这时候已经分裂成买与卖两个过程了，这为以后的经济危机的发生提供了可能性。

3.5 价值规律

价值规律的基本内容：商品的价值由生产商品的社会必要劳动时间决定，商品交换是依据商品的价值进行的，商品的价格虽然以价值为基础，但影响价格变动的因素很多，主要是与市场上的供求比例有关，随着供求关系而不断变动的商品价格，不停地围绕着价值而上下波动。

庸俗经济学者根据价格的不断波动，与价值的不断背离这种表面现象，否认劳动价值的存在；这种只看到表面现象，不能深入看到事物的本质，都是思维能力不足的表现。价格与价值的经常背离，表明价格的确是受到供求、交易者的个人判断、价格操纵等方面的影响，但却总能以价值为中心而波动，社会的平均价格距离价值不会相距太远。例如，一支钢笔的价格无论怎么波动，其平均价格也不可能等于一支粉笔的价格。马克思曾说："如果现象形态和事物的本质会直接合而为一，一切科学就都成为多余的了"[10]，价格与价值的背离，不仅不违背价值规律，正是由此证明了价值规律的客观存在与作用。

人们的一切经济活动，都受着价值规律的支配。

价值规律对社会的调节作用，是通过竞争、通过市场价格波动而实现的。在私有制商品生产中，各个生产者都是按照自己的意志盲目地进行生产，他们事先不了解市场需求状况，只有通过产品的涨跌，才知道社会需要什么、需要多少。商品生产者是按照市场的价格信号来调整自己的生产，价格信号起到自发地调节生产资料与劳动力在各个生产部门之间的分配，从而才使得社会生产各部门之间建立起大体上的平衡比例关系。价值规律虽然能对社会生产进行调节，却是以社会劳动的巨大浪费为代价的。西方庸俗经济学者过分夸大了价值规律的自动调节作用，而忽略了这种自发的调节作用有着必然造成经济危机、生产力巨大浪费的一面。

价值规律同时也刺激社会生产力的发展。商品的价值，不是取决于生产者的个别劳动时间，而是取决于社会必要劳动时间。故生产率高，个别劳动耗费较少的生产者也能按照社会必要劳动时间决定的价值出售商品，获得较多的收入，反之则获得较少的收入，甚至亏损。因此每一个参与竞争者都被迫采用提高劳动生产率、降低自家产品的劳动耗费的方式生产。竞争迫使每一个生产者都普遍这样做时，整个社会生力也就获得了发展。

3.6 资本与剩余价值

什么叫资本？资本是一种可以带来剩余价值的价值。货币并不天然就是资本，货币只有用来进行价值增值时，才转化为资本。

货币流通公式是：货币 – 商品 – 货币（G–W–G）。资本家用货币买进商品，然后将商品卖出去，重新取得货币。与商品流通公式：商品 – 货币 – 商品（W–G–W）比较，它们有一个共同点，都有买与卖两个阶段，在这两个流通阶段上都有着商品和货币的对立，都有三个当事人：卖者、买者、既买又卖者。它们的区别是，商品流通中的起点与终点都是商品，货币流通的起点与终点都是货币。商品流通中的货币只是起中介作用，而货币流通中的商品只是起中介作用。

资本家买进商品的目的不是为了商品的使用价值，而是为了货币的价值增值。因此，资本的流通公式为：G–W–G′，其中 $G' = G+\triangle G$，那在原来垫付的货币 G 加一个增值的额△G。马克思将这个增值的额叫做剩余价值。资本就是能够带来剩余价值的价值。

资本家是人格化的资本，为了剩余价值的生产，会让资本流通公式 G–W–G′不断地运动。G–W–G′是资本的一般的公式，包括产业资本、商业资本、生息资本。

G–W–G′在运行中为何能产生货币增值？按照等价交换原则，在流通领域是不可能发生价值增值的。同样按照等价交换原则，当资本用货币购买商品后，只有在商品生产过程中发生增值，按照劳动价值论，只有劳动才能创造价值。

但是，当初斯密、李嘉图的劳动价值论在论证过程中，由于不能解释按照等价交换原则，资本家用货币工资购买工人的“劳动”，如果按照劳动价值论，劳动的价值已经作为工资付给了工人，就不可能存在利润，而利润是客观存在的，因此，按此逻辑就产生了否认劳动价值论的结论。

这个误区在那里？误区就在当初的斯密、李嘉图没有将劳动与劳动力区分开来。资本家用货币工资购买的不是劳动，而是劳动力。劳动与劳动力的区分就在于，劳动力是商品，劳动是劳动力的生产动作。价值源是劳动，不是劳动力。马克思的这一区分对解救当时的劳动价值论的理论困境来说是十分重要的。

人具有劳动能力，是运用的体力和智力的总和。劳动力成为一种商品的条件是：①劳动者是法律上的自由人，可以自由地出卖自己，但不是一次出卖终身，否则就是奴隶社会；②劳动者自己没有任何的生产资料，除了出卖自己以外没有其他可出卖的东西。劳动力成为商品，是资本主义社会所特有的，因为封建社会的小农有些土地，农奴制条件下的奴隶没有人身自由。

劳动力成为商品，与其他商品一样，具有价值与使用价值。劳动力的使用价值就是劳动。劳动力的价值是什么？怎样决定的呢？

同任何其他商品的价值一样，劳动力的价值也是由生产与再生产这种劳动力所耗费的社会必要劳动时间决定的。由于劳动力是存在于工人的身体中，而为了维持工人的生存，就需要一定数量的生活资料，如食物、衣服、住房等，因此，生产劳动力这一商品所耗费的社会必要劳动时间，可以还原为生产那些为维持工人生存所必需的生活资料的社会必要劳动时间。

生产劳动者的社会平均劳动量如何来计算？就是这个劳动者个人所必需的生活资料的总和，包括教育与个体发展所需要的生活资料、劳动补充者即工人子女的生活资料等。每一个国家的气候和其他自然条件不同，食物、衣服、取暖、居住等自然需要也就不同，生活条件必不可少的需要的范围与满足这些需要的方式一样，本身是历史的产物，多半取决于一个国家的生产力发展、社会文化水平、生活习惯等。因此，和其他商品不同的地方是，劳动力的价值规定包含着一个历史的和道德的因素。但在一定的国家、在一定历史时期里，劳动者必要生活资料的平均范围是一定的。

资本购买了劳动力进行使用过程，就是商品和剩余价值的生产过程。

假定资本家雇佣工人生产棉纱，一天需要支付劳动力价值（工资）为 5 元，工人工作 5 小时就可以将此 5 元的劳动力价值生产出来：纺 10 斤棉纱，消耗纱锭 1 个，购买 10 斤棉花用 10 元，消耗纱锭等固定资产 2 元，共计 12 元，这 12 元的棉花成本与消耗的和占用的固定资产成本都转移到新的产品棉纱中去了，加上付给工人的工资 5 元，合计花了 17 元。假如，棉纱以 17 元卖出去后，资本家抵偿了棉花等成本 12 元，也抵偿了支付劳动力工资 5 元，共计 17 元货币。资本家花费 17 元后，经过生产过程，卖出棉纱后仍然是 17 元货币，资本家什么也没有得到，肯定不会干此傻事的。

那么，资本家将工人的劳动时间提高到 10 小时，此时，工人工作 10 小时纺 20 斤棉纱，消耗纱锭 2 个，购买 20 斤棉花用 20 元，消耗纱锭等固定资产 4 元，共计 24 元，这 24 元的棉花成本与消耗的和占用的固定资产成本都转移到新的产品棉纱中去了，加上付给工人的工资 5 元，合计花了 29 元。假如，棉纱仍以原价 17 元 ×2 卖出去后，资本家卖出棉纱获得 34 元货币，34–29 = 5 元。经过生产过程，资本家比原来多出 5 元货币。这 5 元货币就是剩余价值。

由此可见，生产过程中发生价值增值的原因是，劳动者在生产过程中由劳动所创造的价值，大于资本家支付劳动者工资的价值。

剩余价值=劳动价值 – 劳动力价值。

资本生产就是剩余价值的生产，资本家是人格化的资本，所以，文章中常有用“资本”代称资本家。

恩格斯评价，马克思对剩余价值的发现具有划时代的功绩，它使社会主义者得到了明亮的阳光照耀。剩余价值理论是理解全部资本主义经济关系的一把鈅匙，也是解开资本主义实体经济实体价值生产的一把钥匙。

3.7 不变资本与可变资本

资本在生产过程中采用了两种不用的形态：生产资料与劳动力。生产资料由厂房、设备、机器、原材料等构成。它们的使用价值是分别用不同的形式参加产品的生产，并以不同的形式被消费掉的。像原材料、燃料等，是在生产过程中一次性的全部被消费掉，因而它的价值也一次性地被转移到新产品中去。厂房、设备、机器等，每次生产只消费掉一小部分，因此也只有一小部分价值以折旧的形式转移到新产品中去。因为这些设备、原材料等，在发生价值转移时，并不发生价值量的变化，所以被叫做不变资本。

资本家投入到劳动力的那一部分，其价值是不会发生转移的。因为劳动力可以创造出新价值，他的新价值与购买他的价值是不相等的，是会发生增值变化的，所以叫做可变资本。

3.8 绝对剩余价值生产与相对剩余价值生产

这是根据资本的各要素在价值增值时的作用，将资本划分为不变资本与可变资本。

剩余价值率=剩余价值 / 可变资本（$m' = m/v$）

剩余价值率还可用剩余劳动与必要劳动的比率表示：

剩余价值率＝剩余劳动 / 必要劳动＝剩余劳动时间 / 必要劳动时间

绝对剩余价值生产：

剩余价值率随着劳动时间的延长、劳动强度增加而增加。此在资本的早期表现得特别明显，马克思揭露当时英国的血汗工厂很多。工人阶级争取缩短劳动日而斗争进行了长达半个世纪，才迫使工人劳动时间改成 8 小时工作制。

相对剩余价值生产：

降低必要劳动时间可获得相对剩余价值的提高，而要降低必要劳动时间，有赖于整个社会劳动生产率的提高。资本家提高本企业剩余价值率的目的是为了获得超额利润，超额利润来源也属于相对剩余价值生产。

例如，一双鞋原来要 6 小时劳动时间，现在只要 3 小时就生产出来了，劳动时间缩短了一半，则这个企业的剩余价值生产时间就获得了 3 个小时。这就叫相对剩余价值生产提高了。但对单个企业来说，这又是低于社会平均必要劳动时间而获得的超额利润，这种超利润对单个企业来说是暂时的，因为其他企业也会努力采用新技术提高劳动生产率。追求超额剩余价值的冲动与竞争的外部压力，会不断地促使企业提高本企业的劳动生产率，促使整个社会劳动生产率的提高。

通过延长工作时间而生产的剩余价值，叫做绝对剩余价值；相反，把通过缩短必要劳动时间、相应地改变工作日的两个组成部分的量的比例而生产的剩余价值，叫做相对剩余价值。相对剩余价值的生产使劳动技术和社会组织发生根本的革命。

相对剩余价值的生产在当时经历了三个发展阶段：①简单协作；②手工业制造；③机器大工业。

所谓劳动生产率提高，实际就是减少单位产品的物化劳动（由不变资本构成，指由已形成生产资料的过去的劳动）和活劳动（指劳动者的劳动）的消耗，在资本主义企业里，它表现为不变资本和可变资本的节省。

3.9 工资

工资的实质是劳动力的价值或价格。

商品的价值是由耗费在商品生产上的社会劳动的物化形式，由社会劳动必要劳动时间决定。劳动者也是商品，他的价值决定与商品完全相同，也是由生产他的社会劳动必要劳动时间决定。

劳动者在劳动市场将自己出卖，劳动者出卖的是他的劳动力。当劳动者的劳动实际上开始了的时候，它就不再属于劳动者了，因而也就不再能被劳动者出卖了。劳动是价值的实体和内在尺度，但是它本身没有价值。劳动力存在于劳动者身体内，它不同于它的职能即劳动，正如机器不同于机器的功能一样。

劳动力的价值和价格转化为工资形式，工资是表面现象，本质是劳动力的价值和价格。这种转化很有迷惑性，经济学家曾在很长时间看不到这一点，认为工资就是劳动的价值或价格，而不是劳动力的价值和价格。只是到了马克思才揭示此真相。

计时工资指劳动力按一定时间出卖。计件工资是计时工资的转化形式，正如计时工资是劳动力的价值或价格的转化形式一样。

资本管理者通过科学的劳动组织提高劳动强度，当时已有“泰罗制”（劳动动作标准化）与“福特制”（产品标准化）组织劳动的方法。

“分红”制是一种工资制度，是将工资的一部分事先扣除，用来“分红”。

包工制多流行于建筑业、采掘业、搬运业等。

名义工资是指劳动者收到的货币额，实际工资是指劳动者用货币工资所能购得的生活资料。相对工资存在下降的趋势，原因是社会劳动生产率快速提高，而工资的水平并没有与劳动生产率提高的比率相应提高。也与通货膨胀、税赋增加有关。因而，劳动者为提高工资进行斗争。

3.10 资本有机构成

资本总是由一定的生产资料与劳动力构成。在生产资料与劳动力之间存在一定的比例，这个比例取决于生产技术发展水平。生产技术水平越高，每一个劳动力所推动的生产资料数量也会越多，反之则越低。这种由生产技术水平所决定的生产资料与劳动力之间的比例，叫资本的技术构成。

资本有机构成从价值形式上考察，是不变资本与可变资本之间的比例。

资本有机构成在各个生产部门是不同的。通过各个部门平均资本有机构成可以求出社会平均的有机构成。从历史情况看，资本有机构成在不断地提高。

资本有机构成提高是以个别资本扩大为前提的。通过资本积累与集中，提高了资本的有机构成。资本有机构成提高，造成了相对人口过剩。

3.11 资本积累与集中

为了生产持续，资本将剩余价值积累起来，资本的全部资产都是剩余价值积累的结果。剩余价值资本化，叫资本积累。资本积累是资本扩大再生产的源泉。资本主义竞争也迫使资本不断地积累。决定资本积累的速度有：①对工人的剥削程度；②劳动生产率的高低；③所用资本和所费资本之间的差额；④垫付资本的大小。

资本集中的过程，竞争是有力的杠杆，在竞争中，小资本不断地被大资本击败、兼并。

促进资本集中的另一个有力的杠杆是信用。信用使大资本获得贷款，吞并中小企业；也会促使中小企业联合起来，组成巨大的股份公司。信用的发展大大地加速了资本集中的过程。

资本积累使得资本生产越来越具有社会化的性质。生产的社会化与生产资料的个人占有之间的矛盾日益尖锐。

3.12 资本的循环

资本作为一种自行增值的价值，不仅在生产过程内活动，也在流通过程中活动，只有不断地从流通过程进入生产过程，从生产过程进入流通过程，这样循环往复地运动，才能实现增值。

资本的循环过程经过三个阶段：

第一阶段上资本购进生产资料与劳动力，为生产准备。以 A 代表劳动力，以 P_m 代表生产资料，这一阶段的公式是：

$$G\text{–}W < \begin{matrix} A \\ P_m \end{matrix}$$

（G 代表资本，W 代表商品，A 代表劳动力，P 代表它处在具有创造价值和剩余价值能力的生产资本的状态或形式中。这种形式的资本，称为 P_m，代表生产资料）

完成了购买后，货币资本发生了第一次变化，货币转化为生产资本。

在生产阶段，生产资料与劳动力结合，经过生产过程，劳动力被消费，原料被加工，机器被磨损，于是，资本的形态又一次发生了变化，变成了一定量的商品。但这个商品，与原来购进的商品相比较，不仅物质形态不同，而且价值量也不同，它已经包含了剩余价值的商品形态的商品资本了。

资本循环的第二个阶段，就是由生产资本转化为商品资本。这个阶段可用公式表示如下：

$$W < {}^{A}_{P_m} \cdots P \cdots W'$$

（P代表在生产过程中发挥作用的生产资本，W′包含着剩余价值的资本，虚线部分表示流通过程中断）

生产阶段是资本循环中具有决定意义的阶段，生产资料与劳动力结合发挥作用，进行了商品生产，所生产的新的商品包含剩余价值。

资本循环的第三阶段，资本家带着包含有剩余价值的商品重新回到流通市场上，将这些商品卖出去，转化为货币。用公式表示：

$$W' - G'$$

（W′表示包含剩余价值的商品，G′表示包含有剩余价值的货币）

在这个阶段上只是由商品资本转变为货币资本，价值量没有变化，只是价值形态发生了变化。但这个阶段十分重要，如果不能完成这个转化，前期为生产所垫付的资本就不能收回，剩余价值也不能实现。所以，W′—G′过程对资本家来说，具有决定意义。

产业资本循环的这三个阶段，可以写成一个统一的公式：

$$G - W < {}^{A}_{P_m} \cdots P \cdots W' - G'$$

产业资本的不断循环，在连续的循环中，包含有三个循环的形态：

①货币资本的循环：$G - W \cdots P \cdots W' - G'$

②生产资本的循环：$P \cdots W' - G' - W \cdots P$

③商品资本的循环：$W' - G' - W \cdots P \cdots W'$

马克思对这三种形态的循环做了详细的考察。在实际资本生产中，这三种形态的循环是同时存在，并不间断进行的。

3.13 流通时间与费用

资本通过生产领域和流通领域两阶段的运动，是按照时间的顺序进行的。资本在生产领域停留的时间是它的生产时间，资本在流通领域停留的时间是它的流通时间。所以，资本完成它的循环的全部时间，等于生产时间和流通时间之和。

生产资料的生产时间一般包括：①生产资料作为生产资料执行职能，也就是在生产过程中起作用的时间；②生产过程中断，从而并入生产过程的生产资料的职能中断的休止时间；③生产资料作为过程的条件虽已准备好，即已经代表生产资本，但尚未进入生产过程的时间。

资本的流通时间越短，等于零或近于零，资本的职能就越大，资本的生产效率就越高，它的自行增值就越大。例如，假定有一个资本家按订货生产，他在提供产品时就得到支付，又假定支付给他的是他自己需要的生产资料，那末，流通时间就接近于零了。不同商品售卖时间长短，要受到商品本身自然性质的限制。一种商品越容易变坏，它的物理性能对于它作为商品的流通时间的绝对限制越大，越需要短时间内将其卖掉。

资本在流通领域中会有一系列的耗费。流通费用分两种：一种是同商品价值形态变化有关的费用，即纯粹的流通费用；另一种是与使用价值运动有关的费用，这是一种生产性的费用。

纯粹的流通费用包括：①用在商品买卖上的费用，包括广告、通讯联系、商业工人的工资，这种流通费用不能增加商品的价值，它只能从生产中的已经创造出来的剩余价值中得到补偿。②用在薄记上的各种费用。③用于维持货币流通的开支，例如，流通中占用的货币利息等。④保管、运输方面费用，这是一种带生产性的流通费用，是属于生产费用在流通中的继续，本身也创造剩余价值；但也有一部分是销路不畅，或者是投机目的而引起的，这一种性质的费用就属于纯粹的流通费用，不创造剩余价值。

运输过程加到商品上的价值的大小，取决于运输业的劳动生产率与运输的距离。

3.14 资本周转

为了实现价值增值，资本会不断地周而复始地循环下去，这种反复的资本循环，叫做资本的周转。资本周转是从垫付资本开始到资本增值完成，仍回到货币形态的一个循环。

资本周转的时间是由生产时间和流通时间的总和构成的。资本周转时间的长短是由它本身的生产条件和流通条件决定的。有些行业周转时间很长，如造船、建筑业，有的行业很短，如食品业等。

衡量周转速度通常以年为单位。假如某个资本周转一次需要三个月，它一年内的周转次数就是：$n = 12/3 = 4$ 次，另一个资本周转一次需要 18 个月，则：$n = 12/18 = 2/3$ 次。

影响资本周转因素有生产过程中的因素和流通过程中的因素。

生产因素有固定资本周转时间与流通资本周转时间。固定资本通常为厂房、机器设备、土地等，周转通常时间较长，其价值由过去的劳动价值构成，是一部分一部分地转移到新产品中去的。流动资本通常指投在劳动力与劳动对象上的，如原材料、燃料、劳动者工资等，流动资本通常将自己的价值一次性地转移到产品上去。但劳动力的劳动，则不属于价值转移，而是属于新价值创造。原材料等的价值一次性的转移与劳动新价值创造一同形成流动资本的价值转移。

固定资本价值完成一次周转，流动资本可进行很多次周转。

固定资本与流动资本，不变资本与可变资本，这四个概念要注意区分，不能混淆。不变资本与可变资本是根据它们在价值增值过程中的作用不同进行区分的，只有可变资本才是剩余价值的源泉；固定资本与流动资本是根据价值周转方式来区分的。其中的流动资本不等于是可变资本，只有购买劳动力的工资才是可变资本。

资本周转速度越快，由此带来的剩余价值越多。其中可变资本的周转速度越快，剩余价值率越高。

3.15 社会再生产

社会总产品在价值上是由不变资本（c），可变资本（v），剩余价值（m）三部分构成的；与产品的价值形态相适应，社会生产的实物形态可分为生产资料生产、消费资料生产。在实际中有些产品既可作生产资料，也可作消费资料，例如，小汽车。

将社会总产品在价值上划分为三个部分与在社会生产上划分为两大部类，是马克思再生产理论的两个重要的基本原理。在马克思以前长达一个世纪里，对于这个理论问题始终没有解决好。

重农学派的代表人物魁奈，在他的《经济表》中，已对社会再生产问题作过一些很有意义的贡献。马克思指出其存在两个最主要的缺陷：①魁奈区分了固定资本与流动资本，没有区分不变资本与可变资本，因而不能从价值补偿方面社会产品的实现问题上进行分析。②魁奈只把社会生产划分为农业与工业两大部类，因而也不能从实物补偿方面对社会产品的实现问题进行正确的分析。

亚当·斯密与李嘉图等人也对再生产问题进行了研究。两人都是立足于被马克思称为“斯密教条”错误基础上的，将社会总产品的价值分解为工资、利润和地租三个部分，即分解为可变资本和剩余价值两个部分（v+m），而不变资本（c）这一部分则被排除了。斯密的这种见解，实质上是错误地把在一年内新创造的价值（v+m）当成了社会总产品的价值（c+v+m），其中有一部分不变资本分次转移价值（固定资产折旧）未计入。由于他们在这里概念上既有错误也有混乱，因此，不可能对属于宏观经济的社会资本的再生产过程做出正确的分析，也就无法正确说明社会总产品中的各个部分是如何在价值上和实物上互相补偿的，从而也就无法说明社会总资本的再生产和流通过程。

笔者评论：西方经济学后来的继承者一直延续了亚当·斯密的这个错误，而没有沿着马克思的正确理论之路走下去，导致整个西方经济学至今也没有价值理论，到后来甚至从根本上否认价值的存在，只有价格没有价值，因此也不可能进行宏观经济价值生产过程的分析了。而只有在劳动价值论的基础上才可能进行这些分析。价格、成本、利润都是具体的、表象性的范畴，对这些表象性范畴的研究，后来发展出了效用理论、消费需求理论、生产成本理论、市场模型理论、生产要素理论等，这些成就了西方经济学在微观经济、管理学方面的发展，而宏观经济学方面却只有表象分析，从此只能是抛开价值生产过程，走上笔者给它取名为“经济学黑箱分析法”，这样就使得西方宏观经济学完全变成了一种经验性的学问。像继承斯密理论的影响巨大的“萨伊定律”，到 1929 年就宣告破产。而弗里德曼的货币主义理论，随着美元金本位制的终结就已成为过时的理论。而马克思《资本论》中所阐述的对实体经济实体价值生产过程分析的理论，经过 150 多年的实践检验，至今也不过时。可见，马克思的劳动价值论、社会再生产理论，有着巨大的理论光辉。而笔者的当代信用价值理论体系的创立，不仅是建立在马克思的实体经济实体价值生产过程理论基础上，而且有直接对马克思社会再生产理论中两大部类列式分析的直接引用。下面章节的再生产理论十分重要，是宏观经济中的核心理论。

3.16 简单再生产

研究社会再生产理论，必须先从简单再生产开始分析。为了研究方便，先做出几点假设：①假定是纯粹的资本主义，这里只有资本家与工人；②假定生产周期为一年，全部不变资本在一年内消耗掉，它的价值全部转移到新产品中去；③假定一切商品都是按价值出售，商品的价值和价格也不发生任何变动；④假定没有对外贸易。这些假定是排除次要的非本质的因素，以便从复杂的经济过程中找到本质的因素与规律性。

简单再生产条件下社会产品的实现条件，假设第一部类（Ⅰ）的不变资本为 4000（每一单位可以是亿美元或英镑，等等），可变资本为 1000，在剩余价值率为 100% 的条件下，创造的剩余价值为 1000。

又设第二部类（Ⅱ）的不变资本为 2000，可变资本为 500，在剩余价值率为 100% 的条件下，创造的剩余价值为 500。这样，全年的社会全部产品就可用下列的图式表示：

Ⅰ 4000c + 1000v + 1000m = 6000

Ⅱ 2000c + 500v + 500m = 3000

在这个图式中，第一部类的产品全部都是生产资料，价值为 6000，第二部类的产品全部都是消费资料，价值为 3000，全年社会总产品的价值共 9000。

为了使第二年的再生产能够照常进行，两大部类产品的各个部分都必须实现，即必须通过交换在价值上得到补偿，在实物形态得到替换。那么，两大部类是如何实现再生产的呢？

首先，第一部类的 4000c 是由生产资料构成的，它代表着本部类生产中消耗掉的不变资本的价值。这些生产资料，有一部分可以留在原来的生产单位当作生产资料使用，但它的绝大部分还是通过第一部类内部的各个部门间的交换来实现。例如，机器制造与炼油厂相互购买等。这样，价值 4000 的生产资料就得到了实现。

其次，第二部类中的代表可变资本和剩余价值（即 500v 和 500m）的那部分产品，是由消费资料构成的，这部分产品也可在本部门内部得到实现。第二部类的劳动者会用他的工资收入来购买生活必需品；而在简单再生产的条件下，第二部类的资本家也会把他的剩余价值全部支出在各种消费资料上。

这样，第二部类就有 500v + 500m ＝ 1000 的消费资料被实现了。

最后，在第一部类中还剩下 1000v 和 1000m 的产品，而在第二部类中则剩下 2000c 的产品，这两部分产品都不能在本部类内部实现。因为第一部类由 1000v 和 1000m 代表的这部分产品，是在生产资料的形态上存在着的，但该部类的工人与资本家需要的却是消费资料。在这种情况下，两大部类之间就必须进行交换。由于第一部类剩下的生产资料在价值上与第二部类剩下的消费资料正好相等，因此，通过两个部类间的交换，这两部分产品便全部得到了实现。第一部类的劳动者与资本家获得了消费资料，第二部类的资本家也获得了恢复再生产所需要的生产资料。

两大部类之间的这种交换，可以用图式表示如下：

Ⅰ 4000c + [1000v + 1000m] ＝ 6000

Ⅱ [2000c] + 500v + 500m ＝ 3000

经过上述的交换后，两大部类所生产的产品，在价值上和实物形态上都得到了相应的补偿，第二年的简单再生产就可以继续了。

上述的分析表明，社会简单再生产需要具备以下的条件，即：第一部类的可变资本加剩余价值应该等于第二部类的不变资本。只有在这个条件下，社会产品的各个部分才能顺利实现，从而社会资本的简单再生产才能正常进行。这个条件用公式表示：

Ⅰ（v+m）＝ Ⅱ c

从这个公式还可以引申出如下两个公式：

Ⅰ（c+v+m）＝ Ⅰ c + Ⅱ c

即第一部类全部产品的价值，应该等于两大部类的不变资本价值的总和；

Ⅱ（c+v+m）＝ Ⅰ（v+m）+ Ⅱ（v+m）

即第二部类的全部产品的价值，应该等于两大部类的可变资本和剩余价值的总和。

3.17 扩大再生产

社会扩大再生产要以资本的积累为前提。要实现扩大再生产，就必须具备两个条件：①社会产品中要包含有追加的生产资料；②要包含有维持追加的劳动力所必需的消费资料；现代随着科学技术的发展，这种对劳动力所必需的消费资料追加或者就变成了教育与科研经费的追加了。

首先，为了能够提供追加的生产资料，第一部类当中代表可变资本和剩余价值的两部分产品，在价值总量上就不能仅仅等于第二部类所消耗的不变资本，而必须大于第二部类的不变资本。只有这样，这两个部分产品在补偿了第二部类已消耗的生产资料后，才能余下一部分生产资料来满足两大部类扩大再生产对追加生产资料的需要。因此，第一部类的（v+m）必须大于第二部类的 c，这是扩大再生产的基本条件。用公式表示：

Ⅰ（v+m）＞Ⅱ c

其次，为了能够提供追加的生活资料，第二部类中代表不变资本和供积累的剩余价值这两部分产品，其价值总和就必须大于第一部类的可变资本加供给资本家个人消费用的剩余价值的总和。因为只有这样，第二部类所提供的这些产品，才能在补偿了第一部类劳动者和资本家所消耗的生产资料后，还能余下一部分消费资料来满足两大部类扩大再生产对追加消费资料的需要。以 m/x 代表供资本家个人消费的剩余价值部分，m−m/x 代表供积累的剩余价值部分，那么扩大再生产的条件就可用公式表示如下：

Ⅱ（c+m−m/x）＞Ⅰ（v+m/x）

根据上述扩大再生产的条件，我们可以假设社会总产品是由下列各个部分组成的。

Ⅰ 4000c + 1000v + 1000m = 6000

Ⅱ 1500c + 750v + 750m = 3000

在上列式中，假定第一部类的资本家将剩余价值的半数用于积累，将其余的半数用于个人消费，在 1000m 中就有 500 转化为资本，500 转化为消费基金。假定资本的有机构成不变，那么，按照第一部类原来的有机构成 4∶1 的比例，转化为资本的 500 剩余价值，就有 400 作为追加的不变资本，100 作为追加的可变资本。这样，第一部类第一年生产出来的全部产品，按照它们的用途就可以分解为下列几个部分：

Ⅰ 4400c + 1100v + 500m = 6000

在第一部类的 4400c 中，其中 4000c 用来替换已经消耗掉的生产资料，400c 则是第一部类用于追加的生产资料。1100v + 500m 部分，需要与第二部类交换价值才能实现。

由于第一部类向第二部类提供的生产资料价值 1600 比第二部类原来消耗的生产资料 1500 还多出 100，这就使得第二部类在补偿了不变资本之后，还可从剩余价值中取出 100 作为追加资本，来扩大不变资本的价值。从另一个方面说，也只有当第二部类把不变资本由 1500 增加到 1600 时，第一部类提供的生产资料才能全部实现。

为了扩大再生产，第二部类在扩大不变资本的同时，还必须相应地扩大可变资本。如果按照资本有机构成 2∶1 比例不变，不变资本增加 100，可变资本就应相应地增加 50，这样，第二部类的剩余价值 750，在扣除了 100c+50c 的积累后，就只有余下的 600 可以供资本家个人消费，于是，第二部类在第一年生产出来的全部产品，按照用途就可以分解为下列几个部分：

Ⅱ 1600c + 800v +600m ＝ 3000

在第二部类的这些产品中，由 800v +600m 所代表的这两个部分已在本部类全部实现，因为本部类的劳动者和资本家需要这些消费，剩下的 1600c 的消费资料，在价值上正好与第一部类的 1100v + 500m 的生产资料相等，需要与两大部类之间的交换才能实现。扩大再生产条件下的社会总产品各部分的交换就可用如下列式表示。

Ⅰ 4400c + [1100v+500m] ＝6000

Ⅱ [1600c] + 800v + 600m＝3000

经过这种交换，社会总产品就全部得到实现，两大部类的资本家都可以买到生产所需要的生产资料，新增的劳动者及教育培训也能买到各自所需的必要消费品。

于是，到第二年初，第一部类的资本就可以由 4000c+1000v ＝ 5000 增加到 4400c+1100v ＝ 5500，第二部类的资本也可由 1500c+750v ＝ 2250 增加到 1600c+800v ＝ 2400。社会总资本则由原来的 7250 增加到 7900。这样，第二年的社会生产就可以在扩大的规模上继续进行。如果剩余价值率不变，到第二年年终就会生产出价值如下的社会产品：

Ⅰ 4400c + 1100v + 1100m ＝ 6600

Ⅱ 1600c + 800v + 800m ＝ 3200

第二年产品的实现，以及第二年以后各个年度生产扩大和产品实现的情况，都可以按照上述方法类推。如果积累率与剩余价值率不变，那么第三年底就可以生产出如下价值的产品：

Ⅰ $4840c + 1210v + 1210m = 7260$

Ⅱ $1760c + 880v + 880m = 3520$

而到第四年底则增加为：

Ⅰ $5324c + 1331v + 1331m = 7986$

Ⅱ $1936c + 968v + 968m = 3872$

以此类推。要注意到上述的积累率与剩余价值率、资本有机构成在实际中是变量，而这里都是假设一致的情况。但在实际中，扩大再生产总是伴随着技术而进步的，资本有机构成也总是不断地提高的。如果把技术进步和有机构成提高的因素估计进去，我们就可看到，在扩大再生产过程中，两大部类的生产并不是按照同等的速度增长的，而是第一部类的生产增长速度大于第二部类，这是因为在资本有机构成提高的情况下，积累的资本有越来越大的部分合并到原来的不变资本中去的趋势，因此，不变资本的增长必然比可变资本的增长快，对生产资料的需求也必然比对劳动所需要的消费资料的需求增长得快，这样，在其他条件不变的情况下，生产资料生产的增长就会比消费资料的增长更加快些。

再生产理论只是反映在资本主义的生产过程中，客观要求社会生产中的两大部类以及各个经济部门之间必须有一定的比例关系，但在实际上这种比例关系是不能保持的，由于私有制企业是以利润为目标、以价格传导而指挥生产的，价格在已经经常被控制与扭曲的情况下并不反映真实经济的比例状况，价格在各部门中也有不同的传导时滞，有些部门产业链长，在价格正反馈传导的情况下，常常由此积累巨大的危机风险，而给经济造成巨大的过剩危机，通过经济危机而实现的强制平衡是社会生产力的巨大的浪费与破坏。

马克思再生产图式的本质是反映生产与消费之间的联系。资本主义无限发展的社会生产力与有限消费之间的矛盾，是资本主义的基本矛盾。

笔者评论：马克思社会再生产理论揭示了实体经济实体价值生产具体的、本质的运行过程与基本的运行规律，100 多年来多少经济理论如过眼烟云，唯独马克思的这一理论至今没有过时，至今仍是观察分析实体经济实体价值生产运行过程的最有力的分析工具。

通过马克思对在扩大再生产条件下的社会产品实现条件的分析我们可以

看出，社会生产两大部类生产的相互依存的比例关系，在实际社会生产过程中它们是在矛盾运动中发展的。理论数据上的平衡只是反映一种客观要求，实际上总生产中，涉及的变量主要有生产与消费关系、资本积累率（与分配有关）、剩余价值率与资本有机构成等多方面因素，不可能实现绝对平衡，平衡只能是相对的、有条件的。西方经济学中认为通过价格关系就可以实现资源配置与总量均衡是仅凭想象的胡扯。不平衡就会产生矛盾，谁为主要矛盾？谁为矛盾的主要方面？当我们有了马克思这个再生产过程的列式分析，就可十分清楚社会总生产中的各种经济变量之间的相互关系，分析它们之间的矛盾运动、主要矛盾与主要方面，就能为国家对经济的宏观调控找到实现的途径，实现国民经济的协调发展。

同时我们可以看到，马克思之所以能顺利地揭示社会再生产的运行过程，这是与马克思劳动价值论的基础理论与剩余价值理论的创立分不开的。西方经济学从李嘉图的后继者抛弃劳动价值论开始，实质上是从此抛弃了宏观经济的价值生产过程理论，走上了表面现象经济学之途，因为从此再也不能进入到经济的矛盾过程对经济运行的本质进行分析，即使是凯恩斯发现了总消费不足是 1929 年经济危机的根源，也只能是避开经济运行过程中的矛盾分析方法，而采用现象对现象的黑箱分析法。

3.18 利润与平均利润

马克思从这一章开始，采用从抽象到具体的方式，说明资本在本质运行这个深层次的过程中，是采用何种表面现象表现出来的。

商品的价值表示：W ＝ c+v+m，c 代表生产中所耗费的不变资本的价值，v 代表劳动者创造的价值中用于补偿可变资本的部分，m 是剩余价值。如果从商品价值中除去剩余价值 m，那么剩下来的 c+v 部分，由于它相当于资本家在生产中所耗费的资本价值，所以说，在资本家看来，这便是商品生产成本或生产费用。注意，这是站在微观企业主的角度上的。

这就要注意宏观经济与微观经济看问题的角度上的区别。从资本家的角度看，商品生产本身所耗费的东西与实际上社会生产中所耗费的是两个不同的量。资本家计算商品生产成本是按照资本耗费来计算的，而社会生产本质的耗费是按劳动耗费来计算的。每生产一件商品，不仅要耗费各种生产资料（物化劳动），而且要耗费活体劳动。

资本的生产成本价值表示：c+v，如果我们用 k 表示生产成本，那么，商品的价值可用 W = k+m，即商品的价值=生产成本 + 剩余价值。从这里可看出，在资本家眼中，剩余价值只不过是生产成本之外的一个加价，也是它所全部垫付资本的一个增加额。由此，剩余价值便转化为利润的形态。如果以 p 表示利润，则商品的价值公式：

W = c+v+m = k+m = k+p .

生产成本对资本家来说具有重要意义，它涉及资本家能否通过流通过程将商品售卖出去后，从价格上收回投资，重新购买各生产要素使得生产能继续进行。超过成本越多表明获利越多，反之则亏损。

因此，利润率成为企业经营的重要指标。什么叫利润率？是指剩余价值与垫付总资本的比率：

P′ = m/（c+v）

（P′ 表示利润率，用百分数表示）

资本经营的目的是为了获取最大的利润。影响利润率的因素：剩余价值率的高低、资本有机构成的影响、资本的周转速度、不变资本的节约状况。

由于行业不同，各企业所支付的生产成本是不同的，企业就会努力为降低本企业的生产成本以获得更多的利润。假设剩余价值率不变，只要资本的有机构成与周转速度变化时，利润率就会发生变化。当其他条件相等时，如果各生产部门的资本有机构成或者资本的周转速度不同时，它们的利润率也会产生不同。那些投资在有机构成较低，或者资本周转速度较快的部门中的资本，利润率也会较高。资本的利润导向就会使得资本向这些利润高的行业或部门流动，资本从利润低的部门流向利润高的部门，由此产生利润率的部门间的竞争，各部门之间的利润也就平均化了。这其中起作用的就是通过价格传导。

平均利润的形成，是不同部门资本企业通过竞争而重新瓜分剩余价值的过程。

平均利润率=剩余价值总额 / 社会总资本

平均利润率形成后，等量资本获取等量利润就成为企业经营中的基本观点。

马克思关于平均利润率规律的学说，具有重要的理论与现实意义。从理论上说，他解决了从本质到现象、从抽象到具体的理论逻辑推演过程，他完满地回答了李嘉图劳动价值论中一直无法解决的，在劳动价值论的基础上解释等量资本获取等量利润这一现象的世纪难题（或者也可说，劳动价值理论至此时才最终完成）。从现实上说，也符合客观的历史进程，在资本主义发展的初期，由于地域差距与产业部门之间资本转移还比较困难，这个时候基本上还是按价值进行交换。随着资本主义的生产力高度发展，各种行业束缚消除、劳动力在不同地区与部门间的自由流动障碍消除、信用制度发展成为资本竞争的有力杠杆后，才为资本在不同部门间的转移提供了社会的和技术的条件，只有到这时利润才转化为平均利润。

由于平均利润率的形成，各个生产部门、生产企业的商品价值再也不等于生产成本加剩余价值了，商品的价格再也不按照生产成本加上剩余价值的价格出售了，而是按照生产成本加上平均利润的价格来出售了。因此，当利润转化为平均利润后，价值便同时转化为生产价格。

3.19 商业资本

商业资本是在资本总循环中，不断停留在流通中的商品资本的转化形态。之所以说是一部分，是因为社会总商品中，还有一部分是由产业资本家自行销售的。商品由产业资本转移到商品资本手中后，虽然产业资本实现了商品价值，但总资本循环中，商品中所包含的剩余价值没有最后实现，还有待于商人继续完成。因此，商业资本的职能仍是实现商品的资本。

商业资本一旦从产业资本分离出来，就以独立的资本形态来发挥作用，对于加速产业资本的循环周转，有如下一些作用：通过专业化，缩短流通时间、节约流通资本占用与节约流通费用。但是在一定的条件下，也会走向反面。例如：①利用市场的价格波动进行炒作；②利用对流通渠道的垄断条件，对生产商利润侵占；③通过期货市场中的金融垄断控制价格，严重地干扰市场的正常运行。

商品的流通阶段并不产生价值，从根本上来说，商业利润来源于生产中所创造的剩余价值。由于产业资本的一部分职能由商人来完成，它是资本循环的一个必须阶段，因此，产业资本就不能独占全部的剩余价值，必须将部分的剩余价值让渡给商人。这种让渡是通过（批发）价格差来实现的，这种让渡的价差就形成商品资本的利润。由于资本平均利润规律的作用，商业资本也与产业资本获得同等的利润。

商业资本加入对剩余价值的分配后，商品的价值公式应修改为：

$W = c+v+m = k+m = k+p+h$

（k 表示生产成本，p 表示利润，h 表示商业利润）

当代的纯粹因炒作、垄断定价而实现的售卖价格的提高，从表面上看似乎是实现了流通中的价值产生，而不是来源于生产商品中的剩余价值的补偿，也有人从这方面来攻击剩余价值理论。其实这是一种错觉。

商品售卖价格的提高，不外是表示购买者必须用高于商品价值的价格来购买商人出售的商品。如果购买者是产业资本家，那么他由此失去的一部分剩余价值，就会直接成为纯粹的流通费用的补偿来源（因为本来流通费用来源于剩余价值的补偿）；如果购买者是工人，那么他由此而损失的工资收入的一部分，也会成为纯粹的流通费用的来源。如果由此而引起整体物价水平的提高，也就是通常所说的通货膨胀——我们知道，劳动力是按照社会平均劳动力的价值来购买的，如果因商业加价而引起通货膨胀，只是引起信用货币的名义价格上涨，就会引起生活资料价格（物价指数）的提高——由此就必须相应地增加劳动者的货币工资。这就说明了，不管是劳动者直接损失，还是引起货币贬值而产生的间接损失，流通费用归根到底还是来自剩余价值的补偿，而不是流通中所产生的价值。

商业资本的形式有：批发商、大宗商品交易、商品交易所、期货交易、零售商。销售形式有：现货、期货、分期付款、赊购、批发、投机性炒买。

对外贸易是商品流通的一部分。对外贸易可以通过两国间的劳动力价值差获利。从人的平等角度上说，利用劳动力价差获利是不等价交换。自由贸易对经济实力雄厚、具有垄断优势的国家更有利。

3.20 借贷资本

借贷资本是生息资本的一种形态。在资本周转中，固定资本和流动资本有一部分会不断地在货币形态上闲置，资本用于积累部分的剩余价值也会产生闲置。借贷资本是从属于职能资本并为职能资本服务的一种资本形态。它有如下几个特点：①它是作为一种商品的资本。因为它作为资本的使用价值能带来平均利润，它在使用中的价值与使用价值不仅会被保存，而且还会增加，因此，可以让渡使用权，到期收回并获得作为资本商品的使用价值的报酬；②它是作为一种财产的资本。因为仅在借贷资本家手中时，不再是单纯的货币而已经是财产资本了。只有到了职业资本家手中后才转化为产业资本，或者是商业资本；③借贷资本的运行公式：G— G′。但借贷资本并不能自行实现价值增值，借贷资本完整的公式是：G—G— W…P…W′— G′— G′。

借贷资本借出资本使用权后所获得的利息，是从平均利润分割出来的一部分，最终来源于对剩余价值的分割。

利息率的变动取决于平均利润率、借贷市场的供求、信用状况。

商业信用是指职能资本家之间用赊账的方式买卖商品时提供的信用。卖家售卖商品得到一张延时支付的票据，这实际上是将商品形态的资本贷放出去了。商业信用是整个资本主义信用制度的基础，当商业信用发展到一定的水平之后，才产生银行信用。

银行信用是银行或货币资本家以贷款方式向职能资本家提供的信用。银行信用主要由银行来办理。银行将储蓄存款和贷款人集中起来，成为存贷中介。银行还承担经营结算业务。

银行利润主要来源于存贷利差，是对剩余价值的分割。

在信用制度日益发展的基础上，股份公司得到了发展。股份公司在资本原始积累时期已经出现了，但只是到 19 世纪下半叶才开始发展。股息收入来源于企业利润，本质是剩余价值。公司除发行股票外，还可发行公司债券。

股票、公司债券、国家公债、不动产抵押证券等合称有价证券，马克思将其称为虚拟资本。有价证券的买卖通过证券交易所进行。

信用在资本主义经济中有着巨大的作用：①促成了资本再分配与利润平均化；②节约了流通费用，也加速了货币的流通；③加快了资本的积累，促进了资本的集中；④促进了资本主义基本矛盾的发展，使得生产过剩的经济危机日益频繁与加深。

3.21 地租理论

土地租金实际上包括两部分：①纯土地使用支付的租金；②土地上的附着物属于固定资产折旧（笔者注：还应包括为土地环境生成条件所投资部分），和其土地上的投资所应产生的平均利润的扣除额。这里研究的是前一部分，即纯地租。

马克思认为，不同的地租是以不同土地所有制为前提的。严格意义上的资本主义纯地租，只能是农业劳动者创造的剩余价值超过平均利润的部分，或者说是平均利润以上的一种余额。

资本主义地租分为绝对地租与级差地租。

级差地租产生的原因与条件：

如果将全部耕地分为优、中、劣三等，所交地租是各不相同的。中等地多于劣等地，优等地多于中等地。这是由于租种较好的土地，就会拥有较好的生产条件，所获得的收入也会多于劣等地，从而获得超额利润。

农业中形成级差地租的超额利润，与工业中的超额利润是有区别的。工业中的超额利润是不稳定的，可能因为竞争而失去。而农业中的超额利润，因为土地数量是有限的，环境条件是相对固定的，因此，谁先租用了优等地和中等地，就能获得土地经营上的垄断，从而能够稳定而持久地保持超额利润。

不仅优等地能获得超额利润，中等地也能获得超额利润。这是因为经营垄断的存在，使得农产品的生产价格不能由农业中的平均的生产条件来决定，而是必然由劣等地的生产条件来决定。我们知道，当资本经营某一行业时，他的资本至少要获得平均利润，否则会退出该行业。如果农产品的社会生产价格也像工业品那样，由平均的即中等的生产条件来决定，那么，劣等地的投资便不能获得平均利润，这样，经营劣等地的资本就会因为利润低而放弃经营，由于劣等地退出耕作必然造成农产品减少而价格上涨，当农产品因价格上涨又会造成新的资本进入对劣等地的重新耕作，这种价格上涨就会停止形成平衡。所以，农产品的社会生产价格终究是由劣等地的生产条件决定的（马克思在这里也涉及边际理论）。所以，在中等地与优等地经营中就能分别获得级差的超额利润，从而向土地主交纳级差地租。因此，形成差级地租的根本原因还在于土地的自然条件与环境的差别与对土地的经营垄断的结合。

形成级差地租的三个条件：①不同地块土壤的肥沃程度差别；②地理位置差别；③连续地投入同一地块的各个资本的生产率的差别。由第①②两个条件形成的地租称为第一形态的级差地租，由第③条件形成的级差地租称为第二形态的级差地租。

第一形态的级差地租，并不能像马尔萨斯、西尼尔所说的归结于自然力的形成，而是源于人类的劳动。自从人类干预自然界后，土壤也是受人的自身活动的影响，是人的历史投入对地块产生的影响。而地理位置的差别，则是受社会历史的变迁，道路、城市的修筑等方面影响，总之是人的历史上的、现实中的社会活动的影响，而不是自然力。

第二形态的级差地租，是投入不同地块的各个资本具有不同的生产率的结果。例如，在同一地块上实行集约的耕作方法，投入更多的资本与技术，通过这种追加投资的方法也可产生超额利润，从而形成级差地租的第二种形态。

在资本主义的土地所有制条件下，对土地的长期投资（如兴修水利、改良土壤等）、合理利用是不可能的。

级差地租Ⅱ要以级差地租Ⅰ为条件，它们是一种相互影响并可相互转化的关系。

绝对地租：

在研究级差地租时我们知道，劣等地是不能提供任何地租的，但在土地私有制条件下，不论是优等地、劣等地，土地所有者都要收地租，否则，宁可闲置也不会让别人白白地使用。这种无论土地好坏都要交地租，马克思称为绝对地租。

既然所有的土地都要交纳绝对地租，那么，农产品的价格就必须高于它的生产价格，劣等地也能在获取平均利润之外获得绝对地租。

农业技术装备水平一般是低于工业的，因此，农业中的资本技术有机构成一般也是低于工业部门的，低于社会资本的平均有机构成。根据平均利润形成规律，凡是有机构成低的部门，它所创造的剩余价值必然是高于平均利润，它的产品价值也必然是高于生产价格。在这种条件下，如果因为要交绝对地租的原因，农产品就会按照相当于它的价值的价格来出卖，而不会按照相当于生产价格的价格来出卖。这就使得农产品的价值与它的生产价格之间有一个差额，或者说在它的剩余价值与平均利润之间有一个差额，这个差额就是绝对地租的来源。

农产品为何能够按照相当于它的价值的价格来出卖？为何农业中的超额利润能够保持在本部门成为绝对地租的来源，而不是参与社会的利润平均化过程？根本的原因还是因为私有制的土地是垄断的，这就为自由竞争增加了一道障碍，不交绝对地租就不能获得任何的包括劣等的土地，这个地租就像是一种土地税。

绝对地租究竟是等于价值与生产价格间的全部差额，还是仅仅等于这个差额的一个或大或小的部分，那完全要看供给与需要的状况和新加入耕作的土地面积而定。

地租理论同样适用于城建、矿山等。

李嘉图学派是否认绝对地租的，原因仍在于李嘉图的劳动价值论有着很大缺陷：李嘉图学派不懂得价值与生产价格的区别，在他们看来，生产价格就是商品的价值，因此，假如农产品经常是按照高于生产价格的市场价格来出卖，从而获得绝对地租，那么农产品的市场价格就一定会经常高于价值，这就违反了劳动价值论与价值规律。因为要坚持劳动价值论，就必须否认绝对地租的存在。此也成为李嘉图学派的劳动价值论被后继者攻击的原因之一。

3.22 资本主义基本矛盾与危机

经济危机的一般可能性：①商品的买卖脱节，在商品流通的条件下，买卖在时间上和空间上分裂成两个互相独立的行为，如果一些商品生产者出卖自己的商品后，社会不接着购买，就会有另一些商品生产者的商品卖不出去。②货币作为支付手段后，便会形成复杂的债务关系与信用膨胀，使得商品生产与销售脱节。

当资本主义生产的高度社会化与生产资料的私人占有之间的矛盾成为资本主义生产方式的基本矛盾时，才会构成生产过剩的经济危机的真正原因。这个矛盾表现在如下几个方面：

①各个企业组织内部有组织与整个社会生产的无政府状态之间矛盾。每一单个资本都受利润导向与竞争规律支配，价格信号并不总是有效，生产部门之间的比例失调会日益严重。资本主义的历史与现实都已证明了，“无形之手”的调节只是在微观上的，在宏观层面是没有作用的。在长产业链的生产部门、垄断价格与反向价格（例如追涨杀跌）部门，生产的无政府状态必然会积累巨大的产能过剩危机与金融危机的风险，最后总是通过危机爆发的形式，通过对社会生产力的巨大破坏与损失来寻新的平衡的。

②由于对剩余价值的追求，使得资本主义生产能力具有无限扩大的趋势，但企业经营效率又是以尽量降低劳动者的相对工资为条件的。这就造成生产能力在不断的扩大，而劳动者的购买力却在相对缩小。社会生产的增长，归根到底要依赖于人民大众的消费，没有消费的生产商品是不能被生产出来的。因此，无限扩大的生产能力与有限消费之间的矛盾就成为资本主义生产方式的基本矛盾，普遍性的产能相对过剩危机就成为基本的必然爆发的危机。

正如马克思所预测的，经济危机爆发不可避免并具有周期性的特点。1825年英国第一次爆发了全国性的工业危机；1836年、1847年开始波及到美国并开始形成世界性的经济危机。接着在1857年、1866年、1873年、1882年、1890年、1900年、1907年、1920年、1929年、1937年等都周期性的爆发经济危机。其中1929–1933年世界性的经济危机是最为严重的一次，整个资本主义的世界工业产量下降了44%，贸易总量下降66%，资本主义世界完全失业人数高达3000万人。战后以美国为首的资本主义，先后于1948–1949年、1953–1954年、1957–1958年、1960–1961年、1969–1970年、1973–1975年、1980–1982年、1990–1991年、2008年共爆发了9次经济危机。由此可见，只有马克思的经济理论才有如此的预见力与说服力。整个西方经济理论自从抛弃了斯密、李嘉图的劳动价值论、全面走向了表面现象经济学后，只能在微观经济与管理学层面有所建树，在宏观经济学领域最终都成为“毫无用处”[11]的学问，而在宏观经济领域如对经济危机的预测和分析完全不靠谱。例如，约翰·穆勒在其《信用循环与商业恐慌之来源》中认为：“商业恐慌的病根并非钱袋的问题，而是心境问题”。欧文·费雪（Irving Fisher）则认为：经济危机是由信用紧缩引起的。

第三章思考题

1. 什么叫资本？什么叫资本生产？

2. 资本生产的一般过程是什么？

3. 请写出货币资本的循环公式。

4. 什么叫资本周转？假如资本周转一次为5个月，一年内资本周转多少次？

5. 扩大再生产条件下的社会总产品各部分是如何实现平衡交换的？满足扩大再生产的条件是什么？

第二编　货币与信用价值生产

引 言

宏观上的信用价值生产，首先表现在货币的信用价值生产上。如果我们说微观的信用价值生产是随着久远的企业的赊购赊销、银行的信贷业务一同产生，并且在专门从事信用产品生产的现代金融业中，已经发展到理财、信托、保险、期货、网络支付等各种信用产品满天飞的程度，但是，这些仅仅是微观企业级别的信用价值生产，不是宏观级别的。微观级别的信用价值生产，所作用的范围、影响的大小都是在所参与的经济主体范围内的，它所产生的正效益与负效益影响，所产生的危机都在这些所参与的企业范围内，不会对宏观经济的全局产生大的影响。而宏观级别的信用价值生产，不管它所产生影响的大小强弱，都是直接对宏观经济全局的影响。而最早的对宏观经济全局产生影响的信用价值生产，恰恰就是同金融业有关的货币。

货币信用价值生产起始于金本位制货币制度的结束，信用货币制度的产生。信用货币，是以国家信用为基础而发行的货币，也是以国家信用担保而发行的货币。国家以法律制度的形式保证信用货币在该国内的流通，并以国家作为最后的承兑人。在国家政权稳固、社会生产日益增长、社会生产力不断提高的条件下，国家的信用必然取代贵金属的商品货币的信用，生产用做货币的贵金属的社会劳动不再需要了，而由国家信用替代了。国家信用货币生产产生价值，正是由此而来。信用货币价值生产的本质，就是用国家信用所产生的价值，取代生产贵金属货币所需要的社会劳动价值。

信用货币的产生不仅改变了货币本身的价值形式，更重要的是一种新的信用价值生产的形式出现了，因为这种新的信用价值生产方式的出现，不仅节约了社会为生产商品货币所需要的巨大的劳动价值，更是因为货币由此成为宏观经济的调控工具，极大地推动了社会生产力的发展。

第四章　信用货币的产生与历史

本章导读

在对货币这个资本主义金融细胞的本质认识上，存在着的错误观念，由此衍生出的一系列经济理论大多已在2008年国际金融危机中破产。由于理论的错误与缺失，给世界经济带来深刻的历史教训，不能不使我们重新回到这些基础货币理论问题上：货币的本质与属性是什么？准确地定义货币，是我们揭示货币运行规律的开始，是我们打开金融黑匣子的钥匙。

本章从货币的属性分析开始，通过对货币历史发展的逻辑过程进行考察，从中找出隐藏其中的本质属性，基本颠覆了传统的货币观念，得出了货币新定义，包括适合所有历史的一般的货币定义，以及从一般的货币定义中衍生出来的、适合特定历史阶段的特殊货币定义。认识特殊的货币定义十分重要，因为货币在不同的历史阶段上具有不同的运行规律，对经济过程的影响全然不同。

4.1 马克思“商品”货币论

最早对货币理论作系统的、奠基性研究的是马克思，其占据着金属货币阶段对货币理论研究的最高点。马克思认为：货币是充当一般等价物的特殊商品。货币起源于交换价值。充当一般等价物的货币因为其本身就是商品而具有价值，因此，马克思认为货币有五大职能：价值尺度——货币能成为计量其他一切商品价值大小的尺度，是因为它本身具有价值；流通手段——充当流通手段的货币数量，由商品价格总额（待销售的商品量 × 价格水平）和货币流通速度决定；贮藏手段——当作社会财富的一般代表贮藏起来的货币，既不能是观念上的货币，也不能是作为价值符号的纸币，而必须是足值的金属货币，货币作为贮藏手段能自发地调节货币流通量；支付手段——货币作为支付手段一方面减少了流通中所需货币量，另一方面又进一步扩大了商品经济的矛盾；世界货币——货币在国际经济关系中作为支付手段作用，发挥一般财富绝对社会化化身的职能。在我国，马克思的经典定义深入人心。这里我们将其称为“商品”货币论。

“商品”货币论包含有二层含义，一是货币的价值概念——货币能起等价物的作用，是一般等价物，在充当交换媒介时与所有的商品发生等价关系；二是货币的商品属性，货币是一种商品，不过是一种专门充当一般等价物的特殊商品。商品货币论没有特别强调货币的“交换媒介”功能，笔者认为“一般等价物”隐含着交换媒介功能。“一般等价物”是从商品的交换价值中抽象出来的概念，也可理解为“专用于交换的物”。

马克思是通过对商品交换历史发展过程的全面考察，获得对货币本质的深刻认识。马克思分析了商品的价值形式，从简单的价值形式到扩大的价值形式，再到一般的价值形式，最后才由一般的价值形式发展成为货币形式。因此，货币的价值属性才是货币的本质属性。因为，货币本身有价值，所以它才能成为一般等价物。商品的交换发展，最终使自然属性最适宜充当一般等价物的贵金属（金或银）成为货币。

马克思逝世后的货币发展证明了马克思在其所处的时代针对金银货币所作的货币定义，有其历史发展的局限性。货币是“特殊商品”的说法被现今的货币发展所打破。1933 年至 1936 年间，世界主要资本主义国家都先后废除了金（银）本位制，实行法币制度，当今的信用货币也已开始向电子货币延伸。信用货币、电子货币的货币承载物本身并不是商品，用作货币的纸本身也没有与货币面值相应的价值，不是一般等价物，因此货币的商品属性遭到了质疑。至少可以这样讲，当今的货币并没有商品属性。由此追溯，处于贵金属货币时代的贵金属，虽然也是商品，但“商品”这个属性并不是货币的本质属性，货币可以离开商品的属性而存在。我们必须清醒地认识到这是已经发展了的事实。

也许有人会说，马克思早已将纸币（银行券）定义为“货币符号”。今天将纸币仍看作是货币符号的不乏其人。需要注意的是，现在我们所用的纸币与马克思称之为货币符号的纸币有三点本质上的不同：一是现在的纸币不能到发行或承诺机构那里兑换金银；二是现在的纸币是由国家法定发行、强制流通的，而马克思称之为货币符号的纸币通常是由银行或某些私人机构发行的，人们自愿选择使用的；三是现在的金银并不能作为交换媒介使用。

4.2 西方经济学“媒介”货币论

西方经济学各门派关于货币的解释虽稍有不同，但都与马克思的定义对立。其中最有代表性的解释为：“货币是人们普遍接受的，充当交换媒介的东西”。这种货币定义包括二方面的含义：

其一，肯定了货币是“交换媒介”，避开或者否定了马克思的货币是商品的说法。此对货币本质认识方面是有积极意义的。这可能与他们见证了金本位制货币体系的崩溃有关。毫无疑义，“交换媒介”是货币的一个本质属性，货币离开了“交换媒介”这个属性，就不成其为货币。其实，这在马克思的货币定义中是已经包含了的，即包含在“商品的交换价值”“一般等价物”的表述中。但不管怎么说，直接用“交换媒介”更准确地反映了货币的本质。

其二，认为货币是人们“普遍接受的东西”，这明显与马克思关于货币是“一般等价物”概念相对立。在马克思的货币定义中，人们之所以能接受金银作交换媒介是因为它们是“一般等价物”，“等价”是其“普遍接受”的基础，不是无条件的自愿接受。现在各国国内的纸币之所以能作为交换媒介，是因为它是法律规定的、国家用威权强制推行的，并由发行机构提供了价值保障的，不存在无条件地“普遍接受”这种事。因此“普遍接受”不是货币的本质属性。

货币的“普遍接受”说从根本上否定了货币的价值基础，因此使西方经济学关于货币定义存在着的最根本性的缺陷，它致命的缺陷在于，作为国际货币体系中的美元本位币可以向全世界发行，按照“普遍接受”的说法，美元可以逃脱各国对其发行价值的监管与追索，从而使以美元本位制的国际货币体系成为各美元使用国的国民福利向美国输送的瘘管。可见，西方经济学中的关于货币定义是为美元制国际货币体系服务的。

货币的本质属性处于重重迷雾之中。历史地考察货币的发展过程，或许是我们拨开迷雾，认清货币的本质属性的基本方法。

4.3 金本位制货币与两次功能分化

马克思认为，交换价值经历过四个发展阶段：一是简单的和偶然的交换价值形式阶段，它反映了原始公社之间偶然的交换关系；二是总和的或扩大的价值形式阶段，这是一种普遍的物物交换关系；三是一般的价值形式阶段，在此阶段，以一般等价物为媒介的商品交换代替了直接的物物交换；四是货币形式阶段，充当一般等价物的货币开始形成，并最终固定在金银等贵金属上。在马克思所处的时代，金本位制的纸币已经出现，马克思认为，金本位制下的纸币是货币符号或价值符号。纯金本位制货币体制是马克思关于交换价值四阶段的最后完成阶段。金银充当一般等价物表示货币的最后形成。

纯粹的金本位制货币有三大特点：自由铸造、自由兑换、黄金自由进出国境。在这种制度下，黄金（或白银）即是货币。虽然此时也发行一定数量的银行券或者纸币，但能保证按面值及时足额地兑换黄金。马克思曾经说过一句最著名的话："货币天然不是金银，但金银天然就是货币"，这是由于作为贵金属的金银易保管、易运输等物理特性，人们自愿地、普遍地接受以金银作为交换的媒介，是因为金银本身就有价值和交换价值。

随着商品经济的日益发展，纯粹的金本位制发展到一定阶段，纸币（银行券）以它更便于运输、更便于数量分割和更便于交换的优势必然地替代了铸币。电视剧《乔家大院》就形象地反映了我国当年货币从铸银到本位制银票的发展过程。乔致庸赴包头做生意，开始阶段总是要以当时的镖局武装押运成车的白银，以极大的运输成本甚至生命危险往返于生意两地，后来有了银票汇兑，立即极大地降低了交易成本，生意迅速扩大。清末慈禧太后在西逃中，感受到了银票汇兑的便捷，清政府便开始了银票汇兑业务。

从直接金或银的铸币，到金或银本位制的纸币，货币的属性功能开始了最初步的分化。金银直接为货币时，它作为一般等价物的价值功能与它的交换媒介功能是同处于金银币（块）中的，是以一个不可分割的整体，发挥着货币功能的。但到了金银本位制的货币时，金银货币的价值功能被签发银票的机构留在银行保管着，而金银货币的交换媒介功能则由其所签发的银票（纸币）所承担。之所以能发生这样的分离，是因为用银票（或纸币）作交换媒介节约了交换成本，而货币所包含的价值也可随时自由兑换。在这里，价值保障是产生这种功能分化的首要的先决条件，如果没有价值保障（即随时可自由兑换金银），再方便的交换媒介也不会被人选取。由于能获得价值保障，银票的签发机构就不一定非是国家或政府机构，具有足够信誉的私人银行也可同样签发。

1816 年英国率先实行金本位制货币，至 1914 年第一次世界大战，主要资本主义国家的货币都实行了金本位制。纯粹的金本位制货币历时 100 多年。

1914 年第一次世界大战爆发后，各参战国为了筹集庞大的军费，开始发行不可兑现的纸币，并禁止黄金自由输出，这是最早的脱离金本位制的纸币发行。第一次世界大战结束后，各参战国通货膨胀严重，为恢复经济，主要资本主义国家于 1922 年在意大利热那亚城召开世界货币会议。当时，各国拥有的黄金在分布上已经严重失衡，战前实行过的纯粹的金本位制货币体制很难恢复重建，也由于世界经济规模不断扩大，总体的黄金产出增长速度跟不上总体的经济增长速度，即使是黄金拥有较多的国家，全部金银总数量也不能满足现实流通对金银货币的需要。为了节约黄金，这次会议决定采用金块本位制和金汇兑本位制。

金块本位制也被称为金条本位制。这种制度的具体形式是：国家不再铸造金币或银币流通，而是由国家或国家规定的银行按照一定的规定、程序发行纸币（或银行券）流通。纸币的货币单位与金银全额挂钩，即规定每一信用货币单位的含金量，但是这种纸币不能与金银自由兑换。国家储存金块或金条，只有当人们有规定的需要时，才可用纸币按规定并且是以受到限制的数量、受到限制的用途向中央银行兑换金块。也是出于黄金短缺，各国都有禁止私人将金块私自输出国境的措施实行，黄金的输出和输入只能由中央银行统一管理。例如，当时的英国以银行券兑换黄金最低限额为相等于 400 盎司黄金的银行券（约合 1700 英镑）。法国规定银行券兑换黄金的最低限额为 21500 法郎，约等于 12 公斤的黄金。

实行金块本位制的货币，是货币的属性与功能的进一步分化。货币的等价物功能与交换媒介功能比之初次的分化，现在的距离是越来越远了。由于纸币不能自由兑换，黄金作为价值化身，或者说作为等价物的化身，只能被观念性的联系到纸币上，纸币不可能获得价值的实质，人们在交换中不可能接受这样的货币。如何进行下去？货币在它的发展史上第一次受到了来自国家力量的强制：第一，黄金（白银）不能作为交换媒介进入流通，必须由国家统一管理，由此保证了黄金的交换媒介功能必须从黄金中分离出来由纸币承担；第二，兑换是有条件的，包括使用条件和数量条件。

国家对这种不能自由实现物体上所标示价值的纸币，则赋予观念上的价值。例如，统一发行机构，通常将纸币发行权收归中央银行，如果是私人银行按规定发行，必须有与发行量等额的财产担保，保证最终的支付手段等。

为了保证纸币实现观念上的价值，纸币防伪与打击假币、禁止非本国发行的纸币在本国内流通是与纸币的发行一体的。伪造货币的问题在金属铸币时就出现了，在金属铸币时代，伪造的方法是在金币中搀入铜、铅等廉价金属。到纸币时则更容易假造。法国大革命后，发行了以没收的教会地产为抵押的债券，作为代用纸币。为了破坏法国经济，英国政府曾经大量伪造过这种纸币。第二次世界大战期间，德国也曾经大量伪造英国和美国的纸币。

可见，要实现货币的交换媒介功能与等价物功能在物理上的分离，其中有两条是必不可少的，其一是国家力量的强制，其二是发行机构的价值保证。它是在发行机构首先实现了价值保证的情况下才完成国家强制的。

赋予本没有价值的纸币以价值的内容，以承担原由黄金完成的一般等价物作用，这是货币史上的一个巨大进步。由于社会交换日益扩大、日益深入到生活的方方面面，比较于纸币来说金银不便于运输、不便于分割的缺点暴露无遗。人们并没有忘记，黄金还刚刚对比其他商品来说，以便于储藏、便于运输、便于分割的特点，战胜其他商品等价物而登上货币宝座。但是，货币历史就是这样无情地以交换媒介必须符合便捷、经济节约而又含有价值（哪怕是观念上的价值含有）的逻辑在前行着。黄金成为交换媒介的理由，现在正好又成为其将被淘汰的理由。

虽然货币历史终将淘汰黄金，但实际上人们的观念转换还是需要一个时间过程的。在平均不到一代人的时间过程中，黄金就与纸币产生分化，除了不够便捷外，当时最有强制性的直接原因还是因为黄金数量太少，不能满足日益扩大的商品流通对交换媒介的数量要求。作为等价物的黄金，只是人类所生产的千万种商品中的一种，其价值始终只能占据众多需要交换商品总量的极少一部分，如果以等价物的身份作为交换媒介，任何一种单个商品从价值量上来说都不可能满足商品流通总量对交换媒介的需求。而实行金块本位制，黄金用分化出来的价值观念联系到纸币上，其本身并不实际进入流通，这样，在正常情况下人们不仅用纸币作商品交换媒介，而且也会用纸币作为短期的价值储藏工具，加上纸币不可自由兑换黄金，在国内因商品交换原因而兑换金块的行动实际上是很少发生的，这样，就可以用很少的黄金作价值保证，而根据商品交换的需要量来发行纸币，保证不断增长的商品交换的顺利进行，从而促进经济的发展。但是，由此也埋下了滥发的祸根和将遭受被价值挤兑的危机。因经济危机、战争等原因，纸币持有者因纸币在价值上仍联系着黄金，当国家或发行机构因信誉下降时，处于保证金地位的黄金必遭挤兑，相应地，挤兑使流通中的纸币数量大量减少，反过来又加剧经济危机的程度。因此，从金块本位制货币实行的第一天起，实际上就埋下了日后黄金被信用货币彻底淘汰的种子。

金块本位制是商品经济发展到这个阶段的历史必然，它与当时商品经济的规模、当时人们的观念相联系。实行金块本位制，黄金第一次失去了作为交换媒介功能，离开了一国之内的商品交换领域，但在国际商品交换领域中，金银作为等价物的交换媒介仍是不可或缺的。为什么会发生这种国内与国际不一致的货币体系？这是因为在当时的国际上，尚没有实现货币等价物功能与交换媒介功能分离的条件。由此可见，国家强制力和国家对价值的信用保障在货币体系构建中的巨大作用。

在纯金本位制的货币体系中，虽然也可以用纸币或银行券，但这时的纸币或银行券与黄金是可以自由兑换的，应用纸币或银行券是出自人们便捷性考虑的自发性的选择行为，因此其时的纸币或银行券发行并不一定需要国家权力的介入，完全自由兑换黄金的纸币银行也可以自主地发行。而不可自由兑换黄金的本位制纸币由于不能自由兑换，就必须在国家的权力强制推行中才有实现的可能。这种国家强制并不照顾到民众个体的绝对自愿，通过初始的强制力改变人们的使用习惯从而形成社会的使用惯性而达到相对自愿。但是在国际领域，不存在这种类似国家的权力与强制力。因此，在国际领域无法实现金银货币的等价物功能与交换媒介功能的分化。

金块本位制货币是国家的强制权力第一次介入货币体系的产物。作为货币符号的纸币第一次冲破货币符号概念，独自担当起商品的交换媒介。尔后社会经济的空前发展也得益于货币的这种革命性变化。

金汇兑本位制又称为“虚金本位制”，它是金块本位制货币的变种。这通常是小国经济、经济实力不强的国家或者殖民地国家货币发行方式。这种制度的具体形式是：由国家发行纸币流通，国内不流通金币或金属货币，只能流通与外汇（即实行金块或金本位制国家，或者宗主国家的货币）挂钩的纸币。纸币不能直接兑换黄金，只能兑换挂钩的外汇。这种制度下国家的信用货币同另一个实行金块本位制国家的信用货币保持一个固定的比价，并在该国的央行存放外汇或黄金，用以作为本国信用货币发行的保证金和最后的支付手段。在该货币体制下，黄金也是禁止自由输出国境的，黄金的输出输入国境要由国家的中央银行统一管理。

第一次世界大战前的印度、马来西亚、菲律宾，以及一些拉美国家或地区，都是实行这种货币体制。第一次世界大战后，由于战争对参战国黄金储备的消耗，即使当时发达国家经济体，也会由于缺乏黄金而被迫选择金汇兑本位制。第一次世界大战后的一些欧洲国家，如德国、意大利、挪威、丹麦等国，就是由于缺黄金而被迫选择金汇兑本位制。

在金汇兑本位制下，我们看到了黄金与纸币在等价物功能与交换媒介功能上的进一步分化。在金块本位制货币制下，虽然受到限制，但在国内，纸币仍是可以兑换挂钩中的黄金；在金汇兑本位制货币制下，纸币在国内则完全不能兑换黄金了，只能兑换以黄金挂钩中的金本位制的外汇。这是国家对货币的再次强制，不过，除了国家的强制外，还有第三方社会力量的强制。例如，因为战争、殖民地地位所导致的国际社会力量的强制。这种新的强制表现在三个方面：一是禁止了本国金银与货币挂钩；二是规定了挂钩中的外汇品种；三是规定了兑换汇率。但在国家实施强制的同时，国家也开始为强制中的货币注入信用。这个时候国家注入的信用有二方面：一是承诺本国货币“钉住”被挂钩中的外币，以保证持有本国货币在与外汇兑换时保持汇率稳定，这是国家对本国货币的一种价值保证；二是在被挂钩中的外国货币央行中存入相应外币或黄金，以作为最后的支付手段，这也是国家对本国货币的一种价值保证。

4.4 黄金信用不够导致金本位制货币最终体解

金本位制建立是随着银行制度的产生而发展起来的一种货币制度，它对提高银行的营运信誉、促进商品交换、商品经济发展起到了极大的推动作用。由于金本位制货币持有者可以兑换黄金，在危机中人们更愿意直接持有黄金而不是纸币，黄金很容易遭受来自挂钩中的纸币的挤兑和投机，黄金作为保证金数量不足以应付危机时的兑换从一开始就暴露出来。国家也会受制于金本位制货币体制的兑换机制，必然地采取紧缩的货币政策以应对，金本位制货币的兑换机制在经济危机过程中自动紧缩功能，对经济衰退形成了加速作用。

美国1862年的《国民银行法》建立的就是一种金本位货币制度，至1907年就发生大规模的支付危机，在危机期间，各国民银行由于现金缺乏而普遍停止了现金的支付。在一些城市，停止支付现金的行动持续了2个多月，国民银行的短期拆借利率竟高达125%，实际上中止了各类贷款。在货币需求增加的时候，国民银行却不得不减少货币的供应，促使危机蔓延。当时尽管财政部将提存的黄金准备金分配到各国民银行，而银行也发行“银行债务结算证书”用作临时货币，但却不足以阻止危机的蔓延。

在1929年世界资本主义经济危机前的英国，曾是当时世界头号的经济大国，其工业生产总值占资本主义国家生产总值的60%，黄金储备占资本主义国家总储备的65%。伦敦是全球的金融和贸易中心，当时的国际收支90%是以英镑进行的。但是，一场经济危机下来，到1931年英国就开始出现国际收支逆差，黄金从英国滚滚外流，黄金储备急剧下降。仅两年时间英国经济就直线下滑，英镑的国际货币地位也在这次危机中岌岌可危，至1931年9月20日，英国政府被迫宣布废除英镑金本位制，并将英镑贬值30%。在同一年的德国，1933年的美国，1936年的法国，都因此而相继在国内放弃了金本位制。从1816年英国实行金本位制货币开始，至1936年法国放弃国内金本位制，世界主要资本主义国家实行金本位制货币体制仅仅120年。

金本位制货币体系的体解标志着黄金在各国的国内已经完全退出货币的历史舞台。在第一次货币功能分化中，纸币就已获得了并承担着货币的交换媒介的功能，但是货币的等价物功能在纸币中是天生就没有的，黄金退出了，其所包含的等价物功能不可能落实到纸币上，那么货币的这种等价物功能到哪里去了？

它并没有消失！它被转移到货币发行机构对所发行货币保持币值稳定的承诺上去了。原来，金本位制中的黄金是作为执行交换媒介功能的纸币的一种价值保证，被存放在发行货币的中央银行，只要不被兑换，黄金的这种价值保证功能就被闲置。因此，存放在中央银行的黄金在多数情况下并不被执行价值保证功能而显得多余。价值保证也就由此而演变成价值承诺，只要发行机构有足够的信用，通常是中央银行以国家财政担保，承诺保证所发行货币币值的稳定、汇率稳定，纸币也就被顺利发行和流通，而且随着经济发展对货币需求的增加，纸币的发行量也远高于存放在中央银行的黄金价值量。因此，货币的等价物属性在黄金退出货币舞台后，并没有消失，也不可能被纸币承载，而是转移到国家（发行机构）的手中由国家（发行机构）的信用来承载。

在1928年以前，国际货币是由金本位制的英镑担当的。这与工业革命发生后，英国成为世界上最发达国家的地位是相称的。但是1929年的一场世界经济危机，这种英镑金本位制的国际货币体系就轰然倒塌。尔后各国忙于战争，至1943年第二次世界大战进入尾声时，争夺国际货币发行权的战争在英美两国开始打响。由于金本位制货币发行时的等价物属性与交换媒介属性在数量上不必匹配，货币发行中的利益是巨大的。争夺要靠实力，当时英国深知自己的经济实力不够，代表英国的世界最著名经济学家凯恩斯提出的是“国际清算同盟计划”，主张成立国际清算同盟，在自由兑换的原则下，创建一种以黄金为基础的独立于各国的国际货币单位。代表美国的怀特则提出“国际稳定基金计划”，主张设立一种国际外汇基金，以黄金为基础，在自由兑换原则下创建一种与美元联系的国际货币单位。这两个国际货币方案的主要区别就在于，英国的方案是建立直接与黄金挂钩的独立于各国的国际货币单位，而美国的方案则是国际货币单位与美元挂钩。国际货币方案争夺战一直到1944年7月1日才被定音，在美国新罕布什尔州的布雷顿森林举行有44国代表参加的联合国货币金融会议上，美国以其工业生产总值占资本主义国家生产总值的60%，黄金储备占世界的四分之三，并成为世界上最大的债权国的经济实力，最终确立了以美元为中心的国际货币体系。

美元国际货币新体系的基本内容是：美元重新恢复金本位制，美元与黄金挂钩，黄金官价35美元1盎司（约等于31.1035克）黄金。各国货币与美元挂钩，各国政府和中央银行可按此价以美元向美国兑换黄金。各国货币对美元实行固定汇率制度，各国货币与美元的汇率只能在正负1%的范围内波动，大于这个范围时，各国政府有义务干预外汇市场以保持汇率稳定。

在今天来看，这不是个妥当的国际货币方案，它无视当时英镑国际货币体系倒塌的经验教训，也无视各国国内金本位制货币体系不能被维持的事实。但是，囿于当时人们对货币本质认识程度的差异，金本位制中等价物属性与交换媒介属性外在统一的表象，当然更主要的是，货币发行必须是在强大政治经济力量的支持下才有可能。美国当时已取得的强大的经济实力与政治影响力，且与人们期望战后能得到来自美国对战后重建的支持，所以最终选择了美元这个国际货币方案。

说其不是个妥当的国际货币方案，就是因为在国际货币体系中，金本位制货币中的等价物属性与交换媒介属性矛盾根本不是单个国家所能解决的，它需要与之相适宜的国际组织提供信用支持。从前面的分析我们已经知道，金本位制货币体系是以货币的等价物属性与交换媒介属性分化为基础的。由纸币承担交换媒介功能，而黄金则承担等价物功能，但黄金的价值保障只是名义上的，黄金量上的天生不足使其在实际应用中只是起到保证金作用，由此必然产生同一货币单位内的等价物属性在数量上不足的矛盾（指货币单位的价值标量为一时，货币后台黄金保证金价值会越来越小于一，这是货币等价物属性与交换媒介属性分化后的必然结果）。这种矛盾在一国之内是依靠国家的信用担保来解决的，但国际货币需要国际组织提供信用，单国政府不可能提供这种信用。美元国际货币体系，使货币从一开始就处于信用缺失状态中。在这种情况下，只要稍有经济危机，纸币对黄金的挤兑就会发生。单一国政府在国际间的信用不够是产生动荡的根源。由此看来，当年凯恩斯提出的“国际清算同盟计划”方案，比之美元方案，显然是更适合于构造国际货币体系的。但是，货币体制是依靠强权才能建立的，历史就是这样无情，追逐利益就像精神鸦片一样吞噬了人的本性，凯恩斯的独立于各国的国际货币方案反而被人们抛弃。而当年踌躇志满的美元货币体系方案从它产生的第一天起，就决定了它必然崩溃的命运，并最终酿成了今天的国际货币危机。

第一次美元危机产生于 1960 年 10 月。此前从朝鲜战争开始，美国连年国际收支逆差，造成美国黄金储备由战后的 400 多亿美元降至 178 亿美元，而短期外债却达 210 亿美元，黄金储备已不足以偿还债务，由此使美元的信誉发生了危机，出现了大规模抛售美元、抢购黄金的风潮，市场上的黄金价格高出官价达 20%。美国为了挽救美元，只好求助于英、法、德、意、瑞、荷、比等国，建立七国“黄金总库”，用以维持黄金官价。并与英、法、德、日、瑞、荷、比、卢、加等组成十国集团，筹集 60 亿美元贷款，另与 14 国借款 197.8 亿美元。在这次危机中，美元的国际信用缺失矛盾显现无遗。

第二次美元危机产生于1968年3月。美国的黄金储备降至121亿美元（约合 3.4 亿盎司黄金），而短期外债高达 331 亿美元。市场上再次掀起抛售美元抢购黄金的风潮。“黄金总库”为了稳定金价而大量抛售黄金，造成黄金损失

34.6亿元，“黄金总库”被解散。只允许外国中央银行按照35美元官价向美国兑换黄金，停止在市场上按35美元官价兑换黄金，市场价格自由波动，不再进行干预。

第三次美元危机发生在1971年5月。当年美国国内工业生产下降8.1%，国际收支逆差达220亿美元，短期外债553亿美元，而黄金储备则降为110亿美元，只够偿债的五分之一。由此欧洲市场再次爆发大规模抛售美元、抢购黄金和西欧国家货币的风潮。美元暴跌，黄金猛涨。至1971年8月15日，美国政府宣布停止外国中央银行用美元按黄金官价向美国兑换黄金。8月18日宣布美元对黄金贬值7.89%。黄金官价提高到38美元1盎司。各国货币对美元的汇率波动幅度从不超过平价的正负1%，扩大为正负2.25%。至此，美元与黄金脱钩，美元金本位制倒塌。

第四次美元危机发生于1973年。由于长期的侵越战争，极大地消耗了美国的国力，再加上美元贬值后又停止兑换黄金，美元的信用极大下降。1973年1月，大量的美元在欧洲被抛售，2月2日美国政府宣布美元再次对黄金贬值10%，每盎司金价42.22美元。西方国家为了应对美元危机，取消了本国货币与美元的固定汇率制，实行汇率浮动。至此不到30年，由美元金本位与固定汇率支撑的布雷顿森林货币体系彻底崩溃。

历史见证了这个过程，但悲剧并没有结束。虽然布雷顿森林货币体系彻底崩溃，但由于人们的使用习惯，储备外汇持有结构和在单个国家货币中，其他国家的货币无法替代强势美元地位，更主要的是美国依靠强权建立了石油美元，由此所确立的美元在国际货币中统治的地位并没有结束，使脱离金本位制的美元在发行上更肆无忌惮。今天的国际金融危机有部分原因也是来自美元价值矛盾积累的结果。

4.5 货币的价值属性分离与信用货币的产生

通过对上述货币历史发展过程的考察，我们可以发现，货币的历史发展过程实际上一直是围绕着等价物属性与交换媒介属性这两个属性展开，并在矛盾中发展着的。

由等价物属性决定，货币先后选择了第一阶段的金银，第二阶段的金银保证金价值担保，第三阶段的发行机构（国家信用）价值担保。

由交换媒介属性决定，货币先后选择了第一阶段的金银，第二阶段的银行券（包括各种银行票据），第三阶段的防伪纸币（包括电子媒介）。只有在第一个阶段货币的等价物属性与交换媒介属性是统一在金银上，即使是第二阶段的金本位制货币，其等价物属性与交换媒介属性也是分离的。

货币的等价物属性与交换媒介属性是货币的两个必须的、不可或缺的属性。离开了等价物属性的货币不能称之为货币。例如纸币或银行券，必须有其发行的银行承诺可以随时兑付现金或等值的价值物，否则就是废纸一张。同样，离开了交换媒介属性的货币也不能称之为货币。凡是商品都有价值，但在特定的历史阶段上只有成为一般等价物的贵金属才曾经成为货币；当金本位制体解后，即使是黄金的价值并没有任何的消失，像过去一样的仍然存在，但是当它的交换媒介功能由纸币取代后，失去交换媒介功能的黄金，也只是普通的商品而已，就不再是货币了。

至此，等价物属性与交换媒介属性才使货币的本质属性的谜底被揭开。货币是等价物属性与交换媒介属性的对立统一。首先它是个矛盾的统一体，等价物属性与交换媒介属性相互依存，离开任何一方都不能构成货币。货币的等价物属性，决定货币必须是有价值的，由此才能充当价值尺度的功能；其发展逻辑是沿着等价物价值保证、保证金价值保证、国家信用价值保证的方向前行。货币的交换媒介属性，决定货币必须在方便交换、方便运输与方便面值分割、低成本交换的媒介中选择前行；其发展逻辑是为降低交易成本需要而使交换媒介本身的价值含量与它的尺度价值量差比在扩大。由于货币这种统一体中的等价物属性与交换媒介属性的矛盾对立，使货币在功能载体上产生分化，由一个统一的物体，分化为一个体系内的不同载体分别承担等价物功能和交换媒介功能。在货币功能载体分化的历史上，第一次分化产生了金本位制货币，第二次分化产生了汇兑本位制货币，第三次分化产生了当今阶段的信用货币。

在信用货币体系内，其等价物功能由货币的发行机构（国家）承担；其交换媒介功能由防伪的纸币（电子媒介）承担。这样，货币就不再是一个单纯的可见物，或者说不再是承担交换媒介功能的纸币，而是一个体系，一个包括了发行机构等价担保、纸币防伪与纸币本身所构成的体系。货币的等价物属性与交换媒介属性无时不在矛盾中，当货币的等价物属性与交换媒介属性不匹配，矛盾积累到一定程度时，必然引发货币危机。特别是在国际货币体系中价值信用缺失严重时，会导致国际金融危机。

4.6 货币重新定义与信用货币“价值”锚

必须给货币重新下定义，以纠正人们混乱的货币观念。货币定义应分一般的货币定义和特殊的货币定义。一般的货币定义，是指适合历史的、现实的所有历史阶段的货币的定义，是从所有历史阶段上的货币抽象出来的货币的共有属性。特殊的货币定义，是指在一般的货币定义基础上，同时说明其所在的历史阶段上的有所不同的属性特点。

一般的货币定义：货币是有等同价值或等同价值保障的交换媒介。

贵金属货币定义：货币是由一般等价物充当的交换媒介。这个一般等价物就是指充当货币的特殊商品贵金属，因此又叫商品货币定义。

信用货币定义：货币是由其国家（政权）发行机构提供等同价值保障的交换媒介。

贵金属货币定义与马克思的货币定义并无本质的区别，因为这两个定义中都强调了货币的价值属性与交换媒介属性。区别在于，马克思将“商品货币论”看作是货币的极终形式，或者是一般的货币形式，但实际上“商品货币论”也仅是货币发展史上的一个特殊阶段上的形式。

马克思认为，（贵金属）货币具有价值尺度、流通手段、支付手段、贮藏手段、世界货币等五大职能。虽然一般的货币定义适合所有的货币定义，但信用货币（包括电子货币）在货币的职能上与贵金属货币相比，已经有了较大的变化，主要有如下三方面不同的特点：

1. 信用货币的“贮藏手段”被替换为“持有手段”。信用货币与贵金属货币都具有价值尺度、流通手段、支付手段的功能，但是，由于金银等货币本身具有价值内涵，不需要任何之外的信用保证，是超越任何国家主权的货币，因此才可以任意贮藏而价值不会变化与消失；但信用货币不同，它是需要有国家信用作保证的。从长期来说，国家的信用是会变化甚至会因战争、政权更叠而完全消失的；同时，信用货币的币值也是国家宏观调控的工具，其币值会随时变化。因此，信用货币因其币值的变化性与可能消失性，信用货币不具有“价值贮藏”的功能，不能作为贮藏手段。例如，1971 年美元结束金本位制以来，以金价计，美元的购买力至今只剩不到 5%。人民币也同样处于不断贬值的过程中，以最大众化的商品猪肉计价，1971 年猪肉价 0.76 元 / 斤，现在 15 元 / 斤（写作时的价格），购买力同样只有原来的 5%。

当然，信用货币不具有价值贮藏功能，但仍然可作为价值持有的手段。价值贮藏与价值持有是两个不同的概念。价值贮藏强调的是价值长期的恒定性，价值持有强调的是短期价值的保持性。因为从短期来说信用货币的价值仍是可保持的，因此，信用货币短期仍是可以持有的。正因为信用货币具价值保持功能，因此才能成为货币。货币在流通等待状态时，必须有价值保持功能。而资本主义生产目的就是实现对更多货币的持有。

那么，货币的价值贮藏功能哪里去了？货币是否从此就不能做价值贮藏了？不是的！如何实现货币的价值贮藏功能？货币的价值贮藏功能已经由国债货币来承担了。国债货币承担货币的贮藏功能，这不论是对信用货币来说，还是国债货币来说，都是一个重大转折。就信用货币的角度来说，这一功能的转变，必将引起人们持有现钞占总货币量比率大幅度减少，银行存款占比增加。从国债角度方面来说，国债的传统功能是借贷，当承担货币贮藏功能后，国债产生了分化，一部分国债继续承担传统的借贷功能，我们仍称其为国债，另一部分承担货币贮藏功能后，不再是国债了，而是转化为国债货币。具体关于国债货币的论述，将在本著后面章节中论述。

2. 信用货币在世界货币功能方面比之贵金属货币有变化。贵金属货币由于自身含有价值，交换可以不受国界限制。但信用货币的信用提供者如果不具有国际信用提供能力，或者不提供国际信用，就不能执行世界货币功能。

3. 信用货币币值可调节性。信用货币比之贵金属货币来说，贵金属本身的价值取决于社会必要劳动时间，不具有可调节性；信用货币因为由国家的信用发行，其货币币值由发行机构所决定，而且可以调节。由于其货币币值是可调节的，因而往往被国家作为货币政策工具来使用，运用货币的数量与币值变化来对生产、消费、分配进行调节与控制。

因此，马克思对贵金属货币定义的价值尺度、流通手段、支付手段、贮藏手段、世界货币等五大职能，在当代信用货币中已经有所变化，货币新的五大职能为：价值尺度、流通手段、支付手段、持有手段、宏观经济的调控工具。第四、第五个职能的变化是信用货币所特有的，而这正是信用货币发挥作用的空间。

货币的重新定义，这对当代宏观经济学理论的创建具有现实意义。在马克思的货币定义中，货币本来是包含有“价值”的，但是在马克思当年写《资本论》时，主要是实体经济的实体价值生产，信用价值生产的特征在宏观经济中并没有显露，因此，在《资本论》这部主要论述实体经济实体价值生产过程的论著中，货币的价值与交换媒介两重属性中的“价值”，在他的整个理论体系中的应用并不多。在信用价值生产已经成为一种显著的生产方式的当代，如果对货币两重属性中的“价值”本质没有认识，这就会造成对整个信用价值生产方式的巨大认识盲区。当代现实社会中多种形式的信用价值生产交叉发生、反复发挥作用，由于信用价值生产不当甚至引发严重的金融危机，这正是需要对货币本质重新认识的时候，而现代西方经济学理论中却完全抛弃了马克思的货币理论，在其货币理论中只有交换媒介属性，没有价值属性。例如，在曼昆的《宏观经济学》中就说到：“没有内在价值的货币称为法定货币”[12]“在交换中使用货币是一种社会习俗”[13]，在他这里，信用货币的价值属性被丢弃了。信用货币都没有“价值”了，如何可能认识货币的信用价值生产？没有对货币信用价值生产的认识，如何可能认识通过货币信用价值生产而引起的现代经济中虚拟经济信用价值生产方式、“印钱消费”信用价值生产方式等多种形式的信用价值生产的形式？因此说，在当代宏观经济理论中，对货币的“价值”的重新发现，是论述当代信用价值理论的奠基石，是打开我们认识信用价值生产方式的钥匙。本著后面的章节将围绕着信用价值生产，一步一步地揭示在实体经济实体价值生产方式的基础上，信用价值是如何通过货币的“价值”作用而被生产出来。

第四章思考题

1. 为什么会产生信用货币？
2. 一般货币的定义是什么？信用货币的定义是什么？
3. 黄金还是不是货币？为什么？

第五章 国家信用与货币发行

本章导读

信用货币制度是人类伟大的发明，它对社会经济发展的促进作用一点也不亚于工业革命。由于信用货币制度的产生，人类从生产贵金属货币的劳动中解放出来，而国家则可从信用货币的发行中获得价值用于调节社会的分配，从而可在一定程度上缓解劳资之间的矛盾。发达国家的高社会福利其中一部分就是得益于此。货币发行价值通过外汇储备替代发行，巨大的发行价值就送给外国人了。

国家信用、商业银行信用、股市上市公司的企业信用，三种不同的信用作用于货币的价值与使用价值，构造了当代信用货币的价值基础，已经使原有的经济运行规律发生了根本性的巨大变化。传统经济学无视于这种变化，因此无法解释现实。只有揭示并认清这些已经客观存在的规律，才有可能发挥主观能动性，驾御经济之船使之健康持续前进。

从本章开始揭示信用货币的三大价值基础与其实现的基本原理。

其一，货币的发行本质是用国家信用创造价值，信用货币的发行过程就是价值创造过程。信用货币的发行是一国主权的体现，只有国家使用威权才能指令信用货币的使用与流通。因此，只有主权国家才能创造信用货币，国家强制力是信用货币发行的基础。

其二，“派生货币”不是货币，商业银行“派生货币”的本质是提高货币的使用价值、加快货币周转速度。商业银行不具有对货币价值的创造能力，因此，商业银行“派生货币”不是真正意义上的货币，我们通常所说的“广义货币”是一个错误的概念。“派生货币”只不过是商业银行利用自身较高的信用提高货币使用价值、加快货币周转速度而已。一个显著的证据是，商业银行在派生货币过程中，对货币价值的增减不起作用。

其三，需求创生价值，它是通过股市来现实的。股市通过市场需求创生价值，需求的变化信号使股票的市值发生变化，由此使股市可以创生价值也可以湮灭价值，成为价值增减发生器，从而对流通中的货币数量起增加或减少的作用，货币需求与货币供给公式因此而被改写。

本章通过对国家信用创造价值的原理分析，揭示货币的价值发行原理，回答怎样发行货币才会创造价值，货币发行窗口有什么区别，为什么以外汇储备替代发行会产生外汇储备量的价值损失。

5.1 信用货币为何会创造价值？

马克思认为，商品的价值来源于凝结在商品中的无差别的人类劳动，所以说劳动是一切价值的源泉。有一些人认为，信用创造价值已使马克思的劳动价值论过时，这是错误的。我们应该看到，信用虽然表现的是一种信息，但这种信息不是凭空而来的，也不是虚无的，它是一种人类劳动的产品，是通过劳动而产生的一种物的信息属性，它的本质仍然是一种劳动价值的积存。作为微观经济主体的个人、企业，要想获得正面的信用信息的积存，就必须付出比一般性的生产劳动数量更多、或者质量更好、或者投入更多管理上的劳动。作为国家要想获得正面的信息积存，也需要全国民众、国家管理者的劳动所产生的正面效应与集聚作用，国家的经济基础、上层建筑的综合作用等，它是全体民众在一定的历史过程中的一种集合劳动的信息反映，类似于经过人类劳动加工后的信息产品。

信息是一种物的属性，商品信息产生价值是因为经过了人们的收集与加工的劳动。一个个人也好，一个国家也好，在其自然属性的信息中并没有“好的信用”这种信息，只有人们通过努力作改变、改造，使其在属性信息中产生“好的信用”这种信息。由此也证明，信用是一种人类劳动的产品。

最直观的证据是，一个企业的信用，来源于企业管理者的管理，企业管理者就是劳动者，企业的信用来源于企业管理者的劳动。一个国家的信用，来源于国家的组织管理者的优质管理、国民经济的强大，而国民经济的强大来自全体国民的劳动积累，说到底仍源于劳动。另外，我们知道，货币是从商品演化而来，它包含有价值与使用价值，它的使用价值承担着交换媒介的功能，它的交换媒介从不便于运输、不便于数量分割的贵金属改由便于运输、便于数量分割、便于交换的纸币，大大节约了交换成本，提高了交换效率，提高了货币的流动速度，此可视为提高了商品交换的社会劳动生产率。因此，信用货币发行中所创造的价值无疑也是一种国民的劳动创造，只不过是一种高层次的劳动创造，一种由全社会国民共同参与实现的劳动创造。

贵金属货币阶段铸币税收入

在贵金属货币时代，市场所需货币价值量由贵金属本身的价值量来提供。如果是发行金银铸币，最早的金银铸币都是足够重量、足够成色的金银。后来人们发现在流通中的金银铸币通过使用磨损已经不够重量了，人们仍然将其当作原有重量的铸币使用。由此有些铸币银行就在铸币的重量与成色上偷奸耍滑，使得铸币的重量与成色都不足，低于它所代表的货币价值，这个价值差就是最早铸币税的产生来源。因此，通常铸币是指所用作货币的金银，其价值小于铸币面额，由此产生的价值差就叫铸币税。

铸币税收入＝铸币面额总量－为铸币所费金银价值量

这也是一种货币发行上的收入，但是由面值与实质差额构成，而且不为社会道德所认可。因此，铸币税不属于货币发行中价值创造。

当大家都在铸币的重量与成色上做手脚时，铸币银行就会失去信用，大家都不相信这些银行的铸币价值，此时，某一家铸币银行一直以来从不做偷奸耍滑的事，他们的铸币一直都是坚持足够的重量与成色，这家银行就获得了铸币银行足够的重量与成色的信用。只要打上他们银行的标志，他们银行的铸币就能发行出去。从这里可看出，这家用足够成色与重量铸币的银行显然比偷工减料的铸币银行投入了更多一些的人类劳动，才获得足够重量与成色的信用。通过这种用在信用上的劳动价值投入，他们也就能发行更多的铸币，从而获得相应更多的铸币发行价值。

金本位制货币阶段货币发行创造的价值

金本位制货币时代，实物黄金价值量与所发行的与黄金挂钩的纸币（银行券）所代表的价值量，在初始发行时要求是相等的，由于市场流通货币量的增长快于发行实物黄金量的增长，实物黄金价值量与所发行的纸币（银行券）所代表的价值量很快就会不匹配，此时的实物黄金实际上是处于保证金地位，用来保证需要兑换实物黄金的人随时兑换，因为并不是每一个人都需要兑换实物黄金的，实际发行的与黄金兑换挂钩的纸币面额有可能数倍于黄金保证金的价值量。但是，一旦经济恐慌时，又会引起大家都涌向银行去挤兑，这种情况又会使得与黄金兑换挂钩的纸币面额的发行倍数不能过大，它们之间有一个合适的比值。

从美国货币发行资料中我们可以看到，美国历史上货币发行的银行券与黄金保证金之比在 2 倍至 8 倍之间。在 1944 年所确立的国际货币体系中的金本位制美元，在发行初期的 1945 年，美国的黄金储备为 21770 吨（约 7 亿盎司，折合 245.6 亿美元），可支持 1∶1 的美元发行。尔后多边贸易和双边贸易虽然快速增加，至 1952 年美国的黄金储备不增反而下降至 20663.1 吨。尔后不断增发的美元，黄金储备不增反降，由此多次引发美元对黄金兑换潮，至 1971 年美国的黄金储备快速下降到 9069.7 吨（折合 102.1 亿美元），仅是其美元对外流动负债（678 亿美元）的 15.05%，也就是说对外所发行的美元 6.5 倍于其黄金保证金数量。由此证明，所谓金本位制中的黄金，只是以保证金的身份提供一种保证等价兑换的一种信用，当经济危机和信用下降时，必然会引起兑换增加，甚至产生挤兑，引起通货紧缩，加深经济危机。

实践证明，在金本位制下，黄金保证金所提供的货币信用并不稳定，由于有黄金保证金作名誉上的担保，反而没有足够的理由制约货币发行机构的不守信行为。

金本位制下的黄金保证金的价值量也是个随着发行机构信用变化而变化的变量，在足额保证金发行时，市场所需货币价值量等于黄金保证金的价值量，货币发行所创造的价值量为零。而在一般情况下：

货币发行所创造的价值量＝市场所需货币价值量 – 黄金保证金的价值量

例如，美国在 1971 年美元取消金本位制前夕，美国因美元国际货币发行所创造的价值量为 576 亿美元（不包括美元对国内发行）。这种因货币发行所创造的价值量，就是市场所需货币的价值量与黄金保证金价值量之间的差价。

信用货币阶段货币发行创造的价值

信用货币发行的成本很低。信用货币发行的初始阶段，往往会设置发行准备金，这种准备金可以是贵金属、外汇、甚至粮食等生活必需品。但是随着一国经济的快速发展，社会生产能力的大提高，国家的实力全面增强，国家的信用提高，大国货币发行已不需要任何准备金、保证金设置。原来设置的保证金也会随着货币发行量的迅速增长，所占比例被降低到微乎其微。但在浮动汇率制度下，常常需要设置一定比例的存量外汇，以作为本国货币汇率调控工具。数量要根据国家的大小、国民经济所处的发展阶段、经济抗风险的能力、国民经济的内在潜质等情况而定。如果忽略这些占比不大的抵押物，我们就可将国家基础货币发行量看作是货币发行所创造的价值量。

$$V_a = M_B$$

（V_a 表示货币发行创造的价值量，M_B 表示国家基础货币发行量）

这种因货币发行所创造的价值，过去人们一概称之为“铸币税”，笔者认为是不妥的。铸币税是贵金属货币阶段所特有的，是指铸币的面额价值大于为铸币实际耗费金银价值量，这其中的差额通常被视作一种收入，通常占比并不大。但信用货币通常是用纸或者电子卡作为介质，信用货币的发行与面额价值相比，其成本极低，这种货币的面额价值，来源于国家的信用保证，是一种全新的价值创造，其所创造的价值量几乎等同于纸币面额。因此，信用货币发行创造的价值与铸币税比，其来源不同，价值量比不同，具有本质上的区别。将货币发行所创造的价值仍称为“铸币税”，是不妥的。本著为其正名，认为称其为“货币发行价值”比较合适。

5.2 怎样发行货币才会创造价值？

根据货币是“有等同价值或等同价值保证的交换媒介”的定义，作为一般等价物的货币，其本身是必然有价值的，没有价值不能成为货币，不管这个价值的载体是商品，还是纸币、电子货币。国家信用能创造价值，主要就是因为货币发行，并在货币发行中实现。

创造价值的货币发行

货币价值发行是创造价值到实现价值的过程。以国债发行渠道为例：财政部专为货币发行设置国债 10 万亿元，中央银行印刷 10 万亿元货币购入这些国债存入央行的金库。财政部获得 10 万亿元货币用作社会福利购买，由此财政部获得 10 万亿元的商品价值，10 万亿元货币则流入社会进入货币流通。与普通商品不同，作为交换媒介的货币在完成一次交换后，需要等待和进入下一次交换，这个等待流通与进入交换，都是需要有时间过程，这就造成社会对货币有一定流通使用量。因为这个流通使用量，使发行货币投放市场后就会一直滞留在市场上流通。假设社会滞留在流通过程中的货币量为10万亿，这10万亿就会一直处于不断的流通与等待流通的过程中，不能再返回到作为货币发行者的央行手中，而财政部为此而发行的10万亿元国债则可锁在央行仓库永远不用赎回。财政部用这10万亿元通过购买全民福利实现了对货币发行价值的永久占有。这种因社会流通而需要的货币，就叫基础货币。通常基础货币是社会流通对货币需求的最低值，基础货币发行量也是社会流通对货币的永久占用量，永远在流通中不用收回的量。由此我们也可将基础货币发行量看作是货币发行价值创造量。货币发行价值也就是这样被创造出来的。

不创造价值的货币发行

如果将货币看作是无价值的交换媒介，基础货币通过中央银行向商业银行贷款的方式发行出去会怎么样？结论是，不仅不能创造出货币的价值，而且将导致严重的社会供需不平衡，社会生产畸形发展。下面详例考察。

中央银行的基础货币发行都采用向商业银行贷款、贴现的方式。假如商业银行从央行获得10万亿元货币贷款，这对中央银行来说是资产，对商业银行来说是负债。商业银行对此10万亿元货币，只有通过向经济主体的个人、企业贷款的方式，才能使货币流向社会。此时，商业银行对中央银行负债，经济主体的个人与企业对商业银行负债。

特别要提示注意的是，此与财政部向社会购买商品发行货币的渠道与产生的效果是完全不一样的。财政部向社会购买商品发行货币，社会中的居民与企业是以自己所生产的商品或提供的劳务获得货币。这时财政部获得了劳动价值的商品，居民与企业通过与财政部的交换，获得了货币价值，其手中所持有的货币价值所有权是自己的商品通过价值交换而来的，居民与企业实现对手中货币的价值占有。用通俗的话说就是，你通过出卖商品而获得的这笔钱，你想拿在手中就拿在手中，因为你已经获得了对此货币的所有权与占有权，与社会的再生产、商品供求没有任何关系了。也就是说通过财政部向社会购买商品所发行的10万亿货币，是可以任意滞留在社会上各货币所有者手中的，以满足社会对持有货币与流通货币的需要。或者说，财政部获得了10万亿的商品，社会上企业与居民获得了10万亿的货币，此货币企业与居民可放心地持有在手中，可以任意地支配，从而长久地在社会中流通，因为它不是中央银行的债权，不需要通过商业银行必须返还给中央银行。

但是，如果基础货币是采用中央银行向商业银行贷款，商业银行再向居民与企业贷款的方式发行货币则大不相同。由于此时企业与居民手中所持有的货币是对商业银行的负债，商业银行就会强制居民与企业偿还这个负债。所有的货币持有者都必须出售等值的商品或劳务才能实现对此货币的持有，然后将此货币拿去偿债。当社会流通中所有的货币都来自银行贷款时，社会上所有的人都需要卖出商品获得货币归还银行贷款。假如此时社会必须要有10万亿元货币流通，因此就必然有10万亿元的商品永远没有买家。社会总供需就存在一个10万亿元的商品需求缺口。这个需求缺口会造成社会生产供需不平衡，通过社会生产自动的均衡过程，造成社会下一轮的再生产萎缩与社会消费水平创新低。货币发行不仅没有获得应该有的货币发行价值，反而会造成社会生产的不平衡，引起经济的萎缩。

因此，作为社会流通所需要的货币，通常称为基础货币的发行必须是通过财政赤字，或者是通过永不偿还的国债等国家占有其价值的形式发行，其价值才会被创造出来。用商业银行向中央银行贷款方式、贴现方式发行货币的过程不会创造价值。基础货币发行价值创造是客观的要求，是价值规律的体现。基础货币的数量通常也就是一个国家在货币的发行中通过国家信用所能创造的价值总量。

理解货币发行价值创造，我们可以用黄金来做比较，在贵金属货币时代，国家必须生产出最低约达到国民经济总量1/3足够的黄金用作基础货币，才能满足经济发展对货币的需求，而生产黄金是需要社会付出劳动价值才能实现的。现在用国家信用货币替代这种对黄金的生产，这也就是说国家可以用信用创造出与黄金等量的价值。

通过考察美元货币发行也可证实国家信用货币发行创造价值

美联储对基础货币的投放有三条渠道：购入美国政府债券、再贴现贷款和持有黄金及特别提款权。其基础货币的发行投放渠道是通过买入美国联邦政府债券，再贴现贷款主要用来调节临时的余缺。美国财政部以政府债券作为抵押向美联储融资用于财政支出，而基础货币是市场流通中必需的货币，因为不会再返回，美国财政部就可以永远占用同等数额的债券融资额度而不用归还。美联储将等于基础货币量的国债就永远存放在金库中不动（可获得国债的利息收入，这种利息收入也会再返还给财政部）。因此，是美国的财政部实现了对货币发行价值的真正享有，美元货币通过财政部对社会商品的购买，财政部获得了商品，社会获得了美元流通，企业、居民获得了对美元的持有。这是一个完整的价值转移过程。因美元为国际货币，美国的财政部不仅享有了对国内基础货币的发行价值，而且享有了对国际货币发行的价值。据统计，至 2003 年美元国外流通的基础货币总量约为 4319 亿美元，2008 年初美国国内基础货币发行量为 8143 亿美元，至 2013 年美国基础货币发行量已超过 2 万亿美元。

不仅于此，美国还有一种隐蔽的货币发行渠道，就是通过财政赤字发行美元。例如，从 1940–2008 年，美国累计财政赤字 5.2 万亿美元。赤字财政的价值享有权无疑也是美国财政部。当两种渠道发行的货币量超过国际社会的持有与流通需要量时，美元货币就会发生贬值。

我国基础货币发行方式通常有：①中央银行在公开市场上买进国债；②中央银行收购黄金、外汇；③中央银行对商业银行再贴现或再贷款；④财政部发行通货（计划经济时的一种货币发行方式）。中央银行在公开市场上买进国债，永久不用归还的部分（通常是一种循环发行的存量）就是由国家享有发行所创造的价值。可惜的是，这部分货币的发行量不大。到目前为止，我国的货币发行渠道主要是买进外汇，用买进外汇投放人民币替代货币发行。

5.3 不同发行窗口的价值意义

从以上论述的过程我们实际已经看到货币发行有两种不同性质的窗口：货币的价值发行窗口与调节发行（非价值发行）窗口。当在基础货币的限额内通过（不用偿还）国债方式发行货币，货币的发行价值才能被创造出来。国债抵押发行，由央行购入财政部国债发行货币，再将利息返还财政部，货币发行的价值全部归财政部，在货币发行的价值创造方面与我国计划经济时央行按指令的直接发行是等同的。不过国债抵押发行由于与国债公开市场相联系，央行只是购入基础货币发行量的份额，可以通过公开市场的买入卖出操作，调节基础货币变化的量，同时可实现对国债利息的调节，从而实现对市场基准利率的调节，使得货币发行具有更大的弹性，在市场经济条件下，这明显优于央行直接按指令发行货币的方式。

基础货币短期通常是一个相对固定的量，会依据存款准备金率、经济的波动而发生复杂的变化。但社会对流通货币的总需求（与基础货币不是同一个量）也是个动态的变化量，这就需要有货币调节发行作为对基础货币发行制度的补充，以应对货币需求的短期波动。货币需求的短期波动与经济状态有关，也与一段时间内所奉行的货币政策有关。特别是在经济危机、金融危机状态下，商业银行信用下降会导致货币派生能力大幅下降，基础货币的流通速度大幅下降，这种货币流通速度的下降往往会引起通货紧缩，加深危机的程度。此时央行放松货币政策应对短期的波动，一个重要而有效手段就是通过货币调节窗口发行货币。

货币调节窗口发行货币的方式一般是中央银行对商业银行再贴现或再贷款等。例如，美国在 2008 年金融危机中，货币流通在商业银行这个节点上几乎停滞，为救市美联储通过货币调节窗口发行的货币，至 2009 年 1 月就超过 2 万亿美元，远超过其对基础货币的发行量。我国在 2009 年前后由于外汇替代发行人民币，导致外汇占款所发行的人民币大于基础货币需要量（2009 年末我国基础货币量为 14.4 万亿元，外汇储备 2.399 万亿美元，人民币对美元汇率 6.831 左右，外汇占款发行的人民币 16.39 万亿元，大于基础货币需要量 1.99 万元人民币），因此这期间央行通过发行央行票据回收人民币，调节基础货币量。2018 年，我国基础货币需要量约 30 万亿元左右的人民币，而外汇储备占款所发行的人民币约 20 万亿元左右，缺口 10 万亿元左右的人民币基础货币。此时央行采用再贷款、再贴现的方式向商业银行发行货币，这就是央行通过货币调节窗口发行货币，不过与上面的回收调节相反，是通过贷款方式在货币调节窗口发行货币。

有一种观点认为，增发货币就会引起通货膨胀，这是西方货币主义学派理论给社会大众带来的错误观念。社会对流通货币量的需求与基础货币量有着十分复杂的关系，增发货币不等于通货膨胀，而在于货币是通过哪个窗口发行出去，所增发的货币是否按货币供求规律能及时收回。在正常情况下，央行发行货币量是基础货币 M_B，流通对货币的总需求量不是 M_B，而是 M_2。在 2008 年国际金融危机状态下，美国因为商业银行的派生货币功能丧失，基础货币的需求量 M_B 就向社会流通货币需求总量 M_2 端滑行，此种情况下不增发货币就会使整个经济瘫痪。但是，此时的 M_2 是货币失速情况下不正常的量（此方面将在下一章中详解），当商业银行的派生货币功能恢复，货币流通速度恢复正常后，只要将所发行的货币按贷款渠道收回，就不会引起通货膨胀。在这种情况下的货币发行就需要用货币的调节窗口发行。实际上货币的内生需求机制也会使以再贷款、再贴现方式发行出去的货币自动返回央行。

国债货币发行窗口也具有对货币发行数量的调节作用。相对于再贴现、再贷款窗口对货币的短期调节，国债发行窗口对货币量的调节更在于中长期。例如，基础货币就是一种不用返还的国债发行货币，但基础货币量中长期也是有变化的，需要调节的。美国通过大量的国债发行，使得国债成为一个巨大的市场，美联储通过在国债市场中买入卖出操作，实现对基础货币量与国债货币量的调节。实践证明，美国式的这种基础货币以国债方式发行最便于数量调节、最具有弹性。短期贴现、贷款的窗口发行的货币当占用贷款时间很长时，应将其理解为这部分货币具有基础货币属性，可将其转移为国债货币窗口发行。

对承担国际货币的美元来说，国债窗口发行货币对其有特殊意义。因为外贸不平衡和各国对美元储备货币需求都是一种中长期的货币需求，从理论上来说这些货币终是要返回来的，实际上像国内的基础货币发行一样，在浮动汇率制度下，各国都需要有一定的国际货币用以稳定汇率，这使得其中一部分货币永远不会返回美国，基础货币问题更为复杂的问题，将会在后面的章节中继续讨论。

调节窗口货币发行的最大特点是，当社会流通不需要时，可以将所发行的货币收回。一般通过商业银行负债方式发行的货币，通过社会货币需求调节机制，货币将自动从流通中溢出返回中央银行，账目上表现为商业银行归还央行的贷款。这部分货币的价值也从在发行中的创造，到收回中的湮灭。公开市场上的国债买卖，通常情况下用于较长时期的货币流量调节，但也不排除用于短期的目标。下面可看看我国现钞发行窗口发行货币的实例：

①每年由人民银行总行根据国家的经济和社会发展计划，提出人民币的现钞发行计划，确定年度货币现钞供应量。

②进行发行基金的调拨。发行基金是待发行的货币，是货币发行的准备基金，不具备货币的性质。此由总行统一掌管，各级人民银行分行保管，动用调拨权属于总行。

③日常流通中的现钞发行是通过商业银行的现金收付业务来实现的。各商业银行都有一个库存现金定额，根据商业银行与人民银行的货币收付关系，将人民银行发行库的发行基金调入商业银行的业务库后，发行基金就转变为货币性质，由商业银行通过现金出纳支付银行客户，人民币钞票就进入市场。这在银行业务中叫“现金投放”。各商业银行每日都要从市场回收一定的现金

进入现金库，当现金库的库存货币超过规定的限额时，超出部分就要送交人民银行的发行库保管。这被称为“现金归行”。货币从人民银行的发行库到商业银行的现金库的过程叫“出库”；货币从商业银行的现金库回到人民银行的发行库的过程叫“入库”，即货币回笼。

在一定时期内，货币是增加现钞发行还是减少现钞发行，受央行的货币政策和经济体对货币需求的影响。调节性的货币现钞发行在这里就像一个进出流水口，根据货币需求的水位自动地作流动调节。

要注意，这里所说的货币的现钞发行不等于是货币发行。现钞发行量等于流通中的现钞需要量，通常比基础货币量要小。基础货币中有一部分会采用记账货币或电子货币的形式，不需要采用现钞的形式。在当今银行借记卡、信用卡盛行的情况下，现钞需求量将会进一步减少。

国家信用并不是空洞的，而是以一国经济发展为基础，是全体劳动者的劳动结晶。因此，以国家信用发行货币所创造的价值，是本国人民的共同财富，是在资本主义生产方式中唯一的一种能在资本主义制度范围内，而又能脱离资本利润原则所产生的财富，在资本主义私有制条件下，这也是最早发生的第一笔应归于全民所有的财产，应用于全体国民福利的分配，而不能为某单一的社会阶层所用。我国目前所采用的国家外汇储备替代人民币发行方式，不仅是由外汇所在国获得了人民币的货币发行价值，而且是因为采用低汇率政策所获得的贸易出超，出口商还获得了因为货币低估而带来的资本利益，这种由低估本国货币价值给本国民众造成损失的利益，仍被分配给了出口资本利益方，由此造成的后果是本国社会总体有效消费需求不足的矛盾更大于发达国家。

5.4 如何实现人民币信用价值发行?

我国在计划经济时代，由于外汇紧缺，国家采用所有企业外汇由国家统一收购、集中统一使用的外汇管制措施。这在当时情况下，不失为一种十分有效的政策。并且因为当时是由国家垄断出口，汇率高估，不存在通过出口向国外输送国民福利的情况。改革开放以后，这种外汇管理体制沿用下来。同时，出于出口导向需要采用压低汇率的政策，央行为控制汇率走高就需要不断地在市场上收购外汇，而由此释放的人民币就形成对基础货币的投放。

在早期外汇储备少的情况下，人们并不在意它对人民币基础货币发行的替代影响。但随着外汇储备的一路攀升，至2009年外汇储备余额突破2万亿美元，2011年末外汇储备余额突破3万亿美元时，为收购外汇储备而发行的人民币已超过人民币基础货币需要量了，情况就变得越来越严重了。因为外汇替代发行到一定的规模后，就会造成得不偿失的效果。此不仅使得人民币对基础货币的发行价值全部贡献给了外国，而且，由于已超过了基础货币需要量，为此而提高存款准备金率，或用央票收回过多的人民币流动性等措施，也就大大地增加了央行的利息成本，使用本国货币反而要倒贴成本。更为严重的是，由于低汇率政策，全部的进出口商品采用的是高进低出，生产率提高所产生的劳动价值也都全部奉送给了外汇发行所在国。虽然保持了进口商的利益，却加大了国内的贫富分化，人为制造了本国的“发展贫困”。必须尽快改变这种以外汇储备发行人民币的发行制度。可行的替代方案是采用国债抵押的发行方式。

所谓国债抵押，就是由财政部向央行发行基础货币量所需要的等量国债，央行向财政部发行等量人民币，财政部将这种因国家信用而产生的人民币发行价值用于支付购买国民福利。国债会有利息，央行扣除必要的货币发行费用后的利息收入仍然返还财政部。由此社会获得了人民币流通，人民币的发行价值由国民获得。

首先说明，这里所说的用国债抵押发行货币中的国债，不是我国现阶段发行的用于基建投资的国债，这种用于投资基建而发行的国债，是以国家的主体身份从商业银行借入的一种基建投资性的贷款，本质上是属于信贷产品。是贷款就必须偿还，由于项目本身基本是有收益的，是可偿还的。有些用于城市建设公共事业方面的贷款如果不能收回贷款，也是必须用财政收入偿还的。因此，这种国债与我们这里所说的财政部面向央行与整个社会发行的国债是两个概念，不能混淆。由于这种国债发行与货币发行同路，区别只在于，基础货币是由央行购买，非基础货币类的国债是由国内、国际社会购买，通过滚动发行保持一个存量，这个存量是一个实际上没有被收回的量。因此，这个国债是属于“国债货币”概念，是指通过发行所获得的人民币，可以用于国民消费、国民公共福利支出的国债，是没有收入、不可偿还的国债，甚至也不用偿还的国债。这种国债货币发行就像货币发行一样具有货币发行价值，因此，它在理论上是一个新概念。

基础货币通过国债发行的方式，是此部分国债由央行购买来实现，也就是财政部给央行国债，央行给财政部货币。此方式发行人民币的发行价值才能由发行国债的财政部获得。

或许有人说，央行直接给财政部货币不就得啦，何必还要用国债去做抵押？国债做抵押自然有好处，因为可以通过国债市场的公开市场操作，央行可以灵活地调节基础货币发行量。

人民币国际化后外国对人民币的持有与保值功能也将由国债货币来承担。基础货币需要量，国债货币需要量，国外对人民币货币流通需要量，对人民币储藏货币需要量，这有很多的量比关系在其中，都会通过汇率、利息等指标反映出来。通过财政部控制国债货币发行量，与央行通过国债市场的买卖操作，就可同时实现对基础货币需要量、国债货币的市场保有量、银行存贷款利息、通胀指数、经济增长等多个目标进行调节。所以说，国债货币，既是信用价值时代的最重要的生产对象，又是货币发行的最重要的工具。

这里，财政部对国债货币发行量的把握与央行通过国债市场的公开市场操作，都是技术性与经验性很强的工作。美国在操控美元方面，已积累很多的经验，是可作为借鉴的。

实现上述国债货币发行与通过国债市场的买入卖出操作调节市场中货币供应量，需要国债货币发行有一个足够大的池子。我国至今还没有过国债货币的发行，而且，整个货币发行制度还需要转型，就是由现在的外汇替代发行，转型到国债货币发行方式。首先必须完成将替代人民币发行的外汇储备从央行转移出去，外汇储备不要放在央行，应该转移到财政部。操作方法是由财政部先将外汇储备购买下来，由财政部持有。部分也可以转移到商业银行、企业与个人，由这些经济主体持有。央行除了持有必要的用于短期汇率调节与防热钱冲击的外汇外，不再购入超过额定值的外汇储备。

有人可能说，外汇储备从央行转到财政部，都是国家的，左手转到右手，有这个必要吗？

是有这个必要的。其实一转移，这笔钱的性质马上就明白了。央行的钱（外汇）大家都不敢动，大家都说是负债。其实这笔外汇是用人民币发行价值购买来的，是可以由国家任意支配的，但是央行不是可花钱的部门。财政部不一样，财政部是个花钱的地方，凡是财政部的钱都是可开支的，外汇储备转到财政部，财政部就可以做包括支付购买国民福利方面的任何开支，当然也包括了建立主权资金投资于国外收益性的项目。

人民币国际化后，外国政府与居民对人民币流通需要，也会形成人民币基础货币的需要，此需要与国内对基础货币的需要相同。对人民币的保值持有与储藏，通常会采用购买国债货币来实现。

5.5 欧美国家货币发行制度变迁

一部货币发展史，其实质就是货币信用变迁史。在金属货币时代，货币本身具有十足的内在价值，因此，货币可以自由铸造、自由流通，其时不需要，也没有国家政权介入管理。银行券出现的早期，贵金属货币与银行券混合流通，银行券只是由于交易的需要代替金属货币执行流通手段的职能，随时可以兑换为十足价值的金属货币是银行券流通的前提。因此，此时的银行是信用的承兑者，很少有政府对银行券进行发行限制的情况。后来银行券的流通范围不断扩大，银行对银行券发行量渐渐超过银行本身的金银库存货币量，由此导致银行券贬值。从此开始，政府介入发行，采用法律形式对银行券的发行做出规范，以保证银行券币值稳定，防止滥发；各国相继制定货币发行法，采用金、银本位制货币制度，由中央银行垄断货币发行权。各国的发行制度大体有如下这些形式：

①十足现金准备制。银行券的发行要有十足的现金准备，也就是指发行的银行券面值与拥有的金、银等值。

②部分准备金制或比例准备金制。由国家规定银行券发行的最高限额，超过部分必须有百分之百的金、银准备。或者按纸币发行额的一定比例作黄金准备。

③最高限额发行制。实际银行券发行额和黄金准备金比率都由中央银行调控，中央银行可以根据情况调整银行券发行的最高限额。

④证券托存制。即以国家公债等有价证券作为发行保证金。

这些以实物金银作保证的金本位制货币，从发行当初的大比例黄金保证金、甚至是足额保证金，随着经济体对流通货币的需要，纸币不断翻番，而保证金黄金却无法同步跟着增长，保证金杠杆比例越来越大。但在正常的经济条件下，没有人会去想背后的保证金黄金是否足够，因而币值也能保持相当稳定。但是，一旦发生经济危机，银行信用下降，人们立即想到纸币背后的黄金保证金可以兑换，在危机状态下的纸币持有者立即拥向银行，高保证金杠杆比的黄金与市面流通纸币都在减少（黄金因挤兑而减少，纸币因兑换黄金而减少）。危机要求货币去保证金杠杆化，而实体经济则要求迅速增加货币。实物黄金不足的矛盾在任何一个国家都无法解决。因此，以实物黄金作保证金的货币在经济、金融危机中严重信用不足，通货紧缩相继而来，并由此加深经济危机。在这一段时间内，欧美国家的银行经常发生兑付危机，最终，货币发行依赖黄金保证金的本位制货币制度以其固有的缺陷终于崩溃。

欧美国家货币发行制度各国虽然稍有不同，但是都共同经历过由于用黄金作保证金的信用不够而产生的挤兑危机过程，此以美国货币发行制度的这种变迁最典型。美联储的货币发行制度也是被实践证明是最为成功的一种货币发行制度。因此，这里仅以美国为例详解这种制度的变迁。

美国早期由 13 个相互独立的殖民地松散联盟，每个殖民地政府都像一个独立的王国。至 1690 年，马萨诸塞发行了第一批由殖民地政府保证的信用券，之后大多数的新英格兰殖民地政府都群起效仿。信用券通常是作为一种政府支出的融资方式，在殖民地居民的商业活动和税款支付中都能使用。然而，信用券使用的日益增加导致了发行量的增加，从而价值不断地降低。殖民地居民开始寻找其他支付债务和税款的方式。此时，公共土地银行是美国商业银行的另一种早期形式。这是通过提供土地的不动产抵押信用证，与政府信用券大体一样，在当地作为货币流通媒介而使用。殖民地政府的信用券、土地不动产信用证的价值信用都是属于不稳定的价值信用承载物。殖民地信用券的过多发行和不当管理降低了其价值，商人们因而向英国国会表达不满，到 1751 年，宗主国就命令暂停使用北美当地的信用券；但缺少货币流通使得对税款的支付也发生困难，到 1773 年，英国国会允许为支付税款和其他公共应付款目的继续发行这种货币。

至 1781 年 12 月 31 日，在费城富商和国会议员莫里斯的推动下，由美国联邦议会批准成立了第一家由联邦政府参股 5/8 的私人商业银行，这是美国最早的有中央银行性质的北美银行。这家私营的北美银行采用了英格兰银行模式，它以铸币为基础发行银行券，实现货币与信贷的同时扩张。北美银行很快就获得了联邦特许状。如英格兰银行一样，北美银行也被赋予了货币发行的垄断特权，它发行的银行券可以用来支付联邦和州政府所有的税费，并且，发行的银行券与铸币之间有着名义上固定的兑付率。但是市场对这种银行券货币仍信心不足。在北美银行费城总部之外的其他地方，其发行的银行券都在贬值。为了力挺其银行券，北美银行甚至雇人去阻止人们将银行券兑换为铸币，然而这种手段对于增强人们信心于事无补。至1783年底，联邦政府将其在北美银行所有的股份都出售给了私人，银行转变为一家纯粹商业性质的州立银行（由宾夕法尼亚州颁发特许状）。美国建立中央银行的第一次尝试就这样以失败告终。

然而，在美国当时的政治经济环境下，中央银行不可能长期缺位。1791年，在当时的财政部长亚历山大·汉密尔顿的推动下，国会批准成立了第一合众国银行（FirstBank of the United States），这是一家联邦政府拥有1/5股份的私营中央银行。在20年的经营许可期内，是唯一一家拥有全国特许经营权的银行。为了解决铸币的稀缺问题，新银行发行了大量银行券，银行券可投资于政府债务，可依法兑付铸币，并可支付联邦政府的税费，这样就保持了其银行券与铸币的平价关系，从而赋予了该银行券的准法定货币的地位。当时的美国第一合众国银行，在仅有200万美元铸币为兑付保证金的基础上，总共发行上千万的银行券与银行账户支票。截至1796年，第一合众国银行向美国政府提供了多达820万美元的贷款。伴随着美国中央银行疯狂扩张，商业银行在1791年的仅有5家，在5年时间里猛增至18家，到1811年，州立银行数量已经翻了两番，增加到117家。各家银行券的发行也到了泛滥的程度，从而引发了通货膨胀。美国当时的批发物价指数从1791年的85，至1796年一下子攀升到最高值的146，涨幅高达72%。

1811年，第一合众国银行的经营特许状到期，美国参议院和众议院都以一票之差否决了特许状的续签。而拥护特许状续签的，恰恰是那些误以为中央银行的设立可以遏制州立银行信用扩张倾向的大多数州立银行。因为，正是这些州立银行才认识到，只有中央银行能在州立银行出现兑付危机时，能够尽快地给予他们援助。

由此可以看到，虽然当时的各州立银行在发行银行券、贴现、以及扩张时，都会受到来自第一合众国银行的影响与限制，但是，各州立银行的银行券发行，由于其用做准备金的黄金数量总是成倍数地小于所发行的银行券，稍有信用上的波动与经济上的动荡，都会引起兑付危机，而这种兑付才是当时各私立银行的最大风险。所以，反而是从表面上看来利益受损的各州立银行在支持延长美国第一合众国银行的经营许可期，并为此向国会请愿。

1812年，美国第二次独立战争爆发，美国政府鼓励兴建银行，以此为战争融资。至1815年，美国的银行数量从117家激增到246家。银行拥有的铸币总量从1811年的1490万美元缩减为1815年的1350万美元。然而，在铸币总量减少9.4%的情况下，纸币和支票账户余额的总和却从1811年的4220万美元增长到4年后的7900万美元，增长了87.2%。由此，我们可以看到，在1811年银行券的发行总量是铸币总量的2.83倍，至1815年银行券的发行倍数猛增至5.85倍。

截至1814年8月，除了新英格兰的银行之外（在战争期间，保守的新英格兰各家银行要求其他地区银行以铸币进行兑付），国内其他银行已经无法进行兑付，面临破产。由于战争，联邦政府和各州政府为了避免这些银行破产，于1814年8月决定允许银行拒绝铸币的兑付，不但能继续发行银行券、设定支票账户，而且要求其债务人偿还债务。英美战争到1815年初就已经结束，但银行仍然在暂停铸币支付的许可下继续运营了两年半。这种没有铸币兑付保证的银行券发行不仅导致了当时高水平的通货膨胀，也成为这些私人银行道德危机的开始，因为他们都确信，无论是否存在中央银行，当银行系统创造的信用膨胀使其陷入困境时，政府一定会解救它们，并允许它们数年内暂停铸币支付。这种情况分别在1819年、1837年、1839年和1857年发生过。

1815年美英战争结束时，美国的货币金融秩序混乱。由于不再受到贵金属兑付的约束，私人银行开始疯狂扩张，而银行券的贬值也十分迅猛。国家不可能允许这些不规范的私人银行无限制地发行不可兑换的信用货币。于是，1816年美国成立了一家新的中央银行，历史上称作第二合众国银行。第二合众国银行仍然是由联邦政府控股20%的私营企业，职能是发行全国通用银行券、购买公共债券，并且接受国库存款业务。其所发行的银行券和支票账户可以兑付为铸币。中央银行与各州立银行达成紧急时刻互助协议，承诺第二合众国银行给予各州立银行更多扶持。这种合作的实质是用第二合众国银行的准货币发行来取代各州立银行对银行券的滥发。

第二合众国银行并没有要求各州立银行立即恢复铸币兑付，至1817年后，各州立银行才恢复铸币兑付。由于宽松的环境，在第二合众国银行的支持下，州立银行的数量从1816年的232家猛增到1818年的338家。全国的货币供应量由1816年的6730万美元增加到1818年的9470万美元，两年时间增加了40.7%，而铸币量并没有增加。

至1818年7月，联邦政府及第二合众国银行开始意识到中央银行难以维持正常的铸币支付，因为其时第二合众国银行也未能筹集到法定的700万美元的铸币资本金（所持有的铸币从未超过 250 万美元），而发行的银行券则高达 2180 万美元。银行券的发行是铸币的 8.72 倍。次年，第二合众国银行开始采取一系列大规模的紧缩政策，强制缩减贷款，尤其是紧缩西部和南部的信用政策，不再按照平价来兑付那些身陷囹圄的分行发行的银行券，强制银行以铸币偿还债务。紧缩政策造成了令人难以置信的影响，短短一年时间里，仅第二合众国银行的银行券及支票账户余额便由 1818 年 6 月的 2180 万美元减少为次年的 1150 万美元。信用紧缩导致了美国历史上首次经济大萧条。

1819–1821 年首次经济大萧条，造成铸币兑付再次大规模地被迫暂停，大量银行倒闭，银行数量由 1819 年中的 341 家急剧下降为 1822 年的 267 家。

经历 1819 年的恐慌之后，美国政府开始致力于一系列杰克逊主义改革。第二合众国银行本该在 1836 年进行特许状的续签，但是杰克逊总统掌权后的 1832 年就阻止了国会为批准续签所作的努力。第二合众国银行失去了作为央行的地位，成为一家宾夕法尼亚州的州立银行。然而，其时仍然是像第一合众国银行时一样，大多数州立银行都非常希望第二合众国银行的经营特许状获得续签。因为中央银行的存在能在这些州立银行发生兑付危机时获得帮助，使他们能在贵金属铸币兑付保证金较少的情况下发行更多一些的银行券。所以，在 19 世纪 30 年代的中央银行特许状续签斗争中，这些州立银行继续站在中央银行一边。

从 1830 年到 1831 年间，墨西哥的银币大规模涌入美国，促使美国货币供应总量从 1.09 亿美元上升到 1.55 亿美元，一年内实现了高达 35% 的惊人扩张。从 1833 年到 1837 年初，货币供应总量再次从 1.5 亿美元上升到 2.76 亿美元，4 年时间增长 84%，年均增长 21%。货币发行量的增加引起经济的大繁荣。但同时，英格兰银行由于担心本国发生通货膨胀，于是减少货币供给，提高利率。1836 年末，英国的信用紧缩引起了美国贸易和银行业的紧缩。货币一紧缩，立即告别了繁荣，衰退紧随而来。经济衰退立即就引起银行的铸币兑付危机。由于私有银行所发行的银行券相对铸币准备金而言，放大的最低倍数也在 2 倍以上，最高达到了 8 倍多。这就像个魔咒，任何风吹草动，都会引起人们立即涌向银行兑换铸币。这样的情况反复发作。然而，当时的人们并没有认识到这是金银货币的天然缺陷，即用金银做货币在数量上始终无法满足经济发展对货币的需要。为了缓解铸币需求的压力，1837 年 5 月全美国的银行再次暂停了铸币兑付。由于铸币兑付的暂停，美国国内的跨州贸易陷入了瘫痪。人们对银行的银行券更加不信任，导致了对铸币的需求大幅增加，货币供给量从 2.76 亿美元下降到 2.32 亿美元，一年之内跌幅达 15.6%。1838 年开始恢复铸币兑付，1839 年秋再次被迫暂停铸币兑付，南北战争之前的最后一次铸币兑付暂停是发生在 1857 年。

1839 年爆发的银行兑付危机导致了其后 4 年通货紧缩。许多不健全的银行被淘汰，银行的数量减少了 23%。货币供给从 1839 年初的 2.4 亿美元减少到 1843 年的 1.58 亿美元，跌幅高达 34%。

杰克逊总统原来改革的方向是建立一个联邦政府财政与银行体系完全分离的系统，他坚持不赋予任何银行以特权。他的接班人范布伦采取积极措施，在 1840 年成功建立了独立的联邦金库系统，由它掌管联邦资金，保证财政独立，实现了联邦政府与银行体系的完全分离，将财政资金完全构造在铸币的基础之上。而对商业银行，则采用自由银行制度。从 19 世纪 30 年代开始，自由银行制度的概念在纽约和密歇根州得以正式使用，19 世纪 50 年代早期则在 15 个州被普遍接受，至南北战争前夕，美国 33 个州中的 18 个已经通过了自由银行法。所谓自由银行制度，是指银行业的进入完全自由，政府对银行既没有补贴也不进行控制，银行一旦不能兑付铸币就必须关门停业。南北战争之前的自由银行制度最大的特点在于，银行能够以其投资的政府债券为基础来扩张银行券的发行和支票账户的设立。实际上，政府债券就成为了银行的准备金，银行可以在此基础上多倍扩张货币供给。

美国南北战争引起了全国范围内银行体系的巨大变革。由于战争，北方政府印制绿币泛滥，使得财政部和整个银行体系在 1861 年 12 月不得不再次暂停铸币兑付。在此后 20 年中，美国的货币一直采用不可兑换的法定信用货币制度，货币处于持续贬值中。1860 年，美国整个国家的货币供应总量为 7.45 亿美元，到 1863 年，货币供应总量飙升至 14.4 亿美元，3 年内增长了 92.5%，年均增长 30.8%。货币泛滥导致物价飞涨。至 1863 年下半年，联邦政府停止发行绿币，转向大量举债。内战期间美国政府赤字累计达 26.1 亿美元，政府则欠下巨额债务。

1863 年，美国国会通过了《国民银行制度法案》，该部法案国民银行体系具有自由银行制度的特征。依据该法案，银行业是可以自由成立的，任何符合法定条件的人都可以获得牌照，但是对最低资本的要求则很高，农村的银行要 5 万美元以上，城市银行要求 20 万美元以上。依据该法案，国民银行根据所在地区不同分为三类：中央储备城市银行，当时只在纽约设立；储备城市银行，设在人口超过 50 万的其他大城市；地方银行，包括除以上两者之外的所有其他国民银行。该部法案第一次出现了银行存款准备金规定，提出了中央储备城市银行发行银行券，必须有占存款总额 25% 的财政部发行的法定货币做现金准备金；对于城市银行，法定准备金中有一半可以是库存现金，另一半可以是存放于中央储备城市银行的活期存款。地方银行的法定准备金比率仅为 15%，其中现金占准备金总额的比率须达到 40%，其他为 60% 可以是存放在储备城市银行或中央储备城市银行中的活期存款。

南北战争前的州立银行体系是一个分散并立的结构，南北战争后通过《国民银行制度法案》所建立的国民银行体系，是一个倒金字塔型的结构。地方银行以储备城市银行为基础扩张，储备城市银行又以纽约的城市银行为基础扩张。以前各家银行都必须保持自己的铸币准备金，但现在所有国民银行都可在纽约中央储备银行准备金基础上进行扩张，国民银行只能在购买的美国政府债券额度内扩大纸币的发行。银行信用要想扩张，就必须购买更多的国债。1873 年美国经济危机爆发后，国会取消了一切对银行券的准备金要求，只保留了对银行活期账户的准备金要求。1875 年联邦政府取消了银行券发行规模的上限规定。

由《国民银行制度法案》所建立的国民银行体系虽然扩大了银行对货币的发行能力，但仍然没有从根本上解决贵金属铸币做发行保证金时数倍的银行券发行在经济恐慌时的铸币兑付难题。美国在 1873 年、1884 年、1893 年和 1907 年相继发生经济危机与金融恐慌，造成很多过度扩张的银行和铁路公司的破产倒闭。每一次银行恐慌都出现了铸币兑付危机，以及不得不进行的暂停的铸币兑付。

1907 年的恐慌是几次危机中最严重的一次。鉴于此，几乎所有银行家都鼓动政府改革国民银行体系，直接建立中央银行体系，当危机发生时，需要由中央银行作为最后贷款人，为货币供给提供弹性，增加货币发行提供救助。1900 年，麦金利总统的财政部长莱曼 · J · 盖奇（Lyman J.Gage）首次建议建立中央银行。1907 年的再次大金融恐慌，使得经济学家、银行家、政治家在这个时候基本达成了共识，1913 年在伍德罗 · 威尔逊总统推动下，欧洲式的中央银行制度《联邦储备法案》在国会以绝对优势通过。

《联邦储备法案》将印制纸币的特权被唯一地赋予了联邦储备银行（简称

“美联储”），联邦储备体系中的成员银行不再有纸币发行权，只能以提取在美联储存款的方式从美联储购买纸币。美联储具有全权决定成员商业银行的存款准备金率，中心储备城市银行、储备城市银行和地方银行通常实行差别准备金制度。美联储在黄金基础上以 2.86∶1 的倍数扩张存款，以 2.5∶1 的倍数扩张纸币，整个银行体系就能以更高的比例进行信用扩张。由于黄金储备从国民银行集中到美联储，美联储可以用自己手中的黄金储备收放自如地扩张基础货币，并保持整个体系扩张的同步性[14]。

美联储由联邦储备委员会、联邦公开市场委员会、12 个联邦储备区（每区各设有一家主要的联邦储备银行及其分布在全美各地的 25 家地区分行）组成。在金本位制时银行发行货币是必须有黄金（或铸币）作为发行准备金的，美联储集中货币发行权后，12 家联邦储备区银行就需要将货币发行准备金的黄金（或铸币）集中储备在联邦储备银行中，作为获得发行的纸币的一种保证金存款，提取这种存款也就获得美联储统一发行的货币。同时有这种上缴的黄金（或铸币）作为保证金，也获得在发生兑付危机时美联储局的货币救助保障。美联储今天的职能更为广泛一些，但在成立当初最重要的是解决货币发行问题与银行发生挤兑危机时的救助问题，这都是迫切需要保障的社会公共服务职能。美国历史上实行的是自由银行制度，由于用黄金作银行券发行保证金，会经常发生挤兑，银行因挤兑而倒闭的风险是很大的。这就深刻地反映了在私有银行里，仅仅用黄金作保证金的货币发行，其信用是远远不够的，而必须有国家的信用作保证。美联储建立的本质是使用联邦国家的信用来发行货币，只有使用联邦国家的信用发行货币，才能创造出经济发展所需要的货币。而在美国杰克逊总统的自由民主思想主导下，美国一直致力于联邦政府财政与银行体系完全分离，因而美联储创设伊始在制度设置上就十分复杂，意图建立一个既不受政府控制又不受私人银行控制的独立机构。相对政府独立，12 家联邦储备区银行是否私有或公有，并不能改变美联储的这种性质。美联储当时的铸币税收入绝大部分上缴给财政部。在金本位制崩溃后，美联储货币发行不再用黄金作抵押，而是以国债作抵押发行，货币发行创造的价值直接由财政部获得，即使是美联储获得的国债利息收入（基础货币发行的国债由美联储库存），也绝大部分上缴给财政部。

美联储建立后，货币价值创造能力大大加强。准备金率不断地削减。在美联储建立之前，所有银行的平均准备金率是 21.1%。根据 1913 年颁布的最初的《联邦储备法》的规定，准备金率被降到 11.6%，到了 1917 年 6 月又被进一步降到 9.8%。货币供应量从 1913 年末到 1919 年末成功翻番。银行活期存款总量从 1914 年 6 月的 97 亿美元上升到 1920 年 1 月的 191 亿美元，同时，纸币和活期存款的总量从 115 亿美元增长到 233 亿美元。信用货币的扩张大大刺激了 20 世纪 20 年代美国经济的大繁荣，并为美国成为世界经济的火车头打下了货币金融的基础。

在 1933–1936 年期间，欧美各主要资本主义国家在国内相继取消金本位制。1944 年建立的美元金本位制国际货币体系，出于同样的原因，至 1971 年也彻底崩溃。货币制度从此进入由国家信用创设货币的新世纪。这是历史的必然，是货币制度的巨大进步。

国家信用货币制度初期，虽然各国货币发行仍沿用发行保证金制度，但这时发行的准备金已经与金本位制的保证金有本质的不同。一是纸币不与金银挂钩，纸币不能兑换金银。二是准备金设置不是用于纸币兑换的，而是用于稳定纸币购买力的，或者说是用于稳定纸币币值的。如用外汇、有价证券做准备金，我国、东欧、前苏联等国都曾用过以实物商品作为纸币的发行保证。黄金不再用做准备金的原因是黄金对物价稳定、币值稳定帮助不大。如美国在石油危机后，建立巨大的石油库存，对其美元的国际货币地位贡献不小。黄金早已不再是货币，在各国都已彻底退出了货币舞台。法国于 1939 年取消了银行券的黄金保证制度，英国于 1939 年 9 月将英格兰银行的黄金储备全部移交给国库，美国于 1968 年取消了银行券以黄金作保证金制度。现在的黄金只是一种普通的商品。恢复金本位制不仅不可能，而且是历史的倒退。但经济弱国仍可以黄金作为在国际上获取外汇的一种手段。

5.6 中国货币历史

我国的钱币制度发育领先西方大约有一千年。春秋战国的钱币有黄金、铜钱和珠玉、龟贝、银锡等作为介质。至公元前 221 年，秦始皇在中国建立统一王朝时，就颁布法令统一了全国货币，开始了由朝廷集中铸造钱币，著名的孔方钱就是从这个时候开始的。历朝的钱介质用铜、铁为多。从宋朝开始到清朝前期，中国生产力和技术快速发展，远远超越周边国家，贸易入超，至明清开始大量输入墨西哥白银，白银开始成为钱币的主要介质。

我国是世界上最早产生纸币的国家。早在唐宪宗时（公元 806 年），就出现了纸币性质的“飞钱”。北宋初年，成都一带商业十分发达，由于通货紧张，当时的铁钱流通不畅，当地 16 家富户用楮树皮造券，私下印制一种被称作“交子”的代用钱币。南宋时出现了纸币“会子”，作为全国主要使用的货币。公元 1260 年，元世祖忽必烈下令全国使用统一的纸币“中统元宝交钞”。这是中国乃至世界有史以来第一个完全的纸币流通制度。初期“交钞”可以兑换金银，后期即使不可以直接兑换，也有准备金。为了稳定币值，元政府实行集中金银收归国库的政策，禁止民间金银买卖和出口。这种以金银为本位，有雄厚的准备金，并严格控制金银流通的货币制度，可以说在世界上是最先进的（比美联储的集中金银做货币发行的保证金而发行纸币早了一千多年）。当时元朝幅员辽阔，地跨欧亚，商贸发达，世界各地的商人云集，纸币流传到了阿拉伯和欧洲，意大利冒险家马可·波罗曾经对中国使用纸张代替金银使用大为惊叹。但是，元朝后期，由于统治者的奢靡、对外战争，以至入不敷出，在元末镇压农民起义过程中，大量地发行没有金银保证金支持的纸币，以支持王朝入不敷出的财政，“交钞”很快就走上了崩溃的道路[15]

明朝纸币制度建立于洪武八年（公元 1375 年）。朱元璋登基皇位后即下令废除元朝的“交钞”，尔后实行纸币和铜钱并行的货币制度，发行使用“大明宝钞”。与元朝不同，明朝发行纸币没有设置足够的准备金，盲目的印发，造成纸币的实际币值低于票面值，老百姓不接受使用。造成这种情况主要是当时明王朝没有为纸币发行使用提供足够的准备金信用，只是一味意图依靠用行政手段强制使用。如下令收税必须用 70% 的“交钞”，政府专卖的食盐必须使用纸钞购买。下令禁止使用金属货币，但是禁而不止，民间仍广泛使用铜钱、金银。至明孝宗时（公元 1488–1505 年），大明宝钞名存实亡了。

明代中后期墨西哥白银大量流入我国，引起了我国传统的以铜钱和纸币相结合的货币制度的变革。过去，铜、铁价值量低，白银虽然很早就成为货币，但因其数量不足，未取得流通媒介的主导地位。封建王朝到了中晚期往往因为农民起义战争不断，朝廷对纸币的滥发导致信用不足。大量白银的输入，致使白银立即取代了铜钱和纸币，成为主导货币。清朝的货币以白银为主币、铜钱为辅币；在清朝康熙、雍正年间（公元 1662–1735 年），由朝廷开办“官钱局”，起初主要是兑换银钱、调节钱价和铸银锭，后来扩展到经营货币兑换、汇兑等业务。

我国最早出现的具有银行雏形的是公元1776年（清乾隆四十一年）在上海成立“钱庄”。公元1845年，英国人在我国香港和广州设立了“丽如银行分行”，并于公元1848年在上海开办“东方银行分行”。公元1821年，山西平遥县人雷履泰将西裕成颜料庄改组为日升昌票庄，成为清朝时全国第一家民间票号，尔后在山西的平遥、祁县、太谷县的商人集资相继开设票号，一时间山西人在全国各省迅速建立了票号业务网。票号业务主要是办理货币汇兑，因汇兑由各家银号各自签发十足兑换银两的银票，这种银票在西方国家被称为银行券。

世界最早的银行产生于1580年意大利威尼斯。我国第一家具有近代特征的银行由盛宣怀在1897年（光绪二十三年）成立的上海中国通商银行。上海中国通商银行经营存款、放款业务，发行银元券和银两券。1905年8月清政府在北京成立户部银行，这是我国最早的中央银行，发行纸币性质的银两兑换券。这些银两兑换券是随时可向发行银行兑换银两的，是一种银本位制货币。1908年户部银行改名大清银行。其时，私人钱庄与官办银行都发行由发行单位负责兑换的银行券。由于是以银定价，谁家发行由谁负责兑现。直到1909年6月清政府颁布《兑换纸币则例》，才明确规定纸币发行权属于清政府，一切发行兑换事务统归大清银行办理，所有其他的官商银行票号，一概不准擅自发行纸币。从此时开始我国建立了银本位制货币。

1912年辛亥革命后，虽然北洋政府的国家银行——中国银行被授予兑换券的发行权，但袁世凯称帝激起了以云南为始的全国规模的讨袁战争。各地军政权为了筹措饷需进行战争，各自发行钞票。1914年2月北洋政府颁布《国币条例》，实行银本位制币制改革，因币制问题争论未能实现。1918年又颁布《金券条例》，预备实行金本位制，因无法筹措到发行准备金而落空。1924年8月，孙中山在广州创办中央银行。1927年10月，南京国民政府颁布《中央银行条例》，1928年10月公布《中央银行章程》，1928年11月1日民国中央银行在上海成立。1935年9月南京国民政府又公布了《中央银行法》，规定中央银行为国家银行，享有发行兑换券的特权。1935年11月2日，南京国民政府以财政部布告和宣言的形式公布了《法币政策实施办法》，规定以中央银行、中国银行、交通银行所发行的钞票为法币，不规定法币的含金量，不得使用银币、银锭、银块等现金。法币从此脱离银本位，此与西方主要资本主义国家脱离金本位制同步。法币的发行准备以白银运到伦敦换成英镑存在英国作为发行准备，以维持法币的汇率稳定。1936 年 5 月，国民政府又与美国签订《中美白银协定》，确定法币与美元汇率挂钩。虽然此时已建立了中央银行以国家信用发行货币的体制，但是此时的中国一直处于战乱之中，政权不稳而且通过滥发法币来筹措大量的战争经费，因此导致民国的法币制度崩溃。

中国人民独立自主的货币发行制度起始于 1928 年 2 月海陆丰苏维埃劳动银行发行的银票。1931 年 11 月，湘鄂赣省苏维埃政府成立之后，在江西修水县成立了统一的湘鄂赣省工农银行。发行银洋票、铜元票，分别兑换银元和铜币。后来根据地的工农银行还发行过银元、银角、铜元、铜币、布钞和纸币，以纸币为最多。根据地银行发行的纸币能够保持币值稳定，并在城乡广泛流通，与发行前都筹集一定数额的准备金、主辅币可以自由兑换银币有关，由此保证根据地纸币有足够的信誉。

抗日战争时期，陕甘宁边区政府适应抗战需要，于 1937 年 10 月将中华苏维埃人民共和国国家银行西北分行改组为陕甘宁边区银行。皖南事变后，国民党政府停发边区的军饷，为打破国民党对边区实行军事进攻和经济封锁，1941 年 2 月 18 日开始发行边币。边币的发行是以商品实物作保证的，作用是保证物价稳定。各抗日民主根据地还发行过“抗币”。边币和“抗币”的发行都是在当时极端艰苦环境下，为支持生产、支持战争的产物。1948 年 12 月 1 日在华北银行、北海银行和西北农民银行合并的基础上，中国人民银行成立，从此开始了人民币的发行。人民币发行一开始就是使用国家的信用，以国家储备的生活必需品为担保（稳定物价），只有极少量的黄金做准备金。这也是与新中国成立后 30 年的社会主义的公有制经济体制相适应的。

在计划经济时代里，人民银行既是中央银行，同时也是商业银行，从事人民币的储蓄存款与贷款业务。由 1954 年 10 月 1 日成立的中国建设银行专业从事国家重点工程建设的资金管理；由 1912 年经孙中山先生批准成立的中国银行专业经营与管理外汇业务，这两家银行其时都没有存贷业务。市场经济改革后，1982 年 7 月，国务院批转中国人民银行的报告，进一步强调“中国人民银行是我国的中央银行，是国务院领导下统一管理全国金融的国家机关”，从此开始人民银行与商业银行分家。1984 年 1 月 1 日中国工商银行成立，人民银行过去承担的工商信贷和储蓄业务由中国工商银行专业经营；中国银行与中国建设银行也开始从事信贷业务。1979 年 2 月恢复成立中国农业银行，其前身是 1951 年成立的农业合作银行，专门从事农村农业信贷。在四大国有商业银行体制的基础上，其他一些股份制银行与地方银行在这一时期也相继成立。人民银行则专司中央银行的职责，负责人民币的货币发行、建立存款准备金制度与中央银行对专业银行的贷款制度，形成了至今的中国银行体系与管理制度。

市场经济改革后，国家的经济能力进一步增强，货币发行的国家信用也进一步增强，依靠这种国家信用已经可获得足够的货币发行保证。但是，由计划经济时期沿用而来的外汇管理体制却变化不大。在计划经济时代，外汇紧缺，外汇由国家外汇管理局专营，企业出口所获得的外汇由银行用人民币全额收购，个人与企业进口用汇再由外汇管理局审批额度。市场经济改革后，为执行出口导向政策，人民币对美元汇率由于 1978 年的 1.57：1，一路贬值至 1994 年的 8.62：1，外汇储备则由 1978 年的 1.67 亿美元，上升到 1994 年的 516 亿美元，尔后一路上升，至 2009 年已经上升至 2.3992 万亿美元，2013 年为 3.82 万亿美元。由于过多的外汇储备，使外汇储备几乎完全替代了人民币的发行。

5.7 各国和地区货币发行制度比较

当代世界各国都已实行信用货币制度，以国家信用作为货币发行的基础。在信用货币制度始建阶段，都以某种或几种形式的资产作为其发行货币的准备。通常用作货币发行准备金的有：金银现金、外汇、短期商业票据、财政短期国库券、国家债券等。一般来说，金银现金作为准备金缺乏弹性，有价证券准备金又难以控制。目前，各国采用的货币发行准备制度将这两种准备金结合起来。有弹性比例制、保证准备制、保证准备限额发行制、现金准备发行制和比例准备制五种形式。

美国货币“发行抵押”制度。美国联邦储备系统主要由三个部分组成：联邦储备管理委员会（FED）、联邦公开市场委员会（FOMC）和地方 12 家联邦储备银行（FRB）。相对政府来说，是独立性的“私有化的中央银行”。但联邦储备管理委员会（Federal Reserve Board）7 名委员均由总统提名，并经国会通过后任命。联邦储备管理委员会主席与财政部、预算局以及总统经济顾问委员会的负责人组成“四人决策委员会”决定国家的货币政策。因此美联储局的管理已不再是私有化的，它体现着美国国家意志。美联储从成立之时起就代行政府的国库财务收支、政府证券发行管理、政府贷款人等职责。因此美元的发行方式颇为独特。

美国货币发行实行“发行抵押”的制度，即财政部向联储局发行国债做抵押，从美联储局获得美元，通过购买支付而使美元成为社会上的流通货币。美联储局或者保存这种国债，以使流向社会流通领域的美元货币成为基础货币，或者投向国债市场并调节供求，使之成为国债货币（或称为储备货币，在后面的“国债论”章中将详述）。通过提供100%国债抵押品使联邦储备券成为具有充分担保的发行，或者说是国家信用的发行；同时又不以事先规定的限额为依据，根据国债市场的目标利率进行买入卖出的公开的操作，具有相当的弹性。美国货币发行制度的特点是对政府独立，但货币发行的价值创造完全归于联邦政府。

英国的货币发行制度。特点为：①英格兰银行根据自身持有的黄金数量超额发行。②英格兰银行通过自己的分支机构向商业银行供应货币，贷款给贴现所和承兑所，不直接向商业银行贷款。③英格兰银行只在英格兰和威尔士享有货币发行权，在苏格兰和北爱尔兰两地发行货币要以英格兰银行发行的货币作为保证。

日本货币发行制度。特点为：①发行保证金包括金银、外汇、3个月内到期的商业票据、银行承兑票据以及特殊的抵押担保放款等。②实行最高限额发行制。③购买黄金、外汇，对民间、政府提供信用是其货币发行的主要途径。

加拿大货币发行制度。特点为：①发行货币的准备金全部为政府债券。②货币发行的渠道是中央银行向政府购入债券。此发行与美国类似，其价值创造完全归入政府。

中国香港地区的联系汇率制度。港币的货币基础是其流量和存量都必须得到外汇储备的十足支持。也就是说，港币的任何变动，都必须与外汇储备变动相一致。香港没有真正意义上的货币发行局，纸币由3家发钞银行，即汇丰银行、渣打银行、中国银行（香港）发行。法律规定发钞银行发钞时，需按固定的港元兑美元汇率向金管局提交等值美元，以购买负债证明书作为所发行港币的支持。回收港元纸币时，发钞银行可以以相同比价用港元现钞向外汇基金换回美元及赎回负债证明书。这是英属殖民地时残存下来的汇兑本位制货币制度。其货币发行中的价值创造全送给了外汇发行国。随着香港回归祖国与人民币的日益强大与实现自由兑换，这种以美元汇兑本位制的货币发行制度必然会消亡。

中国人民币发行制度。人民币是国家法定的、不与任何金属价值挂钩的、在本国境内强制流通的国家信用货币。创始于1948年，当时正经历着战争，国家的物质基础十分薄弱。适应这种情况，人民币的发行制度是："以国家掌握的能按照稳定价格投入市场的商品作为货币发行的准备，中央银行集中掌握黄金和外汇储备，用于人民币币值稳定和国际货币清算。通过银行信贷渠道来发行货币。"从这种发行制度中，我们看到了对当时边区银行、解放区银行货币发行的成功经验的继承。制定这种制度是适合当时情况的，是可以理解的。在计划经济时代，货币是通过国企贷款的渠道发行。计划经济时代是没有商业银行的，人民银行就同时充当商业银行，也兼有财政部的角色，不仅国企向人民银行贷款，由于都是国有的性质，还贷并不是硬束缚。财政部有时也直接从人民银行支款。人民币的币值管理主要依靠物价控制与货币发行总量的指标控制，因此，这个阶段的货币发行虽然表面上是贷款的渠道，但实际上是财政部或国有企业的直接支用。货币的发行是属于价值发行。

但市场经济改革后，人民银行与商业银行分开，人民银行承担中央银行的角色，对商业的贷款是硬束缚，也就是商业银行对人民银行的贷款是必须偿还的，企业对银行的贷款也是必须偿还的。人民银行法也明确规定了，财政部不能再向人民银行支取任何的款项。人民银行与商业银行、财政部的关系，原来是一家人的关系，现在变成了不同的经济主体。但是，通过贷款发行货币的方式却被继续沿用下来。

什么是对基础货币发行所创造价值的合理运用呢？国家基础货币是社会流通中永久占用的必需货币，这部分货币一旦发行了，央行就用不着收回。因此基础货币发行是会创造价值的。从前面介绍的欧美国家货币发行制度的历史我们可以看到，欧美各国对信用货币的发行都是价值的发行。在金位制时期，由于需要用贵金属做发行准备金，货币发行所获得的价值与贵金属准备金价值之间的差额，也就是货币发行创造的价值，人们通常将其称为"铸币税"。在信用货币制度下的货币发行所创造的价值，由于不再需要贵金属的价值做抵押（或保证金），因此，货币发行量通常就等于基础货币量。例如，我国基础货币量在2013年约25万亿元人民币。如果我国采用像美国的国债抵押的发行方式发行人民币，就可获得约 25 万亿元人民币的货币发行价值（财政部为国债支付的利息扣除发行费用后仍可返回给财政部）。这笔货币发行价值是由国家信用所创造的，可以支用于国民福利的价值，可用于社会的二次分配，以缓解市场经济中必然存在的社会有效需求不足的矛盾。但是，继续沿用在计划经济时代的贷款渠道发行货币，或用由央行购买外汇储备来替代货币发行，前者国家没有获得人民币基础货币的发行价值，后者是将人民币的货币发行价值交给了外汇发行国。

5.8 货币重新分层

信用货币产生以来，纸钞成为货币交换媒介的承担者，西方经济学因此将货币定义为“人们普遍接受的充当交换媒介的东西”，抽掉了货币本质中的价值属性。由此引起了很多理论上的混乱，一切错误也就从这里开始埋下了种子。由于西方货币理论把货币没有价值作为核心，只剩下了交换媒介，因此不能准确地区分具有交换媒介属性的派生货币与货币有什么不同。在货币缺乏价值属性作为核心的情况下，货币分层的唯一标准就只有货币的流动性。但是，流动性的程度是连续的，很难断层的。由此就引起东、西方各个国家对货币的 M_1、M_2、M_3 定义各不相同，而且各个时代也各有不同。

美国对货币 M_1、M_2、M_3 的定义：

美国从 1980 年开始，美联储几次修改货币度量方法，最终确定了现在的这种被称为货币总量的度量方法。

货币狭义 M_1 定义为：包括流通现钞、活期存款以及旅行支票。定义的根据是这些资产流动性极好，可以直接用来做支付交易的媒介。美国直到 20 世纪 70 年代中期，只有商业银行被允许给客户开设支票账户，但不允许向该账户里的存款派利息。随后，随着金融创新和放松管制，其他种类的银行像储蓄和贷款机构、互惠存款银行、信用团体等都陆续被允许给其客户开设支票账户。银行机构也被允许为其客户开设各种其他种类的需要对余额支付利息的活期存款账户，这样需要支付利息活期存款账户也被定义在 M_1 中。

货币 M_1 定义：包括 M_1+ 货币市场存款账户、货币市场共同基金（非机构）及其他流动性较强的资产，如小额定期存款（10 万美元以下）、储蓄存款、隔夜回购协议和隔夜存于欧洲非美国银行的美元等。

货币 M_3 定义：包括 M_2+ 流动性不太强的资产，如大额定期存款（10 万美元或以上）、货币市场共同基金（机构）、中长期回购协议及中长期存于欧洲非美国银行的美元等。

我国对货币 M_0、M_1、M_2 的定义：

货币 M_0：指流通中的现金，此各国大体相同。货币 M_1：包括 M_0+ 企业的活期存款；个人的活期存款没有包括在内，原因是我国个人对活期存款不能开具支票支付账款。货币 M_2：包括 M_1+ 定期存款，非支票性储蓄存款（指个人活期存款）。

从上述中美两国的不同定义就可以看到，首先是对个人储蓄存款以是否开设支票为界定来区分 M_1 与 M_2 的根据属于界线不太明确，美国较早地使用支票于个人，此与经济的发达程度有关，我国未与美国同期使用支票并不等于活期存款与美国相比在流动性上就有很大的差异，而且随着电子货币的使用，这种差异就更不存在了。其次，美国 M_2 与 M_3 的划分以大额定期存单为区别，从流动性与变现的角度上来说大额定期存单与定期存款稍有区别。但是，大额定期存单也可以抵押贷款，在需要随时变现上并不存在障碍，与银行的定期存款一样，在抵押贷款时同样可以派生货币。因此，仅用货币的流动性程度来对货币进行分层已经引起很大的混乱。

为了揭示货币的运行规律，同时方便本著的体系结构并照顾到传统的货币分层结构，这里按照货币的本质属性重新进行分层。

货币是价值属性与交换媒介属性的统一体，所谓按照货币的本质属性分层，就是按照货币的价值属性、交换媒介属性，将其处于不同阶段具有不同特点时进行区分，并尽量照顾到已有的使用习惯。

基础货币层 M_B。根据国际货币基金组织《(2000 年版）货币与金融统计手册》中基础货币的定义，基础货币包括中央银行为广义货币和信贷扩张提供支持的各种负债，主要指银行持有的货币（库存现金）和银行外的货币（流通中的现金），以及银行与非银行在货币当局的存款。因此：

基础货币＝流通中的现金 + 商业银行的存款准备金 + 银行超额存款准备金。

流通中的现金货币层 M_0，是银行体系以外各个单位的库存现金和居民手持现金（包括纸币与央行开发的数字货币）之和。

电子货币层 M_1。是指 M_0 加上所有银行的活期存款之和。在我国原来没有将个人银行活期存款包括在 M_1。现在我国银行借记卡、信用卡、网上银行账户已经普遍使用，手机银行取代现金流通的趋势也越来越明显，个人活期存款账户上的货币已成为可随意支取购物的货币品种。M_1 等于 M_0 加上全部在银行的活期存款是比较适合观察电子货币运行规律的一个重要窗口。因此，本文将 M_1 定义为电子货币层，将所有活期存款，都归入 M_1 中，实为发展趋势所为。

派生货币层 M_2。指的是 M_1 加上商业银行的定期存款。我国原来一直将居民的活期存款划入 M_2，这是考虑到在我国的居民活期存款不能用支票支付，是个不活跃的货币品种，而且活期存款是派生货币的主要来源。现在因为电子货币的使用，使银行活期存款有可能像现金一样频繁地用于交换，但货币只要进入银行体系，在银行电子交换的结算速度极大地提高的情况下，使得活期存款同样地大部分成为派生货币之源。本文按照货币的属性划分，将派生货币概念注入 M_2 中，那么 M_2 就应定义为 M_1 加商业银行的除证券、期货市场客户保证金外的其他所有存款。此定义的好处：① 将除虚拟经济之外的所有货币都纳入 M_2，此符合派生货币范围；② 由此可以清楚地研究观察派生货币量度变化规律。

派生货币量的计算可通过公式：

$$M_d = M_2 - M_B$$

（M_d 为派生货币量，M_2 为现有的广义货币量，M_B 为基础货币量）

我国在 2001 年 6 月央行对货币供应量统计的修订中，曾将证券公司客户保证金计入 M_2，本分层出于货币市场属性的考虑，将其划分在 M_3 中。

虚拟经济货币层 M_3。近 20 年来，虚拟经济获得了巨大的发展，并由此引起了经济形态结构的变化。但是，传统经济学对此仍然停留在老的理论体系中，对虚拟经济货币层的认识和研究仍然欠缺。现实经济已经分解为实体经济与虚拟经济，处于这两个经济体中的货币运行有着截然不同的规律。本著将 M_3 定义为虚拟经济货币层，指的是非银行金融证券机构在证券市场上从事各种交易的保证金存款、股票市值。由此专指从事虚拟经济部分的价值，不包括非银行金融机构所从事的实体经济业务的部分货币资金，而将非银行金融机构从事实体经济部分的资金按货币的属性归入 M_2 的派生货币范围。

股市市值从严格意义上说不是货币，但是它有与货币等同的价值形式，并且随时可以转换成货币形式，因此，用划分一个货币层来对其进行研究和归纳是十分必要的。

由此，我们就划分了五个货币层：①基础货币层 M_B；②现金货币层 M_0；③电子货币层 M_1；④派生货币层 M_2；⑤虚拟经济货币层 M_3。

按货币本质属性特点重新划分的货币层次可以准确地理解货币现象，并找到纷繁复杂的现象背后的货币运行规律。货币分层也是本理论体系继续进行分析的基础。

特别提出当前在网上兴盛的比特币并不是电子货币。货币不管采用何种介质进行流通，是纸质的、还是电子的，它都具有由中央银行这个发行机构所提供的价值保障，这个价值保障表现的具体形式就是，当你持有这种介质的货币到中央银行去兑换同等的价值时，中央银行或由中央指定的商业银行保证兑换。而比特币、或者其他什么币，不管网民是否接受，但它却没有任何一家机构保证其价值的兑现。

第五章思考题

1. 信用货币为什么会创造价值?
2. 信用货币怎样发行才能创造价值?
3. 央行用贷款窗口发行基础货币为什么会造成商品过剩?

第六章 银行信用与货币派生

本章导读

最具迷惑的银行派生货币，在货币的本质没有厘清之前，从来也没有人从理论上将其与央行发行的货币加与区分。货币具有价值与交换媒介两重属性。商业银行派生的货币只是对货币交换媒介属性的派生，或者说是货币使用权的派生，是货币交换媒介属性的扩张，并不能派生出货币的价值。只有正确地区分了货币的价值属性与交换媒介属性在现实中的作用与功能，才能理解与解释现实中的货币数量扩展与收缩的原理，货币乘数、货币的流通速度与货币供求的变化规律，利率通过派生货币的传导与阻隔机制。

本章通过对商业银行信用性质的考察，特别是将2008年国际金融危机作为一个标本来进行考察，从而揭示商业银行派生的货币与央行发行的货币不同，货币乘数实质是什么，派生货币与央行发行货币量价关系。通过对派生货币的派生本质、派生过程、派生条件、商业银行信用危机的形成机制的深入分析和实证研究，揭示经济危机中商业银行信用变化及各种因素影响到的派生货币的运行规律及对经济的影响、危机的本质与解决办法。同时揭示2008年金融危机的根源，回答金融危机时的货币去哪里了，为什么在这场危机中伯南克需要开着直升机“撒钱”而不会发生通货膨胀，派生货币与央行发行货币量价关系。

6.1 金融危机时货币去哪?

从2007年开始由美国次贷危机所引发的国际金融危机，被称为百年不遇。之所以被称为百年不遇，是因为金融机构中的资金链断裂，导致大量的金融机构倒闭，至2009年2月美国银行倒闭的数量就上升至38家。下面转引美国次贷危机当时的恐慌情景。

新华网电讯：自从2008年1月25日道格拉斯国家银行（Douglass National Bank）宣布倒闭、成为美国次贷危机以来第一家倒闭的银行之后，挤兑风潮席卷美国银行业，在一些中小银行的大门口，满怀恐慌心理的储户排起了长龙似的队伍，几天之间，就突然提取数亿甚至十多亿现金，引起诸多银行金库吃紧。有道是：风声鹤唳，草木皆兵。6月26日，纽约州参议员查尔斯·舒默致信OTS（美国储蓄机构监理局）和FDIC（联邦储蓄保险公司），对印地麦克银行（IndyMac）倒闭的可能性表示担忧。舒默的信被公开后，印地麦克银行的储户开始挤兑，在随后的11天里取走了超过13亿美元。面对这一严重局面，OTS决定关闭印地麦克银行。

印地麦克银行的挤兑已经令人触目惊心，而不到一个月后，7月25日，又有两家美国银行宣布破产。联邦储蓄保险公司7月25日宣布，位于内华达州的第一国民银行和位于加利福尼亚州的第一传统银行停业。

华盛顿互惠银行的住房贷款业务2006年开始出现问题。当年，华盛顿互惠银行房贷部门损失4800万美元，而2005年该部门净收入则达10亿美元。今年7月，华盛顿互惠银行宣布今年第二季度损失30亿美元。这是该银行历史上最大的季度亏损额。担任华盛顿互惠银行的首席执行官，兼任董事长的基林格从1900年开始，使这家银行迅速由一家名不见经传的地区性储蓄机构成长为全美银行业巨头。但是，由于基林格积极发展次贷及其他风险抵押贷款业务，华盛顿互惠银行在快速扩张的同时，也将自己置于遭受信贷危机冲击的风险当中。美国储蓄管理局24日表示，自9月15日以来，华盛顿互惠银行已有167亿美元存款被提取，令其没有足够的流动资金来偿还债务，并无法开展业务。美国联邦监管机构25日接手华盛顿互惠银行，并将其部分业务出售给摩根大通公司。成立于1889年的华盛顿互惠银行，因不堪次贷危机的重负，终于在其成立119周年纪念日这天成为美国历史上规模最大的银行倒闭案的主角。

美国以金融立国，是世界金融中心，有着最大的货币融通能力，美元是国际流通额最大的货币，其货币的流量与存量是世界任何其他货币都不能比拟的。但是，在金融危机期间，竟然会发生如此大的恐慌，巨大的货币流在一夜间之突然消失，金融危机中的货币去哪里了？

2008 年 9 月 15 日，有着 150 年历史的美国第四大投资银行雷曼兄弟公司宣布申请破产保护。作为美国货币政策的执掌者伯南克并不事救援，美国多数著名经济学家都支持政府袖手旁观反对救援，没有几个专家学者知道金融系统由此而存在着的严重系统性风险。雷曼倒下形成了连锁反映，致使美国整个金融体系处于随时崩溃之中。在美国次贷危机升级为国际金融危机之时，美联储主席伯南克、财政部长保尔森及极少几个经济学家才意识到事态的严重性，这才祭起了救市之旗。但在后来的不得已的救援中，包括用“直升机向实体经济空投货币”的救援行动，在国会和经济学者中仍然拥有强大的反对者。由此可见，在此方面，无论是在经济实践还是在经济理论上，都存在着严重的缺失。

我国在实行宽松货币政策以应对金融危机时，各种反对的声音也不绝于耳。特别是 2009 年上半年派生货币量增长较多时，“要通胀了！”几乎是异口同声。要深刻地理解这场金融危机，理解通胀、通缩机制原理，为预防与应对找到对策，还需要从货币的派生原理、性质，派生货币与银行信用之间的关系这些基本问题开始研究。

6.2 派生货币与发行货币

我们假定商业银行的准备金率为 10%，看看商业银行派生存款增长的过程：

假设某储户甲，把 10000 元现金存入某商业银行，某商业银行需要按央行规定将其 10% 的存款准备金 1000 元存入央行做准备金，而将其余 9000 元用于放贷，假设贷给了贷款人甲，贷款人甲获得了 9000 元贷款后，在一个时点上并不需要全部取现，而是取出 1000 元，余下的 8000 元续继存在银行，这时，银行又新获得了 8000 元的存款，用 800 元做存款准备金，7200 元继续放贷，假设贷给了贷款人乙，贷款人乙获得了 7200 元贷款后，在一个时点上并不需要全部取现，而是取出 720 元，余下的 6480 元续继存在银行，银行由此又获得了 6480 元新存款，又继续上述这种放贷过程。由此，我们可以看到，银行从最初的获得 10000 元存款开始，增加的存款在下数列中进行：

10000、8000、6400、5120、4096……

可用如下公式表示上述过程：$M_2 = M_B(R_c+1)/(R_d+R_e+R_c)$

货币乘数 K 则为：$K = (R_c+1)/(R_d+R_e+R_c)$

（M_2 代表派生货币量，M_B 代表基础货币，R_d 代表法定准备金率、R_e 代表超额准备金率、R_c 代表提取现金在存款中的比率，也称现金漏损率）

设基础货币 M_B 为 10000，法定准备金率 R_d 为 10%、超额准备金率 R_e 为 2%、提取现金在存款中的比率 R_c 为 10%

根据上式，则可得出：$M_2 = 50000$

货币派生乘数则为：$K = M_2/M_B = 5$

当然，这是个最简单的、示意性的公式，这个公式的好处是能够比较清楚厘清各方面的数量关系。在实际应用中还可对活期、定期存款等因素作些修正。但从这个方程式我们可以看到，如下因素直接影响到派生货币量的大小：①法定准备金率的高低。法定准备率越高，央行锁定的存款货币越多，商业银行所能运用于资产业务的货币数量越少，派生货币的能力越低；法定准备率越低，央行锁定的存款货币越少，商业银行所能运用于资产业务的货币数量就越多，派生货币的能力越强。②超额准备金比率的高低。超额准备金比率越高，商业银行的资产业务规模越小，派生货币的能力越低；超额准备金比率越低，商业银行的资产业务规模越大，派生货币的能力越强。③现金漏损率的高低。此与超额准备金比率高低对派生货币的影响相同。

在基础货币为恒定数的情况下，央行能影响到银行派生货币的只有存款准备金率，此也往往成为央行货币政策的手段，通过准备金率的调节控制派生货币的倍数。在经济景气的正常情况下，当所有储蓄存款都转化为央行的存款准备金时，商业银行的派生货币活动才结束。

理解上述银行派生货币的原理并不难。但是，一些人将派生的货币仍然看作是货币，因此才有“广义货币”之称。当然，如果站在贷款人的角度看，从银行所贷的款当然是货币。随时可从银行取出现钞来。问题在于传统的货币理论也将派生货币看作是货币。例如，在货币银行学中，将派生货币定义为“以非现金形式为社会提供货币供应量”。这些看法的根本性错误在于，将派生货币也看作是与央行发行货币相同的货币，没有从理论上将其与央行发行的基础货币概念区分开。我们日常大量的关于“广义货币”“派生货币”的语言规范中，从来也没有谁会想到“派生货币”与“货币”在概念上有何本质不同。不从理论厘清这些概念，不光是对通货膨胀、汇率、币值这些方面的估量产生混乱，也会导致货币政策的错误运用和评估。

必须记住，货币是由其发行机构提供等同价值保证的交换媒介，它有两重本质属性，是等价物（也就是价值）属性与交换媒介属性的对立统一体。在法币制度下，只有国家信用才能创造货币，商业银行信用不能创造货币。如果将商业银行“派生货币”也看作是“货币”，这就是认为商业银行也可以创造货币，这与货币的本质是根本矛盾的。

为何商业银行的“派生货币”不是“货币”？货币是一种很特别的物体，在信用货币时代，货币的等价物属性与交换媒介属性已经分化为不同载体来承担，已经变成一种体系；它的等价物属性的承担主体是国家的信用，它的交换媒介属性的承担主体才是纸钞。货币只有在执行交换媒介职能时，其等价物属性与交换媒介属性才会结合形成货币。当居民将货币存往银行成为储蓄存款时，表示货币从流通状态转换为货币的交换等待状态。由于货币处于交换等待状态（银行的记账状态），银行就可以凭借自己的信用，将货币的使用权借出。之所以能将货币的使用权（交换媒介职能）借出，就是因为货币的等价物属性与交换媒介属性的承载主体不同。当在非流通状态时，银行账上记录的只是一种交换媒介，国家信用的价值保证是处于隐性的、隐含的。只有当借出的货币提取现金时，表明货币进入流通状态，需要执行流通职能，货币才由交换等待状态转换为流通状态。这也就是说，流通状态中的货币是个等价物属性与交换媒介属性的统一体。处于交换等待状态中的货币，银行可以借出使有权，同时以银行自身的信用与央行收缴的存款准备金率对原来储户做等价兑付保证。由此，派生货币才得以产生。但是，不管同一张货币被借出多少次，国家只对这一张由他所发行的货币承担价值保证，商业银行之所以也能保证货币按原价值归还给储蓄存款者，就是因为他们借出去的货币都能按时归还，借出货币只不过是打了一个货币的使用时间差。

我们从这也可清楚地看到，派生货币仅是一种将处于交换等待状态中的货币的使用权借出。因此，银行派生的货币并不是真正的“货币”，不是等价物属性与交换媒介属性结合在一起的货币，而是一种只包含交换媒介属性的货币使用权。但通过这种使用权的扩张，增加了货币作为交换媒介的使用效率，提高货币的流通速度。因此，由商业银行信用所派生的“货币”，不是“货币”本身，只是一种货币的使用权。只是因为大家已经习惯了用“派生货币”这个名词，这里仍然沿用。

商业银行在派生货币过程中没有产生货币，而只是货币的使用权，我们还可以用银行的资产负债表来说明。为使我们的说明简要，省略过程中的存款准备金、现金漏损率等因素。

甲在银行存款10元，银行将此10元转贷给乙；乙获贷款后仍将此10元存在银行，银行又获得10元存款，并将此10元贷给丙；丙获贷款后也仍将此10元存在银行，银行又获得10元存款，并又将此10元贷给丁。

设存款为银行的负债，贷款为银行的资产。这时银行的资产为30元，负债为30元。

银行的总资产加总负债等于0。但是甲的原始存款货币被银行分别贷出给乙、丙、丁3人各自在不同的时间使用，使用了3次。甲货币也因此而多流通了3次。甲货币之所以能被使用3次的前提条件是乙、丙、丁3人不同时间的使用。假设银行所有存款人都同时要求使用甲货币，就会产生乙、丙、丁3人同时去银行提款取现，如果这样事情就糟了，因为银行根本无法兑现账上的客户存款，甲货币的使用权已被借出。由此说明商业银行并没有产生货币，只是因为甲货币存在银行处于等待交换状态时，商业银行已将其使用权借出了。所谓派生货币只是商业银行对这种负债货币在账目上的累加。

6.3 银行派生货币的信用条件

商业银行派生货币要受到多方面因素的影响。这些影响有内生的，有外在的。

首先，商业银行派生货币要有充足的银行信用条件，这是决定性的因素。如果商业银行没有足够信用保证储户所储蓄的货币按期兑付，就不会有人将货币存入商业银行。其信用来源包含二方面：一方面是国家注入的信用，此主要通过国家对银行严格管理来保证。例如，商业银行自身首先要有足够的自有资金，我国设有银监会专门负责对商业银行的监管，有各种专门针对银行的管理制度与规定；如对银行自有资金的绝对值，资本充足率的规定，法定存款准备金规定等。有些国家还设有银行的储户存款保险制度。这些都是常规的旨在提高银行信用的手段。在危机情况下，也不排除专项的或特殊的手段，如2008年国际金融危机中，欧美国家为阻止危机深化，由国家对银行储蓄担保。另一方面是银行自身的严格管理制度。这方面主要有储蓄、现金安全制度与信贷管理制度、贷款抵押制度等。只有在银行能提供足够信用保证的条件下，派生货币才会发生并有很大的安全系数。因此，商业银行信用是商业银行派生货币的首要条件。

第二，派生货币与整体经济活跃程度、经济景气度、经济危机程度密切相关。当经济活跃程度高时，市场预期好，投资与消费信心高，因而贷款人多。因为经济预期好，银行也放贷积极，派生货币的量会较大。此时派生货币主要受央行的存款准备金率的影响。当经济活跃程度低、市场预期不良时，投资与消费信心低，贷款人少，银行出于对资金安全的担心而惜贷，派生货币的量就会较小。此时央行的存款准备金率对派生货币调控无效。在经济、金融危机的情况下，货币派生功能将会大受影响，甚至会丧失。

2008 年国际金融危机，是我们实时观察经济环境、银行信用环境条件变化对派生货币影响的绝好窗口。

美国国内基础货币发行的主渠道是美联储的公开市场业务操作——即美联储在二级市场上买入联邦政府债券。美国向全球发行美元货币的渠道，一是发行美元国债，二是央行货币互换。截至 2008 年 1 月 30 日，美联储共向国内市场投放基础货币 8143 亿美元[16]，其中以持有政府债券资产形式投放的约 7184 亿美元，占 88.2%。但是，至 2008 年 8 月美国次贷危机第一波冲击高峰时，美联储基础货币投放量达到 8300 亿—8400 亿美元，持续至 2008 年 12 月 17 日，基础货币投放量已经达到 16580.71 亿美元[17]。至 2009 年 1 月底，基础货币投放已达 1.9 万亿美元。另据 2009 年 04 月 19 日这一周美联储公布资产负债表中资产总额为 2.19 万亿美元，在一年时间内基础货币投放增量为 1.34 倍。在国际基础货币投放方面，据 2003 年数据，美元在国外流通的基础货币总量约为 4319 亿美元。2008 年 10 月 13 日美国宣布取消互换上限，通过货币互换的方式向欧洲央行、英国央行、瑞士央行提供美元，同期为巴西、墨西哥、韩国、新加坡央行提供各为 300 亿美元的资金支持。此一组数据表明，2008 年国际金融危机以来，美联储创造了历史上令人惊恐的货币发行量，美国向国内外市场成倍增量地投放了美元基础货币，但是，至 2009 年 2 月，美国内市场、欧洲美元市场美元仍全面吃紧，美元汇率仍继续走高。

一方面是美联储通过各种渠道向全球市场注入了大量的美元流动性，另一方面，国际金融危机导致金融机构进行去杠杆化的市场操作，压缩资产负债规模，造成市场资金冻结，流动性全面紧缺。由此又影响到大量依赖市场滚动融资的金融机构难以为继，投资银行、商业银行、对冲基金等纷纷清理资产，收缩负债，并手握大量现金头寸以备万一。这样，央行所发行的基础货币，几乎都成为银行的窖藏货币，整个银行体系内的超额准备金急剧增加。有资料统计，美联储在 2008 年 8 月后两个月内新增投放的 2870 亿美元基础货币，有 92.6% 转换成了存款类金融机构的超额准备金，银行的货币派生功能基本丧失。以上可以从下列数据对比中可以看出：

据美联储货币供应报告数据，美国至 2009 年 2 月 26 日的 M_1 为 1.559 万亿美元，M_2 为 8.28 万亿美元，与金融危机发生前的 2007 年 6 月底美国 M_1 为 1.4 万美元、M_2 为 7.5 万亿美元的数据相比，M_1 增量仅引为 11.36% M_2 增量仅为 10.4%。此可以看作是 M_1、M_2 的正常增量。通常基础货币大于 M_0，小于 M_1，现在的情况是，虽然在金融危机时期美国基础货币大量地投放（2009 年 1 月为 1.9 万亿美元左右），其数量上已远远超过 M_1，已是 M_1 的 1.22 倍，却并没有见到 M_2 的超过正常值的增加，市场上货币流动性仍然极缺乏。此事例说明，美国在 2008 年国际金融危机过程中受危机影响，货币派生能力大为降低。从美国基础货币与 M_2 的数据比较，我们也可以看到，在危机之前的 2007 年 6 月，派生货币 M_2 与基础货币的比值大约为 10 倍左右，而至 2009 年 2 月派生货币 M_2 与基础货币的比值大幅下降至 4.3 倍。此数据也说明在金融危机时期，银行因降低杠杆操作、增加超额准备金、增加备兑金，从而使货币流动性停滞。在对经济预期不良的情况下，借贷双方的借贷意愿也会显著下降。

第三，货币交换的时空条件。货币是一种交换媒介，货币只有在交换状态时，才需要等价物的属性与交换媒介属性的统一，而交换是一个很短暂的过程，货币多数情况下都是处于等待交换的过程中。我们可以将货币的取现、汇兑、划转看作是货币在执行交换职能；货币的银行账上存留则是货币的等待交换状态。如果贷款人获得贷款后，在银行大比率取现，则银行对取现的这部分货币就失去了派生能力。由于电子货币的发展，人们对取现要求越来低，由此将提高银行对货币的派生能力。现代银行汇兑、划转的速度与效率都有空前的提高，使得货币的流通时间大为缩短，货币在银行处于交换等待状态时间延长，为银行高效率派生货币提供新条件。

例如，在传统的现金交换条件下，假设储户需要交换，通常是先到银行取款，取款后也不一定马上就用于购买，通常在口袋里存放一二周，所取的款才用完；而货币转到出售商品者的手中后，又会有一定的时滞，这个货币才会再被存入银行。假设货币从银行取出到货币完成交换再被存入银行的时间为 10 天，那么，在电子货币进行商品交换时，货币并没有离开银行。银行转账的时间在瞬间就完成了。

第四，流通中的现金与银行活期存款的比率。居民的储蓄存款在货币的派生过程中被称为原始存款，是商业银行派生货币的基础。有如下一些因素会影响到居民现金与银行活期存款的比率：①公众可支配的收入水平的高低。可支配收入越高，需要持有现金越多；反之，需要持有现金越少。②社会支付习惯、银行业信用工具的发达程度、社会及政治的稳定性、利率水平等都影响到现金与银行活期存款的比率变化。③公众对通货膨胀的预期。预期通货膨胀率高，现金与银行活期存款的比率就高；反之，现金与银行活期存款的比率则低。居民现金持有比率越大，货币乘数越小，反之，货币乘数越大。

每个国家的储蓄率不同，储蓄率高无疑为银行存款货币派生创造了条件。但储蓄率低的国家也可以通过提高货币乘数的方法派生货币。例如，我国是高储蓄率国家，当前在正常情况下的货币乘数为 4 - 5，而美国是低储蓄率国家，正常情况下的货币乘数为 8 - 12。

第五，央行的存款准备金率。存款准备金率既担负着央行对派生货币的数量调节，同时也是央行扩张信用的一种方法。一般来说，存款准备金率高，银行最后的备兑款高，备兑体系应对金融危机能力增强。存款准备金率是央行最有力量的货币政策工具。

第六，电子货币对现金的替代作用。随着各国电子货币的快速发展，电子货币使用率不断提高，原来属于手持现金的部分不断地转变成电子货币，电子货币用银行活期存款替代现金，这种替代的直接结果是减少了流通中的现金，现金转化为银行活期存款，从而使现金漏损率下降。由于现金漏损率与货币乘数呈负相关系，现金漏损率的下降必然会增加银行派生货币的能力，导致货币乘数上升。

美国的储蓄率较低，但美国的电子货币使用率高，此也补充了居民的储蓄率低给派生货币所造成的不足。

由储蓄产生派生货币的理论，使得西方经济学中的关于投资等于储蓄的理论失灵。因为在投资主要以派生货币为基础的条件下，不再受国民储蓄率的限制，而是更多地受到经济预期的影响，并由预期产生正反馈过程。当预期好，正反馈作用于投资动机，使派生货币数量增大，实际投资大于储蓄；当预期差，正反馈作用于投资动机，使得派生货币的能力弱，实际投资小于储蓄。经济波动周期由此而来。

第七，与国家的产业政策、贷款政策、窗口指导政策有关。我国央行对货币调控的政策运用，原计划经济时期的一些有效的数量性调控方法仍然得以保留。例如房贷中的首付比例，某些产业的支持或限制贷款政策等。这些都是影响货币派生数量的重要因素。

6.4 货币乘数与流通速度

派生货币的实质是对货币使用权的扩展。由此可以得出结论，所谓货币乘数其实质就是基础货币通过商业银行货币派生，为货币所增加的流通次数，换句话说，原 1 个货币单位在一个单位时间内，只能为 1 个人使用，当货币派生乘数为 5 时，同一个货币单位可以为 5 个人在一个时间段内使用，是基础货币的 5 倍。

在没有论述新的货币需求公式之前，这里暂时引用美国经济学家费雪的货币方程式来计算货币流通速度，等至第八章时，将证明这个方程式是错误的，不过对这里的演示货币流通速度理论没有影响。

（1）MV = PY

经过移项得出：

（2）V = PY/M

（V 表示货币流通次数，M 表示流通中必要货币数量，P 表示一般商品价格，PY 表示相对应商品交易的价值量）

因为，派生货币量与之相应的商品交易的价值总量相近而且成等比关系。所以，这里暂时先用 GDP 总量替代 PY 值，商品交易的价值总量与 GDP 也确有等比关系。不过，并没有 M_2 与 PY 的相关性高（有关这几个数量的关系将在本著后面的货币供求章中详细研究）。代入美元相关数据，则 2007 年 6 月美国商业银行中的货币流通速度为：

V = 7.5 万亿美元 /0.8143 万亿美元= 9.21

2009 年 1 月美国商业银行中的货币流通速度为：

V = 8.28 万亿美元 /1.9 万亿美元= 4.36

因为 PY 是用广义货币量 M_2 作替代数量，因此，货币流通速度 V 只专指基础货币在商业银行储蓄存款后产生的货币流通速度，不包括居民手持现金部分的货币流通速度，但此也是整体货币流通速度的一个真实比值。

上述数据表明，美国金融危机深化的 2009 年 1 月的货币流通速度，只有危机前 2007 年 6 月的 47.34%。

我们再引用货币乘数方程式作同样的计算：

（1）$M_2 = M_B (R_c+1) / (R_d+R_e+R_c)$

（2）$K = (R_c+1) / (R_d+R_e+R_c)$

合并（1）（2）得方程式：

（3）$K = M_2 / M_B$

（M_2 代表广义货币量，K 代表货币乘数，M_B 代表基础货币，R_d 代表法定准备金率，R_e 代表超额准备金率，R_c 代表提取现金在存款中的比率，也称现金漏损率）

代入美元相关数据，则 2007 年 6 月美国商业银行中的货币流通速度为：

K = 7.5 万亿美元 /0.8143 万亿美元= 9.21

2009 年 1 月美国商业银行中的货币流通速度为：

K = 8.28 万亿美元 /1.9 万亿美元= 4.36

此证明，货币乘数 K 与货币在商业银行储蓄存款后所产生的货币流通次数 V 相等。由此得出一个重要结论，货币乘数就是货币在商业银行储蓄存款后所产生的货币流通次数，是与货币总流通速度密切相关的一个比值。

但是货币乘数又不等同于货币流通速度。我们可以将货币流通速度划为两种构成类型：一种是由必需的交易主体交易所产生的货币流通，例如，在生活消费领域，由工资、常规收入所决定的生活必需品的交易；在生产领域，由简单再生产所决定的生产资料交易；这些交易频繁，货币流通速度通常较快一些。另一种是生活中的大件消费品、贵重物品交易；在生产领域中由扩大再生产所产生的交易，多数是一些生产资料交易，这些交易比之前一种交易，相对次数少，货币流通速度慢。由商业银行派生货币所产生的交易多数可能是第二种交易。正是这种交易货币处于等待交易的时间长，所以才有派生货币的条件。因之，也只有依靠派生货币，以增加新的交易主体参与交易。随着货币乘数的增加，由派生而新增加的货币交易等待时间在生产领域有渐趋增长的趋势。特别在产能过剩时期，企业所生产的产品被积压在仓库中，迟迟不能实现商品的价值，银行贷款也就迟迟不能归还。

可以这样地形象比喻商业银行派生货币所产生的货币流通次数：现钞货币 A，今天在张三手中用于购买青菜到李四手中，明天李四又用于购买鱼至陈五手中，后天陈五又用于坐车等。或许现钞货币 A1 个月就流动了 5 次。但是王六从银行贷款用于投资种金桔，金桔生长 1 年才交易 1 次。用于这种交易的银行存款货币 B，在多数时间都在银行睡觉，货币处于等待交易状态。要使这种货币增加交易次数，只有同时许诺给 5 个人使用，虽然 1 个人 1 年交易只 1 次，5 个人就实现了同一货币的 5 次交易。这其中就可以看清楚派生货币的流通特点和通过自身乘数提高流通速度的过程。

6.5 金融危机时的货币乘数

PY、GDP 与 M_2 的关系。在说明这个问题前，我们必须先认请 PY 与 M_2 的关系。

社会总产出的价值量 PY，它与 GDP 值相近似，因为两者在本质上都是反映商品的数量与价格的总量关系，为了理论论述上的方便，有时也用 GDP 值来替代 PY。PY 值通常与 M_2 值成正比例关系，原因在于 PY 是指一年所生产的总价值量，这个值的特性是以年为单位。M_2 也是以年为单位的值，它所指的是一年中所需要的交换媒介货币总量。但这两个值并不相等。之所以 PY 与 M_2 这两个值不相等，此与一国货币的周转速度有关。因为 M_2 反映的是社会生产过程中对货币占用，假如社会总生产中的货币平均一年周转一次，既马克思货币资本的循环：G–W…P…W′–G′，从 G 到 G′ 的时间为一年，那么 PY 值就会与 M_2 值大体相等。但是国家不同，同一个国家的生产阶段不同，或者所生产的主导产品不同，或者所处于经济景气的阶段不同，资本的平均周转时间也不同。例如，房地产是个占 GDP 体量很大，而且是个生产周期较长的产业，通常 2–3 年，如果因产能过剩而使得房子售卖困难，资本循环周转的时间变成了 5–6 年，由于房地产占整个 GDP 比重大、资本周转周期加长，就会使得我国资本平均周转时间大大加长，M_2 值也必然大大地增加。

马克思在《资本论》中对资本的循环与周转有详细的论述。如果用 U 代表“年”这个时间单位，用 u 代表一定数量的资本周转一次所需要的时间，用 n 表示资本周转的次数，则衡量一年内资本周转的次数的公式便是：

$$n = U/u$$

假设某国资本平均周转时间为 6 个月，它在一年内的周转次数就是：$n = 12/6 = 2$ 次。再假设另一国资本平均周转时间为 18 个月，它在一年内的周转次数就是：$n = 12/18 = 2/3$ 次。前者一年周转 2 次，后者一年周转 2/3 次。

前者比后者快 3 倍。

由于货币 M_2 是社会生产中对媒介属性的货币的占用总量，货币 M_2 就一定与货币的周转速率相关。可用公式表示如下：

$$M_2 = PY/u \quad 或者：M_2 = GDP/u$$

（M_2 为派生货币总量，PY 为社会总产出的价值量，u 为资本周转次数）

假设，某国 GDP 值或者 PY 值近似于 10 万亿元，再假设某国原来资本周转率平均为 1.5 次 / 年，那么，该国所需要的 M_2：

M_2 = 10 万亿元 /1.5，约等于 6.7 万亿元。

再假设，该国资本两年周转 1 次，年周转率平均为 0.5 次 / 年，那么，该国所需要的 M_2：

M_2 = 10 万亿元 /0.5，等于 20 万亿元。

相同的 GDP，由于资本周转率不同，M_2 值可能有天壤之别。

基础货币 M_B 与 M_2 的关系。M_2 货币量主要体现社会生产对媒介货币的需求量，而且，伸缩性很大，如果此全部由基础货币来解决，就会使得基础货币体量太大，这在贵金属为货币的时候，是无法解决的难题。不仅需要投入生产贵金属货币的劳动量大，而且也无法有如此多的贵金属用于做货币。所以在金本位制时期，除了银行通过信用扩大对货币量的发行，也通过银行存贷款方式增加货币的媒介效率。在信用货币时代，基础货币是由国家信用所创造而通过央行向社会发行的货币。基础货币发行量可表示为：

$$M_B = M_2/K$$

（M_B 为基础货币，M_2 为派生货币总量，K 为货币乘数）

基础货币发行后，通常分流成二部分，一部分流通在银行体系之外成为社会大众所持有的现金，一部分通过居民的储蓄成为商业银行的库存现金以及商业银行在中央银行的准备金存款。派生货币主要由居民的储蓄所派生。

在金本位制时期，经济危机会使流通中的货币因窖藏黄金、挤兑黄金的动机而成倍数下降，造成货币短缺而加重危机。在信用货币时代，金融危机同样也会因居民储蓄减少，银行的信用降低，银行的备兑备付金、超额准备金大为提高，企业的借贷意念降低等因素，从而造成货币流通停滞，银行的货币派生能力大为降低。

从货币需求方程式我们可知，社会商品流通对货币的需求为：

（1）$M = PY（GDP）/V$

（M 为货币需求量，P 为商品价格，Y 为社会总产出量，V 为货币流通速度）

社会商品流通需要的货币量 M 通常也可表达为基础货币量 M_B；而货币流通速度 V 与 K 也成正比例关系且相近似；货币需求 M 在正常情况下也就是基础货币 M_B 的发行。根据此逻辑推论，可列出下方程式：

（1）$M = PY/V$

（2）$M_B = M_2/K$

（3）在正常情况下　$M = M_B = PY/V = M_2/K$

在危机情况下，假如货币乘数 $K = 1$ 时，那么：

（4）$M = M_2$

这是一个十分惊人的结论，假如货币乘数 $K = 1$，货币需求 M 就不再是介于 M_0 与 M_1 之间的某个数字了，而是等于 M_2。这时，原来的基础货币发行的数量也就远远不能满足货币需求。现实中，当经济波动、金融危机造成商业银行信用缺失时，银行货币派生能力就会丧失，货币乘数由 $K = n$ 向 $K = 1$ 滑动，极限值 $K = 1$。实际中很难达到极限值，因此 $M_B = M_2$ 的情况很少，一般来说是 M_B 与 M_2 中间的某一个数值。

2008 年国际金融危机中的美国就发生了货币乘数由 $K = n$ 向 $K = 1$ 滑动的情况。次贷危机从 2008 年 9 月美国雷曼兄弟公司倒闭开始，市场恐慌，商业银行间的货币流动性几乎一夜之间消失，银行派生货币能力降为零。很多人都很疑惑，美国大开印钞机，基础货币发行和其他救援资金成倍增加，而美元汇率不是下降，反而不断地走强。只有明白了上述道理，这种现象就不难于理解。

据美联储货币供应报告中的数据，美国在 20 世纪 80 年代的货币乘数为 12 左右。在 9·11 期间，美国的货币乘数也曾出现过短期大幅下滑的情况。截至 2008 年 1 月 30 日，美联储共向国内市场投放基础货币 8143 亿美元[18]，货币乘数约为 10 左右。至 2009 年 2 月 26 日，美国的 M_1 为 1.559 万亿美元，M_2 为 8.28 万亿美元。基础货币则突增至 2009 年 1 月的 1.9 万亿美元，表观货币乘数已从 10 下降到 4.3。实际货币投放远不止此，2008 年 10 月 4 日时，美国国会已通过 7000 亿美元救市方案，至 2009 年 2 月 10 日，美国国会又通过了奥巴马政府总额为 8380 亿美元的经济刺激计划，同时通过了美国财政部、美联储总额达3万亿美元新金融救援计划和经济刺激计划。根据彭博通讯社的统计，美国政府承诺未来将拨出的救市金额已经高达8.5万亿美元，而这只是其中的3.1万亿美元[19]。美联储的资产负债表中的总资产则从2008年9月初的8872.63亿美元膨胀到2009年2月12日的18266.18亿美元[20]。目前美国的财政赤字已经超过1.2万亿美元，加上新的经济刺激方案，2009年度财政美国的赤字总额将会超过2万亿美元（而据高盛预计，2009年财年美国财政赤字将达2.5万亿美元）。通过上述数据可以看到，美国为应对金融危机中的货币流动性消失，通过增加基础货币投放，发放各种形式的救援资金、实施经济刺激计划等方式，已向市场投放和已计划将要向市场投放的货币总量竟然高达8.238万亿美元，此基本等于美联储2009年2月26日货币供应报告中的M_2（8.28万亿美元）。正是在美国大印美元期间，美元指数则从2008年7月21日的71.88点，至2009年3月3日收盘的89.25点，美元指数涨升达24.16%。此表明，在这期间虽然是成倍地加印美元，但仍未能满足市场对美元的需要。

因此，此只能说明美国因金融危机，商业银行的货币派生能力已丧失，发生货币乘数由$K=n$向$K=1$滑动的情况，因而产生的货币需求为M向M_2趋近。例如，2008年12月31日美联储公布的M_1只有基础货币的0.945倍。而21世纪以来，美国银行的M_1乘数一直维持在1.5倍–1.8倍之间。正如2009年2月8日，美国全国经济委员会主席、奥巴马的主要经济谋士萨默斯呼吁国会尽快通过经济刺激计划，“以迅速遏制可能出现的通货收缩恶性循环，那将是极其危险的。”只有按经济内生的需要扩充货币供给，除此别无它法。不是说美元印发得多了美元就一定贬值，而是要看美元供给与市场需求是否相应。如果货币当局能够根据市场货币供求情况，在商业银行货币派生能力恢复后，及时收回放出去的货币流动性，保持货币供求平衡，那么汇率是可以稳定的。像美联储以资产方式发放的货币是可以随时收回的。货币是否贬值取决于美国政府对美元币值的调控意念，与危机中应对市场需求增发货币不成必然。

总结这次国际金融危机经验教训，我国央行在2009年6月26日发布的《中国金融稳定报告（2009）》指出：要建立快速、灵活、有效的金融稳定操作框架。中央银行应掌握多种政策工具，当金融机构陷入流动性困境并威胁金融稳定时，可适时调整政策工具的使用频率、期限、交易对象、交易条件等，以满足危机时期迅速增加的流动性需求。建立满足商业性金融机构融资需求的有效机制，消除其“接受救助会导致名誉受损”的顾虑。当问题金融机构难以通过市场化方式获得融资时，应允许中央银行视情况向其提供额外资本或阶段性持有股权，以避免金融机构大规模倒闭对整个金融体系造成冲击。

上述的实例也可以看出信用货币的优越性。因为经济、金融危机会造成对货币需求的大增，而金本位制货币在经济危机时货币供给具有迅速收缩的机制，造成货币供给不增反减少，对经济衰退起加速作用。增加货币的唯一途径是成倍地增加黄金，而黄金资源有限，因此，走出危机的时间通常很长。而在信用货币时代，商业银业虽然因危机造成货币派生功能的丧失，但央行的货币发行能力不受限制，只要有正确的理论指导，当因金融危机而使得商业银行派生货币能力受损或丧失，发生货币乘数趋近于1时，央行要果断地提供货币发行上的支持，以跟上货币需求可能接近于 M_2 的情况。由于此时央行所提供的货币数量上的支持只是暂时的、阶段上的，可以动用货币发行第二窗口，即央行（抵押）再贷款窗口。此时是千万不能紧缩货币的。只有扩展的货币政策支持，才有利于危机的缓解。

6.6 影响货币流通速度的因素

影响货币流通速度的因素是很多很复杂的，当然不仅仅受派生货币单一原因的影响。但是，只有派生货币对货币流通速度的影响可作定量分析，其他因素不可能定量分析，只能作如下的定性分析。

货币收入及支出对货币流通速度的影响

货币收入多少会影响到居民的支出结构，而支出结构变化会对货币流通速度产生影响。在一般情况下，收入水平一定时，消费结构也相对稳定，最少没有大的变化。当收入水平有较大提高时，消费结构中用于高档消费品的部分就会增加。例如，为了实现对大件的购买，居民持币待购率就会有上升趋势。这就会促成货币流通速度的减慢，但钱存入银行又会引起储蓄率提高，货币进入派生货币的范围，这又会引起派生货币能力的增强。

生产性因素对货币流通速度的影响

产业结构、生产专业化状况、资本有机构成对货币流通速度会有影响，不同生产周期，以及不同的生产专业化分工，都会影响到货币流通速度。生产周期长的部门资金周转慢，其货币流通速度相对较慢。生产周期短的部门资金周转快，其货币流通速度则相对较快。社会生产的专业化分工越细，进入市场交易的中间产品越多，生产效率越高，生产周期缩短，货币流通速度就越快。社会专业化生产越集中，进入市场交易的中间产品少，生产周期长，货币流通速度就越慢（但相对来说占用的银行资金少，会引起 M_2 总量减少）。资本有机构成高的部门，资金占用多，使货币流通速度减慢。资本有机构成低的部门，资金占用少，货币流通速度则快。社会生产、再生产过程中这些方面发生变化，都会相应地给货币流通速度带来变化。

产能过剩的程度对货币流通速度的影响

正常情况下各个产业虽然生产周期各不相同，但都相对固定。一旦发生产能过剩，就有部分的产品会在仓库中积压不能按正常时间实现价值，导致投入的资金占用时间增加，货币周转速度就变慢。

金融市场发达程度对货币流通速度的影响

金融市场越发达，货币交易量多，货币流通速度快。金融市场不发达，货币交易量少，货币流通速度则慢。

财务及结算制度对货币流通速度的影响

如日付工资制、周付工资制、月付工资制，财务结算中的月结算、年结算，每项支付或结算周期的长短，都影响到货币的流通速度。

信用卡的使用率对货币流通速度的影响

电子卡、信用卡、支付宝的使用加快了商品交易的结算速度，减少了银行对结算资金的占用。因此，信用卡的使用率高无疑会提高社会整体的货币流通速度。

通货膨胀率对货币流通速度的影响

通货膨胀会影响消费者预期和对信用货币的信任程度。通货紧缩时，持币待购者多，货币流通速度减慢；通货膨胀时会出现加快消费行为，甚至发生抢购，货币流通速度加快。

从以上分析可以看出，影响货币流通速度的因素很多，有些因素相互抵消，难以做出定量分析。只有派生货币的乘数才是唯一可定量分析的货币流通速度。

表 6-1　我国历年货币乘数资料　　单位：万亿元

年份	M_0	银行活期存款	准备金率 %	M_1	M_2	货币乘数（M_2）
1990	0.2644	0.4306	13	0.6950	1.5293	2.12
1991	0.3177	0.5455	13	0.8633	1.9349	2.15
1992	0.4336	0.7395	13	1.1731	2.5402	2.5
1993	0.5864	1.0415	13	1.6280	3.4879	2.61
1994	0.7288	1.3252	13	2.0540	4.6923	2.67
1995	0.7885	1.6101	13	2.3987	6.0750	2.95
1996	0.8802	1.9712	13	2.8514	7.6094	2.88
1997	1.0177	2.4648	13	3.4826	9.0995	2.97
1998	1.1204	2.7749	8	3.8953	10.4498	3.33
1999	1.3456	3.2381	6	4.5837	11.9897	3.57
2000	1.4652	3.8494	6	5.3147	13.4610	3.76
2001	1.5688	4.4182	6	5.9871	15.8301	3.97
2002	1.7278	5.3603	6	7.0881	18.5006	4.11
2003	1.9746	6.4372	7	8.4118	22.1222	4.23
2004	2.1468	7.4502	7.5	9.5970	25.3207	4.23
2005	2.4031	8.3247	7.5	10.7278	29.8755	4.72
2006	2.7072	9.8962	7.5–9	12.6035	34.5603	4.44
2007	3.0375	12.2184	9–14.5	15.2560	40.3442	4.73
2008	3.4218	13.1998	14.5–17.5	16.6217	47.5166	3.7
2009	3.8245	18.1755	15..5	22.0001	60.6225	4.11
2010	4.4628	22.1993	16–18.5	26.6621	72.5851	3.92
2011	5.0748	23.9369	19–21	28.9847	85.1590	3.79
2012	5.5	25.2	20 中小 16.5	30.9	97.4	3.86
2013	5.9	27.1	20 中小 16.5	33.7	110..7	4.08

说明：1. 资料来源：《中国统计年鉴》《中国金融年鉴》《中国人民银行货币政策执行报告》；2.2012 年、2013 年中国人民银行货币政策执行报告中未再发布活期存款数据，栏内为基础货币余额。

6.7 商业银行信用与金融危机

在前面章节对金本位制货币的历史考察中，我们知道，正常经济环境中升起来的保证金高杠杆比的金本位制纸币发行，在经济危机时因信用不足立即引发挤兑危机，货币供给数量由此迅速减少，从而加深经济危机。在信用货币时代，因为不再依赖黄金的数量发行货币，央行在需要时，虽然有很高的货币发行弹性，但商业银行依靠信用派生货币，通常也是基础货币发行的3–9倍之间（我国较低，通常在4–5倍，美国在国际金融危机前是8–10倍左右），在经济宏观层面的顺周期性中的正反馈效应中，往往会有较高的倍数，但在危机中因商业银行的信用风险，由此同样也有遭遇灭顶之灾的可能。

我们来看看这种灾难的产生原理。

《巴塞尔协议》规定，银行最低的资本充足比率为8%。正是这个8%的资本充足比率，成为银行派生货币的信用基础。在正常情况下，达到这一资本充足比并不成问题，银行资产产生最大不超过12倍的经营杠杆，也就是说，以放大最大不超过12倍的资产营业，或产生最大不超过12倍于自有资产的借贷业务。要记住，正常状态下此时的货币供求已形成一种动态平衡。一旦发生经济、金融危机，银行的自有资产不可能不受损失。银行自有资产损失会来自两个方面：一是企业贷款的坏账率上升；二是自有资产营运风险立即暴露。例如，广泛存在的银行进行的资本套利交易，在投资决策和风险管理时高度依赖外部信用评级，在经济繁荣时乐观的评级，经济衰退则导致悲观的评级，金融机构在投资时大量的“羊群行为”效应，正反馈效应，从而金融投资产生了明显的顺周期性的自激震荡。即使平时安全系数很高的交易，一到危机期，杠杆倍数往往成为风险倍数，投资品种一旦出现价格下跌，引起银行资产的账面损失，就会触发价格下跌→资产减计→恐慌性抛售→价格进一步下跌这样的恶性循环。当银行自有资产出现损失时，按照银行监管原则要求必须冲减资本金，资本金减少，从而导致资本充足率不足，就要按照《巴塞尔协议》规定，相应减少信贷业务量。从静态上说，每当银行自有资产下降1%，贷款规模就要相应地缩减相当于银行自有资产损失数的12倍。当银行自有资产全部损失时，这家银行以原来自有资产1∶12倍所产生的派生货币就要全部吐出来。在已经形成货币供求动态平衡的情况下，这是不得了的事，牵一发而动全身，危机由此引发。银行已经产生的借贷关系，实际上不可能立即收缩。对问题银行来说，要么补充自有资金，要么倒闭。银行倒闭，已经产生的借贷关系怎么办？此时只有国家出面救市。办法有两种：一种是将不良资产由国家买下，剩下的良性资产维持经营；一种是国家拿钱补充银行的自有资金换股权。从静态的角度上看，单个银行仍是有药可救的，但是，由此所引起的恐慌则有可能使整个银行信用系统崩溃。银行资产损失1，社会减少的派生货币量就为12倍。在一个平衡的市场中，货币流通速度突然一下子停滞了，这种杠杆倍数放大风险的恐慌是社会所不能承受的。

通过外在的社会性恐慌、内在的债务传导，金融危机将深化并传导到实体经济，引起实体经济衰退。大体过程是：①当部分商业银行的派生货币能力丧失时，货币流通会呈几何级数减少，通货收缩加剧，借、贷款市场停滞，立即影响到企业流动资金与投资；②由此削减企业收入与利润，这样又进一步恶化企业的还债能力；③由于营运资金告急、缺乏资金，迫使企业和个人拼命抛售资产，引起资产价格持续下降；④资产价格持续下降又让企业和个人的净资产缩水，房地产按揭贷款者还会成为“负资产”，企业和个人往往又被迫收缩投资和消费，社会需求下滑，投资市场和消费市场双双紧缩，资产价格崩溃；⑤企业经营困难面扩大，银行坏账增加，又进一步恶化金融机构的资产负债，引起金融机构的信贷业务进一步收缩。这样又将开始新一轮负循环，金融体系与实体经济体系相互影响使经济陷入持续衰退之中。

事实证明，任何研究如何监管银行都是技术性的。20世纪80年代拉美的债务危机就已产生了对以私有银行为基础的西方银行监管理念的冲击，为了提高私有银行信誉的《巴塞尔协议》中对银行8%的最小资本要求，已经是个不低的比率。《巴塞尔协议》在对银行经营风险的评价标准与监管问题上，一直都在努力与创新。如信用风险的衡量和计算、交易账户中的利率风险、汇率风险与商品风险的评估与资本要求等。但是，任何提高银行信用的措施，都只能在平常时期发挥作用，一旦遭遇经济危机、金融危机，再高的防洪堤坝都会土崩瓦解。这其中的原因不是银行要筑多高堤坝的问题，而是在信用货币时代，以私人银行承担派生货币的重任，其信用基础的天然不足使然。20世纪80年代我国市场经济转轨，由拨款制改为贷款制的过程中，在银行系统中积累坏账率可谓空前，当时的四大国有银行都是负资产，但为何不发生危机呢？因为当时的银行是使用国家信用，国家对银行承担无限的责任。与私有银行有限的责任和有限的信用来说，国有银行具有无限的信用。在这种国家提供无限信用的条件下是不可能发生货币危机的。

实际上美国在2008年国际金融危机的救助过程中，对银行是否国有化就已产生过路线之争。在次贷危机将使银行遭受灭顶之灾的万般无奈之下，2008年9月美国国会被迫批准了7000亿美元的救市计划。美国财长鲍尔森一开始的救市方案，是用 7000 亿美元买银行坏账。从前面对巴塞尔协议的论述中可以看到，这是符合对银行的救助原则的。虽然是明显的利益偏向用纳税人的钱救助华尔街的银行界富人，但这种救助方法根本没有效率，银行坏账还会继续不断地产生。理论上计算，由于危机的传导，美元的全部派生货币层即 $M_d = M_2 - M_B$ 约 7.45 万亿美元都可能成为坏账，7000 亿美元将成为杯水车薪。如果用救助资金作为公共资金入股银行，即进行银行部分国有化，那么，不但是国民今后可获得分红，从效率角度讲，假如银行获得 7000 亿美元的自有资金，根据巴塞尔协议 8% 自有资本金的规定，就可以支持 8.4 万亿美元派生货币量。根据美联储货币数据，美国至 2009 年 2 月 26 日期间的 M_2 不过为 8.28 万亿美元，入股银行注入自有 7000 亿美元资金岂不是一举解决问题？但当时的鲍尔森一开始并不愿意这么做，民众压力和英国明确宣布救市方案以银行部分国有化为主之后，美国才跟进。

从事物发展的内在逻辑来考察，2008 年国际金融危机有内在必然性。次级债引爆是偶然的，没有次级债引爆今后也会有其他因素引爆。在资本主义条件下，任何私有企业都是在其利润原则的驱动下运转。如果银行不承担派生货币重任，倒闭与不倒闭是一件很正常的事，因为对社会没有太大关系，但在信用货币时代的银行，承担着派生货币的巨大社会职责，牵私人银行利益之一发，而动的是社会全身。私有商业银行的信用不足，这才是信用货币体系存在问题的本质，也是 2008 年国际金融危机的本质。

切勿忘记金本位制的货币崩溃历史，其几经货币危机——倒塌再建——最终倒塌，但至今还有不少人恋恋不舍，没有别的，就是因为它有个十分美丽的黄金外表。现在，历史又轮回到信用货币。人们是否可以通过 2008 年国际金融危机学得聪明一些，能否看清楚金融危机的本质，不再重犯金本位制倒了再建几经周折的错误？因为，现在承担着派生货币重任的私有银行，同样也有个“效益高”的美丽外表。改进银行体系的监管是人们最寄以厚望的话题。改进监管对银行信用的提高的确能起到一些作用。例如，进一步提高银行自有资金比率，限制商业银行从事除借贷业务之外的任何业务等，以提高银行自有资金安全率。但是，不管如何的改进监管都无法解决因经济波动所造成的银行自有资产波动对银行信用波动的影响。这是私有银行信用不足的根本矛盾。社会相对稳定的货币需求，需要国家为银行提供稳定的货币信用。也只有国家才能够提供绝对稳定的货币信用，私有银行是永远也做不到的。当代国际金融危机的本质是信用危机，说到底是商业银行信用不足的危机，任何仅通过改进对私有商业银行监管的企图，都不是治本之策。

既然私有银行对信用货币的派生信用不足，使金融危机成为经济发展的噩梦，那么，在信用货币运作体系中，能否取消商业银行派生货币环节，直接由中央银行提供 M_2 的货币发行量（在国际金融危机状态下的美联储正是这样做的）？作为短期应对金融危机的权宜之计是可以的，但在正常情况下的长期政策是不行的。在资本主义市场经济中，从马克思的资本流通公式中：

$$G-W-G'$$

（G 代表货币，W 代表商品，G′ 代表增值的货币，$G'=G+\triangle G$）

我们可以看到，货币是经济过程的出发点。货币从出发点出发，每一次经营过程都饱含风险。如果由中央银行直接向微观主体提供货币，由于中央银行无法判断所提供货币在微观主体中运作的风险，一是会导致货币无限需求的趋向，二是货币使用无效率，产生大量的呆坏账。我国原来银行体制未改革前的银行资金调拨模式就是这种状况的形象写照。因此，货币在提供给微观主体的过程中，是离不开商业银行作为效益把关中介的。

金融危机产生的根本原因追索，是信用货币的公共财产属性的无限性与由私有商业银行提供信用支持其运作的信用有限性的矛盾，仍是资本主义社会基本矛盾在信用货币上的表现。在市场经济条件下，解决的途径是不可能由中央银行直接提供货币供应量 M_2 的。现实唯一可行的途径，似乎只有将私有商业银行国有化。商业银行股份国有或者由国家绝对控股，既保证了商业银行的效率，又可在银行信用危机时由国家提供无限的信用支持。此似乎是当前社会制度环境条件下各国从根本上解决金融危机的唯一有效途径，但真正实行起来有着巨大的政治障碍。下面的报道或许在理论上有重要的参考意义：

【2009 年 4 月 21 日开利综合报道】据知情人士透露，奥巴马政府正在考虑将政府所持的银行优先股转换为普通股，最终可能会更为直接地控制美国部分主要银行。奥巴马政府可能会在所谓的压力测试于 5 月初完成后实施这一举措，从而给政府更多的财力喘息空间。去年 10 月国会批准了 7000 亿美元资金用于维持银行体系稳定，目前这一预算中只剩下不到 2000 亿美元没有动用，奥巴马政府正试图保住这部分资金。

这一举措还可能带来一系列有关政府控制私营公司的尖锐问题；随着政府向接受政府资本的银行施加影响，这一问题今年已经在华盛顿引发了一场风波。政府将投资转化为股份可以直接改善实力疲弱银行的资本状况，但同时也会提高公众在这些公司中的持股比例，将它们进一步推向某种类型的国有化。

奥巴马政府一直表示其保留将现有投资转换为普通股的选择权，政府正在使用这一手段提振银行状况，花旗集团就是一个例子。目前还不清楚 19 家接受压力测试的银行中会有几家银行需要更多资本，政府又会对几家银行实施此类股权转换。预计 19 家银行中并不是所有银行都需要增资，一些银行正在迅速采取行动偿还政府原先的投资。

还有一种可能，即所有银行都可以申请将现有政府投资转换为普通股。这会使政府能够更方便地提振这些公司的财务状况，而无需投入新的资金。奥巴马政府已经表示，可能会考虑对接受“特别大规模”政府救助资金的金融公司采取更加主动的措施，包括撤换管理层或董事会成员。

政府转换股份可能有利于银行的原因是，投资者正日益关注各家银行的有形普通股权益比率，而不是监管部门传统上视为偿债能力指标而倚重的一级资本比率。有形普通股权益比率并不将政府投入的优先股投资考虑在内。

6.8 利率与派生货币量的关系

西方传统的经济学对利率传导机制有着充分的研究。例如，凯恩斯学派认为，货币供给增加会导致实际利率下降，货币供给减少会导致实际利率上升。对于企业来说，利率下降意味着资金成本下降，会导致投资上升；而对于消费者来说，可能会引起他们在房产和耐用消费品上的消费支出增加。因为投资与消费支出的扩张引起产出上升。凯恩斯的货币政策就是通过利率的增减实现其调控投资对产出的影响。

不加区分笼统地讲货币供给增加引起利率的降低是错误的。因为，货币供给的增加中有两种不同性质的货币增加：一种是货币内生供给的增加，另一种是货币外生供给的增加（关于这一点将在后面的货币供给理论中详细论述）。凯恩斯这里的“货币供给增加会导致实际利率下降”的这种货币供给增加，显然是指货币内生供给的增加，不是指货币外生供给的增加。派生货币通过货币乘数作用使 M_2 总量增加，是属于货币外生供给增加。在西方经济学中没有将这些概念加以区分，因而产生了混乱。

派生货币与利率的关系与上述的数量关系完全不同。不是派生货币量的增加与减少引起利率的下降或上升，而是相反，是利率的下降可能会引起派生货币量的增加，利率的上升可能会引起派生货币量的减少，或者是这两种关系都存在。

产生派生货币的原因是投资（或消费）借款人对银行货币的借贷行为。而借款人决定是否需要借贷的首要考量因素则是银行利率是否低于投资边际利润率，如果利率高，投资贷款的意念就低；如果利率低，投资贷款的意念就高。因此，是利率的高低决定着派生货币的量，不是派生货币的量决定着利率的高低。

利率的高低主要是通过影响对货币的需求，从而影响到派生货币量、货币乘数。但是在自由利率的条件下，派生货币量增加到一定程度时，对利率也有反作用。不过要区分几种情况：①当货币乘数在不受控区间，同时商业银行预期经济景气度高，放贷积极，派生货币能力强，则低利率可维持（注意，不是进一步走低）。②当货币乘数在不受控区间，经济景气度低、预期不好，往往是借方不积极，银行有款贷不出，导致供过于求，利率走低。③如果 M_2 总量是受控制的（M_2 总量受到控制的因素很多，在一定的货币政策条件下，货币派生能力是有极限的），在到了受控上限时，M_2 变大说明商业银行的货币贷款提供能力减弱，供需趋紧，导致利率上升。④当派生货币还有增量余地，但经济不景气，借款人的借款意念弱，商业银行有钱贷不出去，导致利率下降。

自由利率情况很少，我国利率通常都是由央行调控的。因为利率的高低通过影响借款人的借款意念进而影响对货币的需求，因此，调控利率会引起派生货币量的增加或减少。但是，借款人的借款意念又是受经济景气情况的影响。只有在经济景气，新增投资利润高于贷款利率时，才会引起增量借贷行为的发生。在经济不景气时（产能过剩），无论怎样调控利率也不会引起增量投资借贷行为的发生（但如果因为产品库存增加而引起资金周转不灵，会引起对银行贷款的被动性增加）。因此，利率的调节作用必须是在特定的环境条件下才有作用，而且作用有限，不是什么情况下都有作用。

在经济景气的情况下，如果央行要想达到增加 M_2 量，以达到增加社会总产出水平的目的，降低利率同时也要降低存款准备金率，单方面降低利率或降低存款准备金率是没有效果的。单方面降低利率，但存款准备金率高时，虽然借款人借款意念强，但商业银行会受存款准备金率影响派生货币能力受限，M_2 量并不会增加；这时，可供贷款供不应求，如果此时利率不是被控制而是浮动利率，贷款利率会受需求拉动而走高，直到达到均衡。单方面降低存款准备金率时，但利率维持高位时，借款人借款意念不强，商业银行有钱贷不出去。如果此时利率不是被控制而是浮动利率，可供贷款供过于求，会拉动利率走低，直到达到均衡。

如果央行要减少 M_2 量，则只要提高利率或提高存款准备金率中的其中一项就可以达到目的。提高利率，减少对货币的需求；提高存款准备率，减少对派生货币的供给。

6.9 西方货币流通速度理论出错的原因

货币流通速度是货币需求函数的倒数，是央行货币政策、宏观调控中一个重要的参量。但是，西方传统的货币理论在这个问题上错误很多，由于这种错误，造成各国的货币政策每每失误。

在古典学派货币理论中，货币流通速度被认为是由制度决定的常数。

美国经济学家费雪在《货币购买力》一书中，对货币数量方程式 $MV = PY$ 中的货币流通速度 V，就被认为是由支付制度、个人习惯等因素决定的，由于这些影响因素在短期内是稳定的，所以在短期内可视为不变的常量。费雪方程式最大的特点是假定货币的流通速度保持稳定，其目的是要说明物价水平的变动仅源自于货币数量的变动，由此来构造货币主义的理论基础，此理论对现代货币主义理论产生了深重的影响。

我们不妨以美国的相关数据来验算一下这个方程式中的关于货币流通速度“短期内是稳定的”说法是否正确。美国 2007 年 GDP 总值为 13.84 万亿美元，2007 年 6 月基础货币发行量 8143 亿美元；2008 年 GDP 总值为 14.33 万亿美元，2009 年 1 月基础货币发行量 1.9 万亿美元，代入：

$V = PY/M$

（1）$V_{2007} = 13.84$ 万亿美元 /0.8143 万亿美元 $= 16.996$

（2）$V_{2008} = 14.33$ 万亿美元 /1.9 万亿美元 $= 7.542$

（3）$V_{2007} \neq V_{2008}$

美国在国际金融危机前的货币流通速度 V_{2007} 与国际金融危机中的货币流

通速度 V_{2008} 相差 1.25 倍。由此已证明费雪的这个货币流通速度 V 不变的假定根本不能成立。当然，费雪的这个关于货币流通速度的论断是对金本制时期的货币流通速度总结。在金本位制时期，货币发行量受到贵金属量与发行银行信用的制约，发行倍数不大，派生货币量比较当代来说也不算大，当然货币流通速度比之现在来说，变化要小一些。但是其一，货币流通速度仍然会受到信用变化与经济危机的影响而发生变化；其二，这也正告诉我们，经济环境变化，货币流通速度也发生变化，费雪的方程式已经过时了，经济理论不能照搬照抄，需要懂得得出理论结论时的环境条件。

当代货币主义在货币流通速度问题上所犯的错误与费雪古典学派货币数量论所犯的错误有过之而无不及。

货币主义鼻祖美国经济学家弗里德曼在 20 世纪 50 年代提出的货币数量论，至今主导着许多经济学家的思维。其主要理论认为，货币量的变动是决定名义收入的唯一重要变量。弗里德曼在对货币流通速度的分析中认为，实际经济中货币需求会受到多种因素的影响，但主要的是由恒久性收入决定的。恒久性收入是一种平均收入，在短期中波动的幅度并不大，在长期中，恒久性收入是稳定增加的，因此，货币需求也在稳定增加，货币需求函数也就具有相对稳定性，由恒久性收入和货币存量所决定的货币流通速度也就是一个稳定的函数。虽然价格水平变动率与利率也会影响到货币需求与货币流通速度，但经过实证分析证明，它们的影响是微小的，主要影响的是恒久性收入水平。认为货币流通速度虽然不是一个常数，但与对货币的数量需求一样，货币流通速度具有相当的稳定性。这样，弗里德曼虽然分析的入口点不同、分析的角度不同，但得出的结论与古典的货币数量论十分相近。

当然，如果弗里德曼货币主义者们经过今天这样的国际金融危机，以他们实证主义的分析方法，也不至于得出货币流通速度具有相当的稳定性这样的结论。但关键的问题在于理论分析方法上的缺陷，应用一种有缺陷的理论分析方法，即使个别结论是对的，但整个理论体系像建立在沙滩上的建筑一样缺乏基础。例如，弗里德曼对货币的需求分析入口是从收入、收入与货币需求的关系开始，因国民经济收入稳定而导出对货币的需求稳定，再导出货币流通速度稳定的结论。其实，这里存在着巨大的逻辑漏洞，就是对事物与环境关系的影响分析不周延。人们在经济活动中，不仅是因为有了收入才需要货币进行交换的，而首先要有生产，生产和消费是人们经济活动的两个轮子，缺一不可。在对货币需求的关系问题上，生产要早于消费，也就是说，人们首先是因为生产才需要货币，继而才获得货币收入，用于消费和再投资。弗里德曼在货币需求论的分析中缺乏对生产中货币需求的足够重视，从本章有关银行派生货币的本质分析中可以看出，引起货币需求数量的变化、货币流通速度的变化的主要因素恰恰是因为生产者在生产上、投资上对货币需求的变化。而资本生产则会受到整体社会信用扩张与收缩、经济周期变化、产业结构变化、产能过剩情况、经济危机等诸多因素的影响。因此，分析方法逻辑上的不周延，才是导致弗里德曼在货币流通速度上犯下错误的根源。

其次，弗里德曼货币主义者们在实证分析方法上也犯有经验主义错误。实证分析方法不失为必要的理论验证方法。但必须在严格的理论辩证后才能实施，如果仅从数据到结论，就会在事物的现象中绕圈子，现象后面的本质永远也找不到。人们的社会实践本身也是有限的，所收集的数据不可能全面。自然科学中很多极端的情况都是靠严密的逻辑推导，数据仅起到验算的作用。如果以数据决定一切，没有理论的辨析，必然会犯经验主义错误。

与古典学派的货币数量论、弗里德曼货币主义不同，凯恩斯主义在否定古典学派货币数量论中关于货币流通速度不变的假定后，通过对货币需求三动机：交易动机、谨慎动机和投机动机的分析，找到了影响货币流通速度方面的一些因素，认为货币流通速度是变化的，货币流通速度是实际国民收入和利率水平的函数：

货币流通速度 $V = PY/M = Y/f(i, Y)$

（i 表示利率，Y 表示国民收入，V 表示货币流通速度，M 表示货币需求，PY 表示给定年份的交易总量）

从上式的数量关系可以看到：①货币流通速度随收入水平的变化而变化，国民收入增加，货币的流通速度加快。②货币流通速度与利率水平呈正方向变动，其原因在于利率水平上升，货币持有成本增加，货币需求就会减少，这导致货币流通速度加快。③扩张性的财政政策使收入水平增加、利率上升，这就加快了货币流通速度，使收入水平进一步增加；紧缩性的财政政策使收入水平减少、利率下降，这就减缓了货币流通速度，收入水平进一步下降。

正是由于货币流通速度对收入和利率的变化做出有规律的反应，收入和利率水平变化又是事实，这就说明了收入和利率确实影响着货币流通速度的变化，而货币流通速度又会反过来影响国民收入。

凯恩斯对货币流通速度的分析是精细的。抓住了人们因收入、资金成本而对货币使用态度的变化，是影响货币流通速度的主要方面原因。但是，凯恩斯的理论缺陷也就在于，在当时人们的观念中还没有货币乘数就是货币流通次数的观念。因此，凯恩斯压根就没有想到，因为利率水平的上升而导致的货币持有成本增加，投资减少，社会对货币需求就会减少，借贷也跟着减少，由此而导致的货币派生能力降低，由货币乘数降低而导致的货币使用次数减少，货币流通速度反而是降低的。

第六章思考题

1. 商业银行派生货币与央行的基础货币发行有什么不同？

2. 货币乘数与货币流通速度如何计算？

3. 金融危机时为何货币流通速度会减缓？货币乘数会下降？如何应对这种情况？

第七章　股市价值的创生与湮灭

本章导读

在宏观经济层面上有三大信用参与信用货币的信用价值生产过程：国家信用生产货币信用价值，商业银行信用仅作用于货币的使用价值，企业（上市公司）通过股市信用放大（收缩）货币价值。传统货币理论从来也没有对股市信用价值生产的研究，西方经济学仅仅将股市作为财富效应的对象，而且对财富效应研究也仅停留在实证数据分析上，属于经验层面的认识，没有认识到这也是信用价值生产的一种形式。股市能对基础货币数量起到收（缩）与放（大）的作用。由于股市的存在，原有的货币供求、货币运行规律都已产生了根本性的变化。

股市的价值效应在于，它将市场需求与一个国家的市场潜力也纳入价值创造过程。其价值原理是：由于商品的价值必须通过有效的市场需求，通过交换才能实现价值，在社会生产能力过剩的条件下，仅有传统的实体经济的生产由于缺乏市场需求，社会生产就会停滞，产生新的市场需求是获得增量的价值生产的充要条件。股市能重新调节投资货币与消费货币的比例，使价值在市场需求这个层面上提前实现；股市还有使劳动在一定程度上转化为资本的功能，产生劳动资本化的分配机制，从而在一定程度上重新调节社会分配，缩小劳资分配的矛盾，平衡社会总供需。

本章通过股市的本质、价值原理与价值创生机制的分析，揭示出有市场需求的生产能力也能通过股市交易创生价值，发现客观存在的货币收缩放大规律、对基础货币数量有收缩放大效应，为后面的揭示货币资本在虚拟经济中的运行规律打好基础。需要提示的是我们这里讨论的是世界各国的一般意义上的抽象的股市。

7.1 惊人的 2008 年

2007 年、2008 年两年，中国经济经历了一次前所未有的大冲击。这种冲击不是国际金融危机，而是中国自己的股市经历了一次世界股市历史上罕见的、巨大的过山车式的涨跌，中国经济的增长也同步地经历着这种过山车。

我国股市从 2001 年 6 月开始，经历了漫长的 4 年熊市后，至 2005 年 8 月上证指数跌到 998 点开始探底回升，在银行投资货币资金流动性过剩的支持下，延续上涨至 2007 年 10 月之时，竟然前所未有的上涨了 6 倍之多。与此同时，国际垄断金融财团利用手中握有的巨额投资货币，在国际期货市场上翻江倒海，全面炒高农产品、原油、有色金属产品价格，加之美元贬值，造成国内输入性通货膨胀从 2007 年以来一直呈上升之势（消费物价指数至 2008 年 2 月一度上升到 8.7%）。消费物价指数的持续上涨，促使管理部门动用了紧缩的货币政策来进行打压。一方面不断地提高存款准备金率，收紧银行的流动性；另一方面，在股市用天量而快速的新发、增发股票来打压股价。股市终于在巨量的新发、增发股票与货币政策严厉紧缩的情况下，在 2007 年 10 月创出 6124 点高点后发生了逆转。在持续而更加严厉的货币紧缩政策情况下，股市更是雪崩式的下跌，短短的一年时间竟然史无前例下跌了 72.8%，而国民经济增速也同步地由 11.8%，迅猛下跌至 2008 年第三季度的 6%[①]（GDP 增长率比股市的反映滞后 2–3 个月）。经济学人和媒体都将人们的注意力引向国际金融危机，但即使是国际金融危机中心的美国，其股市下跌与实体经济单季度下跌的幅度也不及中国的股市与经济的下跌幅度。

在发生雪崩式的下跌情况下，管理层才意识到紧缩的货币政策才是罪魁祸首。从而在 2008 年 10 月果断地结束了紧缩，开始实行宽松的货币政策，并出台 4 万亿财政刺激经济方案。由此，股市也结束了雪崩式的下跌开始回升。2009 年上半年，银行信贷资金增加 28%，股市也同期连续性地上涨了一倍，经济增速单季度比较也由低点的 6% 回升到 8.1%。

---

① 美国次贷危机期间，美国股市从 2007 年 10 月份高点至 2009 年 3 月份低点用 17 个月美国股市下跌 45%，经济增长 2007 年 GDP 增长率为 2.1%，2008 年 GDP 增长 1.3%，下跌幅度为 0.8%，2009 年 GDP 增长率为一 2.5%。中国股市从 2007 年 10 月份高点至 2008 年 11 月低点，13 个月下跌 72.8%，经济增长从 11.9% 下跌至 2008 年第四季度的 6.8%，下跌幅度高达近 5.1%。从第三季度至第四度看，呈雪崩式下跌。由于 2008 年底及时出台 4 万亿救市，各地政府近 10 万亿投资，投资率高达 60%，才挽救经济不至于崩溃。

按照弗里德曼的货币主义理论，通货膨胀是个货币现象，我国因此才有因消费物价指数的上涨而动用紧缩的货币政策之举。想不到紧缩的货币政策这个大板子并没有打到通货膨胀上（PPI 的下跌明显是因为国际期货市场上各期货品种的暴跌引起），而是将股市，继而将经济打下去。2009 年仅上半年信贷资金就增加 7.37 万亿元人民币，不少人又在惊呼要通胀了。但同期 CPI、PPI 仍然继续为负。

是什么原因使得货币供给数量（货币政策）、股市、经济增长如此地密切相关？是什么原因使得货币政策过山车、股市也跟着过山车、经济景气度也相继地过山车？它们之间有些什么内在的联系与运行规律？如此重大的经济现象，为什么至今为止并没有任何的经济理论来描述它？说不清道不白，人们只能是在迷雾中“摸着石头过河”？

在这方方面面有着太多的困惑。实际上，我们的困惑还不仅在于此。股市会发生财富效应，这曾为西方发达国家的经济发展作出巨大的贡献，这也为西方各发达国家所实证了的。但是，我国股市从开办至今的三十多年来，股市大幅波动、部分上市公司热衷于“圈钱”，中小散户多数人在股市中并没有赚到钱。同样是股市，在我国为什么就不产生财富效应？人们不由得要问，股市到底是个什么东西？

7.2 股市创生价值原理

股市是个巨大的价值发生地，同时又是个巨大的价值湮灭地。本章中仅仅是讨论它的货币价值发生原理，在后面讨论社会再生产过程时，我们再进一步深入讨论它是如何与实体经济实体价值生产互动而构成一个完整的股市信用价值生产全过程的。

股市能进行信用价值生产，这不仅对中国人的传统观念是个巨大的冲击，对整个经济学理论界来说，也是前所未有的新观念。人们迷惑着，股市货币价值它到底是如何发生的？

正价值发生

我们来看下面一组单个股票的交易数据列表。假设某上市公司股份为 1 亿股，发行价 10 元，发行时总市值为 10 亿元。当市场向好，该股的各价位成交情况如下（见表 7–1）：

表 7–1

成交价（元）	成交股数（万）	成交金额（万元）	总市值（万元）
10	100	1,000	100,000
11	100	1,100	110,000
12	100	1,200	120,000
13	100	1,300	130,000
14	100	1,400	140,000
15	100	1,500	150,000
16	100	1,600	160,000
合计	700	9,100	

该股收市价为 16 元，在推高上涨过程中，所用资金成交量为 0.91 亿元，某收市日总市值 16 亿元，与发行时的总市值相比（忽略手续费、印花税）多出价值量 6 亿元。此比原发行市值高出的 6 亿元，就是股市创生的价值。

有人提出过，股票交易价格只不过是个击鼓传花，买家与卖家是在同一个价位上成交，买家付出的货币是卖家收入的货币，在股票上涨时，怎会创生出价值？在这个地方很有些迷惑不解。

这种理解上的问题出在哪个地方？问题出在混同了交易量与形成总市值的量的区别。

为了计算简便，我们再简化上面的假设。仍假设上面的例子中股票原值是 10 元，总股票量是 1 亿股。某天在 16 元价位上只交易了 100 股，由于当天只交易了这 100 股，当天就以 16 元形成收市价。那么，我们考察一下交易的前后总市值有何不同？

交易前原值总市值：10 亿元；

交易后收市时总值：16 亿元；

交易金额考察（忽略手续费、印花税）：买家付出货币 1600 元，收入股票 100 股，以收市价计算，他的股票不产生盈亏。卖家收入货币 1600 元，减少持有股票 100 股，与原来 10 元价位上该股票市值相比增加货币收入 600 元。

从这个假设中，我们可以看到，产生击鼓传花的部分只有成交的 100 股票，交易金额 1600 元。购入股票者在收市时股票市值为 1600 元，不产生盈亏；卖出股票者货币比购入股票时原值增加了 600 元。而其他的未参与交易的 99,999,900 股票，因为收市价由原来的 10 元提高到了 16 元，现总市值为

1,599,998,400 元，与上面已发生交易的 1600 元市值相加，合计为 16 亿元，因而产生了 6 亿元的股票增值。

由此可以看出，股市市值并不是实体的价值，它的实体的价值还需要通过实体经济的实体价值生产才能被生产出来。

当然，只交易 100 股而形成 6 亿元市值增值的例子在实际中是难有的，应该说表 7–1 更接近实际情况，但这个例子只是为了简化计算，与表 7–1 在本质上是相同的。

负价值发生

同样假设某上市公司股份为 1 亿股，发行价 10 元，发行时总市值为 10 亿元。当股价下跌时，该股的各价位成交情况如下表：

表 7–2

成交价（元）	成交股数（万）	成交金额（万元）	总市值（万元）
10	100	1,000	100,000
9	100	900	90,000
8	100	800	80,000
7	100	700	70,000
6	100	600	60,000
5	100	500	50,000
4	100	400	40,000
合计	700	4900	

该股收市价为 4 元，在此下跌过程中，在同样的成交股数量情况下，资金成交量为 0.49 亿元，比之上涨过程中成交金额少 0.42 亿元。某收市日总市值 4 亿元，与发行时的总市值相比，减少 6 亿元（忽略手续费、印花税）。在下跌过程中，虽然各持有成本不一样，但该股票的参与者（原来持有者）与仍然持有者合计总损失价值量为 6 亿元。我们也将其称为价值湮灭 6 亿元。

认为股票交易是击鼓传花者同样不能理解，这里为何会发生价值湮灭。其道理与上面的例证原理是一样的，只是在数据上相反。

为简化计算仍然假设：上面的例子中，股票原值是 10 元，总股票量是 1 亿股。某天在 4 元价位上交易了 100 股，由于当天只交易了这 100 股，当天就以 4 元形成收市价。那么，交易前后的总市值变化情况有何不同？

交易前原总市值：10 亿元；

交易后收市时的总市值：4 亿元；

交易金额考察（忽略手续费、印花税）：买家付出货币 400 元，购入股票 100 股，到收市时股票市值 400 元，不产生盈亏；卖者卖出股票 100 股，收入货币 400 元，比较原有股票市值减少了 600 元。

从这个假设中，我们可以看到，产生击鼓传花的部分虽然只有成交的 100 股，交易金额 400 元。卖出股票者损失货币 600 元，买入股票者货币无增加减少。但是，其他未参与交易的 99,999,900 股票，因为收市价由 10 元降低到了 4 元，持有该股票者总市值为 399,999,600 元，市值蒸发 5999,999,400 元与卖出者所损失的 600 元相加，总市值减少了 6 亿元。

要注意，在这里有两个概念必须厘清：一个是大家已经熟悉的价值概念，一个是股市市值概念。这两个概念是既有区别又有联系的。在经济学概念中的价值是由人类劳动创造的，是人类劳动的结晶，价值量是由社会必要劳动时间决定的。股票市值则是由对股票价值的估值所形成的交易价格所决定的，它是一种由股市信心所决定的、由交易价格所形成的价值形式。可见，股票市值并不等同于货币价值，但是它们之间有区别又有联系，可以在一定的条件下相互转化。

股票市值并不等同于价值的区别：一方面在股票市值中既包含有必然的以价值为中心的、围绕着价值波动的、但仍然是以价值作为坚实基础的因素，另一方面也包含由信用、信心所构成的虚拟性质的因素。它既不是商品的价值，也不是货币的价值，既没有使用价值，也不能做交换媒介。因此，股票的价值形式是含有某种观念形式上的价值。

股票市值与货币价值有何联系？股票市值会转化为货币价值，它有两种转化价值的形式：

一是股票市值直接转化为货币价值形式。它是通过货币进入股市购买股票，退出股市还原货币的价值形式的方式实现的。货币是纯粹的价值载体，它在这个过程中，当货币进入股市购买股票时，它是一种将货币价值转换为股市市值的过程，它消耗的是货币价值，取得的是股市价值。当它退出股市时，它就还原成货币价值。在货币转换于股市市值时，其股票市值会发生增值或减值，因而当股票市值转换成货币价值时，也就等同地发生货币价值增加或减少的变化。由于股票市值与货币价值存在直接转换关系，而货币价值是价值的承载形式，因此，我们也可以将股市市值的增加看作是一种价值的创生；将股市市值的减少看作是一种价值的湮灭。但股市价值的创生与价值的湮灭，是必须包括这种货币的转换过程的。这一点是必须记住的。

二是股票市值间接转化为劳动价值的形式。这是由信用、信心这种虚拟的经济因素所造成的。信用来源于上市公司企业方面与政府交易的管理（对交易制度建设与监管），信心是指股民（交易者）对这些信用与经济环境的感受的心理反映。由于信用、信心所引起的股票交易价格的变化，形成股票市值的增加或减少，由于存在可以直接地转化为货币价值的途径，因此，股票市值也就通常地被看作是直接的价值资产。例如，在企业的资产账上，持有股票市值就被记为账面资产。也就是说，虽然股票市值其实并不等同于货币，它还只是虚拟的价值形式，由于它能通过股市交易的快速转换，人们在观念上还是将它看作是直接的货币价值形式。由此所构成的人们所持有的包括股票市值在内的货币价值总量概念，就会对人们的投资行为、消费行为产生影响，通过实体经济中的投资、消费行为并由此影响到商品劳动价值的实现过程，影响到社会总供需的平衡。

实体经济的商品生产过程通常在两种状态中不断地交替：一种是产能不足，一种是产能过剩。当某一种具体商品产能不足时，股市所增加的市值会引起投资主体通过股市市值向货币价值的转换，或是用股票市值获得更多的银行抵押贷款，从而用于增加投资；当产能过剩时，家庭主体或许因为股市市值增加而产生的家庭财富增加感，从而增加购车、购房、旅游等享受性消费；股市财富效应对人们的基本生活消费行为也有影响可能稍小一些，原因在于基本生活消费是刚性消费，但其中也包含一些享受性消费。当股市市值减少，股市价值发生湮灭时，对实体经济相反的影响过程也存在。因此，股市价值本源就是来源于实体经济，但通过股市的虚拟性的增加或减少，最终又反作用于实体经济，引起实体经济中劳动价值生产总量与商品交换中价值实现的变化，使得虚拟的价值最终转化为实体经济中的劳动价值的实现。要记住，这个变化始终存在着正向的或负向的两个方向。通常人们总认为是正向的，当没有正向的影响时就认为这个规律不存在，却忽视了可能已产生的负方向上的影响。

首先说明：下面论述中的股票价值，是相对于商品价值、货币价值，并与这些概念之间有区别而言的。股票价值在交易中形成股票价格，股票价格并不能直接等于股票的价值，但是，可通过对实体经济实体价值的生产，反作用于股票价值。它们之间的关系十分复杂，后面的各章将逐渐说明这些关系。

7.3 需求与股票价值决定

表 7–1、表 7–2 中所反映的股市正负价值发生是指股市的市值，这种市值必将对社会经济实体价值生产起作用。如果我们将社会经济看作是个大系统，股市是个子系统，这里的价值发生是指股市子系统向社会经济大系统输出正或负的价值。但是，在股市这个子系统内部，被输出的价值却是通过股票的成交价格实现的。股票的成交价格决不是凭空产生的，价格总是围绕着价值波动，股票的成交价格的背后一定有股票的价值在起作用。需要特别注意的是这里涉及的是两个不同层面价值，不能混淆。一个是股市向社会经济系统输出的价值，这种价值的数量是由股票的成交价格决定的。一个是股票的内在价值，股票的内在价值则是由实体经济中的企业价值所决定。股票的内在价值决定着股票的成交价格，股票的成交价格总是围绕着股票的内在价值而上下波动。它是一种双向循环的、相互反馈的价值决定。

股票内在价值的具体决定形式或者是现实方式，是通过日常股票的交易价格实现的。决定交易价格因素很多，其中最主要因素（也是本质的）是对该股票未来收益的估值。通常的估值方法有市盈率法与净资产法。但不管哪一种估值方法，这仅只是估值方式上的不同，本质上都是对该股票未来收益流的一种折现交易。也就是所买入的这个股票，买入后在未来的时间里它会有收益，收益的大小决定现在的成交的价格。也就是说，现在的成交价格是对未来收益的一种估价。而估价的基础是该上市交易的企业已形成的企业生产能力与产品已有市场和潜在市场。

毫无疑问，已形成的企业生产能力是一种劳动构成，按照马克思劳动价值论原理，物化劳动与活劳动都是构成价值的基础。企业的生产能力由物化劳动与活劳动构成，劳动是价值的源泉，从这个意义上来说，股票的价值源泉仍是劳动。

但是，这里的股票中的劳动价值构成与商品的劳动价值构成还是有些不一样，商品的劳动价值构成是由生产这个商品的社会必要劳动时间决定的；至于该商品是否能实现其价值，则需要通过市场交换。商品生产存在着因为市场需求不足，不能完成交换实现其价值的风险。在股票中，构成生产能力的物化劳动与活劳动只是构成价值的一个可能因子，这个因子必须与市场结合，市场和潜在市场也是构成价值的一个因子。也就是说，股票的价值构成不是像商品的价值构成仅仅只有劳动一个方面的因素，而是除了有劳动因素外，还有一个“有预期的市场需求”，因为股票价值是由“未来收益流”的折现所决定，决定未来收益流主要因素有两个方面：一是企业的生产能力，二是可预期的市场需求。只有当现有的生产能力与市场结合，形成企业未来的价值流，才构成现实股票的价值基础。

在马克思《资本论》中我们可以知道，商品具有价值与使用价值二重性，但商品价值的实现，必须通过交换，不能实现交换的商品是无法实现价值的。但在股市中股票的内在价值形成时，该股票对应的企业的商品还没有生产出来，自然更谈不上商品通过社会的有效需求进入交换实现价值。这个股票的内在价值是反映这个股票所对应的企业生产能力、并与这个生产能力所对应的市场可能的需求，或者需求潜力结合在一起；生产能力是一种对商品生产的一种预期，市场需求则是对这种预期生产的商品能通过交换实现价值的一种预期。这也就是说，在预期中，这种商品不仅已经生产出来了，而且已经卖出去了，并且实现了利润，构成的未来收益流，从而成为股票市场中股票交易的价值基础，现实实际上还仅仅是一种生产能力加潜在的需求。

在《资本论》里马克思详细论述了商品生产中使用价值与价值的矛盾，由于市场经济中有效需求的天然不足，商品价值实现困难。从这里我们可以看出，股票是市场经济的伟大创举。它的伟大之处就在于将资本主义商品经济中的市场需求也提高到了股票价值构成的高度，构成股票价值的要素不仅仅是劳动，如果劳动产品没有市场，不能实现其价值，仍然是没有价值，只有劳动产品通过市场需求实现了其价值的时候，才是现实的价值。在商品生产中，商品与市场需求是分裂的，相互矛盾的，而股市中的股票交易第一次将他们统一在一个价值构成体中。它的意义就在于，市场需求也是一种价值，不过它不是现实中的商品价值，而是未来实现商品的价值。而且，由于社会生产力的巨大发展，在社会生产能力过剩的情况下，市场需求成为稀缺资源时，市场需求由构造价值的必要因素，变成了股市中股票交换价值的直接构成因素。

辩证唯物主义哲学强调的是事物之间的相互作用，即作用与反作用。在股票价值与企业的生产能力和市场需求这两者之间，谁是作用的原动力，谁是反作用，在这里可以暂时不去追究。但是一定要明白，股票价值取决于企业的生产能力和市场需求，同时，企业的生产能力和市场需求也会取决于股票的价值，也就是说，由股票价值而决定的交易价格，也会对企业未来的生产能力和市场需求产生影响。

创造市场需求如何就能创造价值，股市是如何通过预期的渠道，通过创造市场需求而创生价值，股市的信用生产的具体过程，这些都涉及社会再生产总过程，需要对社会再生产总过程进行考察后这些问题才能说明。这里仅限于股市的价值发生原理的考察，这种考察是依据股市运行的结果和已经发生的事实。

7.4 股市对货币的收缩放大作用

比较一下商品生产中的价值增值与股市中的价值创生对货币的数量影响有何不同，人们或许会得到一些启示。

商品生产中的货币资本的循环：G– W…P…W′ –G′

（G 货币，W 商品，P 生产过程，W′ 增值商品，G′ 增值货币）

股市中的货币资本的循环：G–E–G′

（G 货币，E 股票市场，G′ 增值货币）

在商品生产中，价值增值表现在，货币资本在投入前，各生产要素都是商品形态，通过劳动生产过程，劳动者生产出超过自身价值的商品，这里的价值增值，不管是增值前，还是增值后，价值的载体都是商品。货币在这个过程中仅是充当交换媒介，并不是国民经济中所产生的价值增值多少货币就等同地增加多少，货币的增加规律是按照实体经济中交换对货币需求规律增加的，此已经用传统的实体经济货币占用规律来描述。

在股市中的却不是这样，在股市中，价值增值前是货币投入，进入股市后，购买了股票，货币不再是原来用于交换的媒介，价值的载体变成股票，股票以它的市值形式表现它的价值。然而，与商品的价值恒定不一样（这里不是指商品的价格变化这个层次，而是指商品的价值层次，商品的价值是由生产商品时的社会必要劳动时间在商品生产完成的那一刻就决定了的），股市市值不一样，它是可变的。未来收益流的大小是处于不断变化中的，因此，股票价值是按股市信用价值生产的规律而不断发生变化的，或者发生增值，或者发生减值。当投资者卖出股票退出股市后，原来购入股票的货币仍然回到原来的货币形态。但是，此时，与原来购入股票时的货币数量相比，现在的货币数量一定会发生变化，或者货币量增加，或者货币量减少。在这里，股市对货币数量起到增加或减少的作用。

如果我们先不研究股市是如何使货币数量发生变化的，只将股市看作是一个黑匣子，在进入股市之前是一定量的货币投入，退出股市是数量增加或减少后的货币。从这个角度上说，股市是一个货币数量的放大（或缩小）器。

也许有人说，在炒商品期货中，货币投入购买某一商品期货合约，平仓后也会发生货币数量的增减，因此商品期货具有股市等同的功能？

这是错误的观点。主要原因有二点：其一，实物商品与商品期货炒作的是商品的价格变化，商品的价值等于生产该商品的社会必要劳动时间，在一国之内的一定时间内价值是相对恒定的。价格围绕着价值波动，价格通过期货市场的保证金放大作用，为商品的价格波动炒作生出了空间，但其价值并没有变化。商品的价格波动变化也不会反作用于已经固化了的商品价值的变化；而股票价值变化的要点是因为未来收益流的变化而引起的股票价值变化，股票价格当然比股票的价值有更大的波动性，但股票价格的变化基础是价值，两者的本质是不一样的。货币只不过是其价值变化的载体。其二，实物商品交换与期货炒作是价值零和交易，一方价值的增加表示所参与的另一方价值的等同减少，而股市并不是零和交易。因此，将股票市场与期货市场等同相视是混淆了它们的根本性质。

经过股市对货币的放大（缩减）作用后，此货币与央行的发行货币有没有不同？可做出如下比较结论：

①价值相同。具有与央行发行货币等同的购买力。

②价值发生源并无本质区别。央行发行的货币价值来源于国家信用或国家信用担保。国家货币的信用基础是由全体国民所构成的生产能力。股市增生的货币价值基础是“未来收益流折现”，而“未来收益流”是由已形成的企业生产能力与产品已有市场和市场潜力所构成。这两者的价值基础最终来源都是劳动者的劳动，因此在价值源泉的本质上并无区别。

③股市增生的货币如果进入商业银行，也具有同央行发行货币等同的派生货币能力。从这一点上看，股市增生的货币是一种与央行发行的基础货币相同的货币，同样，股市湮灭的货币也是一种基础货币。

没有看到股市对货币的放大（缩减）作用，而且这种货币是与央行发行货币作用等同，或者不将股市看成是与央行一样具有对基础货币数量增加与减少的作用能力，是传统货币理论一大失误，也是货币政策失误的根源。

7.5 股市的起源与历史验证

股份制公司历史

15 世纪至 16 世纪初，地理大发现、新航路的开辟，使世界贸易大为改观。西班牙、葡萄牙、荷兰、英国纷纷向海外发展，进行远航贸易，这需要较大数额的资本，在当时的经济条件下，靠单个资本家来经营是无法办到的。于是一种合股经营的叫做“康梅达”的经济组织便产生了。康梅达从事海外贸易，负责筹集资本，由专人经营，利润在集资者与经营者之间协商分配。以后，这种组织发展到内陆城市，出现了入股的城市商业组织，如意大利的“大商业公司”，入股者有商人、贵族、教授、廷臣和平民。这种股份经济一般由自由城邦组织进行业务监督。国家为了鼓励商人积累资本向海外扩张，以攫取更多的财富，不仅为股份集资提供了法律保护，并且给予商业独占权和免税优惠等特权，这为股份制的产生创造了外部条件。

英国 1554 年成立的入股形式进行海外贸易的特许公司“莫斯科公司”，被认为是世界上最早的股份制公司，它的成立标志着世界股份制度的产生。1553 年有一位塞巴斯蒂安·波特（Sebastian Cabot）筹钱成立公司进行海外贸易，航行白海的冒险，经过两次失败，第三次航行进入到俄罗斯内地，从而与俄罗斯人建立贸易关系。最初公司把整个资本分为 240 股，每股 25 英镑，每人投资一部分，由 6 人分担风险。开始时规定，公司营业只限一次行程，每次远航归来，按股份分配所有的利润，并连股本一起发还。后来随着贸易活动的频繁和规模扩大，就把原来投入的股份全部或一部分留在公司，作下次航行使用。到 1604 年该公司股东增加到 160 人，由 15 人董事会管理整个业务。继之而起的，有 1557 年成立的西班牙公司、1579 年成立的伊士特兰公司、1581 年成立的勒凡特公司、1588 年成立的几内亚公司，1600 年又组织了东印度公司。这些贸易公司都是以股份制形式组建的，是英国向海外扩张殖民势力的工具。其中东印度公司势力最大，资本最雄厚，成立之初拥有股本 6.8 万英镑，股东 198 人，到 1627 年股本达 162 万英镑，股东 954 人。它独占从好望角直到东方一切国家的贸易，还享有对殖民地军事和政治的全权。截至 1680 年底，英国建立的这类公司有 49 个。其他欧洲国家也纷纷起而效仿。例如荷兰1602年成立联合东印度公司，1621年成立西印度公司，法国、德国、瑞典等也先后成立了股份贸易公司[21]。

股份银行历史

随着海外贸易公司的产生，金融业中股份经济在一些欧美国家中也产生和发展起来。英国于1694年成立的英格兰银行被认为是最早的股份银行。该行拥有股资120万英镑。它把资金贷给政府，取得相当于这笔贷款的银行券发行权。这种银行券发行权具有广泛吸收社会资金的职能。1826年英国政府还颁布条例为股份银行提供法律保护，进一步促进了股份经济在银行业中迅速发展，到1841年股份银行增加到115家，到19世纪末，英国非股份银行几乎绝迹，股份银行成为金融市场上的统治力量。美国在1782年成立了第一家按照现代方式经营的银行——北美银行，1791年建立第一家由联邦政府建立的银行——合众国银行（按期限经营20年后关闭），合众国银行也是一个通过股份形式大规模筹集资本的股份银行。该银行拥有股资1000万美元，发行25000股，每股400美元，其中1/4由政府贷款，其余是私人投资。美国国会于1863年颁布了《国民银行法》，建立联邦和州政府两级管理共存的银行管理体制。随后各州建立的股份制公司银行数量大大增加。

证券交易所历史

证券业的出现是在银行业的发展后，随着股份公司的出现，信用活动的展开才逐渐发展起来的。最早在16世纪初的比利时安特卫普和法国里昂出现证券交易活动，根据历史记载，英国的股票经纪活动在1689年期间有15家合股公司“股票”供买卖，但单靠15家公司的“股票”买卖无法令经纪商生存，后来渐渐靠买卖政府债券为生。当时英国政府财政紧绌，经常要借债度日。1691年，英国政府已欠下310万英镑的民间负债。1694年，英国政府成立英格兰银行（Bank of England），主要任务是筹集120万英镑政府经费。英格兰银行先发行股票，再将筹集回来的资金，以贷款形式借给英国政府。1708年，英国东印度公司已累积不少财富，借给英国政府的贷款高达320万英镑。可是英国政府的财政赤字并没有改善，累积国债只升不跌。至1750年，其累积国债已达7800万英镑。因此，政府债券在民间的转让频繁成为股票经纪的主要收入来源。早期的证券交易没有正式的交易所，交易地方往往是咖啡室或餐厅。英国在1773年由股票商在伦敦正式设立了英国史上第一家证券交易所，即今伦敦交易所前身。到19世纪中叶，这些非正式的地方性证券市场逐步走向正规化。世界各国证券交易所的设立日益普遍化，由此又反过来推动股份公司的广泛发展，进而又推动信用制度、信用工具的发展。货币资本迅速积累，对有价证券的需求不断增多，证券交易额随之扩大。公司股票和债券日益成为交易的主要对象。

最早的股票交易所是巴黎交易所（Paris Bourse），成立于 1724 年。1773 年英国股票商在伦敦设立了英国第一家证券交易所，后于 1801 年在此基础上成立伦敦交易所。荷兰的阿姆斯特丹交易所（Amsterdam Bourse）成立于 1784 年。美国的费城交易所（Philadelphia）成立于 1790 年，至 1792 年 5 月 17 日，成立纽约证券交易所。我国最早的交易所"北京证券交易所"是由金城银行总经理周作民、盐业银行经理岳乾斋以及交通系官僚集团首领梁士诒为后台，于 1918 年 6 月 7 日发起成立的，注册资本 50 万元，以经营股票、债券为主，同时兼做外币交易。时至今天，纽约交易所是全球最大的交易所。

早期交易所的业务以国债交易为主，合资公司的股票买卖为辅。19 世纪 20 年代至 60 年代工业革命的浪潮席卷欧美，机器大工业生产客观需要地区间的密切联系和全国范围的大市场，这就要求交通、能源、原料、公共事业等基本设施的先行发展。因此股份公司在铁路、公路、水运、矿山、电力等行业中迅速发展起来。在英国，19 世纪初期的铁路股票和证券几乎成了所有有积蓄家庭的购买对象。英国 1824 年有 235 家大公司，主要是铁路公司和汽船公司。1834–1836 年成立了 800 家公司，铁路公司居第一位。1844–1868 年的 25 年间，共成立股份公司 11105 家，其中铁路公司居首位，达 1791 家。另外，矿山公司 1654 家，煤气公司 1035 家。又如美国，建国之初就特许私人利用股份公司筹集资金，修筑公路运河。南北战争后掀起了大规模建筑铁路浪潮，至 1860 年前后，美国大铁路股份公司有 31 家。铁路公司股票还远销欧洲，通过股份集资使美国获得的巨额资本加快了铁路业发展。1865 年美国铁路线总长 3.5 万英里，至 1870 年就上升为 5.3 万英里，到 1914 年美国全国建成铁路网的总里程为 25.2 万英里以上，超过当时欧洲铁路里程的总和。

欧美资本主义的大工业之所以能获得高速发展，得益于股份公司、银行、证券交易的发展。资本家通过发行股票、证券交易、银行信贷，才能筹集巨额资本、创建大工矿企业，并通过组织托拉斯和控股公司等垄断组织形式，实现资本和生产的高度集中，如美国的洛克菲勒、摩根、福特等著名财团。20 世纪初，美国拥有资产在 1 亿美元以上的股份公司就近 100 家，到第一次世界大战结束，美国制造业产值90%是由股份公司创造的[22]。总之，股份公司经过19世纪最后三四十年的充分发展，已经成为资本主义世界占据统治地位的企业组织形式，对国民经济起着举足轻重的作用。

股市的历史发展并不是一帆风顺的。早期的股票市场很不规范，没有严格的法律制约。英国南海公司股票炒作事件就是一次对英国股市产生巨大影响的事件。17世纪末，英国经济兴盛，储蓄膨胀。当时股票的发行量极少，拥有股票是一种特权。1711年，牛津的哈里·耶尔伯爵创建了一家“南海”合股公司。南海公司首先认购了价值1000万英镑的国债，取得了政府的支持，对外宣称公司致力于将英格兰的加工商品运送到金银矿藏丰富的南美洲东部海岸，投资公司者会获得极高的回报。英国公众在南海公司的蛊惑下，热烈追捧南海股票。英国下议院通过支持南海公司对南美洲贸易垄断权的议案，其的股票立即从129英镑升到160英镑，当上议院也通过该议案时，又涨至390英镑。股票抢购狂潮席卷英伦三岛。半数以上的参议员纷纷入市，甚至连国王也不例外。数月后，南海股价攀上1000英镑的顶峰，半年涨幅高达700%。其他股票也暴涨，平均涨幅超过5倍。1720年6月，在财政大臣罗勃特·沃波尔倡导下，国会通过《反金融诈骗和投机法》，即著名的“泡沫法案”。法案规定，在没有议会法案或国王特许状给予的法律权利场合，禁止以公司名义发行可转让股票或转让任何种类的股份，严惩非法的证券交易。南海公司推动国会通过“泡沫法案”其目的是为了稳定南海股价，国会通过该法案的本意则是制止各类民间“泡沫公司”的膨胀。但英国政府没有意识到南海公司恰恰是最大的“泡沫”。从1720年7月起，内幕人士与政府官员大举抛售南海公司股票，股价由此快速下跌。至1720年12月已跌至每股124英镑，南海股票泡沫破灭。这次事件使英国的财政部长关进了英国皇家监狱——伦敦塔。其被揭露在南海公司的内幕交易中，赚了高达90万英镑。但是，许多不知情的投资者损失惨重。英国政府信用及英国经济都受到了巨大影响。

“泡沫法案”是英国在公司法律制度方面的首次尝试，某种程度上挽救了当时的金融危机，但负作用是严重抑制了股份制的发展，英国公司制度的成长和股市的发展因此停顿了百余年。19世纪工业革命开始后，经济迅速发展，企业采取股份制的趋势不可阻挡。至1825年，在英国商务部大臣哈斯肯的提议下，“泡沫法案”终于被废除[23]。

1929 年资本主义世界严重的经济危机也起因为华尔街股市崩盘。从 19 世纪到 20 世纪初，美国经济高速发展，刺激股市走强。从 1921 年 8 月到 1929 年 9 月，道琼斯指数上涨了 468%。股指最高至 363 点。1929 年 9 月 5 日，巴布森发表股市要跌 60–80 点的著名预言后，道琼斯指数开始下跌。1929 年 10 月 21 日，市场垂直跳水，崩盘拉开序幕。随后几天股价连续跳水，1929 年 10 月 29 日，在强烈的卖压下，市场恐慌达到极点，1600 万股股票不惜血本逃了出来。1929 年 11 月 13 日，指数狂跌到 224 点才稳住阵脚。那些以为股票已经很便宜而冒险买进的投资者又犯了个严重错误。1930 年价格进一步下跌，直到跌至 1932 年 7 月的 40.56 点。在三年期间股指跌幅高达 89%，工业股票跌去原市值的 85%，从 1929 年 9 月到 1933 年 1 月间，道琼斯 30 种工业股票的价格从平均每股 364.9 美元跌落到 62.7 美元，20 种公用事业股票的平均价格从 141.9 美元跌到 28 美元，20 种铁路股票平均价格则从 180 美元跌到了 28.1 美元。其中美国钢铁公司股价由 262 美元跌至 21 美元，通用汽车股价从 92 美元跌至 7 美元。而经济严重衰退直至第二次世界大战，欧洲各国经济破坏严重。

二战后美国一跃而成为世界头号资本主义国家，纽约也成为取代伦敦的世界金融中心。战后经济恢复，直至朝鲜战争结束后的 1954 年，代表世界经济发展的美国道琼指数才恢复到 1929 年的 300 点高位，这期间经历了整整 25 年。鉴于 1929 年股市的暴跌给经济带来的严重负作用，欧美各国开始对不规范的股市进行整治。美国政府原来是信奉市场自治的，由此也开始介入管理，用严刑峻法规范股市。欧洲各国政府也相继对股市建立更严格的管理法规。

1954—1964 年是二战后世界经济快速发展的时期。美国股市也第一次经历一个大牛市。道琼斯指数这期间从 300 点升至 1964 年的 900 点，用了 10 年时间。尔后美国陷入越南战争，经济陷入严重的滞胀。1974 年又遭遇石油危机，经济再度受困，股市涨涨跌跌。直至 1982 年才升破 1000 点。至 1994 年用了 12 年时间上升至 3834 点。1994—1999 年期间是美国股市最牛期间，5 年时间从 3800 点上涨至 11500 点，涨了 3 倍多。美国经济也持续 10 多年的稳定增长，几乎克服了经济周期发生危机的规律，一举扭转七八十年代经济增速低于日本、德国的尴尬局面，重新确立了世界头号经济大国地位。

美国侵朝鲜战争，以日本为后勤补给基地，给日本提供了一个快速恢复发展经济的机会，使日本一度成为当时最大的新兴市场，经济蓬勃发展，吸引了很多资金。1960 年后又开始实行国民收入倍增计划，以国民的消费增长促进经济的增长，极大地提升了日本国内的经济活力。日经指数从 1955 年的 374 点上升至 1989 年 12 月 29 日的 38916 高点为终结，用了 34 年时间使股市上涨了 104 倍，创造了世界股市有史以来的奇迹的同时，也创造了世界经济的奇迹。

回顾世界股票市场历史可以发现一个规律，当股市市值达到一定的规模后，每当经济的涨跌之前，总是先有一波股市的涨跌。经济的涨跌与股市的涨跌高度相关。

我们先看日本的例子：日经指数用 34 年时间上涨了 104 倍。日本经济在股市持续上涨的同时，从 1955 年也开始了高速增长。1955—1973 年，18 年间国内生产总值（GDP）增加了 12.5 倍，GDP 年均增长 9.8%。1974 年后虽然遭受两次石油危机的打击，美国经济不振的影响，1974—1990 年间，日本经济 GDP 年均增长仍高达 4.3%。但 1989 年股市见顶后从高位回落并大幅下跌。日本经济也随之陷入危机。1991—1998 年期间年均 GDP 增长率仅为 1%，其中 1997、1998 两年出现负增长。经济发展受阻的主要原因是消费增长非常缓慢，有效需求不足。

再看美国股市例子：美国道琼斯指数 1995 年以 3834 点开盘，一波连续性的大牛市，至 1999 年底收盘在 11497 点，5 年涨了 3 倍。而这期间，美国经济年均 GDP 增长率达到了 4.2% 的高速度。道琼斯指数从 2000 年开始盘整，2001 年开始产生幅度约 35% 的下跌，经济增长率也等同地开始下跌。各年 GDP 增长率分别为：2000 年 3.7%、2001 年 1.2%、2002 年 1.9%。2004—2007 年，道琼斯指数一直在 10000 点至 14100 点的稳定上涨中，GDP 年均增长率约为 3.4%，从 2007 年 10 月 11 日，道琼斯指数创下 14198 点后开始下跌，引发资产价格全面下跌，触发了次贷危机。至 2008 年底收盘在 8776 点，2008 年 GDP 增长立即回落到 1.1%。

通常说股市是经济发展的晴雨表，但事实却是，股市总是先于经济的涨跌而涨跌，总是先有股市的涨跌，约一个季度后经济随之涨跌，股市崩盘，经济就会陷入严重的衰退，这可是由历史事实反复证明的。很多人将此解释为预期的原因。故然有些预期的因素，但是，股市的崩溃而引起的经济的严重衰通，却明显地不是预期而是股市的带动，此用预期理论根本解释不通。正确的做法应该是探索其内在的机制，这样才有助于我们认识其规律。

7.6 股市两个发展阶段

认真研究股市历史，我们还可以明显地看到在股市的发展过程中，具有两个显著不同的历史阶段：第一个阶段的股市主要以集资为主；第二个阶段以财富效应为主。对股市两个阶段的划分十分重要，如同将货币进行投资货币与消费货币的划分一样。

在资本主义早期，随着社会大生产的需要与企业经营规模扩大，原有的作坊规模与资本需求不足的矛盾日益突出，于是产生了以股份公司形态出现的股份制公司，股份制公司将分散的，属于不同的人所有的生产要素集中起来，统一使用，合伙经营，自负盈亏，按股份红。股份公司的发展产生了股票形态的融资活动，股票融资的发展产生了股票交易的需求，股票的交易需求促成了股票市场的形成和发展，而股票市场的发展最终又促进了股票融资活动和股份公司的完善和发展。16 世纪时，在英国建造及装备一艘远航探险船，包括一切物资及船员，需要 6.8 万英镑。这个庞大的金额，除了寥寥可数的皇室及贵族外，鲜有个人有能力承担。当时的荷兰政府也没有足够的财力建立船队。可见，这个时候没有股份制集资，这样的船队是不可能建立起来的。英国于 1694 年成立的英格兰银行也是集股资 120 万英镑而建立的。

除了轮船公司、银行需要大量的集资才能建立外，19 世纪开始的铁路建设也是一个需要集聚大量资金的行业。上一节说过，由于铁路与银行类似，经营风险小，能稳定地实现分红派息，投资者对其估值较容易一些。因此，19 世纪初期的英国，铁路股票集资成为主要对象，1824 年有 235 家大公司，主要是铁路公司和汽船公司。美国到 1914 年能建成全国铁路网，总里程为 25.2 万英里以上，超过当时欧洲铁路里程的总和，这其中与股市的集资作用分不开。

股市的早期，主要是靠企业信用维持运转，一直持续到 19 世纪末，美国的经济与金融是在没有政府管制的条件下自由发展的。什么是股市中的企业信用？就是公司承诺上市后能给股东多少分红，并严格履行这个承诺。但也不是什么公司承诺都能上市，只有那些有稳定的、能形成巨大的经营资产，经营过程中也比较透明的公司，有看得见的分红派息的股份公司，股民们才会对这些公司的股票进行购买。例如，最早的股份公司几乎都是银行、铁路、轮船公司上市，这些公司集资后，都能形成长期稳定的经营资产，经营过程能做到透明，能做到较长时间里的稳定分红，股民只选这些能分红的公司购买持有，一旦没有分红就会遭到抛售。这就是实际上的由股民来决定上市企业的命运，企业以它的高信用来赢得上市、赢得股民的信任。购买股票者主要来自官员贵族、资本家或食利者阶层，很少有来自工薪阶层的资金。股市在这 100 多年时间的依靠企业信用运作，从而也锻造了欧美国家股市深厚的股市信托责任文化基础。

进入 20 世纪初，随着交易活跃，上市企业增多，开始鱼目混珠。股市欺诈上市与股市交易投机总是相伴随行的，各种欺诈与投机开始严重起来，并最终导致股市崩盘。

美国 1929 年股市大崩盘后，股市的信用同时完全崩溃。为了重建信用，美国开始重视股市的制度建设，严格地规范与监管股市。由于第二次世界大战，直到 1954 年美国股市才恢复到 1929 年股市崩盘前的高度。股市制度建设和严格地规范与监管股市是属于股市的政府信用，政府信用注入股市，才使股市获得了广泛性的民众参与基础，因为普通民众无法监管上市公司，有关上市公司的信息对普通民众来说也严重滞后。政府对股市的规范与监管就是替代普通股民行使监管的责任。普通股民参与股市，使股市在集资阶段为制造业积聚大量的所需资金，促进了经济高速发展。这个阶段上的股市主要发挥作用的是集资效应，不是财富效应，或者说，财富效应功能作用并不是主要的和突出的。

但是，事物的发展总是会向它的反面转化。战后 20 多年欧美股市与经济高速发展，进入到 20 世纪 70 年代，以美国为首的世界滞胀危机表明，欧美资本主义经济已进入到全面过剩的时代，资本主义世界各主要行业已由资本集中而进入到垄断的阶段。除后来在 90 年代由 IT 产业所引起的而且很快就形成泡沫的那一轮 IT 产业投资热潮外，股市的集资功能这个时候已经没有需要了，不仅没有需要，而且，稍不注意任由市场过热的集资，反而会引起更加严重的产能过剩。因此，在整个 20 世纪 70 年代股市与经济都处于低潮。产能过剩必然转化为资本过剩。20 世纪 90 年代 IT 产业的兴起，因为资本过剩，很快就因为股市的过分集资而引起严重的纳斯达克创业板股市泡沫。在这一时期里，除新兴产业与新兴的工业化国家需要一定意义上的股市集资外，欧美老牌资本主义国家的股市基本上都不再需要资本集资功能了。一方面因为到这个时候任何投资项目资金可以很容易地筹集，另一方面各个行业都已完成了产业集中的过程，在这些行业里的新增投资往往会形成过剩产能。

因此，欧美股市从20世纪70年代以来完成全面转型，进入到股市发展的第二个阶段了。在股市发展的第二个阶段里，股市的集资功能基本上不太需要。虽然在新兴产业中需要一些新兴的集资，但实践证明也要有所控制。在纳斯达克创业板中的IT产业中曾经过热的集资与投机，很快就形成巨大的过剩泡沫就是一个教训。

在股市的第二个阶段上，经济体内有着巨大的过剩资本，只有建设一个能产生正向财富效应的股市，才能将这些过剩资本引导到股市中来消化，使之产生新增消费的动力。只有消费增长了，企业效益也会变得更好。在这种情况下，一般地说并不需要投资新增的企业，而社会总需求的增加主要依靠的是已有的企业内部的生产规模的扩大、生产效益的提高，也就是我们通常所求的内生经济增长。美国在股市的第二个发展阶段里，虽然也发生过纳斯达克创业板的过热投资，总体上来说是很好地把握了股市的财富效应，使得国民经济从20世纪80年代开始持续而稳定地增长了近3年。

美国股市有一个长达100多年时间的企业信用培养期。在欧美股市建立早期100多年的时间里，交易的主要是自身信用高的国债、银行、铁路公司的股票，而且是依靠长期稳定的分红派息而建立起企业自身的股市信用。即使如此，从股市1792年成立至1886年，纽约证券交易所在成立的94年后股票日交易数量才第一次超过100万股，可见，股市的信用培养期是长期的，没有企业信用培养与政府在股市上的信用投入，建设完全意义上的市场化股市的集资功能是有限的。

我国股市依靠透支政府的信用而快速地建立起来，上市公司上市募资的是依靠政府透支的信用，股市发行制度中也缺乏为建立企业自身信用而为股民提供分红派息的信用束缚。由于缺乏对企业信用的培养，造成企业信托责任文化不足。

虽然股市自建立至今时间不长，由于依附于实体经济的发展阶段，在发展中也明显地存在两个阶段的特点。可以将2008年我国开始发生全面的产能过剩作为划分股市两个阶段的分界线。第一个阶段划分从股市产生（1990年11月26日上海交易证券所成立，1990年12月1日深圳证券交易所成立）至2007年，在这个阶段里股票的发行集资，基本上起到为工业化而募资的作用，股市总募资效果是正面的。政府不仅是股市的监管者，也充当了股市的集资人。从信用建设的角度上讲，股市没有经过企业信用培养期，企业信用缺乏，而政府由于同时充当监管者与集资者的角色，政府信用处于严重透支。

我国股市的第二个阶段从 2008 年开始，至今仍处于股市的第二个发展阶段中。在这个阶段里，由于我国已进入到全面的产能过剩阶段，股市功能的集资作用为主转向于财富效应作用为主，集资作用为辅。国家要实现内生经济转向，有赖于对股市这两个阶段的本质认识。

7.7 创生价值计量与股市效益计算

依据 7.2 节中的表 7–1、表 7–2，股市创生价值量、湮灭价值量可通过下列方程式计算：

公式 2　$C_v = M_c - M_i - T\,(F+S_d)$

（C_v 代表股市创生的价值量，M_c 代表收市日总市值，M_i 代表发行时总市值，F 代表交易中产生的手续费总量，S_d 代表交易中产生的印花税总量，T 代表资金成交量）

公式中的 C_v 值，有可能是正值，也有可能是负值。是正值时，我们称其为创生价值量，是负值时，我们称其为湮灭价值量。但要注意的是，当我们笼统地说股市创生价值或股市货币放大时，要记住这里说得是货币的收缩与放大，因此，股市创生的价值可能是正值，也可能是负值。因为影响经济的变量太多，股市只是影响经济的主要变量之一，其他还有货币政策、国债投资、财政政策等。总量分析方法是西方经济学中最失败的方法之一。其实，只要真正懂得股市的创生价值理论，财富效应是可以具体地量化计算的，公式 2 就可作为一个阶段的创生价值量的基础计算公式。但要注意，创生价值量并不等于是财富效应的量，财富效应量是创生价值量向实体经济输出时，在实体经济中发酵而产生的作用，此与实体经济中在股市作用之前原已形成的投资货币与消费货币的配比，与通过股市作用后所改变的投资货币与消费货币配比，并通过改变后的投资货币与消费货币配比作用于实体经济的最终结果的比较相关，是一个虚拟经济与实体经济相互作用的很复杂的量。

创生价值量是股市财富效应的基础。从该方程式可以看出，影响股市创生价值量，首当其冲的是股票的发行价格。发行价格高低直接影响创生价值量的大小（甚至为负值）。手续费、印花税也是大的影响因素。因为虽然手续费、印花税绝对值不高，但是我国股票换手率高，所积累的手续费、印花税数量甚至远高于上市公司每年所提供的分红。降低股票发行价与降低印花税是提高股市财富效应的基本方法。

股市的集资投资效益的计算。此计算主要是计算由股市集资资金与创生价值资金所产生的投资效应。首先需要确定当前的股市是处于哪一个发展阶段上，是股市的集资功能为主的阶段还是股市财富效应为主的阶段。股市在以集资功能为主的第一阶段上时，实体经济的资本金不足，通过股市集资通常能产生正向的投资效益，在这个阶段上的股市财富效应并不是主要的，甚至是不显示。股市（正、负）财富效应是发生在产能过剩后的第二阶段上，实体经济发生了产能过剩、资本过剩后，不再需要股市的集资功能，这时的股市功能作用必须向产生财富效应的功能转化。但是在第二个阶段里，由股市所产生的投资也没有绝对的停止，仍可由已经在股市中的上市公司的内生经济增长而产生效益扩张性投资，也就是说不是靠新增工厂的外延性投资，而是靠企业内部的技术改造、提高管理效率而获得的企业生产效率的提高。这其中的技术改造、新技术升级、增加科研投入等也是需要新增投资的，通常将这一种投资叫做“内生经济增长而产生的效益扩张性投资”，这种投资通常可由资本方的股市创生价值量来承担。

欧美发达国家约在 20 世纪 70 年代股市从第一阶段进入到第二阶段，我国股市也从 2008 年开始因为发生全面产能过剩后必然地进入到第二阶段了。股市第一阶段的集资投资效益的计算相对比较简单，这里简要地介绍一下，主要提供给研究者计算我国在 2008 年以前的股市作用时使用。不能将我国第一个阶段的集资性股市也混同于第二个阶段财富效应的股市，笼统地量化计算所谓的财富效应，这样计算必然会犯错误。

在股市的第一个阶段中，主要是集资投资效应，对实体经济的集资投资量，可以用社会平均投资效益和边际投资效益的计算方法综合地计算它的近似值。但这个时候仍然有通过创生价值而产生增量的 C_v 值，在投资不足的时期里，通常增量的 C_v 值仍然会转化为投资货币投资于实体经济，而不是转化为消费货币的形态增加消费。产生这种情况的原因是因为，当需求大于供给时，产品会涨在高价位上，价格信号传递会显示增加投资会获得更多的利润，因而增量的 C_v 值就会大部分转化为投资货币，也有可能通过银行抵押贷款的方式使虚拟的股市价值转化为实体经济中的投资。

在股市的第二个阶段中，经济中的主要矛盾是产能过剩，股市的发行集资与投资往往会加剧行业的产能过剩。投资不仅在本企业中无效益，还有可能引起整个行业的产能过剩。因而，在股市的第二个阶段中，股市发行集资投资效应的考察需要特别注意产能过剩的情况。

本来，在市场经济条件下，投资主体的投资行为决定主要是根据资本投资的边际收益率大于银行利率。当产能过剩时，资本边际投资收益率为负值，因而不会产生增量的投资。但是在我国股市发行制度条件下，资本可通过股市发行谋利，只要上市就可实现发行高价套利，股市发行还可使已陷入困境中的企业重新获得竞争优势，再加上股市通过发行集资所得来的资金没有利息成本。因此，用投资边际收益率指标来考察我国的股市投资行为人（包括未上市意图上市的投资行为人）是失灵的，在这里的投资行为人主要是以在股市上市后的集资收益与套现收益来作为衡量是否投资的指标。在这种情况下股市因发行所产生的集资与投资，对整个国民经济来说可能是负效益的。

股市财富效应主要是通过增量的 C_v 值所形成的虚拟财富，一方面通过人们在观念上财富的增加，从而增加消费的欲望，另一方面也因为增量的 C_v 值可随时转换成货币价值形成实际的购买力。这就是说财富效应作用的方向主要是增加消费需求，通过消费需求增加而平衡产能过剩。

股市第二阶段因发行集资的投资效益的计算方法与股市第一阶段中的投资效益计算方法是相类似的。例如，先计算全行业已有的未来产能与消费量，找到供需平衡点，如果新增产能所引起的价格向下，越过了成本区，股市由集资所形成的投资就是负效应。这种计算是将国家当作一个大企业来做新增投资分析，已有很多成熟的投资分析方法，这里就不陈述了。

困难的是股市财富效应计算方法，并不是通过投资增加或减少引起效益的变化那么简单，它是通过对消费需求的变化而引起生产效益的变化来计算。而股市的创生价值量，不管其是正值还是负值都是可以准确地计算出来的，但创生价值量不等于就能全部地输入到实体经济中的消费端，它有可能继续留在股市，或者这种创生的价值是在消费需求满足者手中，不能产生新的消费需求欲望，或者还有一部分会流向投资方向。这就是说，这个创生价值量 C_v 值并不是全部都会变成产生财富效应的因素。

不过，通过统计数据的比较研究，也可以做一些很粗略的估量。例如，当公式 2 中的创生价值量 C_v 等于 0 时，社会由一次分配、二次分配所产生的社会总的消费比率值，是一个不受股市财富效应干扰的值。如果我们能求出社会的一次分配消费率、二次分配消费率，再用总的消费率减去一次分配消费率、二次分配消费率，得出的就是由股市第三次分配（关于股市的第三次分配理论，将在后面的章节中论述）所产生的消费率（这其中需要去除时滞因素）：

第三次分配消费率＝社会总消费率－第1次分配消费率－第2次分配消费率

股市第三次分配所产生的消费率，就是股市财富效应对经济增长的贡献率。

7.8 计算股市的各种公式与应用

股市对货币资金的需求包括存量与流量两部分。收市日总市值是股市中的股票价值存量。股市中仅有股票价值存量所表示的资金是不够的。从表7–1、表7–2中我们可以看到，日常的交易还需要大量资金。满足大盘日成交需求量是维持股市存量的基础。我们将日常交易量看作是股市资金的流量。表7–1显示，当股市在推高上涨时，完成成交所需资金量是递增的。这不仅是因为需要造成对股票需求大于供给的资金优势，也因为随着股价的上涨成交同样数量的股票价值量增加。

资金总量公式。在假定股市信心指数为1的条件下，股市总资金需求量可用如下方程式表示：

式1　$S_t = M_c + S_f + S_m$

（S_t代表股市资金需求总量，M_c代表总市值，S_f代表股市流量资金，S_m代表观望资金量）

股市资金总需求量包括：总市值、一个交易周期中交易所需要的流量资金、等待交易机会的观望资金之和。这是维持市场平衡的必需资金。

总市值计算。总市值是个随着股价与股票数量扩容而不断变化中的数值，随着股价的上涨与股票数量增加，股市总市值会随之增加。总市值增加，股市总资金需求量也会随之增加。但是总市值是股市中的存量资金，它体现在已被股民们持有的股票上。总市值是股价与股票数量的乘数：

式2　$M_c = S_p \times S_q$

（M_c代表总市值，S_p代表股价，S_q代表股票数量）

调控总市值的直接方法就是控制股票的供给数量，股价不能被直接调控，只能间接调控。

股市中的流量、换手率计算。股市中的流量资金是与股市总量资金供求最直接相关的资金，也是股价维持、上涨、下跌中起主要动因的资金。股市中的流量资金量多大才能维持股价？多大才能推动股价？这是需要作实证研究的。

以我国 2009 年 3 月 15 日至 2009 年 3 月 20 日这一周沪深股市成交数据为例：沪深总市值约 15 万亿；本周成交量 8718.57 亿，日均成交量 1743.7 亿；本周沪深上涨均值 8.48%，日均涨幅 1.696%；一周成交量占总市值比（周换手率）5.81%，日均换手率 1.162%。

表 7-3　2005-2008 年沪深 A 股统计资料

年份	年上涨幅度 %	年日均换手率 %	日均成交量
2005	上证指数：-8.33	约 1	130.84 亿
2006	沪深 300：+121	1.36	466 亿
2007	沪深 300：+162	3.5	1903.12 亿
2008	沪深 300：-65.96	1.37	1086 亿

通过表 7-3 数据可以看出，当股市上涨时，需要有较高的换手率，当股市下跌时，换手率降低。我国股市 2005 年、2006 年、2007 年这 3 年日均成交量快速递增，与我国这 3 年股市快速扩容有关。但 2008 年股市暴跌 65.96%，日均成交量也快速萎缩，绝对值同期减少了 43%，说明了股市下跌伴随成交量的减少有很强的规律性。股市稳定必然存在一个稳定的换手率和日均成交量。

A 股市场与韩国股市、台湾地区股市的换手率相比较。韩国从 1988—2008 年期间，其日换手率均值和最高值分别为 0.68% 和 1.46%。台湾地区股市从 1987—2008 年期间，其日换手率均值和最高值分别为 0.86% 和 1.82%。A 股市场的换手率显然是比较高的市场。

日均成交量与日均换手率数据是股市涨跌的重要参量，也是评估股市正价值发生，或是负价值发生的重要参量。从日均成交量、日均换手率数据就可估算出股市上涨流量资金需求量、维持股价流量资金需求量。虽然股价的涨跌还需要有市场信心等因素综合作用。

股市流量资金需求量一定要大于股市日均成交量，因为我国实行的是

T+1 交易制度，股市资金一个交易周期需要二天时间。因此，可以将股市流量资金需求量看作是日均成交量的倍数。表示如下：

式 3　　$S_f = k(V_d)$

也可用日均换手率作替代计算：

$V_d = M_c \times R_d$

式 4　　$S_f = k(M_c \times R_d)$

（S_f 代表股市流量资金需求量，V_d 代表股市的日均成交量，k 代表股市流量需求系数，M_c 代表总市值，R_d 代表日均换手率）

资金总量公式的多种应用。股市资金需求总量是属于内生需求，它是由一定股价条件下股市维持其价格的必要资金量决定的。在假定股市信心指数不变的情况下，股市内生的资金需求量不能满足时，必然通过下跌方式降低股价以降低股市的内生资金需求量，从而形成新平衡。可以通过以下方程式演算：

资金总量平衡方程式 1：

引用股市总资金需求量方程式作适当变换，可获得资金总量平衡方程式，

式 1　　$S_t = M_c + S_f + S_m$

代入式 3 得：

式 5　　$S_t = M_c + k(V_d) + S_m$

代入式 4 得：

式 6　　$S_t = M_c + k \times M_c \times R_d + S_m$

（S_t 代表股市资金需求总量，M_c 代表总市值，S_f 代表股市流量资金需求量，S_m 代表观望资金量，V_d 代表股市的日均成交量，k 代表股市流量需求系数。R_d 代表日均换手率）

流量系数方程式。股市流量需求系数 k 值求值方法：

式 7　　$k = (S_t - M_c - S_m)/V_d$

从式 5 中可以看出，k 是一个股市日均成交量 V_d 的倍数。应将 k 值分为三种：第一种是维持股价的 k 值，第二种是促使股市上涨的 k 值，第三种是股市系统性下跌临界点的 k 值。实际 k 值数据可以通过历史数据的实证研究获得。

资金总量平衡方程式 2：

由此我们可获得主要由股价与股票数量构成的股市资金总量平衡方程式，将式 2 代入式 6，得：

式 8 $S_t = S_p \times S_q + k \times S_p \times S_q \times R_d + S_m$

（S_t 代表股市资金总量，S_q 代表股市可容纳股票总量，S_p 代表股价，R_d 代表日均换手率，k 代表股市流量需求系数，S_m 代表观望资金量）

流通股总量平衡方程式。由式 8，经移项可得下式：

式 9 $S_q = (S_t - S_m) / (S_p + k \times S_p \times R_d)$

（S_q 代表市场股票总量，S_t 代表股市资金总量，S_m 代表观望资金量，S_p 代表股价，R_d 代表日均换手率，k 代表股市流量需求系数）

此方程式说明在一定的资金、市场信心条件下，股市对流通股是有确定的容量的，不可以任意扩容。如果在扩容同时保持股价稳定，这就需要在扩容时增加总量资金的供给，或者在资金供给充裕的条件下，提高市场信心指数，以求得市场平衡。通过本方程式可以计算出一定时期的市场可容纳流通股总量 S_q。

股票价格决定方程式。在假定股市信心指数为 1（实际的信心指数为 0–1 之间的某一数值）的情况下，通过下式可以计算出特定股价 S_p 与资金需求的关系：

式 10 $S_p = (S_t - S_m) / (S_q + k \times S_q \times R_d)$

（S_p 代表股价，S_t 代表股市资金总量，S_m 代表观望资金量，S_q 代表市场股票总量，R_d 代表日均换手率，k 代表股市流量需求系数）

从式 10 可以看出：股票价格 S_p（平均股价）高低，取决于股市中的总量资金 S_t 值、观望资金 S_m 值、股票总数量 S_p。在观望资金 S_m 值中包含着市场信心指数在起作用。资金增量、市场信心增量都是股价的乘数，股票数量增量是股价的倒数。从外部推高股价的条件：①增加总资金 S_t 供给；②提高股票市场信心，以减少观望资金量 S_m；③不增加股票数量 S_p 的供给。因此，调控股市总价格水平可以通过调控资金供给量、流动股总量、市场信心指数实现。经济宏观层面的利率、汇率、准备金率等方面的因素会影响股市的资金供给量、市场信心指数，从而影响到股票的价格。

第七章思考题

1. 股市为什么会创生货币（信用）价值与湮灭货币（信用）价值？它是通过何种途径对实体经济产生影响的？

2. 股市为何会对基础货币量产生影响？

第八章　货币需求

本章导读

生产商品是为了满足消费需要，人们生产货币则是为了进行商品生产、实现商品交换。此外，人们还需要通过对货币的持有而实现对财富的占有。货币供给数量少了，会产生通货紧缩；货币供给数量多了，则又担心引起通货膨胀，已持有的货币财富缩水。同时，货币数量还是宏观调控、社会财富分配的重要工具。因此，货币数量理论可说是经济理论中的皇冠。

经济过程对货币有三大需求：人们在生产消费、生活消费过程中对货币有交换媒介需求；资本在实现价值增值过程中对货币有价值持有需求；股市价值放大需要投资货币支持。货币需求是刚性的，是维持经济正常运转所不可缺少的。

本章在论述货币需求原理时先简要地介绍了一下西方货币需求理论的历史，侧重货币需求原理的探求，引用马克思的资本货币循环理论，揭示资本生产过程中必须经过两个交换过程，才能完成一个资本生产的循环，货币需求也就由这两个交换过程而产生。

当我们懂得了现实世界货币运行的真正的原理后，就会发现西方经济学中的主流货币需求理论存在缺陷。本篇对所涉及的重要理论基础论题进行适当的剖示。例如，西方宏观经济主流理论中的IS-LM模型，其理论基础就是建立在凯恩斯的货币需求理论基础上的，分析这些理论的缺陷所在，有助于认识和理解新理论。

8.1 西方货币需求理论简介

为了后文的分析与比较方便，这里先简要介绍一下货币理论的历史。

马克思将货币需求量表达为：货币量＝商品价格总额 / 同一单位货币的平均周转次数。或用公式表示为：M = Y/V

随着经济社会的发展，货币金本位制度的缺陷不断突出，非金本位制有利于降低交易成本。19 世纪末 20 世纪初，不可兑换的纸币，即信用货币开始产生。在信用货币制度下，货币需求有了与金本位制截然不同的特点，货币数量理论开始产生。费雪和剑桥学派的货币需求理论是早期代表。

费雪将货币需求概括为：M = PY/V

（M 为货币需求量，P 为商品价格水平，Y 为社会总产出水平，V 为货币流通速度）

这个公式与马克思的货币需求理论的关键区别在于对 PY 有完全不同的解释。在马克思看来，PY 是不可分割的整体，而且其价格水平 P 是在流通领域以外的生产过程中决定的，与货币流通没有直接的关系。这与金本位货币制度的特征相符合。而在费雪的公式中，商品的价格水平 P 是个可变参数，它本身还受到货币流通规模的影响。因此，货币需求也可表示为：M/P = Y/V

费雪认为，短期影响货币需求的主要是 M/P，并将其称为货币购买力。当名义货币 M 既定时，主要取决于价格水平 P 的高低；当价格水平 P 既定时，主要取决于名义货币供给量 M 的大小。因此，由货币购买力决定的货币需求量与名义货币供给量的大小成正比，与价格水平的高低成反比。但是，一个国家的价格总水平 P 本身又受制于名义货币供给量 M 的影响，即当货币供给量按某一比例增加时，价格水平也按同一比例提高，当货币供给量按某一比例减少时，价格水平也按同一比例降低。因此货币供给数量的多少最终又决定了货币的购买力与货币的需求量。

费雪的货币数量理论产生后，就形成了一个比较固定的思维框架，并且成为西方经济学构筑 IS—LM 宏观经济模型的基础，后来的货币理论就再也没有突破这个固有的思维模式。

20 世纪 20 年代由马歇尔、庇古等剑桥学派提出了一个新的货币需求公式：

$$M = KPY$$

（M 为货币需求量；K 是 V 的倒数，同时增加了人们以现金形式保留的资产部分，可以看作是人们以现金形式保留的资产与总资产的比率；P 为国家的总价格水平；Y 为社会总产出水平）

此公式与费雪的货币公式的主要区别在于增加了一个人们持有现金。一个国家的公众对名义货币 M 的需求主要取决于影响 K、P、Y 的各种因素，短期影响货币需求的主要是 K 和 P。因此通常被人们称此为“现金余额理论”，此理论除了在内容上丰富了一点外，在本质上与费雪货币公式没有区别。

第一个提出货币投机理论的是凯恩斯。凯恩斯认为，人们对货币需求存在着三种形式：交易性货币需求、预防性货币需求、投机性货币需求。交易性货币需求与预防性货币需求是一个国家产出水平和收入水平的增函数。

凯恩斯货币需求理论与以上货币需求理论的重要区别在于，他将投机性的货币需求引入其宏观分析框架。随着债券、股票等投资工具的发展，人们不用从事实业投资，通过买卖有价证券就可获利，而在证券市场，人们更注重的是差价的投机。决定投机性货币需求大小的因素主要是利率水平，因为利率是投机行为的机会成本。当利率处于一个很高的水平时，投机性的货币需求为零，当利率处于一个很低的水平时，投机性的货币需求为无穷大。当低利率水平小到令人忽略的地步时，投资者有可能将所有货币持有在手，保持充分的流动性以备在投机市场上获取高额回报，此被凯恩斯称为“流动性陷阱”。凯恩斯将总货币需求表达为：

$$L = L_1 + L_2 = f(Y) + f(r) = kY - h_r$$

（L_1（Y）代表与收入 Y 相关的交易需求，L_2（r）代表与利率 r 相关的投机性需求）

当代货币主义产生于 20 世纪 50 年代，并于 70 年代蓬勃兴起。其代表人物有弗里德曼、哈帕格、布伦纳、安德森等。

将西方资本主义带出 1929 年大危机困境的凯恩斯主义强调的是运用财政政策对经济进行干预，此一度成为挽救西方资本主义的主导政策在 20 世纪 50 年代 –60 年代获得大流行。1965 年越南战争升级后，通货膨胀成为美国社会的主要问题，特别是 70 年代的“滞胀”出现，凯恩斯主义的宏观经济政策受到了越来越大的怀疑和非难。而弗里德曼早在 50 年代凯恩斯主义占统治地位时就开始利用美国的统计资料进行经济学的计量分析，继承传统的（费雪、剑桥学派等）货币数量论，实证货币数量变化与物价水平变化的关系，在反通货膨胀的大旗下，货币主义理论获得了大流行。

属于新货币数量论的货币主义认为，传统货币数量论忽略了利息率的作用，而凯恩斯的货币需求公式中虽然因为人们的投机动机也突出了利息率的作用，但他只注意到利息率和收入对货币需求的影响，而忽略了人们对财富持有量也是决定货币需求的重要因素。弗里德曼在吸收和修正凯恩斯灵活偏好理论的基础上，从剑桥学派的货币数量公式中推演出新的货币数量公式。

$$M/P = f(y,\ w,\ r_m,\ r_b,\ r_e,\ 1/P \times d_p/d_t,\ u)$$

（M/P 表示财富所有者手中保存的实际货币量，P 表示价格水平，y 表示恒久性收入，w 表示非人力财富（指物质财富，包括持有货币、股票、债券、不动产等）在总财富中的比重，r_m 表示预期的货币收益率，r_b 表示预期的债券收益率，r_e 表示预期的股票收益率，$1/P \times d_p/d_t$ 表示预期的实物资产收益率，u 表示其他影响货币需求的变量，例如货币流通速度 V）

y 所表示的恒久性收入，这是弗里德曼所特有的理论。它指消费者从自己所拥有的物质资本和人力资本中在长期内经常能获得的收入，是相对于短期的偶然性的收入而言的收入。弗里德曼通过实证研究测算出恒久性收入的货币需求弹性为 1.8，表示收入每增加 1%，货币需求量增加 1.8%。

弗里德曼认为，人们持有货币还是持有股票、债券，与股票、债券的预期收益率有关，一般来说，持有其他资产的预期收益率越高，持有货币的机会成本就越大，人们保持货币持有的数量就会减少。同时，弗里德曼否定凯恩斯主义关于货币需求主要受利息率影响的理论。但可以看出来他仍然是沿用了费雪的货币理论框架。

在曼昆的《宏观经济学》第 6 版中对货币需求的论述中，认为货币需求是由货币的贮藏手段与交换媒介两种职能决定的，因而分为货币需求的资产组合理论与货币需求的交易理论。货币需求的资产组合理论认为，人们把持有货币作为自己资产组合的一部分，在总财富的基础上，如果在持有货币还是持有其他非货币的风险资产（股票、债券）中选择，货币提供了一种名义上的安全收益，非货币资产则提供风险收益。因此，货币需求函数可写为：

$$(M/P)^d = L(r_s,\ r_b,\ \pi^e,\ W)$$

（r_s 为预期股票实际收益，r_b 为预期的债券实际收益，π^e 为预期的通货膨

胀，W 为实际财富）

在上式中，股票 r_s 或债券 r_b 的提高，被认为是这些资产更有吸引力，增加对这些资产的持有，会减少对货币的需求。当预期的通货膨胀 π^e 提高时，也认为将引起人们不愿意持有货币，从而减少对货币的需求。实际财富 W 增加，会提高对货币的需求，因为这意味着人们具有更大的资产组合。

比较一下凯恩斯、弗里德曼、曼昆三者所论述的货币需求理论，虽然在货币需求的参数上各有所侧重与不同，但是都有一个共同的方法论，就是从财富的总量上推演货币的需求，或者是以财富的量（或者收入量）作为货币需求的共同参量（例如弗里德曼的恒久性收入 Y 与总财富 W、曼昆的实际财富 W）。这是这些货币理论产生重大偏差的最根本的原因。

首先要说明，商品与产品是两个不同的概念，商品与财富更是两个不同的概念。学过马克思《资本论》的人是很容易看到其区别的。商品与产品的区别就在于前者必须是通过交换才能实现价值，后者则不用经过交换，例如，人们自我服务的产品、小农经济中自给自足生产的产品。财富更是一种广泛的概念，既包括需要通过交换实现价值的商品，也包括不用经过交换的劳动产品。

货币是具有价值或者价值保障的交换媒介，货币职能是流通手段、支付手段、贮藏手段，在信用货币制度下，由于信用货币具有宏观调控的职能而发生不断地贬值，人们不再将信用货币当作贮藏手段，只将其作为等待支付的持有手段。因此，只有两种情况下才会需要货币：一是进行商品交换时需要货币，二是持有手段时需要货币。这两者都与商品交换有关，而与产品和财富关联不大。虽然财富中包含有货币持有、商品持有，但财富中也包含有大量的不需要通过交换的劳动产品，而且当一个商品完成了交换后成为一种财富的积累，也是与货币的需求再无关系的。例如，当你用货币 100 万元购买了一幢房产，你只有在购买这幢房子的时候，需求用到 100 万元的货币，而这幢房子作为你的财富积累下来与你其他的家当一起成为你的消费品，就与货币再也无关了。一个家庭是这样，一个国家也是这样，每一个国家都有很多积累下来的财富，有的已经经过了商品交换的过程，有的没有经过，或不需要经过商品交换过程。甚至，总财富量本身就是一个无法度量的概念，因为有些财富从未经过货币的尺度度量过。因此，货币的需求与商品交换和因为交换需要而衍生出来的对货币的持有有关，与总财富量无关。当然，即使是金本位制时的货币储藏需求，货币作为财富的其中一员，也只是与需要储藏的这部分货币有关，而与产品总量、财富总量无关。

其次，货币需求与利率、货币收益率、债券收益率、股票收益率无关。

我们再返回看凯恩斯总货币需求表达式：

$$L = L_1+L_2 = f(Y)+f(r) = kY-h_r$$

货币需求的确与国民收入相关，可用f（Y）来表示，但是却与利率r没关系。因为，当人们通过商品交换获得货币以后，这时的货币有几个方向的走向：①消费购买需要持有货币，以进入下一个商品交换，通过货币的流通速度可反映此过程；②转化为资本投资，进入资本循环；③余款都将进入银行储蓄，或者购买债券与股票。此一行为除了需要考虑股票、债券的收益与风险，从而在它们其中选择外，也与利率无关。特别是当代信用货币，发工资就直接发放在银行卡上，人们除了零用钱外，基本都会存银行，即使像活期年息只有0.35%也是如此，可见，货币需求与利息无关。

在弗里德曼的货币需求表达式中，也是有 r_m 所表示预期的货币收益率，考虑货币是否存银行，还是储藏或持有，是金本位制货币时期的特点，在信用货币时代已经过时。

在弗里德曼与曼昆的货币需求表达式中，由 r_b 表示预期的债券收益（或收益率），r_e（或 r_s）表示预期的股票收益（收益率），这两个参数对货币需求有没有影响呢？回答是肯定的，但是却不是这两个表达式所表述的这种影响。在弗里德曼与曼昆的这两个表达式中，都是从是否持有货币，还是持有股票、债券等资产的角度上来说明对货币的需求，当总资产中选择持有股票、债券等资产时，对货币的需求就减少，反之对货币的需求就多。他是从一种总资产是选择持有货币还是选择持有股票、债券等资产的角度看问题。这种看问题角度的前提是，贵金属货币与金本位制时期，人们可直接将货币当作储藏的手段，多出交换需要的货币，也会当作财富储藏持有在手中。

前面已经讲过了，时代已经变了，信用货币时期，多余的货币都进入银行了，所以，任凭股票、债券等资产的收益率如何，都不会引起人们增加或减少手中持有等待进入交易（购买商品）的货币参量。因此，继续由 r_b、r_e 或 r_s 来表示这些货币需求的参量是错误的。相反，股票、债券等资产的收益率如何，的确会影响到货币的供求，但却是从股票市场、国债、国债货币直接引起货币的供求变化的角度上来考察货币供求的，从方法论、分析问题的角度是完全不一样的。

8.2 货币分类：投资货币与消费货币

为什么要对货币的需求进行分类？由于货币具有价值尺度、流通手段、支付手段、持有手段（这是信用货币与贵金属货币的区别所在，贵金属货币具有保值手段，信用货币只是持有手段）、宏观经济的调节手段，这是信用货币所特有的五大职能。不同职能导致货币的不同场合应用，其价值尺度、流通手段、支付手段三项职能主要用于完成流通媒介的功能，持有手段主要用于完成人们对价值的保持功能和等待支付功能。虽然信用货币失去了价值的贮藏功能，但在一定的时期内，货币的价值仍能保持相对稳定，此为人们短期的价值持有以实现交换等待提供了依据。如果货币价值不能实现相对稳定，当人们获得货币后，就会产生尽快地交换成实物商品的动机而形成抢购。由于货币具有价值保持功能，不仅是在流通等待中需要对货币的持有，而且持有货币也能实现对财富的持有。资本生产的目的是为了获得剩余价值，为了实现占有剩余价值而不是占有剩余商品这一目的，持有货币也成为生产的目的。

这样，人们对货币的持有实际上可归结为两种目的：一种是为交换而持有货币，这种货币功能性质是处于交换等待状态，通常为消费性质，也包括生产过程中的中间物交换。另一种是为投资、价值增值而持有货币，通常为投资性质，持有货币是起点，也是资本生产的终点。此主要是指资本[①]对货币的持有，也包括居民为等待对股市等投资、投机目的而对货币的持有。

因此，根据持有动机的不同，我们将货币划分为等待投资而持有的货币与等待消费而持有的货币。但一定要知道，投资中的货币也要承担交换媒介功能，不过在其运行的过程中更侧重于价值增值功能。消费中的货币也需要在交换等待中保持货币价值，但更侧重于交换媒介功能。

将货币划分为投资货币与消费货币，是按照人们对货币的使用目的而划分的，这一分类十分重要，它将是下面我们对社会价值生产过程、宏观经济运行过程中生产与消费矛盾运动分析的重要工具，是我们解开信用价值生产

---

① 马克思：《资本论》第1卷，第260页，马克思对资本人格化有十分精彩的论述："作为资本家，他只是人格化的资本。他的灵魂就是资本的灵魂。而资本只有一种生活本能，这就是不断增殖自身，获取剩余价值。"

之谜的钥匙。

在凯恩斯和弗里德曼的货币需求理论中，也已经有货币的资产组合理论，描述的是股票、国债、银行存款等对货币的数量影响，但这并不属于货币分类之于投资货币，它只是看到了人们对货币的投资动机是影响货币需求的一个重要方面，还没有上升到对投资货币认识的高度。凯恩斯与弗里德曼观察到的都只是货币的表面现象，他们看到其实也是每一个普通人都感受到的，人们获得收入、拥有财富后，是选择持有货币在手中，还是货币存入银行获得利息，或者购买股票、债券等资产；当人们将货币存入银行，或者购买股票、债券时，货币需求由此而减少，反之则增加。这是典型的只看表面现象不看本质的西方经济学特有方法。这种方法引导着人们去寻找由动机所引起的货币 f（x）函数，甚至将人们去银行的取款成本也纳入货币需求理论进行研究[24]。这与我们这里的分析和观点是完全不同的，虽然作为个体的人也有将个体收入分为投资货币与消费货币的随机选择，但投资货币与消费货币主要是由社会分配决定的，并且在社会再生产过程中，通过多次再分配过程，不断地调节此一分配比例，调节社会再生产。

8.3 由费雪货币公式所引起的错误

凯恩斯与弗里德曼以及现代西方宏观经济学的各种门派的货币理论，都是继承费雪货币数量论而来，而费雪的货币数量论作为西方货币理论的奠基理论，一开始就有根本性缺陷。

我们先将费雪的货币公式与马克思的货币公式比较一下：

费雪的货币需求公式：$M = PY/V$；$M/P = Y/V$

马克思的货币需求公式：$M = Y/V$

费雪的货币公式与马克思的货币公式区别只是在费雪的货币公式中多了一个 P，这个 P 代表的是商品的价格水平。表面上看，费雪对货币的认识前进了一步。费雪对货币的认识真的前进了吗？马克思的货币公式中为何没有反映商品价格的 P？

费雪的货币需求公式与马克思的货币需求公式表面上看好像差别不大，其实，这涉及两种理论的本质区别。在费雪看来，货币需求量与商品的价格水平有关系，调整商品的价格水平，就可调整货币的需求量。而在马克思看来，社会总产出量 PY 是个不可分割的整体，商品围绕着价值上下波动的价格

P，主要的并不是在流通中决定的，而是在生产过程中就决定了的。因此，商品价格 P 是不能从 Y 中独立出来成为像 V 这样对货币数量起直接的相互作用的一个参量，不能写成 M/P = Y/V 方程式。

费雪的这个货币公式（M/P = Y/V）后来成为货币主义构筑宏观经济总需求曲线的基础，从而将早期费雪货币公式中的仅仅是一个缺陷的表达式，在现代西方经济学中将其错误放大到荒唐的地步。

下面是影响广泛的曼昆《宏观经济学》教科书中的总需求曲线：

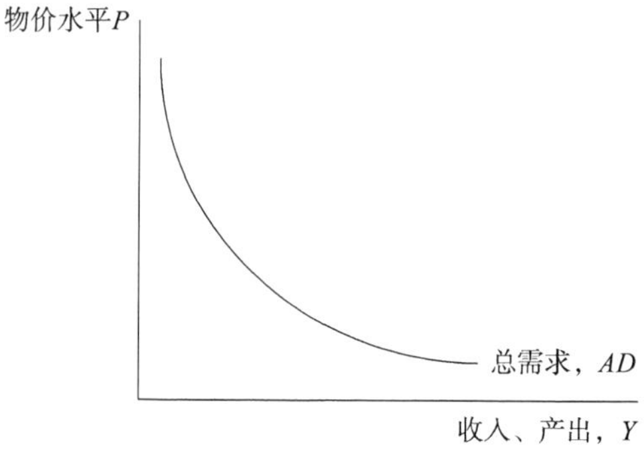

图 8–1　来自费雪的总需求曲线[25]

这个总需求曲线就是以费雪货币公式 M/P = Y/V 为基础而构建的，当物价水平高时，总需求会降低，收入与产出也会降低。依据这个总需求曲线，在曼昆的《宏观经济学》教科书中，进一步得出货币供求变化所引起的收入与产出变化的如下结论（见图 8–2）：

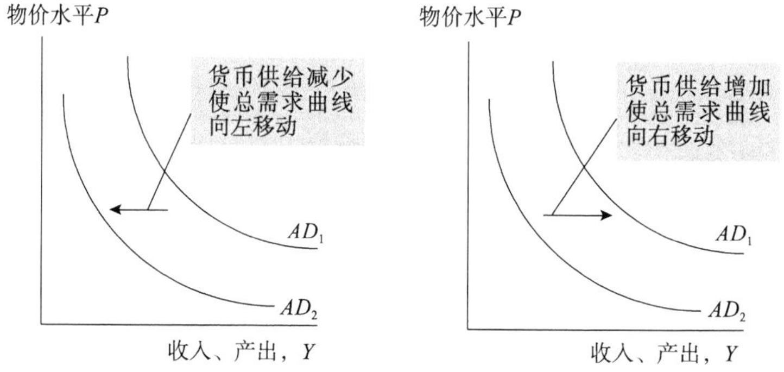

a）总需求曲线向内移动　　b）总需求曲线向外移动

图 8–2　总需求曲线的移动难成立[26]

上图（a）与（b）分别表示当货币供给的减少或增加时，总需求曲线

（AD）向左或者向右移动，从而会引起收入与产出（Y）的减少与增加的结论。

一般人们不容易发现甚至也不会怀疑其中的错误，因为它与你的直观感觉总有些印证。在宏观经济中，任何一个参量的变化，都会引起所要说明的结论的变化，反过来说，任何一个结论，不管其有多么的荒谬，在现实中，都可找到局部的或者个别的事例来进行佐证。原因就在于，在宏观经济中，各个事物之间普遍地存在着广泛的相互联系的辩证关系。区别在于，必须分清楚事物相互联系的主要与次要、直接与间接关系。有的相互虽然有联系，但不是直接的而是通过很多中间环节的传导而建立的联系。非直接的、非主要的联系也是联系，如果将非直接的、非主要的联系夸大为直接的、主要的联系，虽然对这种联系也仍然可以找到一些事例来进行佐证，但这种佐证的事例往往是局部的、个别的事例，而不是通过正确的抽象而形成的带普遍意义的事例，虽然有实证，并不能证明其是正确的。同时，非本质的逻辑关系往往还很容易找到相反的事例证明其错误。这种错误通常是将个别的说成是普遍的，将非主要的、间接的联系，说成是直接的、主要的联系。那么，混淆了主要与次要关系、直接与间接关系的上面这个总需求曲线具体错在哪里？

我们知道，在微观经济学中，单个产品的价格高低变化，会引起单个企业收入的变化。这是微观中的个体企业才能出现的一种现象，价格高低的变化通过交换必然引起个体企业收入的变化。但是宏观经济则完全不存在因为价格的变化而引起总收入变化的情况。因为在宏观经济中，一家企业通过价格变化引起的赚多或赚少，正是另一家企业通过价格变化而引起的赚少或赚多。如果价格提高使一部分人的实际收入受损，那么必然有另一部分人因此而获得更多的收入。物价变化对社会总收入并不存在直接的影响。

其实人们早就发现现实中并没有像需求曲线中所描述的货币供给的增加与减少，会必然引起物价的等比上升与下降，货币供给有多种形式，有央行信用货币发行，有财政赤字与国债货币供给，还有商业银行信贷货币供给；货币供给方式不同，对物价与收入与产出的影响各不相同，如果不加区分用 AD 曲线来表示这种关系，就必然导致错误。如果谁试图根据 AD 曲线理论，用货币供给减少来试图调降物价，在当代信用价值生产条件下必然会引发危机，甚至引发灾难性后果。

8.4 资本生产对货币的需求

其实，马克思在 150 多年前的《资本论》中就为我们指明了货币数量理论的逻辑方法。马克思指出，作为货币的货币与作为资本的货币，是有着本质上的区别的。作为货币的货币是一般等价物基础上的货币，在商品流通中起媒介作用，其流通公式是：

式 1　　W–G–W

在这个式子中，起点是商品 W，终点也是商品 W，货币 G 是商品生产的中介，这里的货币 G 主要起流通媒介作用。

当货币转化为资本后，作为资本载体的货币，就不再是流通中的媒介了（下式 2）。它既是流通中的起点，又是流通中的终点。相反，商品则变成了资本的流通媒介。马克思所描述的资本的货币流通公式是：

式 2　　G–W–G′

这两个公式区别明显。在式 1 中，商品 W 是起点，也是终点，货币 G 只是起流通媒介作用。完成商品的交换后，货币职能完成，货币不需要存在。虽然货币总的交换量等于总的商品生产的价值总量，但由于同一个货币可用于交换多次，所需要的货币数量必然小于商品生产的价值总量。因此，处于流通中的货币数量为：货币需要数量＝交换量 / 流通次数，可表述为：M = Y/V。

在式 2 中，货币是起点，也是终点，生产商品不是目的，获得增值货币才是目的。商品反而是资本的流通媒介。这就是说，资本在投资一个项目、组织商品生产前，资本必须持有与资本等额的货币，这时候货币的数量必须与扩大的商品再生产的总量相等。在资本家眼里，商品只不过是实现资本增值的媒介。资本投入生产后，必须经过两个交换环节，第一个交换环节是购入生产资料与劳动力商品，这其中就有一个货币与商品交换的过程。在实际的企业生产过程中，表现为由固定资产折旧资金所形成的购买固定资产置换、流动资金购入原材料与支付劳动者工资和管理费等。商品生产完成后，实现了价值增值，但此时的资本手中所持有的是价值增值了的商品（W′），还必须再一次进行交换，将手中的商品交换成货币（W′–G′），资本 G′ 所代表的货币必须重新全部地回到资本的手中，否则，商品价值不能被实现，就无法进行下一轮再生产。这个过程是个连续不断的循环过程：

$G-W-G'-W-G'-W-G'\cdots\cdots$

商品循环第一次交换，是从持有商品开始，通过货币交换，最后持有的是商品。但资本生产是从持有货币开始的，首先要有进入本次资本生产的全部的货币持有（不管是银行存款，还是现钞）。资本的逻辑是，商品 W 是货币 G 的增值媒介，完成一个价值增值的循环，必须经过两次交换过程，才返回到原来的货币形态，获得对 G′ 的持有。由此说明，资本生产过程中，对货币的需要量必须等于 G′，但这个 G′ 货币是经过了两次交换，也就是使用（流通）过了两次，第一次是 G，第二次才是 G′。如果按照货币的交换总量表示，是 G+G′，由于是不同的时间地点使用的货币，其实所需要的货币量仍然是 G′，不过要记住，这个 G′ 是已经流通了两次的。如果按货币流通的总量计算，可表述为：

$M_t = G+G'$，近似于 $M_t = 2G'$

（M_t 指在一个资本生产周期中交换所需要的货币总需求量，其中，G′ 是该周期中资本生产中对 G 的价值增值后的量，后面的论述中用近似值 2G′，主要是为了计算方便，意指在一个资本生产周期中的两次货币交换量）

货币流通总量是指在一个资本生产周期中将不同的时间地点所有的货币交换的量都累加在一起的量。由于是不同时间地点进行交换，就会发生同一块货币，可在不同的时间地点多次交换。例如，某甲用货币购买了鱼，鱼贩子乙又用所获得的货币购买大米，大米商丙又会用所获得的货币购买住房等。但是这是从货币现金角度来看问题，现金本身的流通速度比较快，比较分散。但是，如果从生产的角度来看，不管交换的表面现象多么眼花瞭乱，因为货币的流通速度较快，为完成流通的实际货币需要量并不一定要那么多，实际交换的总量一定不会超过产出总量的 2 倍。因此，各种分散的不同时间的交换累加起来总的货币量就是两个交换过程中的 2G′ 量。但是这个累加的货币交换量，由于交换不同时间与地点的关系，同一块货币可以多次用于交换，因此，实际需要的基础货币可以大大地减少。沿用马克思货币公式理论，资本生产对货币的需要量可表述为：

$$M = Y/V = 2G'/V$$

（M 为货币需求量，2G′ 指在一个资本生产周期中的两次交换所需要的货币量，V 指货币流通次数）

由于在马克思的货币公式中，Y 指的是资本生产所需要的货币交易量，而在马克思的资本周转公式中，G′ 既是资本生产完成一个周期的以货币形态表示的价值量，也是资本生产的产出量，但完成一个资本生产循环，所需要的交换货币量是 G+G′，因此，故可用近似值 2G′ 置换 Y。

要注意到，这里的货币公式是用马克思货币公式中的 Y 概念，而不是费雪货币公式中的 PY 概念，这其中的重要区别，再一次从这里的 Y 含义是 G+G′ 的表述上可看出来，而 G 与 G′ 所表达的是资本生产过程中所形成的交换价值量，而不是可进行价格 P 与产品数量 Y 的拆分的组合量。商品的价格是由生产过程中的成本加利润决定的，而不是在交换中决定的。费雪的 PY 表述式貌似合理，其实是存在重要的原因与结果颠倒的逻辑错误，这在后来的以费雪货币方程式为基础的 IS–LM 模型中就暴露出问题。下一章中的货币赋值理论中还会涉及这一问题。

还应注意到，资本生产其中包括了一个特殊的交换过程，就是资本购买劳动力商品的过程（在资本生产中的 $G\text{–}W < {A \atop P_m}$ 反映这一过程，即购买商品 G–W 中是包含有购买 A 与 P_m，其中的购买 A，就是指购买劳动，是包含在 G–W 的购买中），在现实中表现为劳动者获得工资收入。劳动者获得工资收入后，进入生活消费品市场，这个时候或者是持有现钞用于购买生活消费品，这一部分分流的货币就是消费货币，其货币流通速度较快。另一部分储蓄在银行卡中等待以后消费，或者转为投资货币用于投资股票、国债等。储蓄在银行的货币，银行将其作为派生货币的基础，进入再生产过程。这里的货币不管是直接用于消费的货币，还是转为投资货币，都是属于 W′–G′ 这后一交换过程的。进入消费的货币用于购买生活消费品，生产消费品的生产商实现了从 W′ 到的 G′ 转变；同样，转变为投资货币的货币，用于购买生产资料，也使得生产生产资料的生产商实现了从 W′ 到 G′ 转变。因此，当劳动者获得收入后，不管是用于消费购买，还是转为投资购买，这里的交换都是属于 W′–G′ 这后一交换过程。

由此说明，消费过程对货币的需求也是资本总生产过程货币需求的一部分。

8.5 货币需求量与资本周转时间关系

我们用 G+G′、Y 这些来计算交易的货币量时，都没有涉及时间长度概念，包括费雪方程式 $M = PY/V$ 中的总产出 PY 量，也同样是没有时间长度概念的。而货币需求公式中没有时间长度，这也是当代货币理论之所以发生错误的重要原因之一。

由 G–W–G′ 中所决定的资本生产周期中，货币交易总量 G+G′ 是由两次不同时间分别交易完成的，也就是同一块货币进行了两次交易。注意，这里是有时间长度的，这个时间长度就是资本循环周转的周期，也就是在 G–W–G′ 中由 G 到 G′ 的周期，货币需求量为 G+G′，是指在这个时间周期中的货币需要量。当计算一年中的 GDP 产出需要多少货币参与交换时，就需要计算资本生产在一年时间周转多少次，由此才能计算出当年 GDP 生产需要多少货币参与交换。由此可见，资本周转次数是货币需求公式中一个不可或缺的量。

通过前一节我们已知道，在一个资本生产（G–W–G′）周期中，货币交易总量是 $M_t \approx 2G'$，在这个周期中所需要的货币量则是 $M = M_t/2 = G'$，在这个资本生产周期中，货币固定的流通次数为 $V = 2$。

但是，GDP 是以年为单位的，一个资本生产（G–W–G′）周期到底多长？人们却不知道。所谓资本周转时间，是指在资本生产中，从货币资本投入，经过生产过程生产出了产品，到将这个产品售卖出去，资本回到货币形态的时间。假如资本周转时间为 6 个月，转换为以年为单位，那么这个资本一年周转了 2 次。假设这个资本周转时间为 24 个月，转换为以年为单位，那么它一年就是周转了 1/2 次。只要我们知道了资本周转时间，就可以计算出资本的年周转率。要计算出以年为单位的 GDP 产出中货币的流通次数，就需要在货币需求公式中加入资本生产一年内周转次数的参量。

以一年资本周转次数为 n，则有：

$$GDP = n\,G'$$

已知一个资本生产周期中货币交易总量：$M_t = 2G'$，则有 $G' = M_t/2$；将其代入上式，则有：

$$GDP = nM_t/2$$

移项得：$M_t = 2GDP/n$

因为：$MV = Y$；其中的 Y 就是货币总交易量 M_t，将 M_t 代入 Y，则有：

$$MV = 2GDP/n.$$

由上式也可求出基础货币需要量：

$$M_B = 2GDP/(nV)$$

（M_B 基础货币需要量，V 货币乘数，M_t 货币交易总量，n 一年内资本周转次数）

在这两个公式中，n 是过去的货币理论中从来没有的量，因此也就从来没有对 n 的统计计算，但这个量与 V 量一样，成为货币总交易量的倒数，其实与 V 一样，也是一种货币的流通速度。因为当在一年内资本周转增加时，货币流通次数也同样增多。虽然 n 量与 V 量的性质一样，但 n 量的发现，却使货币理论发生了质的变化。如果知道 n 量的存在，我认为就不会犯“货币超发”的错误。

因为，资本年周转次数主要取决于产业结构。行业不同，资本周转次数就不同。例如服装、食品生产，一年内可周转数次。再例如铁路、城建、房地产等行业，从投资到建成收回投资，往往需要数年、数十年。计算一个国家的资本平均周转次数，可采取按照各行业在 GDP 中的比例加权计算。各个国家由于产业结构不同，资本平均周转次数必然各不相同。像我国的基建、房地产等在 GDP 中的比重大，资本周转时间必然比欧美国家的要长，其对货币 M_2 占用时间也必然要长。

8.6 股市对货币的需求

在第五章中，我们将股市由市值所构成的货币定义为货币 M_3。股市市值虽然不是直接可流通的货币，但是，它首先需要货币去购买，由于购买股票后，货币才转化为股市市值，这种购买需要，就构成了股市对货币的需求。当然，股市也有货币输出，上市公司从股市中获得的资金进行投资，股民资金退出股市，都是属于股市货币输出。

股市对货币需求有着十分复杂的形式，这是由股市的本质决定的。

股市是有形的，股票是对应着实体的，但是它的价格决定却是由信心、信誉、预期等人的主观心理因素起作用。而国家的经济环境、股市法律政策环境、货币供求环境也在作用股市。因此，这里存在着多种因素相互影响，作用与反作用。当我们在定义某一需求因素时，并不能排除其实际存在的反作用与相互影响。

股市对货币的需求应分为两个层次：一是客观需求层，二是主观需求层。客观需求层是由股市有形的实体市场，股票、股份公司都是实体范畴。当它发行股票扩充市场容量时，都需要有确定的资金才能实现。主观需求层则是由上市公司基本面、经济环境基本面、货币政策基本面等因素作用于投资者的信心与预期，产生对股票购买的需求，从而产生对货币的需求。

从投资者主体的角度看，与实体经济中的生产体系不同，股市投资者不仅包含有从事实业投资的资本，也包含广大劳动阶层的用于消费的资金；既包含有在实体经济中的投资货币，也包含有劳动阶层手中的消费货币。货币资金的供需直接牵连生产效率与消费均衡。

8.6.1 股市客观货币需求

股市客观货币需求包括两个方面：一是股市首发、增发等扩容，流通股数量增加，会产生绝对的货币需求；二是市场交易成本，如印花税、交易手续费是市场成交量的乘数，随成交量的增加而增加，此也属于绝对的货币需求。所谓绝对的货币需求，是指这些货币都绝对地被股市所吸收，是股市创生价值功能的反作用力。

引用第 7 章 7.8 节的式 9，股票发行量与资金平衡公式：

$$S_q = (S_t - S_m) / (S_p + k \times S_p \times R_d)$$

（S_q 代表市场股票总量，S_t 代表股市包括市值在内的场内资金总量，S_m 代表观望资金量，S_p 代表股价，R_d 代表日均换手率，k 代表股市流量需求系数）

上式可以看出，每当股市流通股数量 S_q 增加时，股市的资金总量必须成倍数增加，否则，股价 S_p 就要下跌。股票数量与需求资金成正比，与股价成反比。

股市的首发新股、增发股票、解禁股上市等任何扩充股市容量，都是客观的对货币的新增需求。

货币进入股市被购买成股票后，就不再是货币的形态，而成为股票市值。股价上升或下跌，引起股市总市值的上升与下跌。当人们抛出股票退出股市时，原来的股票市值就返回到货币形态。如果股票上升了，退出股市的货币就会比原来投入的货币增加；如果股价下跌、退出股市时货币就会比原来投入的货币减少。将一个时段的货币投入股市量与退出股市量进行比较，就可知道股市是价值创生，还是价值湮灭。

$$C_v = \text{股市输出的货币总量} - \text{股市输入的货币总量}$$

C_v 表示股市价值溢出量，C_v 可能是正数，也可能是负数。正值指股市有价值溢出，向实体经济输送货币；负值表示价值湮灭，减少的实体经济的货币。此货币的增减是一种对基础货币量的增减。

C_v 是个一段时间股市货币输入输出的综合数据。股市货币输出通常需要较长时间才能发生价值效应，而股市对货币需求则往往是短期发生。也就是说，股市对货币的短期需求与较长时间所发生的价值效应不是直接关联，即使是有价值溢出，也不能抵偿短期的货币需求。

8.6.2 股市主观货币需求

股市的主观货币需求是通过人们的预期而产生的，当人们股市信心提高、预期向好时，必然会增加股市对货币的需求。影响预期主要有如下因素：

①宏观经济处于上升周期。国家的经济向好会促使上市公司业绩普遍向好，引起股市整体向好的预期。

②股市市场环境向着有利于投资者的方向改善。例如，法律环境更多地向着保护投资者的利益方向改善，更严密的防止市场欺诈的法律与赔偿制度、更严密的规范上市公司行为的法律、更严密的发行制度、防止中国股市所特有的“圈钱”的政策法规出台，能增强投资者的市场信心，产生股民投资股市、购买股票的需求。

③降息、降低存款准备金率。降息会引起上市公司资金使用成本降低、盈利能力增强。降息同时降低进入股市投资的资金成本，引起人们对股市收益向好的预期。有些股市投资理论以利息的倒数作为计算投资市盈率的依据，在当前世界各国普遍低利率的情况下，利率的升降作用已开始弱化。降低存款准备金率使银行的放贷环境宽松，预示股市能获得充裕的资金支持，同样引起人们的向好预期。

④股市参与者队伍扩大，市场扩容减少。例如，增加新的国内外投资者、增加新的大资金拥有者入市、市场扩容速度降低或者市场新增资金速度能抵偿新增股票的扩容速度，都能增强市场内已有投资者的持股信心。

⑤上市公司个股基本面向好。个股盈利能力增强、利润增加，以及引起盈利能力增强的各种因素向好。例如，产能扩大、产品涨价、需求旺盛、市场占有份额提高、管理层管理能力增强等，都会引起投资者的向好预期。

⑥降低市场成本、提高市场效率的政策措施出台。例如，降低印花税率、

降低红利税、降低交易手续费，这方面的措施能增加股市的创生价值能力，引起股市向好预期。

⑦市场估值、市盈率因素。当市场处于低市盈率，低于市场估值区，或是波段的底部时，在市场信心恢复时会产生较强的上涨预期及较强的货币需求。

8.6.3 消费货币持有者股市投资决定

预期收入是消费货币持有者决定是否对股市采取投资行为的根本原因。消费货币持有者投资股市是在当期消费、安全性保障（指以储蓄对生老病死等安全性需求进行保障）、投资股市以求增值三者中间选择。只有在股市所预期的风险收益较高于投资债券、银行定期存款利息时才会入市。股市收益率有两种：一种是股价波动所造成的股价上涨收益率，一种是由股票分红所造成的红利收益率。以股价波动为投资对象的称其为股价波段投资者；以股票红利为投资对象的称其为价值投资者。在消费货币持有者中，这两种投资行为都是并存的。股价波段投资者通常并不太注重市盈率，判断出、入市的标准为波段顶、波段谷。价值投资者的入市判断标准往往以其他替代投资收益为参考，例如，存款利息、货币基金收益、国债投资等。根据风险偏好不同进行选择。例如，成熟的股市投资者曾用一年期银行存款利率的倒数，再加权一定的风险作为判断入市的标准：

个股市盈率（或股市平均市盈率）< 1/ 一年期银行存款利率

（市盈率＝当前股票市场价格 / 股票税后利润）

激进的投资者，或在股市信心高涨时，或者股市处于波段的底部时，有时也会以下面判断作为入市的标准：

个股市盈率 ×（1+ 成长率）< 1/ 银行存款利率

以存款利率而不是以贷款利率作为判断入市标准，是消费货币持有者不同于投资货币持有者的地方。这是因为消费货币持有者并不能从银行贷款从事股市投资，因而总是以银行的存款利率作为自己投资股市的机会成本。我国股市大起大落，股票红利收益对于股价波动来说显得微不足道，因此在我国股市目前阶段中，散户投资者中进行价值投资的人不多。当股民的资金源源不断地投入股市促使股价逐步攀升时，会导致股价收益率下降，此时部分股民会依据上述的价值判断减少入市的资金；但同时由于财富效应的示范作用，使股市投资者的信心增强，又有部分股民会依据波段操作原理增加入市的资金。股价平衡取决于场内的资金平衡与股民的持股信心。

消费货币持有者是持有对生活消费的货币入市，表示对即期消费的减少。如果在股市套牢或发生价值湮灭，是对社会总消费的直接损失，由此会加大社会总生产与消费的失衡。股市财富效应的作用对象主要是消费货币持有者。当股市在净价值输出的条件下，消费货币持有者获得价值增值。在一个相对稳定而持续产生价值增值的股市里，只有消费货币持有者的股市投资产生了价值增值，才会产生新增的生活消费需求。相比较而言，投资货币持有者投资股市所产生的价值增值，不会产生新增的生活消费需求。股市对经济能否产生推动和促进作用，主要就在于消费货币持有者的股市投资能否产生持续的价值增值。

8.6.4 投资货币持有者股市投资决定

投资货币持有者通常为资本的化身。对投资货币持有者的分类不是对具体人的分类，而是对资金性质的分类。除了企业外，对一些同时兼有投资货币持有者与消费货币持有者两种身份的人来说，只有从持有货币的性质才能进行区分。

投资货币持有者通常包括两大部分：一是原始股权、一级市场股权投资者，包括控股股东、各种法人股东，投资群体主要为产业资本，一般投资周期比较长。一些原始不流通股权也已逐步解禁于可流通股，或新股权投资也只锁定三年后便获流通。二是在股市二级市场上从事投资的各种机构投资者、私营企业主等，主要表现为金融资本。

投资货币持有者除了自有资金投资外，货币需求通常依赖于货币政策环境的宽松。与消费货币持有者不同的是可以通过银行贷款获得货币资金来投入股市。在我国，过去银行对贷款货币的使用通常设置了不准进入股市的政策限制，银行资金直接进入股市的渠道通常是被阻隔的，但在 2014 年中国证监会已在股市放开融资融券业务，这一阻隔已经没有了。产业资本对原始股权是否持有、新的股权投资者是否进入投资，其决策模式比较复杂。考虑的因素通常有控股因素、重置成本、本行业的平均利润率与当期阶段股市中长线风险收益等多种因素进行比较与权衡。当预期股市的中长线风险收益高于本行业新投资的平均利润率时，会选择投资入市或对已有股权继续持股。

金融资本投资选择模式相对简单，通常会依据如下公式计算是否入市：

平均市盈率 ×（1+ 成长率）< 1/ 银行贷款利率

与消费资金持有者的投资选择区别在于，这里是用银行贷款利率，而不是用银行存款利率作标准。此反映资金的来源不同，使用成本不同。

由于资本在与劳动的比较分配中获得较高的比例，产业资本会迅速积累，而劳动者生活消费并没有获得与产业资本增长同步的消费能力，这样产业资本会很快产生相对过剩，充裕的货币资本在市场化利率中会使利率逐渐走低。而股市是以利率作为投资资本的选择依据。较低的利率能使股市容纳更多的过剩资本，在一个良性的股市里，当过剩资本更多地进入股市时，引起股价上涨，会使股市创生出更多的价值，消费货币投资者获得价值增长，引起社会的最终消费能力增长。当社会消费能力增强后，又会引起实体经济的投资效益转好，资本对实业投资数量增长。一个管理良好的股市是过剩货币贮水池、消费需求增生器、经济发展助推器。

8.7 货币需求新公式

依据资本生产对货币需求、股市对货币需求分析，社会经济过程中客观货币需求可用方程式表示如下：

式 1：$M_B = 2GDP/(nV) - C_v$

（M_B 表示基础货币需求，C_v 代表股市货币净输出量，GDP 表示当年 GDP 值，n 表示资本生产年周转次数，V 表示货币流通速度）

其中，C_v ＝股市输出的货币总量 – 股市输入的货币总量

当 C_v 值为正值时，表示股市有货币输出，等式右边数量减少，表示减少了对央行基础货币的依赖。

当 C_v 值为负值时，表示股市需求货币，等式右边数量增加，表示增加了对央行基础货币的依赖。式 1 移项得：

式 2：$M_B + C_v = 2GDP/(nV)$

式 1 的使用与式 2 的使用各有侧重，式 1 侧重于总货币需求量，式 2 侧重于实体经济的货币需求量。

$M_B + C_v$ 是指央行发行的基础货币量与股市净输出的货币量相加，两者之和为基础货币需要量。过去的货币理论中只有央行发行的基础货币 M_B，忽略了股市货币输出对基础货币量的影响。而股市输出货币量，可能是正值，也

可能是负值。正值是对 M_B 量的相加，负值是对 M_B 量的相减，它们之和构成基础货币量。

GDP 表示与当年 GDP 相等值的货币量，其意义是社会生产所有的商品，必须有等值的货币购买，其商品价值才能实现。而资本生产过程，必须经过一个从 G–W，再从 W–G′ 这样两个货币交换过程，才能完成一个资本生产的循环。因此，2GDP 是一个绝对的货币需求量。它是当年期 GDP 实现的条件，一旦货币供给低于这个量，可能会引起资本周转发生困难，也就是部分商品售卖实现价值发生困难，严重的话可能引发危机。

n 表示资本生产循环与周转的次数。此值与货币流通次数 V 值一样，是作为货币总交换量的倒数。这是个过去货币理论从来没有发现的参量，但却是一个十分重要的量，影响着货币的流通速度。在资本生产过程中，假定我们用 U 来表示周转时间的计量单位年，用 u 表示一定货币资金的周转时间，用 n 表示资本的周转次数，那末 n = U/u。举例来说，如果资金的周转时间为 6 个月，那末，n = 12/6 = 2，资本的货币资金一年中完成 2 次周转。如果资金的周转时间为 24 个月，那么 n = 12/24 = 0.5，那么说明资本的货币资金一年中只完成了 1/2 次的周转。

资本周转速度与货币流通速度相关，资本周转快，必然导致货币的流通速度加快，资本周转慢，会引起对货币 M_2 的占用增加，从而影响到货币需求量的增加。

C_v 值涉及股市货币的输出，它与股市中的市值是什么关系？股市中的市值是指股市中股票由交换价格与股票数量相乘而统计出来的总值。股市市值虽然以货币计价，但不是货币。货币是价值属性与交换媒介属性的统一，而股市中的股票市值不具有交换媒介属性。当投资货币进入股市前仍是投资货币，进入股市购买股票后，就成为股票价值形态的市值，不再是货币形态的货币了。只有当其退出股市时，这种股票市值才会转换成为货币。就像在实体经济中，货币与商品交换后，货币的价值形态转变为商品的价值形态一样。因此，股市输入的是货币，输出的仍然是货币，但在股市中当购入股票后，就不再是货币，而是股票市值。

但是股票市值会影响股市货币输出的数量。当货币购买股票后，股票涨价市值增加，退出股市时，货币量也会增加。当股市退出的货币量大于输入的货币量，同时股市市值也大于输入货币时的市值，这两者都大于初始输入量时，C_v 值输出的才为正值，否则，就不是正值。所以说，C_v 值与市值相关联，它是一种股市的价值溢出量的概念，并不仅仅是简单的数字相加减。当在一个时间段里，如果股市仅仅是输出的货币大于输入的货币，而股市市值却是下降了，此时虽然是本时间段里输出货币量为正值，但由于股市市值下降，下一个时间段里，必然会引起输出的货币减少为负。而且，股市属于信用价值生产，有着十分复杂的形式与较长的作用过程，这在后面的章节中将会继续论述。但这里就必须明白，它不是单个量值，而是两个量的综合值。

过去，有不少西方学者注意到货币数量与股票价格波动之间关系，并作了一些相应研究。Palley 通过对美国 1976—1991 年数据实证分析表明，证券交易对 M_1 产生了显著作用。Field 甚至提出，美国 1929—1933 年大危机的发生就是因为政策当局没有充分考虑股市交易对货币的需求，盲目压缩货币供给使实体经济运行得不到货币支持而引发的[27]。可惜这些研究都止于表象层面，没有深入到价值研究。我国 2008 年实体经济的突然失速，事实真相同样是因为 2007 年股市高速扩容、“股权分置改革”解禁股释放，股市正需要大量货币支持时，却开始严厉的货币紧缩政策，从而导致股市的暴跌，才引起实体经济直线下滑，引发危机。实体经济与股市本来就是一个自我激化的相互过程，而股市往往更脆弱，对货币政策更敏感。

V 值是指货币的流通速度，其值来源于两个部分构成：一是货币 M_1 的流通速度，这一部分货币主要是用于生活消费，货币形式是现金加银行卡中的电子货币，流通速度快，但无法统计其流通速度。二是货币 M_2 中的派生货币流通速度。在第六章中已经讲到，货币乘数其实就是流通速度。V 值中很大部分是由货币乘数构成的。

货币需求公式中的各量与 B、M_B、M_1、M_2 关系。

货币新公式发现后，有两个基础货币量，一个是央行发行的基础货币量 M_B，一个是增加股市货币输出后的基础货币量 B。用如下方式来表示：

基础货币（B）=法定准备金 + 超额准备金 + 银行系统的库存现金 + 社会公众手持现金。

这是货币供给与货币需求实现后的银行体系内现实的货币存量形式，是经济运行的结果，也是从银行的角度看到的货币现实的状态，因此它是基础货币总量（B），而不是 M_B。基础货币总量（B）= M_B+C_v。货币需求理论讨论的是经济运行中对货币需求的规律，与现实银行中货币的各个量之间，有些量并不存在一对一的关系。

货币 M_1 是指社会公众手持现金加活期存款，这个量已随着银行卡的普及应用，转化为电子货币层。但是这个量在货币需求公式中并没有相对应的量，因为其被包含在 2GDP 中。货币 M_1 量主要是由资本生产中劳动者工资分配与资本利润分配后用于消费的货币构成，它具有较快的流通速度。由于消费货币被分配后，并不是立即进入消费交换，需要存入银行进入货币持有等待——虽然有部分可能转为投资货币进入股市债券市场，但由于电子货币与电子支付的原因，人们持有的现金数量越来越少，为购物支付等待而形成的储蓄存款的货币流量，就成为商业银行派生货币 M_2 的基础。

货币 M_2 是由货币 M_1 通过银行存、贷款派生货币的方式产生的。这种货币的提供方式也与历史上以贵金属为货币时货币的绝对量不够有关。货币 M_2 的总量形成，既与存款供给有关，也与贷款的货币需求有关。贷款是一种资本对货币的需求。过去的贷款利息是由货币市场供求关系产生，贷款利率的高低可影响到对货币的需求。但在当代信用货币条件下，国家对货币的供给已经不再受制于贵金属货币量，理论上可提供与货币需求对应的供给量，因此，即使是一度实行自由银行制度的美国，其利率也已完全由央行所控制，根据社会发展指标来进行调控。在当代经济进入到过剩经济的时代后，投资货币普遍地处于过剩状态，国债货币的大量积累，货币的存、贷款利息调高受到制约，存贷利息走低是大势所趋。所以，过去依靠利率调节货币 M_2 量的供求方式，作用力越来越弱，直接的数量调节方式用得越来越多。

货币 M_2 与直接资本生产过程中的两次货币交换相关联，因此，它的量是与货币需求公式中的 2GDP/n 相近似的。之所以说是近似而不是相等，原因在于在资本生产过程中，两次货币交换所需要的货币并不全部都是来自银行贷款，如果是自有资金，或者是大企业集团由于产业链长，从而使得交换环节节省，这都会使得货币 M_2 的量相应减少。所以，货币 M_2 与 2GDP/n 这两个量只是近似，不会是相等。

在这个 2GDP/n 中，还包含有资本年平均周转次数 n 这个参量作为倒数。资本年平均周转次与货币 M_2 是什么关系？

①货币 M_2 主体部分是由商业银行的派生货币量构成。资本生产中的占用货币除了自有资金外，都来自商业银行贷款，而商业银行的贷款与货币 M_2 直接相关。不管是对自有资金的使用，还是对商业银行贷款的占用，都与资本

生产的资本周转周期相关联。资本年周转次数越多，占用的货币 M_2 就越少；资本年周转次数越少，占用的货币 M_2 就越多，归还贷款的时间就会越长。

②产能过剩、经济危机等影响到资本周转周期，自然也会影响到派生货币量。这也就是说，产能过剩性的经济危机，会引起资本周转时间延长，从而会引起对货币 M_2 量需求的增加。

互联网金融将对货币需求产生影响。影响主要在于互联网使得商品交易效益大幅度提高，不仅是物流，更使得货币支付速度非常快，由此减少了交易对货币的需求。另外资金变现的能力也减少了投机性方面的货币需求。这种对货币需求的影响，主要是通过提高货币流通速度而实现的。例如，假如货币 M_1 内部的货币流通速率为 10，互联网金融普及后，货币 M_1 内部的流通速率可能会为 20，这就使得货币 M_1 的量会大大降低。

8.8 对 IS–LM 模型批判

至此，我们可以看出传统货币理论所以存在问题其在方法论上的根源了。没有将资本生产过程理论研究作为货币数量的理论支持，因而一直无法做准确的货币定量研究，而且，他们将货币需求仅仅局限在对媒介货币的需求上，也就是 W–G–W 商品循环的交换的过程。在这个商品循环的交换过程中，人们起始阶段持有的是商品，只经过仅仅一个交换，终点仍然是持有商品。在费雪的货币方程式中，就反映媒介货币的一次交换过程。PY 代表总产出，由于只交换一次，所以才有货币交换需求等于这个总产出的结论。

但是，资本生产绝不可能始于从持有商品开始，终于持有商品，而必须是从持有货币开始，终于持有货币。资本生产就是实现对货币价值的持有。因此，资本生产必然经由 G–W–G′ 资本货币循环的两个交换过程，对货币的需求量也是由这两个交换过程决定的，而不仅仅是一个交换过程。而且，传统的货币理论费雪方程中不懂得资本对货币循环也是有周转时间的，这个周转时间会影响到资本对货币 M_2 的占用。正是由于有这些根源于方法论上的错误，所以，由费雪货币方程式所引申而来的现代货币数量研究，一直都处于经验实证的阶段，由于研究的结果只是经验性的，因而，始终无法获得有说服人的结果，往往是后人的研究否认前人的研究。

例如，曼昆在的《宏观经济学》[28] 中写道：“许多经济学家研究了有关货币、收入和利率的数据，以便更多地了解货币需求函数。这些研究的目的是，估算货币需求会对收入和利息的变动作出什么反应。货币需求对这两个变量的敏感程度决定了 LM 曲线的斜率，因此，它影响到货币与财政政策如何影响经济。经验研究的另一个目的是检验货币需求理论。例如鲍莫尔 – 托宾模型对收入和利率如何影响货币需求作出了精确的预测。根据该模型的平方根公式意味着，货币需求的收入弹性是 1/2：收入增加 10% 将使实际余额的需求增加 5%。它还说明，货币需求的利率弹性是 1/2：利率上升 10%，将使实际余额需求减少 5%”

“多数有关货币需求的经验研究并没有证实这种预测。研究发现，货币需求的收放弹性大于 1/2，而货币需求的利率弹性小于 1/2。因此，尽管鲍莫尔 – 托宾模型可能抓住了货币需求函数背后的部分情况，但它并不是完全正确的。”

西方货币理论研究结论的这种前后不一致，原因就在于，西方货币需求理论都是以费雪货币理论为基础的，是建立在凯恩斯 f（Y）函数表达式的方法上的。以某个研究对象为自变量，再通过一组经验数据，找出这个自变量与变量的系数关系。这种研究方法使得即使是找到了表面现象之间的联系，实际上是根本不知道其内在的本质作用过程的，因此，所得到的只不过是经验值。我们都知道，产出、利率的确都与货币需求相关，但只有 GDP 的产出与货币需求是本质的内在的关系，而利率与货币需求并不是直接的联系。当同用 f（Y）、f（r）这种函数式来表示这种关系时，就掩盖其是表面现象的联系。整个西方宏观经济学之所以推崇实证分析，其实是因为这种表面现象经济学的原因而不得不采用实证分析，而正是这种实证分析方法论使自己陷入经验的泥潭里拔不出来。

像鲍莫尔 – 托宾通过搜集大量数据所证明的货币需求的收入弹性系数与利率弹性系数，应该说在他们所搜集数据的这个范围内，这个弹性系数是成立的，但是这个数据之所以成立，是因为在这期间，还有一些他们没有认识到的，但却是本质联系的事物没有发生变化，因而构成隐含的前提条件。例如，由于资本周转速度在一段经济上涨周期内是相对较为稳定的，在鲍莫尔—托宾统计数据期间内未发生变化。当另一个人用另一段或另一个国家的数据再来验证这个函数式时，或许资本周转速度发生变化了，这样，鲍莫尔—托宾的收入弹性系数、利率弹性系数就再也不灵验了。

为什么货币需求与收入产出、利率之间用这一类的 f（Y）函数关系式表达是错误的？我们还可以通过与新货币需求表达式 $M+C_v = 2GDP/(nV)$ 进行比较。在这个表达式中，GDP 是一种收入产出，与货币需求是正相关，如果仅仅是这一个相关，当然也是可用 f（Y）这种函数表达式的。但问题在于，由 n 量所反映的资本周转率却是一种反相关。如果鲍莫尔 - 托宾在作上述研究取样数据的这段时间里，资本周转率未发生变化，那么，用 f（GDP）这种函数式表达虽然有缺陷，依据这种研究方法而得出的“货币需求的收入弹性是 1/2，货币需求的利率弹性是 1/2”或许还能用，但是，一旦 n 量发生变化，例如，一旦发生产能过剩，或者某种经济危机，必然引起资本周转速率发生变化，由于 n 量与上述 f（GDP）函数式的关系是完全反相的，那么，货币需求的收入弹性可能就变成 1/8，货币需求的利率弹性可能就变成了负数。

在资本生产过程中，产销均衡、产能不足与产能过剩都是必然会发生的三种状态，特别是产能过剩，甚至会引发经济危机，由此必然引起资本周转速率发生很大的变化，从而影响到资本对货币的占用，货币需求量也会发生很大的变化。假设在某一个时段里发生产能过剩，此时的库存增加，商品卖不出去，预期的边际投资收益率为零，甚至为负。因此，此时即使是利率很低，甚至利率为零，也不会引起投资的增加。而由于此时由产能过剩所引起的商品积压，库存增加，必然会引起资本周转速率变慢，n 数变小，这种情况会使得产出减少，而货币 M_2 需求反而增加。我国在 2008 年、2011 年至 2013 年两度发生严重产能过剩的情况，期间 GDP 不断下行，而对货币 M_2 的需求反而大幅增加，甚至隔夜拆借利率一度上升至 2 位数，民间高利贷高达 30%，此时用鲍莫尔 - 托宾的“货币需求的收入弹性是 1/2，货币需求的利率弹性是 1/2”根本解释不通。

用 f（Y）函数关系式来表示货币需求、收入产出与利率等关系，不仅是货币需求理论的错误，而且是西方宏观经济学主流理论 IS–LM 模型产生错误的根源，因为，IS–LM 模型正是建立在 f（Y）与 f（r）这两个函数式的基础上的。下图 8–3，凯恩斯流动性偏好：

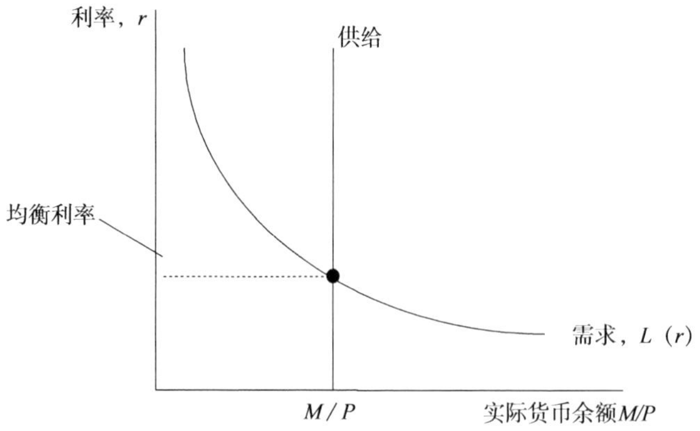

图 8–3 凯恩斯流动性偏好理论[29]

在这个图中，凯恩斯所述的是实际货币余额的供求决定利率。因为供给并不取决于利率，所以实际货币余额的供给曲线是垂直的。需求曲线向下倾斜是因为较高的利率增加了持有货币的成本，并因此降低了需求量。

图 8–3 是凯恩斯货币需求 L（r）函数的图像表达，是出自 8.1 节中的凯恩斯总货币需求理论 L = f（Y）+f（r）。他所表达的是货币需求随着利率的走高而减少，随着利率的走低而增加，需求 L（r）曲线上的各点就是需求与利率均衡后的各点。

我们已在本章的 8.4 节至 8.7 节中详细考察了影响货币需求的各要素，已经证明了在资本的实际生产中，由于供求的矛盾而引起的对货币需求与供给的复杂影响，货币需求根本不存在这种 L（r）函数关系。但是，当产能不足发生时，货币需求并不随着利率的走高而减少，而当产能过剩发生时，由于资本周转变慢，资本对货币 M_2 需求也并不会随着利率的走高而减少。因此，需求 L（r）曲线只是在产供销均衡、资本周转率稳定条件下的一条理想中的线，而处于这种稳定条件的时间是短暂的，只是上述三种状态中的一种状态，而在实际资本生产过程中这三种状态是会相互转换的。因此，从整体经济各阶段的运行过程上说，并不存在需求 L（r）曲线。

但是，凯恩斯主义却通过货币需求 L（r）曲线推导出 LM 曲线。图 8–4 是需求 L（r）曲线推导 LM 曲线的过程图[30]：

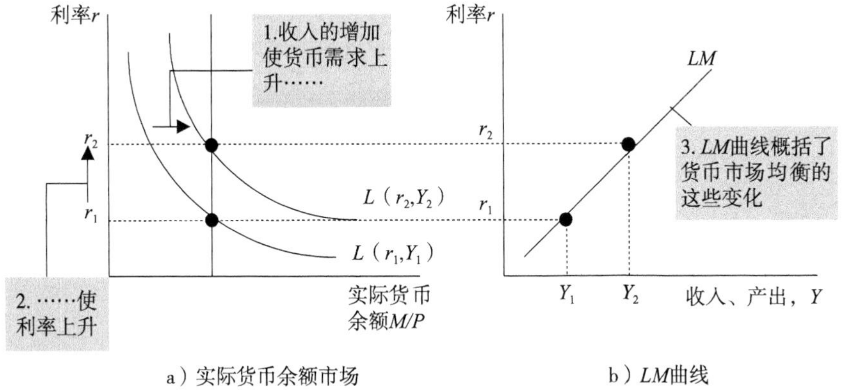

图 8–4　从货币需求 L（r）曲线到 LM 曲线的推导过程

图（a）表示实际货币余额市场：收入从 Y_1 增加至 Y_2 提高了货币需求，从而使利率从 r_1 上升至 r_2。图（b）表示 LM 曲线概括了利率与收入之间的这种关系：收入水平越高，利率越高

在图 8–4（a）中所表示的由于收入提高（由 Y_1 增加到 Y_2），利率也会相应提高（r_1 增加到 r_2），由此在图 8–4（b）中形成一条向右上方的 LM 曲线。由此我们看到，LM 曲线成立是建立在两个根基上的：一是必须建立在图 8–4（a）中货币需求 L（r）曲线基础上，此在前面已经论述了，这条 L（r）曲线并不成立。二是假设货币供给恒定不变（如图 8–4（a）所示的 M/P 线）。对货币供给的假设是一种现实中不能成立的假设。

为什么说货币供给恒定不变在现实中不能成立？这可能超出一般人的想象。因为，一般人都将货币供给看作是央行提供的，或者是由储蓄提供的，其实这是一种错觉。资本生产过程对货币的需求主要由货币 M_2 提供，虽然货币 M_2 必须是由储蓄为基础，但是它的量主要是由派生货币构成。派生货币量是一种供与求而共同形成的量。首先要有储蓄，形成第一次供给，但必须有需求而形成的贷款，才能形成第二次供给，这就是说，货币 M_2 的供给也同时是由需求决定的。既然供给也取决于需求，怎能假定供给恒定不变？

所以，当 IS–LM 模型将货币供给当作一个外生变量时，这里又发生了一个错误（我们应该记住，在 8.3 节论述费雪货币方程式时还发生过一个将产出量用 P 与 Y 分开表述的错误，虽然他的这个错误也延续到这个 IS–LM 模型中并以价格同样作为一个外生变量一样），这个错误就是，包括凯恩斯在内，在货币需求理论中，直观地认为是直接对央行的货币需求，并没有分清资本对货币的需求直接是对货币 M_2 的需求，对央行货币需求只是间接的。

分清对货币 M_2 的需求还是直接对央行（或储蓄）货币需求的区别在这里是十分重要的。因为这也是凯恩斯货币需求理论不完善，进而导致 LM 曲线错误的一个重要原因。因为，资本对货币的需求，主要是由货币 M_2 提供，而货币 M_2 特性是它所提供的货币本身就是因为贷款而派生的。也就是说，因为货币需求而产生了货币供给，货币供给也是由需求产生，货币 M_2 是货币供给与需求的一个均衡点。因此，虽然货币 M_2 的量也同时会受到储蓄货币量、央行基础货币的影响，但更主要的是受到对经济的信心、预期与资本周转速度的影响，对利率其实已经不敏感了。如果预期资本投资收益率高于利率，此时的基础利率再高，也会有增量的投资；如果预期资本投资收益率低于零，此时的基础利率再低，也不会有增量的投资，甚至投资资本还要退出投资。因此，图 8–4（a）中的 L（r）曲线是不可能存在的，据此画出图 8–4（b）中的 LM 曲线就显得很荒唐了。

继续回到图 8–3 中对“供给 –M/P”这条垂直的分析。由于 L（r）曲线的作用，当这条线向右移动时，表示货币供给增加，利率就会降低；当这条线向左移动时，表示货币供给减少，利率就会提高。现实中会不会发生这种情况？应该说，在一个相对稳定的短暂时间里也会有这种现象出现，他们假定如下不变的环境条件，其实都是变化：

①对经济的预期不变，投资收益不变。大家都知道，这种不变的状态只会维持一个很短暂的时间，不变是不可能。一旦预期变了，实际投资收益变了，上述的作用过程可能就相反了。

②资本的周转速率不变。因为资本周转速率影响货币需求，如果货币供给增加，资本周转速率降低，就会出现不计利率成本的货币需求，此时货币供给虽然增加，也会出现利率并不降低的情况，甚至还会出现像我国 2008 年、2011 年、2012 年、2013 年货币供给高速增长，GDP 走低利率反而走高的情况。相反，如果货币供给减少，资本周转速率提高，也会出现利率并不会提高的情况。而资本周转速率的变化很难察觉，在传统经济学中也无此概念。

③股市的状态不变。因为股市也有货币供求。货币流通速率不变、物价不变、汇率不变。

因此，L（r）曲线其实是将自己设计在一个很特定的，在现实经济中不存在的环境中运行，或者是很短暂一瞬间的过程。我们从现实经济中也很难找到图 8–4（b）中 LM 曲线所描绘的事实。

同样，凯恩斯的较高的利率会引起较低的国民收入与产出，较低的利率会引起较高的国民收入与产出的 IS 曲线[31]。在资本不足、投资货币与消费货币尚能维持均衡的阶段上的确也起过作用，但这仍然是阶段性的作用，随着资本生产进入到全面过剩的阶段，IS 曲线也是不再灵验了。其原因其实与上述分析的 LM 曲线原因是一样的，根本原因仍是货币基础理论错误造成的。现实中有很明显的事例说明 LM 曲线理论不能成立。从 20 世纪 90 年代开始，日本货币利率一直在零利率附近，保持如此低的利率20年也未引起经济增长。而更为引人注意的是美国次贷危机以来，货币利率也一直保持在 0.25%，即使实际利率已经降为负值，对经济的增长也毫无帮助。但货币供给却也绝对不能降低，不是说降低了就可引起产出减少，而是引起严重的经济危机。因为当代经济已进入到信用价值生产的阶段。美国这一期间之所以能很快走出危机，并使得经济步入正常增长主要靠：①货币信用价值生产与印钱消费手段；②拉起股市，发挥“双轮经济”驱动的作用，而不是靠降低利率。其实，当利率降低到降无可降时，已经说明了利率对国民收入增长失去了作用。

8.9 资本货币需求实证分析

表 8-1　我国历年来国内生产总值（GDP）增长与货币、贷款余额数据

年度	国内生产总值 GDP（亿元）	GDP 年增长率 %	货币 M_0（亿元）	货币 M_1（亿元）	货币 M_2（亿元）	M_2 年增长率 %	贷款余额（亿元）	个人消费贷款（亿元）
1978	3645.2	11.7	212	948.4	1159.1			
1979	4062.6	7.6	267.7	1210.9	1458.1	25.8		
1980	4545.6	7.8	346.2	1521.3	1842.9	26.5		
1981	4891.6	5.1	396.34	1755.8	2234.5	21.3		
1982	5323.4	9.1	439.12	2022.3	2589.8	15.9		
1983	5962.7	10.9	529.78	2336.4	3075	18.7		
1984	7208.1	15.2	792.08	3173.1	4146.3	34.8		
1985	9016.0	13.5	987.78	3528.7	5198.9	25.4		
1986	10275.2	8.8	1218.38	4415.2	6718.1	29.2		
1987	12058.6	11.6	1454.48	5291.4	8252.8	22.8		
1988	15042.8	11.3	2133.98	5985.9	10099.6	22.4		
1989	16992.3	4.1	2343.98	6382.2	11949.6	18.3		

续表

年度	国内生产总值 GDP（亿元）	GDP 年增长率 %	货币 M_0（亿元）	货币 M_1（亿元）	货币 M_2（亿元）	M_2 年增长率 %	贷款余额（亿元）	个人消费贷款（亿元）
1990	18667.8	3.8	2644.4	6950.7	15293.4	28.0		
1991	21781.5	9.2	3177.8	8633.3	19349.9	26.5		
1992	26923.5	14.2	4336	11731.5	25402.2	31.3		
1993	35333.9	14.0	5864.7	16280.4	34879.8	37.3		
1994	48197.9	13.1	7288.6	20540.7	46923.5	34.5		
1995	60793.7	10.9	7885.3	23987.1	60750.5	29.5		
1996	71176.6	10.0	8802	28514.8	76094.9	25.3		
1997	78973.0	9.3	10177.6	34826.3	90995.3	19.6		
1998	84402.3	7.8	11204.2	38953.7	104498.5	14.8		
1999	89677.1	7.6	13455.5	45837.3	119898.9	14.7		
2000	99214.6	8.4	14652.65	53147.15	134610.26	12.4		
2001	109655.2	8.3	15688.8	59871.59	15.8 万	13.4	11.2 万 *	6990
2002	120332.7	9.1	17278.43	70882.19	18.5 万	19.9	13 万 *	10684
2003	135822.8	10.0	19745.99	84118.81	22.1 万	19.6	17 万	1.57 万
2004	159878.3	10.1	21468.3	95970.82	25.3 万	15.3	18.9 万	2 万
2005	18.2 万	9.9	2.4 万	10.7 万	29.9 万	17.6	20.7 万	2.2 万
2006	20.9 万	10.7	2.7 万	12.6 万	34.6 万	16.9	23.8 万	2.4 万
2007	24.7 万	11.4	3.0 万	15.3 万	40.3 万	16.7	27.8 万	3.3 万
2008	30.1 万	9.0	3.4 万	16.6 万	47.5 万	17.8	32 万	2.98 万
2009	34.09 万	9.2	3.8 万	22 万	60.6 万	27.58	42.6 万	5.5 万
2010	40.15 万	10.4	4.46 万	26.66 万	72.58 万	19.76	50.9 万	7.5 万
2011	47.31 万	9.3	5.07 万	28.98 万	85.16 万	17.33	58.2 万	8.87 万
2012	51.94 万	7.7	5.5 万	30.9 万	97.4 万	14.37	67.3 万	10.4 万
2013	56.88 万	7.7	5.9 万	33.7 万	110.7 万	13.65	76.6 万	12.9 万
年度	国内生产总值 GDP	GDP 年增长率	货币 M_0（亿元）	货币 M_1（亿元）	货币 M_2（亿元）	M_2 年增长率	贷款余额（万亿元）	个人消费贷款

资料来源：《中国统计年鉴》《中国金融年鉴》、国家统计局公报。其中标有万亿的数据来自《中国货币政策执行报告》。在贷款栏中标有 * 号的为人民币贷款余额，未作标注的为本外币贷款余额数据。GDP 年增长率 1993—2005 年、2009—2013 年取修订后的数据。

表 8-1 说明：我国 1978 年以前是计划经济时代，人民银行兼有财政的

职能，货币数据对市场经济没有参考意义。市场经济改革后，银行体系一直处于改革与经济转轨时期，货币供需机制不同。从表中可以看到，货币 M_2 供应量首次超过 GDP 为 1996 年，这是在进行了一系列投融资体制、物价体制、汇率等市场化改革之后，因此，这些处于改革过程中的各年度数据仅能作为参考，并不能作为严密逻辑分析的资料。贷款余额与个人消费贷款数据从 2001 年才开始发布，下面的分析也就从这一年开始。总的来说，可供分析的历史数据时间还不够长，仅做一些分析方法上的参考。

附表 8 中特别列举了 2001—2013 年间人民币贷款余额数据与 GDP 增长的相关度。商业银行贷款主要包括投资贷款和个人消费贷款（L_p）。个人消费贷款不属于资本对货币的需求，而且它是包含在资本生产循环的总过程中的，因此资本生产对货币需求中要减除这一部分。

资本贷款与 GDP 值比较。我们已知道，资本年周转率对资本占用贷款货币是有影响的。将资本贷款与 GDP 值进行比较，可以观察到资本年周转率的变化情况，反过来说，资本年周转率的变化，例如，库存商品积压、产能过剩等，又会影响到资本生产中对货币的占用（货币需求）。资本年周转率是一个无法直接统计的量，也从来没有国家对这个数据进行过统计。而且，各个国家行业构成、产业结构各不相同，资本年平均周转率也必然不同。例如，基建、房地产等就是一个资本周转时间长的产业，我国的基建、房地产行业在 GDP 的占比很大，必然会拉低社会资本年平均周转率。因此，各国的产业结构不同、资本的自然周转率也必然不同，对货币的需求也就必然不同。

在 G-W-G′ 的资本生产过程中，G 值与上年 GDP 相关。将其与当年的资本贷款值比较，其意义是指，上年的 GDP 为当年的起始生产，上年的 GDP 值即为当年起始资本持有货币开始新一轮生产投入值，用此值与当年 GDP 比较，可获得资本增长贷款与 GDP 增长的关系。在 GDP 值同等增长率的情况下，如果资本贷款余额增长率不变，表示社会资本平均周转时间不变；如果资本贷款余额增长率增加，表示社会资本平均周转时间延长，产能过剩加重；如果资本贷款余额增长率减少，也可能是因为紧缩货币、经济危机等原因造成的，也可能是社会资本平均周转时间减少，生产状态较好。这两种情况是属于哪一种，需要加入其他参数进行分析，不在本节内容范围。

下面是几个特定的计算公式，用于观察资本贷款与 GDP、资本周转（产能过剩状态）之间的关系。

式 1　资本贷款余额相对于起始资本的增长量＝$L-L_p-GDP_0$

式 2　贷款余额增长量与当年 GDP 的比率＝（$L-L_p-GDP_0$）/GDP

式 3　资本贷款余额与当年 GDP 的比较量＝$L-L_p-GDP$

式 4　相对 GDP 的贷款比较量与当年 GDP 的比率＝（$L-L_p-GDP$）/GDP

（L 代表贷款总额，L_p 代表个人消费贷款，GDP_0 代表上年 GDP，GDP 代表当年 GDP）

式 1 反映相对于起始资本，贷款余额的增长绝对值情况。式 2 反映当年的资本贷款相对于当年起始资本量的增长量，与当年 GDP 量的比率。式 3 反映当年的资本贷款余额相对于当年 GDP 值的绝对量，此能反映两方面的情况：一方面是反映在等同的年资本周转率情况下，货币供给与需求是否相应；如果货币供给不足，不能基本满足资本对借贷货币的需求，通过与上年度的比较，会出现负值。另一方面是反映年资本周转率的变化情况，当资本周转速度变慢，资本贷款占用相对于 GDP 值会增加。年资本周转率变化与产业结构、产能过剩（库存积压增加）两种情况相关，其中产业结构变化较缓慢，产能过剩变化快，当年的数据是反映哪种情况，需要加入其他参数进行具体的分析。

式 4 与式 3 反映的内容基本相同。该式是百分比数据，一是反映货币供给与需求是否相应，如果货币供给能基本满足货币需求，而且实体经济生产的资本周转情况正常，则其值应在正负百分比数据上下波动。当货币供给不能满足货币需求时，其值会成为负数，负值表明货币紧缩的严重程度。如果负值变化急速，也可能是某种经济危机的其中一种表现。二是反映资本周转状态，当资本周转正常时，其值会稳定在一个历史数据区间；当资本周转时间延长（例如库存商品积压）时，同时也表明资本占用贷款时间增加，其值会在脱离原来稳定的历史区间数据而增加，增加的程度也表明资本周转时间延长的程度。

表 8–2

年度	GDP 年增长率 %	式 1：$L-L_p-GDP_0$ 值（万亿元）	式 2：（$L-L_p-GDP_0$）/GDP 值（%）	式 3：$L-L_p-GDP$ 值（万亿元）	式 4：（$L-L_p-GDP$）/GDP 值（%）
2001	8.3	0.58	5.29	–0.46	–4.24
2002	9.1	0.97	8.02	–0.10	–0.84

续表

年度	GDP 年增长率 %	式 1：L-L_p-GDP_0 值（万亿元）	式 2：（L-L_p-GDP_0）/GDP 值（%）	式 3：L-L_p-GDP 值（万亿元）	式 4：（L-L_p-GDP）/GDP 值（%）
2003	10.0	3.397	25.01	1.85	13.6
2004	10.1	3.318	20.75	0.91	5.7
2005	9.9	2.51	13.79	0.3	1.65
2006	10.7	3.2	15.31	0.5	2.39
2007	11.4	3.6	14.57	-0.2	-0.8
2008	9.0	4.32	14.35	-1.08	-3.59
2009	9.2	7	20.5	3.01	8.83
2010	10.4	8.5	21.17	3.25	8.09
2011	9.3	9.18	19.4	2.02	4.65
2012	7.7	9.59	19.46	4.96	9.55
2013	7.7	11.76	20.68	7.12	12.68

说明：本表数据来源于表 8-1。贷款余额之所以减个人消费贷款，其含义是个人消费贷款不属于资本对货币的需求。减除后的余额则属于资本贷款，是资本生产中对货币的需求。

表 8-2 数据分析：

式 1 栏的数据全部是正值，且随着年份而递增，表示我国的资本对货币的需求始终是随着 GDP 的增长而增加的。此证实了中国的 GDP 增长与贷款货币、资本投入增加正相关，从一个侧面说明了中国经济的投资驱动特性。

式 2 栏是增量的资本贷款与 GDP 的比率。其中 2001、2002、2003 这三年贷款货币快速增加，特别是 2003 年从前一年的 8.02%，快速增加至 2003 年的 25.01%，同时 GDP 增速也由 2002 年的 9.1%，增至 2003 年的 10.1%，表明这种 GDP 的增速是由资本贷款驱动的。2010 年、2011 年、2012、2013 年增量的资本贷款与 GDP 的比率仍在 20% 左右的高位，但是，GDP 增速却从 10.4% 逐年下降到 7.7%，此表明资本贷款虽然是维持高增长，却不仅不再支持 GDP 增长，GDP 反而下降。表明这几年资本周转时间延长，产品积压造成资本占用时间延长。

式 3 与式 4 栏反映的是当年 GDP 增长与贷款货币的适宜情况。2001 年之前无数据无法对 2001 年、2002 年的负值进行比较。2008 年贷款货币相对当年 GDP 值快速下降至 -3.59%，而 GDP 增速也同时由前一年的 11.4% 下降至

9.0%，两个重要的指标双双下降，表明贷款货币急速减少，货币供给未能满足货币需求。2008年金融危机是有多方面原因造成的，这里只能显示资本贷款、货币供求满足与GDP关系。

式4栏中的2011年、2012年、2013年GDP增长率逐年下降，而式4栏值却由4.65%、9.55%、12.68%逐年上升，此同样表明了资本周转时间延长，库存积压增加、产能过剩严重。

用表8-2中的GDP增长率、式2、式4数据绘制成图表8-5：

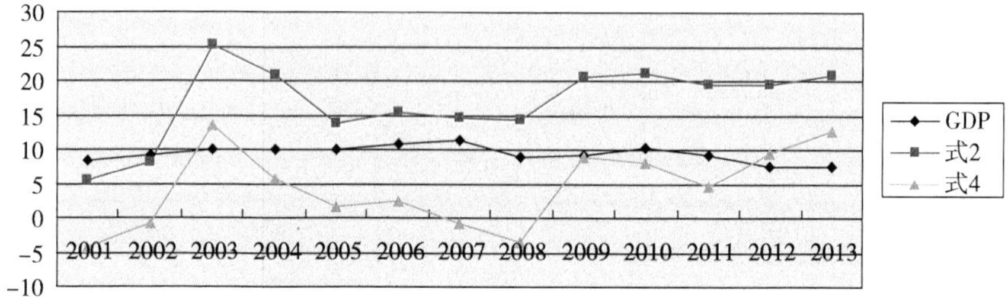

从这个图中对贷款货币需求的程度及是否满足、与GDP的关系、资本周转率状况可以看得更清楚一些：2003年式2线、式4线都向上突变，但此时的GDP线是向上的，此表明有一个较大的投资资本拉动GDP向上，或者说，2003年的GDP向上，是由于有一个较大的货币投资拉动。

2009年又发生同样的情况。2008年由于发生严重的金融危机，此在图中也是有反映的：GDP线从2007年的最高位转头向下，而式4线则转为-3.59%。式4线转为负数，表明货币供给未能满足货币需求，负数越大表明供给未能满足需求的程度越严重。但到2009年式4线快速向上，这不仅阻止了2008年的GDP向下的趋势形成，反而有微弱的上升，这也是又一个典型的投资拉动。

2012年、2013年式4线与GDP线发生交叉，式4向上穿GDP线，而GDP线却向下走，此表明贷款货币需求的增长已超过GDP增长对货币需求的增长，这是一种库存积压严重、产能过剩而引起资本周转速率变慢的反映。GDP向下走，式4线向上走，虽然反映的是资本周转速率变慢，但是一种预示产能过剩危机发生的信号。

图中没有股市对货币供求影响的数据线，原因在于原来从来没有此理论，因此，也就从来没有这方面的研究数据支持。而且我国股市严格地说，是从 2006 年股市改革后，流通盘子才足够大到对宏观经济发生大的影响，在此之前，股市流通盘子较小，参与者的股民也比较少。GDP 线、式 4 线，实际上是包含了股市的影响。2006 年、2007 年上证指数从 2000 点起步上涨到 6000 多点，股市必然会产生货币溢出，增加实体经济的货币供给，从本图表上反映的是，GDP 平稳向上，式 2 线、式 4 线稍向下。这是股市货币价值溢出补充基础货币的一种反映。从 2008 年开始股市大跌，至 2013 年期间一直在 2000 点上下盘旋，此情况必然会发生负财富效应，拉动 GDP 向下。但从 2009 年开始中央政府 4 万亿元救市，拉动各地方政府 10 万亿元投资，所以才有 2008 年式 4 线突变为负，GDP 线急转直下，至 2009 年式 4 线猛然向上。虽然 2009 年短期拉动了 GDP 暂时向上，但由于股市巨大的负财富效应，从此后，继续大投资拉动 GDP 线向上与股市负财富效应相抵消。在图表上反映式 4 线在 2008 年急速向下为 –3.59% 以后，2009 年又急速上升至 8.83%，此后式 2 线、式 4 线一直在较高位，但 GDP 线却仍向下行。

第八章思考题

1. 什么叫投资货币？什么叫消费货币？为什么要将货币分类为投资货币与消费货币？

2. 本著中新货币需求公式与传统经济学中的货币需求公式有哪些不同？

3. 为什么资本周转速度与股市都对货币需求产生影响？

第九章　货币外供给与内供给

本章导读

货币供给分外供给与内供给。传统的经济学只研究了货币的外供给，而且仅局限于作为媒介货币的供给，不仅没有看到价值货币供给对实体经济的极端重要性，也没有看到股市的净（正负）价值输出对基础货币的供给量所产生的重要影响。股市的净价值输出能叠加到基础货币的供给量上，并产生财富效应；当股市发生负价值输出时，不仅抵消基础货币供给量，而且会因为股市湮灭的主要是消费性货币，会使本已失衡的社会总供需更加失衡，所产生的负面作用远大于等量的正价值输出。当金融危机时，货币乘数趋向1，同时引发的股市大幅下跌会使股市产生负价值输出，加重危机深度。因此，货币的外供给是个重要的并需要作调节的经济参量。

传统的货币理论没有发现与研究货币的内供给，货币的体内循环的流量由内供给决定。内供给通过分配产生不同比例的投资性货币与消费性货币，对总供需的均衡产生影响。

本章还论述了商品的价格是如何在生产过程中决定，货币是如何在生产过程中被赋值的。货币的增量由外供给决定，货币的体内循环的流量由内供给决定。内供给通过分配产生不同的投资性货币与消费性货币的分配比例，对总供需的均衡产生影响。资本的利润最大化原则、竞争与垄断原则决定着资本在生产过程中商品的不同定价方式与分配方式，从而产生不同的货币赋值方式，此不仅是构造汇率理论的前提，同时也是考察投资货币与消费货币矛盾运动的起点，为合理利用信用价值生产调节投资货币与消费货币的配比提供了手段与方法。

9.1 西方经济学中的货币供给理论

在金属货币时代，因为货币本身就是商品，货币市场均衡机制与一般商品的均衡机制区别不大。它有一条边际成本曲线，由市场供求机制自发地实现均衡。在以信用货币为基础的现代货币制度中，货币政策可以通过央行的货币发行和银行的货币派生调节货币的供应量。因为，由政府的货币政策所控制的货币供给可以摆脱市场的影响，政府可以根据自己的目的确定货币供应量，并根据货币供应量的多少来调控市场的利率水平。当实行浮动利率时，在一定的区段内，如果增加货币供给，会引起利率的下降，当利率降低至“流动性陷阱”区段内时，再增加货币供给，也不会引起利率的变化。此时对利率的调节可能就会用到国债调节手段了。在货币供给确定的情况下，调节利率在一定的区段内会引起货币需求的变化，当利率降低到“流动性陷阱”区段后，对投机性货币需求会无限扩张。货币的供给与货币的需求是通过市场机制保持数量上的均衡。

现代货币制度使政府掌握有极大的货币供给权力，政府不但可以通过基础货币的发行，而且可以通过“存款准备金率”调控整个社会的货币供应量。此种货币供给机制对宏观经济产生了重大的影响。例如美国联储局通过公开市场操作增加或减少流通中的美元数量来控制货币的供给。

但曼昆《宏观经济学》认为，货币供给不仅由联储局的政策决定，而且也由家庭和银行的行为决定。他的货币供给公式为[32]：

货币供给 M ＝通货 C+ 活期存款 D

活期存款通过贷款创造货币。因此货币供给公式为：

货币供给 M ＝货币乘数 m× 基础货币 B

相对于一些学者在发表“货币超发”论中将货币 M_2 看作是发行货币的观点，曼昆教授在这里是比他们距正确稍近一些地认识到：“银行体系创造货币（正确的说法应是‘派生货币’，但是西方经济学不能分辨这两个概念之间的区别）增加了经济的流动性，但并没有增加经济的财富”[33]。尽管如此，但从总体上来说，现代西方经济学的货币供给理论也是支离破碎很不完整的。

9.2 货币外供给公式

金本位制货币体系崩溃以后，货币的供给再也不受制于贵金属量的供给，这是人类经济历史上最巨大的进步，此进步意义一点也不亚于工业革命。否则，与 GDP 等值，甚至超过 GDP 值的货币供给量，就需要人们同时为生产贵金属货币而付出与 GDP 等值的劳动，也就是说，人们的生产活动，必须拿出一半时间用于生产货币。也许有人说，基础货币并不与国民生产总量等值，M_2 也是通过放大货币流通速度来实现的。金本位制是依靠黄金作保证金，是一种保证金杠杆放大关系。当危机来临时，处于杠杆中的保证金信用不足必然引发迅速的挤兑，市场要求货币与黄金等量，此恰恰是金融危机进一步深化的根源。而在金融支付危机的同时，银行派生货币的能力也会迅速消失，金融危机时要求的货币量必须与货币需求量等量。2008 年美国在金融危机中银行流动性突然消失就是明证。如果以前对此还缺乏认识，2008 年国际金融危机应可使大部分人获得清醒。美国在2008年金融危机中，拼命地加印货币，美联储直接提供的货币量与货币 M_2 量趋近，没有现代的信用货币制度，这是不可能做到的事。

有些人出于中国手中存有大把美元反对美国印钞，美国出于自身利益肯定会置之不理。其实这里需要清楚三个问题：一是认清信用货币的性质，信用货币并不具有保值贮藏功能（有关货币的保值贮藏功能如何实现后面再述），如果明知如此还要大把地存有美元那是自误。各国货币政策的目标首先是为了发展国民经济，而不是为了保值。除了流动性需要外，任何国家持有信用货币保值的想法都是错误的。二是信用货币的信用来自全体劳动者通过劳动所创造的国家信用，因此，应该以信用货币作为国民福利服务的工具，而不是相反。三是货币发行并不等于是通货膨胀，此要看央行的货币发行窗口是哪一个，如果通过财政赤字、国债窗口发行，表明有等量的购买力进入经济体；如果是央行贷款窗口发行，则只是增加短期货币流动性，这种货币流动性会在不需要时自动返回央行。

必须深刻理解现代信用货币的两大价值源泉：国家信用与股市价值创生。银行派生货币只是提高货币的使用效率，并不能产生价值。多数人都能理解的是国家信用中的价值创造，不太容易理解的是股市中的价值创造。这是一种受到传统的、直观的、过时的财富观的束缚，缺乏对现代财富的本质认识。

在当代社会生产能力已获得高度发展的国际环境条件下，资本追逐利润的动机使市场需求成为一种稀缺的资源。为解决有效消费需求缺乏，股市为其找到了一种可缓解的新的解决方案，虽然股市并不能最终解决资本主义的基本矛盾。股市的价值产生于“未来收益流折现”，因此，“有市场需求的生产能力”通过股市的转换，就使其成为价值的源泉、财富的基础。一国的生产能力再强，如果是属于过剩了的，这个生产能力是没有价值的，而且最终会湮灭。在生产能力过剩的条件下，稀缺的消费需求通过股市转换成价值。股市创生价值的原理就在这里。

货币外供给是保障生产过程的实现与完成，这一点是传统经济学已经说清楚了。货币外供给的精要在于，当存在过剩生产力的时候，在一定的条件下，印钞票就是印市场，就是实现价值。只有理解了这些原理，才能真正理解货币外供给公式的含义。

货币外供给公式：

$$M = k\left(M_B + C_v\right)$$

（M 表示货币总供给量，M_B 表示基础货币发行，C_v 表示股市净价值输出量，k 表示货币的流通速率）

货币外供给公式的含义是，通过经济体的外部，例如货币发行、存款准备金等货币政策，调节货币的供给量。也就是说，货币外供给是指在一定的货币发行制度条件下的货币的提供能力和应变能力。

M 货币总供给量。货币总供给量是个重要的参量，它表示一个国家的货币配给能力。货币总供给量 M 并不是国家对基础货币的发行量，它是为了满足社会经济过程中对交换媒介货币的需求量。作为交换媒介货币，这个供给与需求的结合点就是货币 M_2，但并不表明货币总供给量 M 等于货币 M_2，应该是等于或大于货币 M_2，不可能是小于货币 M_2。因为在小于货币 M_2 的情况下，就不可能满足需求从而形成货币 M_2，货币 M_2 是由供需结合形成的。

在金本位制条件下，当危机发生的时候，往往受制于黄金的供给不足而崩溃。信用货币时代也并不是没有问题。当金融危机时，有可能会产生 $k = 1$ 的极端情况，而股市也会同时大幅下跌而产生负价值输出，有引起经济崩溃的危险。要使经济少受损失，客观上要求央行有 $M = M_2$ 货币发行能力（通过贷款窗口而不是基础货币发行窗口发行货币），以备金融危机时急用。虽然信用货币的发行可以不受限制，但实际上仍有很多的制约。第一，由于过去货币理论的缺陷，人们在观念上往往很难接受几倍于基础货币的发行。像 2008 年国际金融危机中，美国的商业银行派生货币功能丧失，同时，股市市值下跌了一半，原来基础货币的发行只用提供 8143 亿美元就足够，现在突然需要增加 10 倍以上的货币发行，传统的货币理论根本无法解释，以致美国政府仅说服国会批准就费了很大的劲，要不是眼看经济就要崩溃，美国国会不可能批准几倍于基础货币的货币增发（大部分用购买银行资产的方式，也是属于一种贷款窗口）。第二，国际货币、区域货币都会受制于成员国。像欧元在危机中就很难像美元那样地增发货币应急。美元是美国主权货币承担国际货币，虽然并不会受制于其他国家，但也会受到来自国际社会道德上的指责。第三，发行机制的不同，会直接打破原有制度下的平衡。像美国在危机情况下，当需要由美联储局直接提供 M_2 时，银行的所有制矛盾就立即显现，产生了用纳税人的钱为贪婪的华尔街私人银行家的亏损买单的怪状。我国的商业银行也已全面的股份制化了，直接由央行发行到 M_2 的货币层，由于所承担的风险不同，也会产生制度性的矛盾冲突和道德风险。

但无论如何，信用货币制度下的货币供给相较于金本位制下的货币供给，是软制约而不是硬制约，货币供给弹性远优于金本位制时期，只要理论上贯通，制度设计上充分考虑到危机下的情况，就能保证货币供给不出问题。

M_B 基础货币的发行量。基础货币量是指一个国家经济运行中最低要求的货币发行数量。正确的基础货币发行方式可创造发行价值。传统货币理论认为，基础货币唯一来源于中央银行的货币发行，这是错误的。中央银行是基础货币发行来源之一，并不是唯一来源，股市的价值净输出或价值湮灭会对中央银行所发行的基础货币造成量的增加或抵消。

k 货币的流通速率。货币的流通速率由两个部分组成：一部分是派生货币乘数，一部分是流通中的现金的流通速度，k 是这两个流通速度的综合。随着电子支付系统与互联网上购物的迅速发展，流通中现金数量会有减少的趋势，以银行活期存款支持的电子支付系统也会大大地加速货币的流通速度，而这一部分的货币流通速度是与派生货币乘数所反映的货币流通速度叠加在一起的。当我们说银行信用丧失时，k 值趋向于 1 时，实际上是不可能等于 1 的。因为，派生货币乘数并不是货币流通速度的全部，人们在消费品的购买中，所体现的货币流通主要是在货币 M_0 与货币 M_1 上，而这两部分货币受经济危机的影响并不太大，并且从短期来说相对稳定。

货币 M_0 与货币 M_1 的流通速度短期相对稳定，但由于 k 值中包含有派生货币乘数，派生货币乘数是个变化值，会随着经济的信心状态、产能过剩与危机状态而发生改变。经济危机状态与经济信心高涨状态是 k 值的两个极端，在极端状态下 k 值趋向于 1 时，$M_B \approx M \approx M_2$ 时，就会要求中央银行所提供的货币量约等于 M_2。而经济信心高涨时，k 值就可能提高到由存款准备金率所能提供的派生货币乘数的上限。当存款准备金率不变时，决定货币乘数的是利率与实业投资预期收益，当利率较低而又有好的投资预期收益时，会产生较高的货币乘数，反之则会产生较低的货币乘数。

C_v 股市净价值输出量。按照 7.7 节中的股市净价值输出公式计算，C_v 量有可能是正数也可能是负数。故对基础货币量有可能累加，也有可能抵消。

股市净价值输出是一个不可否认的客观存在。只要有股市就会有输出，就会对货币的供给产生影响，其影响的大小与股市的规模有关系。我国股市经过股权分置改革后的流通股快速扩容，其规模总量占 GDP 的比重在 2007 年上证指数 5000 点时已经与各发达国家相当，对国民经济已举足轻重。从此开始我国就不可忽视股市的净价值输出对基础货币量的影响了。

具体来说，股市的正负价值输出能叠加到基础货币的供给量上，并产生财富效应；当股市发生负价值输出时，不仅抵消基础货币供给量，而且会因为股市湮灭的主要是消费性货币，会使本已失衡的社会总供需更加失衡，所产生的负面作用远大于等量的正价值输出。当金融危机时，货币乘数趋向 1，同时引发的股市大幅下跌会使股市产生负价值输出，加重危机深度。因此，股市作为货币的外供给是个重要的并需要作调节的经济参量。

通过上面的介绍，我们实际可看到有两种货币供给量：一种是由 M_B+C_v 所构成的基础货币供给量，这是一种包含有货币价值属性与交换媒介属性相统一的货币供给；还有一种是为完成货币交换而由银行派生出来的仅有货币媒介属性的货币供给量。这样，对货币的需求其实是有性质不同的两种：一种是为了货币交换，另一种是为了持有货币价值。到目前为止我们只讲了为了货币交换而产生的货币需求，暂不讲为了持有货币价值而对货币的需求，这主要是为了便于理解，而对持有货币价值而对货币的需求将在国债货币中详述。但在这里的货币供给问题上却绕不开对持有货币的需求问题。由于现金（M_0）与电子货币层（M_1）都是实体的货币流通，必须是具有持有价值的货币，它在流通中同时要执行货币的持有功能与交换媒介功能。因此，M_0 与 M_1 这两个货币层的需求与供给都必须是价值属性与交换媒价属性相统一的货币。

但是，派生货币层的供给和价值属性与交换媒价属性相统一的货币供给有点不一样，它仅为满足交换媒介货币的需求。满足交换媒介货币的需求这个概念很重要，这种货币并不是说它没有价值属性，而是因为它的价值属性与交换媒介属性暂时是分离的，它的价值属性被存放在银行，由银行信用提供保证，银行派生它的交换媒介属性去执行货币的交换媒介功能。因此，这种货币的供给仅仅是为了执行货币交换媒介属性，当执行完交换媒介的职能后，仍返回银行回复到正常的货币状态。

可见，货币总供给量中包含的是两种稍有区别的货币：一种是价值属性与交换媒介属性统一的货币供给，一种是只执行交换媒介属性职能的，不具有价值属性的货币供给。只执行交换媒介属性职能的货币，本身的价值属性是被保存在银行的，它的媒介货币量即使派生得再大（例如，从3倍派生到6倍），就其本身货币而言，其价值量并没有改变，还是原来的货币价值，与通货膨胀没有直接联系。当然，如果在某一绝对时段里，贷款货币总量增加到超过经济体的实物供应量，增量的媒介货币引起供求失衡而产生涨价，但在一个贷款周期内，贷款货币必须返回银行，当它返回银行后，市场上的贷款货币量就会减少，物价就会回落；也会发生存量的贷款货币量持续增加到超过实物商品的供应量，但在一个投资周期或生产周期完成后，实物商品的供给也会同时增加，商品供求失衡只是暂时的，一般不会保持下去。还有另一种情况，就是价格只涨不落，例如劳动者工资，因为短时过量的贷款增量过大而引起劳动者工资上涨，当总量的贷款减少后，工资不一定会随之下降，可能引起以后失业的增加，也可能引起经济增量的下降。这就涉及后面将要论及的信用价值生产理论。

按照货币的分层，我们又可以将货币供给公式写成如下表达式：

$$M = kM_0+m（M_B-M_0+C_v）$$

（M表示货币总供给量，M_B表示基础货币发行，M_0流通中的现金，C_v表示股市净价值输出量，k表示货币的流通速度；m表示派生货币乘数）

这种公式表述货币的供给与需求在层次上就更清晰，而且与实际更贴近。式中，$(M_B-M_0+C_v)$量仍然是实体货币，$(m-1)(M_B-M_0+C_v)$这部分就是仅执行交换媒介职能的货币，也就是派生货币。

基础货币量M_B、流通中的现金M_0这两者对央行来说是已知数。网络电子支付系统的出现，使得支付速度大大地加快，货币的流通速度变得难以确定，因此，k与m这两个数都需要通过推算才能知道。

货币供给与货币需求的关系。货币供给量不等于就是货币需求量，而且货币供给分为外供给与内供给二种性质不同的供给，此常常被人们混为一谈。货币外供给是指在一定的货币发行制度条件下的货币提供能力和应变提供能力，货币内供给则是经济体内货币价值创造能力，分生产中的价值增值和股市价值创造。货币需求则是指经济体内因为生产、流通、交换需要而产生的客观对货币需求。货币需求是内生的，可以通过对利率的调节在一定的程度上调节其数量；货币供给则是对货币需求的外生，它会从外部作用于货币的需求水平和需求量，这种作用的程度与货币供给的方式和中央银行的有意调节有关。后面的章节所讨论的内容会再涉及货币供给对货币需求的影响。

9.3 被忽视的货币内生供给

按照西方传统货币理论的思路，货币是由中央银行通过基础货币发行供给的，通过商业银行派生货币，货币只不过是流通工具。的确如此，这就是货币外部供给。货币的外部供给为经济过程的进行创造了条件。但是，如果将货币供给理论认识止步于此，那就大错特错了，货币还有内供给。

货币是流通的产物，货币并不是一种能够脱离市场流通而存在的东西。以黄金货币为例，当黄金脱离市场流通时，只不过是普通的商品而已，只有进入流通才进入货币的角色。而货币在市场流通，就不可避免地承担着市场的角色。

在 8.4 节资本对货币的需求论述中，我们已经知道，市场流通存在着本质上有区别的两种流通方式，一种是 W–G–W 的商品流通方式，在商品流通方式中，货币是中介。此种流通方式主要表现在消费品的交换领域（包括生产性消费）中。但是资本生产过程是以 G–W–G′ 的货币流通方式进行流通的，在货币流通方式中，商品是中介，货币是流通的目的。在流通的起始 G 阶段，资本为生产进行货币准备，在商品生产的 W 阶段，货币产生了分配。资本将货币分为两部分，一部分提供给劳动者作为工资，一部分提供给资本作为利润。分配就货币循环的角度看，它是一种货币内供给。

当分配将货币提供给消费者时，消费者获得货币，资本此时是消费货币的提供者，消费者（包括劳动者与作为消费者的资本家）是消费货币的获得者。该货币由于主要用于生活消费，我们称其为消费性货币分配。当资本家将货币分配用于投资增值时，这种货币主要是用于购买各种生产资料（各种金融投资品是间接的生产资料购买），如各种机器设备、原财料等。资本此时是投资货币的提供者，我们将这种被分配用于购买（除劳动者之外的）生产资料的货币，称为投资性货币分配。

央行发行货币不过是外在增量货币的外供给，而经济体内每一次 G–W–G′ 货币循环，提供的是流量货币的内供给，而这种流量货币是分为投资性货币与消费性货币的，这两种货币有着不同的流通路径。在每一次的 G–W–G′ 货币循环过程中的货币供给，为下一个资本的货币循环提供货币准备。提供的是投资性货币，还是消费性货币，取决于劳资的分配比例。因此，每一次 G–W–G′ 货币循环过程，也是内生存量货币的供给与循环过程。

A（劳动者工资，形成消费货币）
G–W　　　　　　　　　　　　　　　　···P···W′ ···G′
Pm（生产资料购买，形成投资货币）

上图是马克思资本循环完整的过程图，内中增加了资本循环在生产过程中通过分配所形成消费货币与投资货币的供给过程。在本章中，当我们用马克思的 G–W–G′ 式表达通过分配而产生的货币内生供给时，是对上图式的简写。

货币内生供给是由资本在生产中的分配而来的，分配比例决定投资性货币与消费性货币的数量比例。货币实现到 G′ 的循环并不是必然的，取决于在生产过程中对消费品生产和对生产资料生产与所提供的消费性货币与投资性货币相互量的配合比例，此在下一章中将详细论述。

在同一个生产与货币循环过程中，所生产的商品与内生的货币供给量在总量上总是匹配的，不匹配产生于内部通过分配供给的投资性货币、消费性货币与生产的生产资料商品与消费资料商品类别品种的不匹配。因此，在同一个循环体内，不可能同时产生生产资料商品与消费资料商品的过剩或紧缺，或者是消费性货币与投资性货币同时产生通胀（或通缩）。通胀（或通缩）要不就发生在消费性货币方面，要不就发生在投资性货币方面。内生的货币供给不平衡所产生的通胀（或通缩）总是结构性的。

9.4 货币内生赋值

在资本生产循环 G–W–G′ 中，G′ 是指 $G' = G + \triangle G$，是代表增值的货币，说明的是每一次资本的循环都产生价值增值。价值在未实现增值前表现在商品数量的增加。当通过劳动增加了商品数量时，对这个商品有三种定价的方法，并由此决定着货币的面值变化。

这其实是一个对货币进行赋值的过程，也就是通过实物生产中的竞争性定价，通过此价格来给货币的面值赋值。人们一直迷惑于在一定的时期里为什么 1 元人民币只购 0.4 斤大米，而不是购 1 斤大米，商品价格最主要的决定因素是什么呢？原来，在生产中，资本首先要投入一定的货币量用于购买生产资料与劳动者，生产出一定数量的商品后，根据马克思资本利润平均化规律，以投入的资本量加资本平均利润率，初步确定商品的价格。这是商品价格形成的一般规律（当然还有一些特殊的价格形成规律如垄断价格形成规律等），也就是商品的生产定价。在这个定价的过程中，从货币的角度上说，同时也说明获得商品等价物的价值量。在贵金属货币时代，由于贵金属本身也是一种包含价值的商品，它本身的价值与所交换的商品的价值是等价的，并不需要用商品的价值来体现货币的价值。在信用货币时代里，纸币本身并没有价值，它的价值是通过国家信用保证而存在的，国家信用保证并没有规定具体的货币价值量，而这种货币具体的价值量就是通过商品定价过程而赋予的。通过这种商品的定价，从而使货币也获得了与商品等同的价值量。这种价值量，既有原来所继承来的价值量，也有部分是因为资本所生产的价值增值从而形成变化的价值量。每经过一个资本生产循环过程，商品价格被重新定价一次，货币也就被重新赋值一次。这其中包含着价格被赋值与价值被赋值，价格被赋值形成货币的面值，也就是货币对商品的购买力，价值被赋值形成货币的内在价值，也就是货币对劳动力的购买力。

从长远来说货币面值平均值必定是与货币的本值相一致的。但短期来说，其实与商品价格围绕着价值波动一样，货币面值也是会围绕着货币的价值波动的。商品通过价格竞争，短期是价格的变化，从长期来说会引起生产效率的提高，这些都会通过对商品的定价方法如实地反映到货币内含价值上去。由此，我们将这整个过程称其为货币赋值。

下面我们具体地考察三种典型的商品定价模式与给货币赋值的方法：

第一种（竞争条件）定价模式与货币赋值。这种商品定价方法是以消耗的劳动量（按照马克思的定义，生产资料是物化劳动，劳动者是活劳动）作为基准的定价方法：假如劳动者（包括工人与管理劳动者）原来 1 小时工资为 10 元，1 小时生产 10 件商品，每件商品定价 1 元钱（为简化起见假设这种销售价格与分配都仅是指一种比率，在这种比率下仍隐含资本获得平均利润，以省除复杂的计算。下面同）。现在提高了劳动生产率，每小时生产 20 件商品，劳动者工资仍为 10 元，每件商品以 0.5 元的竞争价出售。在这种情况下，资本利润没有变化，劳动者的工资也没有变化，货币供求总量没有增加，但是，商品通过降价竞争取得了优势，货币产生了升值，物价产生了下跌，单位货币由原来的可购买 1 件商品，到现在可购买 2 件商品，商品价格与货币价格都发生了变化。此时同一单位货币所包含的劳动量没有发生变化，劳动生产率的提高表观上是货币的升值，物价的相应降低。

第二种（垄断）定价模式与货币赋值。这种商品定价方法是以商品数量为基准的定价方法。仍然假定原来 1 小时工资为 10 元，1 小时生产 10 件商品，每件商品定价 1 元钱。现在提高了劳动生产率，每小时生产 20 件商品，商品每件定价仍为 1 元。这时，如果劳动者工资仍为 10 元，代表 10 元的消费需求能力（为简便起见，利润分配所产生的消费需求假设也包括在 10 元的工资中），资本家可以多赚到代表 10 元钱的 10 件商品，但这 10 件商品最终肯定会因没有购买力而放在仓库卖不出去，因为虽然劳动生产率提高了，以工资 10 元为代表的消费需求能力并没有提高。此时物价没有变化，货币供求没有变化，在微观上表现为产品过剩，在宏观上表现为生产能力过剩或最终表现为资本过剩。

第三种（社会主义分配）定价模式与货币赋值。这种商品定价方法仍是沿用第二种商品定价方式，提高了劳动生产率后，每小时生产的商品由原来的 10 件增加到 20 件，商品每件定价仍为 1 元，但分配方式有改变，由于销售获得 20 元，同时也将劳动者的工资提高到 20 元，将多生产的产品都分配给劳动者消费。这时的资本利润仍保持不变，劳动者获得多 1 倍的消费，物价保持不变，货币面值不变，货币产生增量供求，GDP 发生增加。整体经济表观虽然是不通胀也不通缩，但单位货币所包含的劳动价值量却降低了，假定原来货币 1 元代表了 1/10 个劳动者工作日，现在货币 1 元只代表 1/20 个劳动者工作日。

上面这三种都是市场经济条件下典型的商品价格的定价模式与分配之间关系的模式，它既是商品定价，同时又是给货币赋值。商品的价格确定，也就同时确定了货币面值对这个商品的购买能力。例如，上面的商品定价为 1 元，也同时表明，1 元钱货币具有对该商品的 1 件的购买力。假如该商品定价为 0.5 元 1 件，同时也表明 1 元钱货币对该商品具有 2 件的购买力。整体的货币购买力，也就是通过社会各种商品各自定价的汇合而形成算术构成。这仅仅是货币面值的形成途径。

正像商品不仅具有由货币面值所表示的价格一样，商品还具有内在的价值，这个内在价值并不是由货币面值所能反映的。货币面值只能反映商品的价格，不能准确反映商品的价值。根据大家都已熟悉的马克思经济学原理，商品的价值是由生产该商品的社会必要劳动时间决定的，众多单个劳动者的劳动时间通过市场竞争，最终都会形成社会必要劳动时间。为了简便起见，我们假定上面的生产率变化都是一种社会必要劳动生产率的变化。那么，上面的通过商品定价给货币赋值，不仅仅是由价格传递给货币的面值，其实同时也包含将该商品的价值传递给了货币。价值虽然是内在的不容易观察的，但它一定会通过价格来表现，通过货币量来表示。例如 1 双鞋子 100 元，1 部电视机 2000 元。但在这个价格中一定会包含有一定的价值量在其中，或者等于价值，或者大于、小于价值。例如，1 双鞋子原来价格 100 元，生产这双鞋子的社会必要劳动量也是 100 元，也就是说价值也是 100 元。现在假如社会劳动生产率提高了一倍后，也就是社会必要劳动时间①缩短了一半。按照上述第一种方式定价为 50 元，所包含的价值量（社会必要劳动时间）也是 50 元。价格与价值一致，货币面值与原来的货币所反映的价值量也是一致的。此时虽然同样 100 元可以买到 2 双鞋，表观上货币是升值了，其实货币是既未升值，也未贬值。

上面第二种、第三种商品定价方法都是一样的。这双鞋子原来价格 100 元，价值 100 元，生产这双鞋子的社会平均劳动量也是 100 元。现在社会劳动生产率提高了一倍后，生产这双鞋子的社会必要劳动时间缩短了一半，也就是说，它的价值量现在只有 50 元。按照第二种、第三种商品定价方法定价这双鞋子仍为 100 元，而其所包含的价值量（社会必要劳动时间）是 50 元。价格与价值不一致。也就是说，货币面值所标的 100 元价格，而其实质上所

---

① 根据马克思《资本论》第 1 卷，《马克思恩格斯全集》第 23 卷，第 52 页定义，所谓社会必要劳动时间，是指“在现有的社会正常的生产条件下，在社会平均的劳动熟练程度和劳动强度下，制造某种使用价值所需要的劳动时间。”这里所说的现有的正常的生产条件，是指现时某一生产部门大多数产品生产已经达到的技术装备水平。这里所说的平均的劳动熟练程度和劳动强度，是指中等水平或部门平均水平的劳动熟练程度和劳动强度，是劳动的主观条件。由社会必要劳动时间决定的商品价值是该种商品的社会价值。

反映的价值量是50元。在这里，虽然从表面上看，货币所标的商品价格不变，物价也不变，而实质上，由于生产该商品的社会必要劳动时间缩短了，该商品的价值只有50元了，用100元面值的货币，只能买到50元价值的商品，其实货币发生了贬值。

要注意的是，这种情况下货币发生贬值是在商品价格不变的情况下发生的，虽然商品价格不变，但社会生产率提高了，生产同种商品的社会必要劳动时间缩短了，单位商品的价值量降低了。当然，相反的情况也会发生，例如，作为特殊商品的劳动力涨价。劳动力价值是由生产和再生产劳动力这一特殊商品所必需的劳动时间决定的，随着科技的发展与社会整体生活水平的提高，生产劳动力商品的时间反而延长（例如受教育、生活中占用的各种资源等）。有时房价上涨了，并不等于是货币贬值了，因为劳动力这个特殊商品的价格提高了，从而引起房价上涨，就属于凝结在房子中的由货币面值量所反映的社会必要的平均劳动时间增加，此时的房价增加并不等于货币的贬值。举例说明，在1990年时，一个建筑泥工的平均工价50元一天，至2011年，同样一个建筑泥工的平均工价是200元。虽然这其中也包含有货币面值贬值的因素，也包含农民工社会平均生活水平的快速提升等。当然，劳动力涨价属于特例，而且有着十分复杂的形式，需要通过不同国家的对比才能看清楚。

从这里可以看到，商品是通过不同的定价方法，同时给货币赋以不同的价值量。

按照第一种定价方法给货币赋的值：劳动生产率提高一倍后，原来100元购买100件的商品，现在只用货币50元就可购买，通过商品降价给货币赋值50元面值，赋予的货币所包含的价值量也是50元。

按照第二种第三种方法给货币赋的值：货币100元面值不变，100元面值的货币仍购买100件商品，但是由于劳动生产率提高了一倍，劳动时间缩短了一半，赋予货币100元面值中所包含的价值量只有50元。

从这里可以看到一个人们用常识无法理解的现象，就是货币的内含价值是随着劳动生产率的提高与货币面值相比反而是降低的。

对商品的定价并不是微观主体任意的自主行为。资本是以利润为生产目的，在竞争的环境条件下，没有任何企业会采用上面第三种方式生产定价和工资分配。这也不仅仅是因为资本自私的目的，在竞争环境条件下单个企业单独地采用第三种方式等于自杀，因为自由竞争博弈的结果是，商品价格必然下降。只有在垄断情况下，价格不会下降，国内有些企业，如电信、电力、石油、房地产等可以天生地获得行业垄断。但从社会平均工资水平方面来说，大量的人口就业压力更是使得劳动者处于不利的工资竞争地位，劳动者的工资也不可能获得像第三种分配方式中的提高。因此，在市场经济条件下由于竞争关系，不可能产生第三种分配情况。在竞争中的企业为取得竞争优势，都会采用第一种分配方法，当获得垄断优势不需要降价时，资本的利润目标使第二种定价和分配方式成为资本的自动选择。只有第三种方式才是理想的宏观经济获得健康发展的方式。

从全社会的角度来看，竞争定价与垄断定价以及这两者的分别定价与综合定价都会存在，会形成一种综合的定价方法给货币赋值。在国际上，发达国家由于生产技术提高而产生的降价因素，会同时因为劳动力的价值提高而产生的涨价因素相互抵消。当行业垄断与技术垄断发生时，其产品不易产生竞争性降价；而对发展中国家来说，由于没有可垄断的资源，在国际市场上出口的商品价格往往通过国际竞争而产生，因而出口产品采用第一种定价方法的是多数。这种情况下的商品定价对货币的赋值往往是比较坚实的，货币币值比较发达国家垄断定价下的货币币值往往更坚挺一些。这种比较币值也会决定汇率走向。

从以上商品通过价格来给货币赋值的原理，我们可以看到，其实也可采用增量货币供给的办法来调节币值。单个企业无法实现货币分配的方式，通过宏观调控方式很容易解决。在第一种定价方法中，物价下跌的实质是生产中价值发生了增量，但在生产体系内货币供给不使其增量。这在宏观经济中，货币与对外币的价格中会反映货币升值。有时国家不喜欢货币升值，解决的方法就是通过宏观调控的手法从外部增加消费货币的供给（例如通过赤字财政增加社会民生、公共福利方面的消费支出），用此增量的消费货币供给，将第一种方式中的物价下降（从 1 元降到 0.5 元），通过需求拉动使其回到原来的价格水平（仍然 1 元）；或者是通过增发消费货币将第二种方式中的在仓库里卖不出去商品买出来（“印钱消费”方式）。

从上述的定价模式我们也可以看到，从外部增发的货币，必须是经济体内本应产生供给增量而实际没有产生的、与这种消费性货币等质等量的货币，是补充在生产体系中供给不足的这部分货币。这种消费性货币增补必须在每一个经济过程中及时地严格按照商品降价量增补适量货币，可用凭空的增量发行以增加消费能力。例如通过财政透支的方式，增加社会公共福利、提高社会保障水平，也可以直接用财政的方式提高低工资者的工资水平。过了一个资本循环周期，透支增量消费性货币没有得到及时的补充，立即就会演变成另外的问题，例如，货币升值问题、资本过剩问题。这里也要注意区别因信贷增速过大、赤字财政、劳动力等因为各种因素引起的货币量的增加、商品价格的上涨，而商品的价值并没有提高或提高很少的情况，后者有完全不同的货币运行机制，不能混淆。

货币内生赋值问题是传统经济学从未涉及的领域，社会上普遍的错误观点是货币币值同货币发行数量相关，西方经济学货币理论也是集中在这方面进行研究。上一章中我们也已经看到，现代西方经济学根据费雪的货币公式，分别以 P 与 Y 即商品的价格与数量两个值来代表总产出量，并且据此来建立 f（P）与 f（Y）的宏观经济调控函数，至此，我们可以清楚地看到，外生货币供给虽然也是影响因素之一，但在正常经济条件下（排除战争、政权崩溃等极端情况），商品价格主要在生产过程中决定，货币的面值与币值水平主要取决于资本生产过程中的竞争与垄断环境、劳动者工资等三种定价状态与方式。

传统的货币理论仅从货币数量的角度解释通胀，从这里可看到明显是不对的。商品的价格变化受到供求、垄断与竞争等因素影响，而价值的变化主要受劳动生产率的影响，两者的变化并不同步。从前面的三种定价模式我们可以知道，垄断因素条件下的商品定价，价格与价值偏离较大；竞争条件下的商品定价，价格与价值更接近。由单个商品价格的总和，构成社会的平均价格，赋予并形成货币的面值。货币元面值公式表示如下：

$$（W_{p1}/元+W_{p2}/元+W_{p3}/元\cdots W_{pn}/元）/n=M_p/元$$

（W_{p1}、W_{p2}、$\cdots W_{pn}$，表示各种商品通过单位元所反映的商品价格，例如，0.4 斤大米 / 人民币 1 元，0.005 个茶壶 / 人民币 1 元，0.0003 某牌电冰箱 / 人民币 1 元，也就是以 1 元钱为单位所能购到的该商品的以单位元所反映的价格，在除以 n 后得出单位元；M_p/ 元表示货币元面值）

也就是：商品定价所形成的社会平均的元价格指数＝货币元面值

单个商品单位价格所内含价值的总和，构成社会的单位商品的平均价值，赋予并形成货币的实际币值。货币元币值公式表示如下：

$$（W_{v1}/元+W_{v2}/元+W_{v3}/元\cdots W_{vn}/元）/n=M_v/元$$

（W_{v1}、W_{v2}、$\cdots W_{vn}$ 与上面的 W_{p1} 所表示的单位元意义相同，只不过这里

是表示商品单位元所内含的价值，也就是以 1 元为单位所代表的该商品的以单位元所反映的价值；M_v/元表示货币元币值）

也就是：商品实际价值所决定的社会平均的元价值指数=货币元币值

从这里我们可以看到，货币的购买力是由商品的元价格决定的，货币元价格是由生产该商品行业的垄断性或竞争性定价决定的。但是，元价格并不等于元币值。元币值则是由生产该商品的社会必要劳动时间决定的。其两者决定来源不一样，因此，就会产生元价格与元币值的差别。但是，它们之间又有联系，这个联系点就在于，商品通过竞争性定价，它的总和、它的平均值这个点上，就会形成社会必要劳动时间而凝结的价值量。因此，商品竞争性定价总是能使得货币的元面值与货币的元币值相接近。

在各国内部，由于商品在各个行业中竞争与垄断的程度各不相同，其定价方式也各不相同，总价格（货币面值）与总价值（货币币值）都是有偏离的，或者是正偏离，或者是负偏离，而这种偏离在各国内部的市场中，由于货币没有平均币值作为参照值，因而也就没有比较，无法反映出来。而一旦进入国际市场，国与国之间货币面值与货币的内（币）值就相互与对方作为参照物进行比较，在面值低内（币）值高的货币相对于面值高内（币）值低的货币就会发生汇率上升的动力，相反的情况就会是汇率下降的动力。不仅各国货币的内（币）值可以比较出来，而且，在自由竞争、自由贸易条件下，还会形成国际货币的平均币值，本国货币还会与国际货币的平均币值相比较而发生币值的升降动力。现在国际贸易条件已经不存在自由竞争的条件，利率、汇率是被操控的，国际货币的平均币值肯定是被扭曲的，因而各国货币与国际货币的平均币值差就会一直存在，国际货币的平均币值与真正的社会必要劳动时间所确定的货币价值之间仍会存在一个差值。

我国在 2005—2012 年期间，就发生较为激烈的人民币对内贬值（通货膨胀指数一直高达 3% 以上）、对外升值问题。这个现象用传统的货币理论不好解释。货币内生赋值理论就能较好地解释这一现象：这一期间国内处于生产过剩阶段，国内商品竞争性定价大于垄断性定价，劳动生产率与劳动者工资虽然都有提高，但劳动生产率提高快于劳动者工资的提高，这种情况下就会发生表观上的货币对内贬值、对外升值。前面讲了，劳动者工资的提高虽然表面上会显示货币的贬值，内里表明商品生产的社会必要劳动时间增加了，实际上并不属于货币贬值。由劳动者工资提高所引起的货币对内贬值，其实是个假象。当然，我们必须知道，还有其他方面的因素会影响到货币的面值与币值、国与国之间货币的汇率，但这方面的因素是最主要的影响因素。

因此，货币赋值理论才是汇率决定理论的基础，由此才可解释传统汇率理论所不能解释的现象。

9.5 投资货币与消费货币的供给考察

我们从外部再考察投资性货币与消费性货币这两种不同市场角色的货币，归纳发现不仅仅是内生的分配来源不同，在外生的发行方式、循环流通方式还有不同。

首先，投资货币与消费货币外部增量发行时，来源于不同的发行方式。在第五章关于货币发行窗口及意义的讨论中，我们已经知道货币发行通常有二种发行窗口，一种是国债（或财政赤字）发行窗口，另一种是通过再贴现或再贷款方式的调节发行窗口。美元通过国债发行窗口发行出去的货币，通常都是消费性货币。因为财政部对通过国债发行所获得的美元主要开支在政府消费、国防消费、社会公共福利等方面，这种货币的供给所形成的是一种社会消费能力。我国过去从国债发行窗口发行的货币全部都是用于国家基本建设，往往是一种信贷发行而不是货币发行，这种货币的性质通常都是属于投资性货币。通过再贴现或再贷款等调节发行窗口发行的对象通常是商业银行，商业银行取得贷款性质的货币，其价值是要返还给中央银行的，因此，商业银行获得的此类货币通常是用于银行信贷，贷款的对象无疑是以企业投资为主。我国中央银行通过货币调节窗口发行的货币，通常也是投资性货币。

从货币发行供给货币的角度上看，当社会投资不足时，应通过调节窗口增加货币供给；当社会消费不足时，应通过消费国债（指用于消费开支的国债）或财政透支的角度增加货币供给。

其次，消费货币与投资货币在生产过程中，来源于不同的分配。消费货币主要来源于对劳动者的工资性分配、财政二次分配，投资性货币主要来源于对资本利润的分配。生产体系中劳资分配比例的不同，决定着消费性货币与投资性货币供给比例的不同。

第三，消费货币与投资货币循环流通方式不同。人们持有消费货币的目的是为了获得生活消费品，货币只是流通中的中介。当社会商品供给量与消费货币量相匹配时，供需两旺社会经济表现得没有通胀，也没有通缩。人们持有投资货币目的是为了货币的增值，而货币增值可以通过 G–W–G′ 方式实现，也可以通过 G–G′ 方式实现，以资本利润率的高低来衡量走那种途径。当投资货币过剩引起生产过剩时，表示走 G–W–G′ 途径没利润，投资货币会更多地走 G–G′ 途径。过多的投资货币走 G–G′ 途径，会引起股票价格上涨，引起财富效应产生，通过财富效应中的消费增加，会平衡部分过多的投资货币。因此，投资货币过多不见得会引起通货膨胀，因为有股市作为过多投资货币的容纳池。而消费货币过多则没有这种类似股市容纳池的缓冲，则会直接作用到对商品的需求上去，如果引起供求失衡，求大于供就会引起短期价格的上升。

第四，消费货币与投资货币在流通中表现在不同的层面。通常，消费货币表现在 M_0 层与 M_1 层，投资货币更多地表现在 M_2 层与 M_3 层上。此方面虽不能做十分严格的区别，因为货币 M_2 层本身就包含有货币 M_0、M_1，而且，信贷货币中也有少部分是消费贷款。但此作为宏观调控观察的窗口是很有用的。

投资货币过剩，往往会使得资本平均利润率低下，继续投资实体经济风险大。建设一个好的股市，通过股市的财富效应增加消费，才能平衡越来越多的投资货币过剩，使投资货币通过股市转换成消费需求，产生内生的经济增长。

以日本为例，日本在与我们相类似的这一阶段时，充裕的储蓄也造成充裕的 M_2 货币供给，日本则充分利用这充裕的 M_2 货币供给，投资货币进入股市产生巨大的财富效应，在同期的国民收入倍增的政策措施支持下，巨大的国内外投资货币资源进入股市，用 34 年时间持续地推高股市上涨了 104 倍，因而实现了国民经济同期涨 94 倍的奇迹。如此高速的经济发展机理却总湮没在一些人对股市泡沫的批判中。没有正确的理论方法，缺乏对经济规律、货币本质最基本理解，是人们不能正确观察事物的根本原因。直至现在，仍然是每当增加货币供给时，就有一些经济学者惊呼要通货膨胀。这些学者如能区别哪些是投资性货币，哪些是消费性货币，就不难找出哪些是引起通胀的因素，哪些不是引起通胀的因素。

货币是必然地分为投资货币与消费货币的。当货币供给过剩时，必须区分是投资货币过剩还是消费货币过剩，是内生供给过剩还是外生供给过剩。现代经济条件下各发达国家，投资货币过剩可以说是常态，即使是金融危机时期也有局部的投资货币过剩存在。从货币过剩到是否会产生通货膨胀，这里有着复杂的机理，不是像传统的货币主义理论那样，凡有货币过剩就被说产生通货膨胀那样简单的逻辑。货币宽松的供给有利于经济的发展，而货币紧缩供给绝对会酿成经济危机。

9.6 货币内供给公式

货币内供给公式可表示如下：

$$M_c+M_i = GDP+\triangle GDP$$

（M_c表示消费性货币；M_i表示投资性货币；GDP表示上年国内生产总值，△GDP表示当年国内生产总值的增量）

这也就是说：货币的内生供给总量＝当年的国内生产总值＝被分配的投资货币＋被分配的消费货币。由于这个货币总量是通过商品定价赋值方式实现的，所以全部的货币量是全部的商品乘价格的量，也就是当年GDP的总量（GDP+△GDP）。

在货币内供给方程式中，将货币总量分为消费性货币M_c与投资性货币M_i两部分，这与GDP统计数字中主要由居民消费与企业投资的构成是相吻合的（GDP构成中的政府购买与净出口这两部分归属于M_c与M_i）。GDP是一种价值总量的统计，从货币循环的角度来考察，社会生产实现了GDP价值的增值，GDP是投资性货币和消费性货币的供给来源。式中使用GDP+△GDP表达式表示当年国内生产总值，主要是用△GDP表达的增量与货币外供给方程式中的M值有关。当内供给源发生价值增加△GDP时，货币外供给方程式中的M值也应发生与△GDP等比量的增加。另外，△GDP增量也与当年M_c、M_i分配比例有关，此在下一章详述。

货币内供给（$M_c+M_i = GDP+\triangle GDP$）与货币外供给$M = k(M_B+C_v)$相比较有如下一些联系与区别：

第一，货币内供给是由货币的赋值性供给产生的，它既提供货币的面值供给，也提供货币的实际价值（即币值）供给，同时还通过分配，提供一定的投资性货币与消费性货币的比率；货币的外供给是央行对基础货币发行与商业银行通过信贷派生货币，对交换媒介货币的供给，其交换媒介货币供给是以内供给的价值交换需要为前提的，是对内供给的货币形态的支持。外供给的货币数量必须与内供给的货币价值相匹配。当货币内供给量（指按第一种竞争条件下定价模式与货币赋值方法）缩减时，会发生货币价值与面值对外汇率双双升值；当货币外供给不足时，会发生交换困难，流通不畅。货币的升值、贬值和货币的内供给、外供给不匹配也会发生关系。因此，应该通过对货币内、外供给相互关系的研究重建货币币值学、汇率理论。本著后面的汇率新理论由此而起。

第二，货币内供给方程所提供的消费性货币与投资性货币两种货币的购买力差别研究、投资与消费关系研究，为我们提供了一种从实体经济内部解决矛盾的途径，这是仅从货币外供给矛盾研究所无法考察的。货币内供给方程中，货币被分为消费性货币与投资性货币，而这两种货币的配比是通过生产中的分配来实现的。由此产生的不同购买力，不同类别商品的供求关系与价格指数，则为我们提供了一种从实体经济外部解决矛盾的方法，例如，如何利用虚拟经济的手段，如何利用货币政策手段等。

第三，货币的内供给的价值量是由生产与生产率决定的，投资货币与消费货币两种属性货币的比例是由分配决定的，这其中有更多经济制度的必然性，改变机制需要有更长的时间。货币的外供给是由中央银行的货币政策决定，包括对股市价格的调整，实际上，货币政策也有很大发挥作用的空间，调整与改变这些方面政策也有很大的灵活性，而且作用周期短。

第四，货币内供给是一种存量货币的循环周转，货币外供给是一种增量货币的循环周转。M（表示货币外部总供给）值与 M_c+M_i（表示消费性货币与投资性货币）值并不一定等值，但 M 值要不断地适应 M_c+M_i 值的变化，这两个值在矛盾的对立统一中推进。因为除了实体经济外，还有虚拟经济对货币外供给量产生影响，货币的流通速度也会对 M 值产生影响。

第五，由于由分配决定的货币内供给中，消费性货币与投资性货币两种货币配合比例越来越不平衡，投资性货币过多，消费性货币不足，社会生产要正常运行，就越来越需要货币外供给的调节与虚拟经济价值生产对消费性货币的补充，因此，信用价值生产在平衡投资货币与消费货币的比例关系上变得越来越重要与必要。

区分货币的内供给与外供给，为我们进行精确的货币数量研究打开了逻辑的大门，精确的货币数量调控也有了可能性。

第九章思考题

1. 什么叫货币外供给？什么叫货币内供给？

2. 货币赋值有哪三种模式？分别会对货币的币值与面值产生什么影响？

3. 请列出货币内供给公式，为什么投资货币与消费货币比率与货币的内供给有关？

第三编　社会再生产与信用价值生产

引 言

社会再生产总过程是马克思在《资本论》中所提出并且有过详细论述，由于当时资本主义处于发展的初期，只有实体经济的生产，因此，《资本论》中所论述的社会再生产过程只有实体经济的再生产过程。资本主义经过150多年的发展，与当年的资本主义有很大的不同，已经不再仅是一个从事实体经济价值生产的经济体了，在这之上已生长出一个虚拟经济体。这是个能通过实体经济从事信用价值生产的经济体。因此，在当代的社会再生产体系中，就不再仅仅是我们通常所看到的这个实体经济生产了，而是还有一个虚拟经济的信用价值生产体。

当代社会再生产总过程的货币循环，包括两个子系统的货币循环、一个总过程的货币循环：

①实体经济的货币循环子系统。这个子系统的货币循环过程与马克思在《资本论》中所描述的社会再生产过程并没有本质的区别。因此，本编中凡涉及到实体经济的生产过程将会直接引用马克思《资本论》中的社会再生产过程中的资本循环过程。

②虚拟经济的货币循环子系统。这个系统是过往经济学理论中从未有过的系统，是一个新创立的系统。因此，包括虚拟经济这个概念在内，都必须重新定义，并会在下一编章中着重论述。

③社会再生产总过程。它包含有上述两个子系统运行在内的，货币在上述两个系统之间的循环过程，在本著中被称为“双轮经济”构架中的货币循环与“自激”过程。包括它是如何地推动经济增长，或者引发经济危机，都将在后面的编章中着重论述。

由于货币在社会再生产过程中的循环，是反映价值生产中的本质循环，因此，本编着重于社会再生产总过程中的货币运行与均衡过程。下一编着重论述在“双轮经济”构架（也就是社会再生产总过程）中的货币循环。

本编中的各章内容提要：

第十章主要是引用马克思两大部类再生产的数量模型，通过社会再生产在不同条件下的运行演绎，揭示增长与发展对投资货币与消费货币分配比例均衡的依赖关系，解密经济增长的内动因。此章在理论上是特别重要的一章，它揭示实体经济中的价值生产是如何进行的，如何获得增长的内在动力与条件。因此说，虽然此章仍是在演算实体经济运行的数量模型，却是在论证信用价值生产中为什么变得如此的需要与不可缺少，信用价值为何在当实体经济自身不能实现投资与消费均衡时，由信用价值输出给实体经济时，当能满足实体经济的投资与消费两大部类均衡时，就能实现增加的价值生产。因此，此章实际上是论证信用价值生产之所以能实现的核心理论。

第十一章通过对消费需求补缺口的分析，发现当代经济客观存在的“印钱消费”规律、股市“货币放大”规律，从而回答了凯恩斯主义后美国经济依赖美元国际货币地位所发展出来的一种畸形的发展模式为什么能够生存，也回答了为什么美国有天文数字的巨量债务而美元仍然不倒，我们能不能印钱消费等一系列人们困惑的问题。

第十章 实体价值生产均衡过程

本章导读

投资与消费的均衡是宏观经济中最重要的均衡，也是从理论到实践难度最大的均衡。一切金融危机、经济危机的根源都是因投资与消费远离均衡。本章应用马克思再生产理论详细演绎不同条件下的均衡过程、均衡与经济增长的关系，证明只有在投资与消费取得均衡的情况下才可能获得经济的高速增长；同时，为宏观经济管理者提供了一套实现宏观经济均衡的数量方法。

一般读者往往不太重视本章的社会再生产两大部类繁复的数量模型的推演，但是此章却是实体经济在生产过程中如何实现价值生产与增长的核心理论。只有理解了本章理论，才能理解为什么当代在实体经济价值生产的基础上，会产生一个信用价值生产经济体，为什么货币信用价值生产、虚拟经济信用价值生产、印钱消费中的价值生产能得以实现，并且变得越来越离不开它们。否则，经济学会停滞不前，甚至会发生经济危机。

本章直接引用了马克思《资本论》中社会再生产两大部类实现平衡的数量模型，是马克思《资本论》中严密的逻辑体系的一部分，本章未对这个数量模型进行重复介绍，原因在于第三章中已有对马克思《资本论》理论体系的简介，对其中所用到的范畴与概念，在第三章中都有介绍。如果仍有疑问就需要参考《资本论》原著（本章所引用的再生产理论在《资本论》第二卷第三篇）。

经济学发展至今，仍只有《资本论》对资本主义实体经济价值生产过程进行过如此详细的描述，马克思身后130多年来资本主义虽然已经历多个阶段的高度发展，但社会再生产两大部类必然平衡的规律并没有过时。当然，新的时代已经不再仅仅是实体经济实体价值生产了，在此基础上已经生长出一个信用价值生产的经济体，而信用价值生产是必须建立在实体经济价值生产基础上的。只有认清了实体经济价值生产的详细过程，才可能对本著重点论述的信用价值生产过程有更深入透彻的认识。只有真正懂得了当代经济中实体经济价值生产过程中，必须实现两大部类均衡生产，即投资货币与消费货币的分配均衡，才能真正懂得信用价值是如何被生产出来的。

10.1 马克思再生产理论中的总供需平衡

社会再生产理论是马克思经济学的一个最重要组成部分。马克思从分析社会总资本和社会总产品的关系入手，详细分析了社会两大部类生产实现的条件及总供需平衡的原理。马克思在《资本论》中精辟地指出，社会总资本运动包括了社会的生产过程和消费过程，社会总资本再生产的核心是社会总产品价值的实现，资本主义的分配矛盾决定社会总产品价值实现的困难。因此，研究社会总资本的再生产，必须从社会总产品入手。社会总产品是指在一定时期（通常为一年）内，社会物质资料生产部门所生产的全部物质资料的总和。社会总产品的实现就是社会总产品各个部分在价值上得到补偿，同时在实物上得到替换。

马克思将社会总产品的价值构成划分为不变资本 c、可变资本 v、剩余价值 m。将社会总产品在实物构成上划分为生产资料和消费资料。与社会总产品的实物构成相适应，整个社会生产分为两大部类，生产生产资料的第一部类（Ⅰ）和生产消费资料的第二部类（Ⅱ）。把社会总产品的生产分为两大部类和把社会总产品从价值上划分三个部分是研究社会资本再生产的基本理论前提。

为了对马克思再生产理论的准确把握和下面的研究方便，有必要先对不变资本 c、可变资本 v、剩余价值 m、剩余价值率、资本有机构成等名词作些说明。

不变资本 c，按照马克思的定义，是指资本在生产过程中用于购买生产资料的那一部分资本。生产资料在生产过程中，不发生价值增值，不发生价值量的变化，只是随着物质形态的改变，将自己的价值转移到新产品中去。各生产资料由于使用价值的不同，转移的方式也有所不同。生产资料中的原料、辅助材料、燃料等，会在一次生产过程中被完全消耗掉，它们的价值也是一次全部地转移到新产品中去；但机器、厂房、设备等劳动资料的使用价值却不是在一次生产过程中全部消耗掉，而是在不断反复的多次劳动过程中逐渐被磨损，它们的价值也就采用折旧的方式被逐渐转移到新产品中去。一般来说，不变资本包括固定资本（厂房、机器、设备、工具）、流动资本（原材料、燃料、辅助材料），可通称为生产资料。称其为不能增值价值的性质，并不排除它们的价值或市场价格发生变动的可能性。因为生产资料的价值量是由生产它们所耗费的社会必要劳动时间决定的，如果在一个稍长一些的过程中，生产资料再生产的社会必要劳动时间发生变化，已经进入劳动过程的生产资料的价值也会随之发生变化。但是，生产资料这时所发生的价值变动，是在它们执行资本职能的过程以外发生的，并不能改变生产资料作为不变资本的性质。

可变资本 v，是相对不变资本而言的一个概念。是指资本在生产过程中用于购买劳动力的那一部分资本。劳动力的价值或价格就是工资，劳动力的使用价值就是劳动，劳动者在生产使用过程中所提供的劳动，不仅能够创造出补偿劳动力价值的价值，而且能创造出剩余价值，使资本发生增值。由于能使资本发生价值增值，所以才被马克思称为可变资本。

剩余价值 m，按照马克思的定义，是指由劳动者所创造的超过劳动力自身价值的价值。本章中所使用的剩余价值概念，是在社会总生产的意义上使用，是指社会通过一个周期的生产后新增的价值总和，减去可变资本后的剩余部分。要注意的是，如果将可变资本理解为产业工人的工资，剩余价值并不是通常所说的资本利润。按照马克思《资本论》中的论述，剩余价值还需要分割成商业利润、利息和地租。在马克思经济理论中，资本管理者工资也是对剩余价值的分割，国家的税收也是剩余价值分割的一部分。现代社会福利国家往往通过较高的国家税收分割剩余价值，将其用于社会的二次分配。因此，现代资本主义对剩余价值的分割已经有十分复杂的形式，资本利润只是剩余价值分割的一部分。通过国家所实现的社会二次分配使剩余价值与可变资本之间并没有鸿沟。我们在下面的对社会再生产的考察中，可以将不变资本 + 可变资本 + 剩余价值之和看作是国内生产总值（GDP），将可变资本 +

剩余价值之和看作是国民收入。

剩余价值率是剩余价值与可变资本的比率。表达式：m/v。

资本有机构成，是指由资本的技术构成决定的，并反映技术构成变化的资本价值构成。资本的构成可以从物质形式和价值形式两个方面考察。从物质形态上看，资本是由一定数量的生产资料和劳动力构成的，两者的比例由生产的技术水平决定。这种由生产技术水平决定的生产资料和劳动力之间量的比例，叫做资本的技术构成。从价值形态上看，资本由一定数量的不变资本和可变资本构成，不变资本和可变资本之间的比例，叫做资本的价值构成。资本的技术构成和资本的价值构成之间存在着内在的有机联系，一般情况下，资本的技术构成变化会引起资本的价值构成变化，而资本的价值构成变化又大体上反映资本的技术构成变化。马克思把这种由资本的技术构成所决定的并且反映资本技术构成变化的资本价值构成，叫做资本的有机构成。随着社会科学技术的发展，国民经济装备水平的不断提高，资本有机构成会不断提高。表现为全部资本中不变资本所占的比重增大，可变资本的比重减少[34]。

10.1.1 简单再生产条件下供需平衡

为了便于研究，马克思首先作了下列四个假定：第一，整个社会生产为资本主义生产，社会上只有资本家和工人；第二，生产周期为一年，一年内全部不变资本的价值都消耗掉并转移到新产品中去；第三，商品的价值和价格不发生任何变动，一切商品都按价值出卖；第四，只限于一国内考察，没有对外贸易。

根据以上条件，假设社会总产品的构成如下（单位：亿）：

Ⅰ．　4000c+1000v+1000m ＝ 6000（生产资料）

Ⅱ．　2000c+500v+500m ＝ 3000（消费资料）

6000 c+1500v+1500m ＝ 9000（社会总产品）

上图式中[35]，其中第一部类的全部产品价值是6000，其实物形式是生产资料，第二部类的全部产品价值是3000，其实物形式是消费资料，社会总产品是9000。社会总产品的实现必须通过三大交换关系：

第一部类内部的交换。第一部类的4000c在实物形式上是生产资料，在价值形式上相当于本部类企业在生产中消耗掉的不变资本价值。本部类本来就是生产生产资料的，4000c 生产资料通过本部类内部各企业间、各部门间的交换，从价值上得到补偿，从实物上得到替换。

第二部类内部的交换。第二部类中的 500v+500m，其实物形式是消费资料，价值形式上等于本部类各企业消耗掉的可变资本的价值和剩余价值。本部类本来就是生产消费资料的，500v+500m 消费资料通过本部类内部各企业间，各部门间的交换，从价值上得到补偿，从实物上得到替换。

两大部类之间的交换。经过以上的交换，第一部类还剩下价值等于 1000v+1000m 的产品，等于一年中本部类的工人和资本家消费掉的消费资料的价值，它要由消费资料来替换。但实际上这部分产品的实物形式却是生产资料，因此，它必须与价值相等的第二部类生产的消费资料相交换。同时，第二部类中剩下的相当于 2000c 的产品，在价值形式上相当于一年中本部类消耗掉的不变资本的价值，在实物形式上应该由生产资料来替换，但实际上这部分产品的实物形式却是消费资料，因此它也必须与价值相等的第一部类生产的生产资料相交换。双方产品的交换在实物形式上恰好是对方所需要的，在价值形式上它们的量又正好相等。因此，通过两大部类之间的交换，双方的产品在价值形式上得到了补偿，在实物形式上得到了替换。

以上三种交换，对于社会总产品的实现来说是非常重要的，任何一种交换受阻，都会使社会资本无法正常循环与周转，只有通过以上三种交换，社会总产品的价值才全部得到实现，下一年简单再生产才能正常进行。但在这三种交换中，两大部类之间的交换，即Ⅰ（v+m）和Ⅱ（c）的交换，不仅表现了资本的补偿和个人消费资料的补偿，而且表现了资本补偿与个人消费资料之间的交互联系，反映总体生产与消费，供与需的平衡状况。

因此，简单再生产实现的条件是，第一部类的可变资本 v 与剩余价值 m 之和必须等于第二部类的不变资本 c，即Ⅰ（v+m）＝Ⅱ（c）。这是简单再生产条件下社会总产品价值实现的基本条件。如果Ⅰ（v+m）＞Ⅱ（c），表示第一部类就会有一部分生产资料卖不出去。如果Ⅰ（v+m）＜Ⅱ（c），表示第二部类就会有一部分消费资料卖不出去，其价值得不到实现。

由简单再生产实现的基本条件，可以引伸出另外两个条件：

第一部类生产的全部产品必须和两大部类消耗掉的生产资料相等，即

Ⅰ（c+v+m）＝Ⅰ（c）+Ⅱ（c）

此公式表明，在简单再生产条件下，生产资料的生产和生产资料的需要

之间必须平衡的关系。如果Ⅰ（c+v+m）>Ⅰ（c）+Ⅱ（c），表示生产资料的供给大于需求，社会总投资过剩。如果Ⅰ（c+v+m）<Ⅰ（c）+Ⅱ（c），表示生产资料的供给小于需求，投资不足。

第二部类生产的全部产品必须和两大部类消费掉的消费资料相等，即

Ⅱ（c+v+m）=Ⅰ（v+m）+Ⅱ（v+m）

此公式表明，在简单再生产条件下，消费资料的生产和消费资料的需要之间必须平衡的关系。如果Ⅱ（c+v+m）>Ⅰ（v+m）+Ⅱ（v+m），表示消费资料的供给大于需求，社会总消费需求不足。如果Ⅱ（c+v+m）<Ⅰ（v+m）+Ⅱ（v+m），表示消费资料的供给不足。

10.1.2 扩大再生产条件下供需平衡

资本的积累是扩大再生产的源泉。从社会总资本的再生产来看，剩余价值能否转化为资本，取决于社会总产品能否为扩大再生产提供追加的生产资料和消费资料。因此，扩大再生产的必要条件为：

Ⅰ（v+m）>Ⅱ（c）

Ⅱ（c+m−m/x）>Ⅰ（v+m/x）

（m/x表示资本家用于个人消费部分的剩余价值，m−m/x表示资本家用于积累部分的剩余价值）

根据扩大再生产的必要条件，假定第一年社会总产品在各部分的构成如下[36]：

Ⅰ．4000c+1000v+1000m = 6000（生产资料）

Ⅱ．1500c+ 750v+ 750m = 3000（消费资料）

如果第一部类的资本家把剩余价值中的500用于个人消费，其余的500用于积累，资本有机构成为4:1，则积累的500m中，400用于购买追加生产的生产资料，100用于增雇工人。这样，第一部类的年产品就组合为：

Ⅰ．（4000c+400c）+（1000v+100v）+500m = 6000

第二部类同时也进行相应的积累，要从剩余价值中取出100作为追加的不变资本，第二部类资本有机构成为如果为2:1，则应有50m作为追加的可变资本。这样，第二部类的年产品就组合为：

Ⅱ．（1500c+100c）+（750v+50v）+600m = 3000

第一部类中的（4000c+400c）通过本部类内部交换实现。第二部类

中的（750v+50v）+600m 也是通过本部类内部交换实现。而第一部类中的（1000v+100v）+500m 与第二部类中的（1500c+100c），则通过两大部类之间的交换实现。通过交换，社会总产品全部得到实现，第二年才在扩大的规模上继续进行。

第一年：

Ⅰ． 4400c+1100v+500（剩余价值消费）＝6000

Ⅱ． 1600c+ 800v+600（剩余价值消费）＝3000

6000c+1900v+1100（剩余价值消费）＝9000

说明：工人的消费通过工资分配在 1900v 中，资本家的消费来源于剩余价值，原有剩余价值合计 1750m，其中第一部类用 500 追加到投资，第二部类用 150 追加投资，因此还有剩余的 1100 剩余价值部分用于个人消费。

第二年，假定剩余价值率仍然为 100%，那么：

Ⅰ． 4400c+1100v+1100m＝6600

Ⅱ． 1600c+ 800v+ 800m＝3200

6000c+1900v+1900m＝9800

第一年社会总产品是 9000，第二年通过追加投资，社会总产品增加到 9800，实现了扩大再生产。

从以上的分析可以看出，在扩大再生产条件下，社会总产品实现的关键仍然是两大部类之间的交换。只有如下等式成立，扩大再生产才能顺利进行：

第一部类中的（1100v+500 资本家消费）=第二部类中的 1600c

因此，扩大再生产的实现条件归纳为：第一部类原有的可变资本加上追加的可变资本 m/z，再加上本部类资本家用于消费的剩余价值 m/x，三者之和必须等于第二部类原有的不变资本加上追加的不变资本 m/y 之和。

式 1： Ⅰ（v+m/z+m/x）＝Ⅱ（c+m/y）

由式 1 可以引伸出以下两个公式：

式 2： Ⅰ（c+v+m）＝Ⅰ（c+m/y）+ Ⅱ（c+m/y）

式 3： Ⅱ（c+v+m）＝Ⅰ（v+m/z+m/x）+ Ⅱ（v+m/z+m/x）

（m/z 表示追加的可变资本，m/y 表示追加的不变资本，m/x 用于消费的剩余价值）

由式 2 说明，在扩大再生产中，第一部类对生产资料的生产，除了原有的Ⅰ（c）+Ⅱ（c）外，必须满足追加的不变资本 m/y 的需要。

由式 3 说明，在扩大再生产中，第二部类对消费资料的生产，除了原有的Ⅰ（v）+Ⅱ（v）的两大部类的工人工资消费外，还必须有追加的可变资本的消费 m/z（一般表现为新增就业）和足够的对剩余价值的消费 m/x 需求。否则扩大再生产就不能顺利进行。

通过上述对马克思再生产理论的引述，我们应该可以清楚社会再生产中两大部类总供需平衡的重要性。

10.2 投资与消费均衡模型演进

下面研究投资与消费比率时所设置的增加剩余价值率，可以将其看作是增加国民收入，只有在这个意义上才好理解下面的用改变剩余价值率的方式研究投资与消费的比率平衡的意义。剩余价值率的设置本质是对劳动与资本分配比例的设置，当劳动者工资分配比例高，剩余价值率低；当劳动者工资分配比例低，剩余价值率高。国家对新增国民收入（剩余价值）的投资与消费比例的调控是有很多手段的，并不一定非要调节可变资本量，比如说除增加工资外，还可用增加税收、调控社会二次分配比率等手段。因此，下面的研究设置就没有必要调节可变资本项，通过增减剩余价值率的设置，就可以观察到当增减国民收入时，所引起的投资与消费比率的变化。

下面引用 10.1.2 节中的列式，假设资本有机构成第一部类为 4∶1，第二部类为 2∶1 条件不变，以第一部类的追加投资作优先考虑。设置不同剩余价值率条件，也就是不同的社会价值产出量时，观察在扩大再生产条件下的投资与消费平衡条件下比例关系的演进变化。

10.2.1 当剩余价值率为 60% 条件下的投资与消费比率

假设剩余价值率为 60% 时，建立投资与消费比例的平衡点为，用第一部类 100/600 = 16.67% 的剩余价值于追加投资，此时：

Ⅰ． 4000c+1000v+600m = 5600（生产资料）

Ⅱ． 1500c+750v+ 450m = 2700（消费资料）

扩大再生产的平衡式：

Ⅰ．（4000c+80 c）+（1000v+20v）+500m = 5600

Ⅱ．（1500c+20 c）+（750v+10v）+420m = 2700

5500c + 1750v +1050m = 8300

本列式中，剩余价值总额Ⅰ．（600m）+ Ⅱ．（450m）= 1050m。由于剩余价值数量较少，第一部类最高只能用 16.67% 的剩余价值（100m）用于追加投资，用 83.33% 的剩余价值（500m）用于消费。第二部类只能用 30/450 = 6.67% 剩余价值（30m）用于追加投资，用 93.33% 的剩余价值（420m）用于个人的消费。两大部类对剩余价值的平均消费率为 87.62%。当社会总供需平衡时剩余价值投资率为（100+ 30）/1050 = 12.38%。

10.2.2 当剩余价值率为 100% 条件下的投资与消费比率

假设剩余价值率为 100%，考察投资与消费比例的平衡点。

Ⅰ． 4000c+1000v+1000m = 6000（生产资料）

Ⅱ． 1500c+ 750v+ 750m = 3000（消费资料）

扩大再生产的平衡式：

Ⅰ．（4000c+400c）+（1000v+100v）+500（剩余价值消费）= 6000

Ⅱ．（1500c+100c）+（750v+50v）+600（剩余价值消费）= 3000

6000c+1900v+1100（剩余价值消费）= 9000

本列式中，剩余价值总额Ⅰ．（1000m）+ Ⅱ．（750m）= 1750m。当扩大再生产时，第一部类用 50% 的剩余价值（500m）用于追加投资时，第二部类需要用 20% 剩余价值（150m）用于追加投资，需要 80% 的剩余价值（600m）用于消费。两大部类对剩余价值的平均消费率为 62.86%，当社会总供需平衡时剩余价值投资率为 37.14%。

10.2.3 当剩余价值率为 200% 条件下的投资与消费比率

假设剩余价值率为 200% 时投资与消费比例的平衡点。

Ⅰ． 4000c+1000v+2000m = 7000（生产资料）

Ⅱ． 1500c+ 750v+1500m = 3750（消费资料）

扩大再生产的平衡式：

Ⅰ．（4000c+800）+（1000v+200v）+1000m = 7000

Ⅱ．（1500c+700）+（750v+350v）+ 450m = 3750

7000c + 2300v +1450m = 10750

剩余价值率提高有两种方式：一种是生产效率的提高，另一种是劳动者工资比率的降低。剩余价值率为 200% 的情况在一些发展中国家可能经常被当作发展的手段而经常被采用。

本列式中，剩余价值总额Ⅰ.（2000m）+ Ⅱ.（1500m）= 3500m。当第一部类用 50% 的剩余价值（1000m）用于追加投资时，第二部类需要用 70% 的剩余价值（1050m）用于追加投资，需要用 30% 的剩余价值（450m）用于个人的消费。两大部类对剩余价值的平均消费率为 41.43%。当社会总供需平衡时剩余价值投资率为 58.57%。

10.2.4 当剩余价值率为 300% 条件下的投资与消费比率

假设剩余价值率为 300% 时投资与消费比例的平衡点。

Ⅰ．4000c+1000v+3000m = 8000（生产资料）

Ⅱ．1500c+750v+ 2250m = 4500（消费资料）

扩大再生产的平衡式：

Ⅰ．（4000c+1200）+（1000v+300v）+1500m = 8000

Ⅱ．（1500c+1300）+（750v+650v）+ 300m = 4500

8000c + 2700v +1800m = 12500

本列式中，剩余价值总额Ⅰ.（3000m）+ Ⅱ.（2250m）= 5250m。当第一部类用 50% 的剩余价值（1500m）用于追加投资时，第二部类需要用 94.29% 的剩余价值（1950m）用于追加投资，只能用 5.71% 的剩余价值（300m）用于个人的消费。两大部类对剩余价值的平均消费率为 34.29%。当社会总供需平衡时剩余价值投资率为 65.71%。

上述从①至④可以明显地看到一个规律，在再生产投资与消费平衡的条件下，当剩余价值率较低时，可用于追加投资的比例较小；当剩余价值率高时可用于追加的投资比例较高。当剩余价值率为 60% 时，剩余价值投资率只有为 12.38%，逐级递增，当剩余价值率为 300% 时，剩余价值投资率递增到

65.71%。

上面模型是用第一部类作为优先投资设置目标，下面改变为以第二部类作为优先投资设置目标。

10.2.5 当剩余价值率为 100% 时，以第二部类作为优先投资设置目标下的投资与消费比率

以第二部类追加 50% 投资作优先考虑，用第一部类的追加投资作配合选择。

Ⅰ． 4000c+1000v+1000m ＝ 6000（生产资料）

Ⅱ． 1500c+ 750v+ 750m ＝ 3000（消费资料）

扩大再生产的平衡式：

Ⅰ．（4000c+250c）+（1000v+62.5v）+687.5m ＝ 6000

Ⅱ．（1500c+250c）+（750v+125v）+375m ＝ 3000

6000c+1937.5v+1062.5m ＝ 9000

本列式中，剩余价值总额Ⅰ．（1000m）+ Ⅱ．（750m）＝ 1750m。当扩大再生产时，第二部类用 50% 剩余价值（375m）用于追加投资，第一部类则需要用 31.25% 的剩余价值（312.5m）配合用于追加投资，需要 68.75% 的剩余价值用于消费。当社会总供需平衡时，两大部类对剩余价值的平均消费率为 60.71%，剩余价值投资率为 39.29%。投资率比②列式中高 2.15%。此证明，因两大部类的有机构成不同，不同的优先目标考虑时会引起投资与消费比例上的一些变动，但幅度不是太大。

10.2.6 当不按总供需平衡式设置，任意加大投资比例时

假如，我们不按照上述生产与消费平衡式中的投资与消费的比率增加投资部分，减少消费部分，结果如何？看下面的演式。起始生产：

Ⅰ． 4000c+1000v+1000m ＝ 6000（生产资料）

Ⅱ． 1500c+ 750v+ 750m ＝ 3000（消费资料）

假设第一部类有机构成 4 : 1，第二部类有机构成为 2 : 1 不变。设剩余价值投资率为 80%。则在第一部类的 1000m 中，800m 用于追加投资，其中追加

的不变资本为 640c，追加的可变资本为 160v，剩下 200m 用于消费。第二部类的 750m 中，600m 用于追加投资，其中追加的不变资本为 400c，追加的可变资本为 200v，剩下 150m 用于消费。两大部类对剩余价值的投资率设置在 80%，平均消费率设置在 20% 时。

加大投资列式如下：

Ⅰ．（4000c+640c）+（1000v+160v）+200m ＝ 6000

Ⅱ．（1500c+400c）+（750v +200v）+150m ＝ 3000

6540c + 2110v + 350m ＝ 9000

从这个列式中可以看出，立即就产生了无法实现平衡的情况。按照马克思的生产与消费平衡公式式 1：Ⅰ（v+m/z+m/x）＝Ⅱ（c+m/y）

上列式结果：Ⅰ.（1000v+160v+）+200m ＜Ⅱ.（1500c+400c）

Ⅰ.（1360）（对消费资料的需求能力）＜Ⅱ.（1900）（第二部类的产品量）

此表明，追加投资后，第二部类将生产出价值量为 1900 的消费资料产品，而第一部类只有价值量为1360的对第二部类消费资料的需求能力。因此，上列式表示消费需求将产生不足，当追加投资在一个生产周期中的两个部类之间相互交换时，第二部类的消费产品将产生过剩。

按照马克思的生产与消费平衡公式式 3 也会得出同样的结果：

Ⅱ（c+v+m）＝Ⅰ（v+m/z+m/x）+ Ⅱ（v+m/z+m/x）

上列式结果：

Ⅱ（3000）＞Ⅰ（1000v+160v+200m）+ Ⅱ（750v+200v+150m）

Ⅱ（3000）（第二部类产品）＞（2460）（两个部类合计消费需求）

上列式表明，第二部类生产的产品总价值量为 3000，而两个部类合计的对消费品需求价值量才为 2460。消费需求不足，消费产品（或生产能力）将产生过剩。

10.3 投资与消费均衡线

根据 10.2 节对投资与消费平衡考察的数据，选择投资与消费建立平衡的①②③④列式中的数据建立表 10–1。其中“GDP 总量”取两大部类产品总量合计数；“国民收入总量”取可变资本量与剩余价值量之和。当我们设置剩余价值率增加的条件时，国民收入总量也相应地增加。因此，当我们研究不同剩余价值量投资与消费比率时，实际上也是在研究国民收入总量不同时的投资与消费比率。实际应用与假设条件虽然会有一些差距，但是原理是一样。

表 10-1 不同剩余价值率条件下的投资与消费平衡表

剩余价值率 %	GDP 总量	国民收入总量	剩余价值量 m	追加投资量	剩余价值投资率 %	剩余价值消费率 %	国民收入投资率 %	GDP 投资率 %
60	8300	2800	1050	130	12.38	87.62	4.64	1.57
100	9000	3500	1750	650	37.14	62.86	18.57	7.22
200	10750	5250	3500	2050	58.57	41.43	39.04	19.07
300	12500	7000	5250	3450	65.71	34.29	49.29	27.6

说明：上述数据为第一部类投资优先考虑时的平衡。

用表 10-1 中的剩余价值消费率数据作图 10-1，以剩余价值率为纵轴 m，其中的刻度 60、100、200、300 为剩余价值率（%）；以剩余价值消费率为横轴 y，其中的 C1、C2、C3、C4 为剩余价值消费率 % 值。

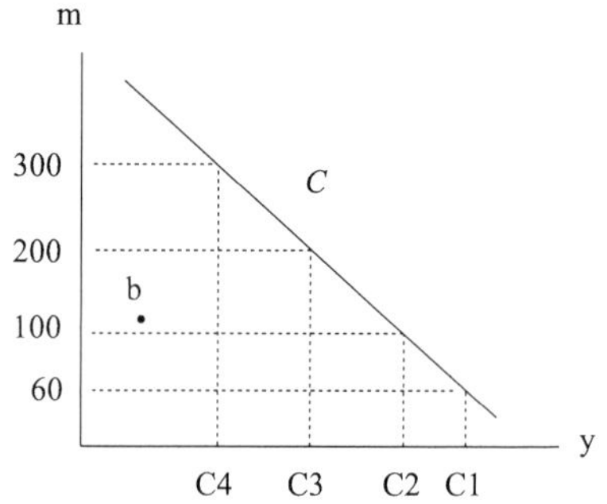

图 10-1 剩余价值消费率均衡

图中，当剩余价值率在 60% 时，按照 10.2 节中①列式条件设置投资与消费比时，对应的 C1 点剩余价值消费率为 87.62%；

当剩余价值率在 100% 时，按照 10.2 节中②列式条件设置投资与消费比时，对应的 C2 点剩余价值消费率为 62.86%；

当剩余价值率在 200% 时，按照 10.2 节中③列式条件设置投资与消费比时，对应的 C3 点剩余价值消费率为 41.43%；

当剩余价值率在 300% 时，按照 10.2 节中④列式条件设置投资与消费比时，对应的 C4 剩余价值消费率为 34.26%。

C 线为剩余价值投资与消费率的均衡线。在均衡线上的任一点，表示对当年的剩余价值的投资与消费比率是均衡的。在均衡线 C 线左侧任一点，表示缺乏消费需求，生活资料产品将产生过剩；在均衡线 C 线右侧任一点，表示缺乏投资需求，生产资料产品将产生过剩。

在 10.2 节⑥列式中，不按两大部类投资与消费平衡设置，当剩余价值率在 100%，任意加大投资，将剩余价值消费率设置在 20% 时，在本图中，其消费率在图上落在远离均衡线的左侧 b 点，显示出消费需求不足，在一个循环周期内，部分消费产品将无法实现其价值。

用表 10–1 中的剩余价值投资率数据作图 10–2，以剩余价值率为纵轴 m，其中的刻度 60、100、200、300 为剩余价值率（%）；以剩余价值投资率为横轴 y，其中的 i1、i2、i3、i4 为剩余价值投资率 % 值。

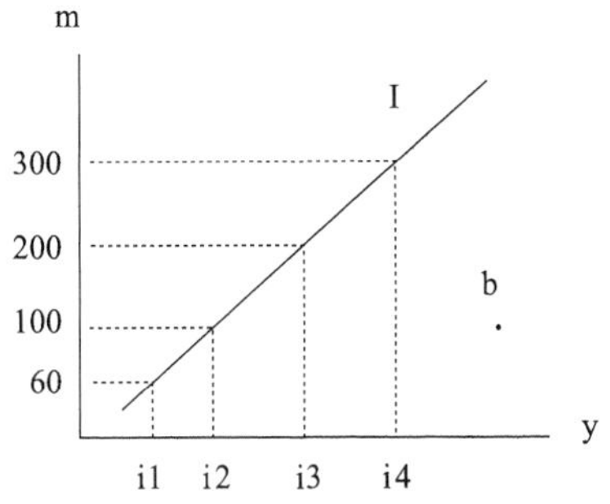

图 10–2 剩余价值投资率均衡

图 10–2 剩余价值投资均衡线 I 是一根向上散发线。当剩余价值率在 60%、100%、200%、300% 时，与 i1、i2、i3、i4 相对应的剩余价值投资率分别为 12.38%、37.14%、58.57%、65.71% 在 I 线上相交。I 线的左方表示投资不足，消费过盛；I 线的右方表示投资过盛，消费不足。当 10.2 节⑥列式中将投资率设置在 80% 时，在本图中投资点落在远离均衡线 I 的右方 b 点，显示出投资严重过剩，将产生消费需求不足。

按照本章在 10.1 节已作的说明，表 10–1 平衡表中的剩余价值率也是可以看作国民收入的一种增量比值的。用表中的剩余价值率替换为国民收入的增量比值，以国民收入增量比值为纵轴 n，其中的刻度 60、100、200、300 为国民收入增量比值；以国内生产总值投资率为横轴 y，其中的 i1、i2、i3、i4 为国内生产总值投资率 % 值。作图 10–3。

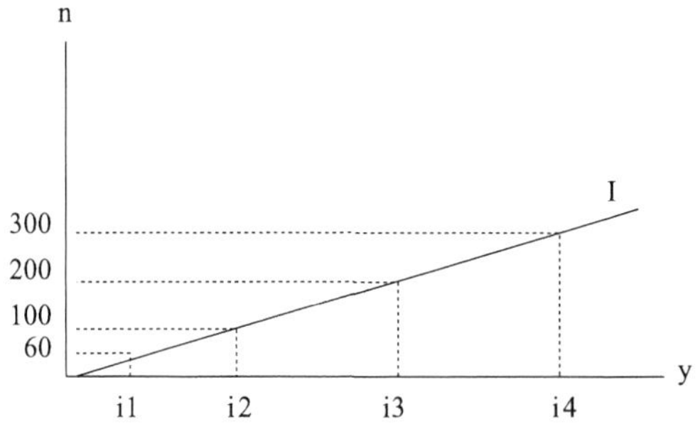

图 10-3　国内生产总值投资率均衡

图 10-3 国内生产总值投资率均衡线与图 10-2 剩余价值投资率均衡线，除 I 线因比值较低而比较平坦外，并无本质的区别。比值低是因为所追加的投资相对于国内生产总值来说比例较小，而投资与消费的绝对值是与上图相同的。当投资过盛消费需求不足时，会处于 I 线的右下方，当消费过盛投资需求不足时，会处于 I 线的左上方。

10.4 再生产均衡方程式在宏观调控中的应用

马克思的再生产理论和本章对投资与消费的均衡分析，对国家的宏观调控来说，具有重大的应用价值。对上述分析中所应用的不变资本、可变资本、剩余价值等概念，虽然与当前现有的国民经济统计数据中所使用的概念不同，但有些数据或概念是可以替换的。这里提供一些替换意见供应用部门参考。

不变资本 c 概念。可用“已消耗生产资料”替代。不变资本是指在生产过程中用于购买生产资料的那一部分资本，在本章的研究中，是假定一年的周期并且作价值的出清，此正与国民经济的统计“已消耗生产资料”数据类同。而“已消耗生产资料”可通过下面统计数据计算：

社会总产值 - 国民收入＝已消耗生产资料

可变资本 v 概念。虽然可变资本概念与全员劳动者总工资现在已不是同一个概念，因为现在的管理者工资也是统计在国民的工资总量中，而目前企业高管（特别是金融行业）的工资都远超出普通劳动者价值工资的概念范围，这种远高于普通劳动者工资的部分也形不成消费，而更有可能成为投资的一部分。可以用扣除一部分（一个适当比例）高管工资后的“全员劳动者工资总额”替代可变资本项，因为在总量中比例很少也可不作扣除。

剩余价值 m 概念。用“企业总利润”替代。可通过下面统计数据计算：

国内国民收入－全员劳动者工资总额＝企业总利润

生产资料、生活资料两大部类概念。这在实业经济部门按产品实物来界定并不困难，主要是在服务行业中的界定中会有些争论。服务行业界定的方法可以按是否直接为生产服务，还是直接为生活服务为界定线。例如金融企业直接为生产服务，界定为第一大部类，文化企业直接为生活服务，界定为第二大部类。

宏观调控数量模型的应用。如果确定宏观调控主要任务是解决经济体内投资货币与消费货币的比例失衡，此有两层含义：一是调节其分配机制；二是直接用数量调节量比。要区分的概念是，这里所说的分配并不等同于劳资之间的一次分配。劳动者在获得一次分配后的工资收入，并不是全部都转为消费货币进入消费的，只有部分直接进入消费，还有一部分转为投资货币进入股市。股市在进行“货币放大”后，再行分解为投资货币与消费货币重新注入实体经济。

因此，实体经济中最终投资货币与消费货币分配量取决于如下量的叠加：

①一次分配后直接进入投资与消费的量。

②国家财经、税收系统（包括国有资产利税）的二次分配，对投资货币与消费货币的分配量。

③进入股市经过“货币放大”后，再次输入实体经济的投资货币与消费货币分配量。

④国家因发行货币，调节货币币值（如长期国债、财政赤字等）、“印钱消费”所获得的价值，用于对社会投放而产生的投资货币与消费货币的分配量。

既然实体经济中的投资货币与消费货币的最终平衡是由上述四方面量叠加构成，那么，对上述四方面的投资货币与消费货币分配比例进行调节，自然也就可以实现投资货币与消费货币在实体经济中的最终平衡。

如何计量实体经济中投资货币与消费货币最终是否实现了平衡，可按照如下宏观调控应用模型，在优先目标中选择组解，实现国民经济总量平衡。

再生产均衡方程式：

$GDP = GDP_1 + GDP_2$

$GDP_1 = C_1 + W_1 + P_1$

$GDP_2 = C_2 + W_2 + P_2$

$P_1 = PX_1+Py_1+Pz_1$

$P_2 = PX_2+Py_2+Pz_2$

$W_1+Pz_1+PX1 = C_2+Py_2$

$W_1+P_1 = Py_1+C_2+Py_2$

$C_2+W_2+P_2 = W_1+Pz_1+PX_1+W_2+Pz_2+PX_2$

上式中：GDP_1、GDP_2 表示第一大部类与第二大部类分别的 GDP 值；C_1、C_2 表示第一大部类与第二大部类分别的已消耗生产资料；W_1、W_2 表示第一大部类与第二大部类分别的国民的工资；P_1、P_2 表示第一大部类与第二大部类分别的企业利润总计；PX_1、PX_2 表示第一大部类与第二大部类的企业利润分别转为生活资料消费的部分；Py_1、Py_2 表示第一大部类与第二大部类的企业利润中分别用于追加对原材料投资、厂房、设备等固定资产投资的部分；Pz_1、Pz_2 表示第一大部类与第二大部类的企业利润中分别的用于在投资中追加劳动者工资的部分。

上列式是个联立方程，其中的已知数为：C_1、W_1、P_1、C_2、W_2、P_2、GDP_1、GDP_2，未知数为 PX_1、Py_1、Pz_1、PX_2、Py_2、Pz_2。

在未知数中，Py_1、Py_2 是新增利润中用于追加对固定资产、流动资金（除劳动者工资外）的投资；Pz_1、Pz_2 是指新增利润中用于追加对新增劳动者工资的投资；PX_1、PX_2 是新增利润中用于追加社会消费的资金。

求解 PX_1 的方程式：

$PX_1 = P_1-Py_1-Pz_1$

$PX_1 = C_2+Py_2-W_1-Pz_1$

$PX_1 = C_2+W_2+P_2-W_1-Pz_1-W_2-Pz_2-PX_2$

求解 PX_2 的方程式：

$PX_2 = P_2-Py_2-Pz_2$

$PX_2 = C_2+W_2+P_2-W_1-Pz_1-PX_1-W_2-Pz_2$

求解 Py_1 的方程式：

$Py_1 = P_1-PX_1-Pz_1$

$Py_1 = W_1+P_1-C_2-Py_2$

求解 Py_2 的方程式：

$Py_2 = P_2-PX_2-Pz_2$

$Py_2 = W_1+Pz_1+PX_1-C_2$

$Py_2 = W_1+P_1-Py_1-C_2$

求解 Pz_1 的方程式：

$Pz_1 = P_1-PX_1-Py_1$

$Pz_1 = C_2+Py_2-W_1-PX_1$

$Pz_1 = C_2+W_2+P_2-W_1-PX_1-W_2-Pz_2-PX_2$

求解 Pz_2 的方程式：

$Pz_2 = P_2-PX_2-Py_2$

$Pz_2 = C_2+W_2+P_2-W_1-Pz_1-PX_1-W_2-PX_2$

对 PX_1、Py_1、Pz_1、PX_2、Py_2、Pz_2 这 6 个未知数的解，有时可能存在多组解，在多组解中可设置优先目标解，例如资本有机构成提高优先、第一部类发展优先或第二部类发展优先、就业优先等，在优先目标中选择组解。

国民经济总量平衡，通过计算求解上述联立方程，可做出精确的、有实际应用价值的宏观调控优选方案。当然，仍然需要遵从上述四方面量的叠加而实现。具体措施如下：

① 通过调节实体经济中的一次分配比例。一次分配仍是最大的投资货币与消费货币比例分配。但此属劳资间的分配，受制于资本分配制度的制约。

②通过调节二次分配以实现平衡。以税收、国有资产税后净利润为主要构成的国家财政，占有经济总量的 40% 以上。我国不同的是，国有资产利润这一块较大，这是我国制度性的好处，应作为调节经济体内投资货币与消费货币分配比例的主要手段。在生产过剩已成为主要矛盾的情况下，除了国家税收这一块多用于国民福利外，国企利润这一块，也不能再主要地用于边际效益极低的投资，而应视综合平衡情况，或用于增加国民福利，改善对消费货币分配不足的情况。

③当社会在前两项调控措施都已用够仍然不能实现国民经济总体平衡时，就必须用到信用价值生产方式对投资货币与消费货币分配比例进行再调节。信用价值生产方式包括货币信用价值生产、虚拟经济信用价值生产、“印钱消费”信用价值生产三大方式。第一种货币信用价值生产方式前面已有部分论述，（后面还将论述国债货币发行），主要通过国家对基础货币与国债货币的发行，从而获得货币发行价值，这一块价值就可用于调节两大部类中投资货币与消费货币的分配比例失衡。关于虚拟经济信用价值生产方式与“印钱消费”信用价值生产方式这两种将在后面的章节中着重论述。

10.5 用宏观经济模型演进均衡与增长的关系

一般人所持有的财富观念，认为财富是物，是物品的使用价值。对一般人来说这种财富观是够用的。但是对经济学者，对国家经济管理者来说，仅持这种财富观是不够的。我们应有财富的流动观。在经济学里，商品是使用价值与价值的统一，仅有使用价值还不是商品，只有通过交换实现了价值才是商品。商品要实现交换就必须有市场需求，有生产能力而没有市场需求时，即使已经形成了的生产能力，在一定的时间周期内也会因过剩而灭失。例如，商品因卖不出去堆在仓库里，或者根本不被生产出来，企业因为产品没有市场而倒闭。这就表明了财富是需要流动的，没有需求就会灭失。因此，经济学里的财富是依附于市场需求而存在的。需求与供给是运动着的矛盾的两个方面，主要矛盾与矛盾的主要方面都会依据一定的条件相互转化。当有需求而没有生产能力时，财富的增长取决于生产能力，当有生产能力而缺乏市场需求时，财富的增长则取决于需求。

本章 10.2 节中对再生产中投资与消费的均衡设置，其本质是一种市场需求与生产能力的同比例均衡增长的设置，只有均衡增长才是最快的增长，当偏离均衡时，社会财富的增长取决于偏离均衡一方的最小取值，此与短板理论相类似。依据这个原理，下面我们仍沿用马克思再生产理论中的不变资本、可变资本、剩余价值的价值分类（只有这种价值分类才准确反映社会价值生产的本质与经济运行的本质）作为社会总产值构成中的三个分类变量，由此构筑社会经济发展模型，考察投资与消费均衡条件下的国民经济增长在各自条件下的获得率。

下面的假设条件仍然是必需的，第一，在非均衡条件下商品的价格在短期是必然会发生偏离价值的波动，但从长期来说，商品的价值与平均价格是趋向一致的。这里假设商品的价格与价值不发生偏离，一切商品都按价值出卖；第二，只限于一国内考察，没有对外贸易，一年内所有商品全部出清。

据中国社会科学院工业经济研究所编写的 2007 年企业蓝皮书《中国企业竞争力报告（2007）——盈利能力与竞争力》，1990—2005 年我国劳动者报酬占 GDP 的比例从 53.4% 降至 41.4%，而同期营业余额占 GDP 比例从 21.9% 增加到 29.6%。如果用劳动者报酬占 GDP 的比例 41.4% 作估算：$v+m/z+m/x=41.4\%$，v 约等于 35%；再以企业毛利润占 GDP 的 29.6% 的数据作相关估算，我国当前的剩余价值率大约就在185%附近。在均衡条件下的剩余价值率最终取决于劳动生产率水平，与资本的有机构成也有相互作用的关系。在本模型中，不考虑投资效益递减等引起波动的因素，假设剩余价值率为150%。假设资本有机构成第一部类为4∶1，第二部类为2∶1不变。第一部类与第二部类之间的比例与资本有机构成相关，也是一个重要的比例关系。实际比例如何并不重要，这里从变化速率的角度来做考察应更科学。因此，假设第一部类总产品与第二部类总产品的比率年变化率不超过10%，如果超过则表示发生了产品过剩。

需要特别说明的是本模型是假定资本有机构成、两大部类之间比例关系变化缓慢的情况。根据美国《基本经济统计手册》中的统计资料计算，美国从1947—1980年，工业中设备的增长速度是4.89倍，消费资料的增长速度是3.41倍[37]。两者年增长速度之差仅为1.3%。此数据说明，在一个长时间里，资本有机构成在不断的提高，但具体到各年度之间，生产资料生产增长的比率对上述例证中生产与消费平衡式的影响还是比较小，这里的忽略并不会影响例证的结论。我国虽然目前仍处于重工业化期，可能的变化率大于美国历史资料数据，但在缺乏统计资料数据支持的情况下，如果资本有机构成、两大部类之间比例关系变化较快，在实际应用中也可将有机构成设置成优先目标选择，在再生产投资与消费的均衡中，通常存在有多组解，从中选择优先目标就可实现。因此，有机构成变化因素在以年度为周期的均衡分析中对分析结论影响不大。

10.5.1 投资与消费均衡中的发展速度

这里继续应用上面的再生产列式，在剩余价值率取值为150%的情况下，取投资与消费均衡值连续4年，通过模型演进观察GDP增长率、社会就业率情况。

起始第一年：

不变资本c、可变资本v、剩余价值m在两大部类中的价值构成：

Ⅰ.4000c+1000v+1500m＝6500（生产资料）

Ⅱ.1500c+ 750v+1125m＝3375（消费资料）

上年生产的第Ⅰ部类与第Ⅱ部类剩余价值1500m、1125m，按照扩大再生产要求对投资与消费进行分配。要记住，这里需要满足资本有机构成是第一部类为 4∶1，第二部类为 2∶1，即剩余价值的增量投资必须按照资本有机构成均衡的要求在两大部类中分配不变资本与可变资本的投资量（下面各年相同），同时还需要满足如下三个等式条件：

Ⅰ（v+m/z+m/x）＝Ⅱ（c+m/y）；

Ⅰ（c+v+m）＝Ⅰ（c+m/y）+Ⅱ（c+m/y）；

Ⅱ（c+v+m）＝Ⅰ（v+m/z+m/x）+Ⅱ（v+m/z+m/x）；

满足这些条件的增量投资价值分配的列式配置如下：

Ⅰ.（4000c+600 m/y）+（1000v+150 m/z）+750 m/x ＝ 6500

Ⅱ.（1500c+400 m/y）+（750v+200 m/z）+525 m/x ＝ 3375

6500c + 2100v +1275m ＝ 9875（社会总产品）

上面投资配置实现 GDP 投资率 13.67%，国民收入投资率 30.86%；剩余价值消费率（m/x）48.57%（指用于消费的剩余价值 750m+525m 除以总剩余价值 1500m+1125m），经过一年的生产形成第二年的 GDP 初始值。

第二年：

经过第一年的生产后，不变资本 c、可变资本 v、剩余价值 m 在两大部类中的价值产品构成（剩余价值率取值 150%）如下：

Ⅰ.　4600c+1150v+1725m ＝ 7475（生产资料）

Ⅱ.　1900c+950v+1425m ＝ 4275（消费资料）

1725m、1425m 是两大部类中新生产出来的价值，在扩大再生产中继续按上述的均衡条件（分配）配置的列式如下：

Ⅰ.（4600c+690 m/y）+（1150v+172.5 m/z）+862.5 m/x ＝ 7475

Ⅱ.（1900c+285 m/y）+（950v+142.5 m/z）+997.5 m/x ＝ 4275

7475c + 2415v +1860m ＝ 11750（社会总产品与价值实现）

当年实现了 GDP 年增长率 18.99%，并完成对下一年 GDP 投资率 10.98%、国民收入投资率 24.57%、剩余价值消费率（m/x）59.05%，剩余价值投资率 40.95% 的均衡配置。在增量投资中，可变资本增加（就业增加）315v，占 GDP 值比为 2.68%。

第三年：

生产后 c、v、m 的价值构成（剩余价值率取值 150%）如下：

Ⅰ.　5290c+1322v+1983m ＝ 8595

Ⅱ.　2185c+1092v+1638m ＝ 4915

1983m、1638m 是两大部类中新生产出来的价值，在扩大再生产中继续按均衡条件（分配）配置的列式：

Ⅰ.（5290c+793.2 m/y）+（1322v+198.3 m/z）+991.5m/x ＝ 8595

Ⅱ.（2185c+326.8 m/y）+（1092v+163.4 m/z）+1147.8m/x ＝ 4915

8595c + 2775.7v +2139.3m ＝ 13510（社会总产品与价值实现）

当年实现了 GDP 年增长率 14.98%；并完成对下一年 GDP 投资率 10.97%、国民收入投资率 24.55%、剩余价值消费率（m/x）59.08%、剩余价值投资率 40.92% 的均衡配置。在增量投资中，可变资本增加（就业增加）361.7v，占 GDP 值比为 2.68%。

第四年：

生产后 c、v、m 的价值构成（剩余价值率取值 150%）如下：

Ⅰ.　6083c+1520v+2280m ＝ 9883

Ⅱ.　2511c+1255v+1883m ＝ 5649

2283m、1883m 是两大部类中新生产出来的价值，在扩大再生产中继续按均衡条件（分配）配置的列式：

Ⅰ.（6083c+912）+（1520v+228）+1140m ＝ 9883

Ⅱ.（2511c+377）+（1255v+188.5）+1317.5m ＝ 5649

9883c + 3191.5v +2457.5m ＝ 15532（社会总产品与价值实现）

当年实现了 GDP 年增长率 14.97%；并完成对下一年 GDP 投资率 10.98%、国民收入投资率 24.58%、剩余价值消费率（m/x）59.03%、剩余价值投资率 40.97% 的均衡配置。在增量投资中，可变资本增加（就业增加）416.5v，占 GDP 值比为 2.68%。

从以上宏观经济模型的演进中，我们可以看出，在剩余价值率取值为 150% 时，投资与消费均衡配置的条件下，GDP 投资率除起始第一年 13.67%，GDP 年增长率 18.99% 也稍高外，尔后的 GDP 投资率只要稳定在 10.98% 左右，国民收入投资率 24.57% 左右，GDP 年增长率会稳定在 14.97% 左右（因四舍五入影响到 0.01%），劳动者工资增加或者社会就业率增加稳定在 2.68%（占

GDP 比率）左右。

10.5.2 投资与消费偏离均衡时的发展速度

如果我们在投资与消费的配置上不取均衡值，其他一切设置条件与 10.51 节完全相同，继续通过模型演进，比较在均衡条件下 GDP 的年增长率、社会就业率变化。

（1）采用投资过剩偏离均衡演算

取上面第四年列式重新设置投资与消费比：

Ⅰ. 6083c+1520v+2280m ＝ 9883

Ⅱ. 2511c+1255v+1883m ＝ 5649

设扩大再生产剩余价值投资率 80%，剩余价值消费率 20%：

Ⅰ.（6083c+1459.2）+（1520v+364.8）+456m ＝ 9883

Ⅱ.（2511c+1004.27）+（1255v+502.13）+376.6m ＝ 5649

这时，第二部类对消费资料有Ⅱ. 3515.27 个单位的生产能力，但是，第一部类只有对消费资料Ⅰ. 2340.8 个单位的需求；第二部类对消费资料的生产能力过剩为 1174.47 个单位。没有消费需求的消费资料或者不被生产出来，或者生产了也不能实现价值。因此，列式服从短板规律，按照Ⅰ（v+m/z+m/x）＝Ⅱ（c+m/y）规律，只得将列式修改为：

Ⅰ.（6083c+1459.2）+（1520v+364.8）+456m ＝ 9883

Ⅱ.（2340.8）+（1255v+502.13）+376.6m ＝ 4474.53

9883c + 3641.93v +832.6m ＝ 14357.53（社会总产品与价值实现）

因消费需求不足，在两大部类交换时，第二部类原有（2511c+1004.27）的生产能力，但第一部类对其只有（1520v+364.8+456m）的需求，因此第二部类产生了Ⅱ. 1174.47 个单位的生产能力被闲置。虽然将剩余价值投资率加大到 80%，但是，所实现的 GDP 年增长率仅为 6.27 %。与同等情况下均衡投资消费时的 GDP 年增长率 14.97% 相比，GDP 年增长率只有均衡条件下的 42%，增长的绝对值减少了 8.7%。

不仅如此，对下一周期的生产还会发生如下的影响：

① 第二部类要发生解雇工人。因为，当第二部类发生Ⅱ. 1174.47 个单位的生产能力被闲置时，实际生产过程中并不是仅关闭机器能解决问题

的，按照第二部类 2 : 1 的有机构成，第二部类的生产能力：（2340.8c）+（1255v+502.13）= 4097.93 个单位，在生产实际过程中必然按照 2 : 1 的有机构成进行重新组合：

Ⅱ．4097.93 =（2340.8c）+（1757.13v）

按照 c : v 有机构成 2 : 1 组合调整：

Ⅱ．4097.93 =（2340.8c+391.1）+（1757.13v−391.15）

调整后的第二部类 c : v 组合：

Ⅱ．4097.93 =（2731.95c）+（1365.98v）

调整后的列式：

Ⅰ．（6083c+1459.2）+（1520v+364.8）+456m = 9883

Ⅱ．（2731.95c）+（1365.98v）+376.6m = 4474.53

10274.15c +3250.78 v +832.6m = 14357.53（社会总产品价值实现）

其中调整（1757.13v−391.15）中发生的减量，表示需要减少可变资本 391.15v。在上一周期中第二部类可变资本是 1225v，在本周期经过调整后只需要 1365.98v，比上一周期中可变资本微增 140.98v，在两大部类全部增量投资中，合计可变资本增加（就业增加）占 GDP 比为 3.31%，比较均衡条件下的 2.68%，虽然社会扩大再以 80% 生产剩余价值投资率作投资，社会总就业增量微增 0.63%。

② 第一部类总产品与第二部类总产品比例由原来的 1.75 : 1，快速增长到 2.21 : 1，此表明，第一部类与第二部类之间的比例产生了失调。两大部类之间的比例与资本有机构成具有相同性质的关系，其比例的变化是一个相对长的周期过程，短期第一部类产品的快速增加，与第二部类比例失调必然引起产品短缺与过剩同时发生。

在下一章中对大比例的投资将持续演进，证明对 GDP 年增长率影响最大的还是在第一年，在第一年中伴随着两大部类之间的结构激烈调整，当相对稳定后的第二年开始，大比例投资对 GDP 年增长率的损害情况有所减轻。

（2）采用消费过剩偏离均衡演算

远离均衡的过量消费同样影响发展速度。下面继续引用上面第四周期的列式重新设置投资与消费比：

Ⅰ．6083c+1520v+2280m = 9883

Ⅱ． 2511c+1255v+1883m = 5649

设扩大再生产剩余价值消费率 80%，剩余价值投资率 20%：

Ⅰ．（6083c+364.8）+（1520v+91.2）+1824m = 9883

Ⅱ．（2511c+251）+（1255v+125）+1507m = 5649

这时，第一部类有对消费资料Ⅰ．3435.2 个单位的需求，但是，第二部类只有对消费资料Ⅱ．2762 个单位的生产能力。服从短板规律，按照Ⅰ（v+m/z+m/x）= Ⅱ（c+m/y）规律，将列式修改为：

Ⅰ．（6083c+364.8）+（1520v+91.2）+（1150.8m）= 9209.8

Ⅱ．（2511c+251）+（1255v+125）+1507m = 5649

9209.8c + 4142v +1507m = 14858.8（社会总产品与价值实现）

第一部类将剩余价值主要分配留用于消费，使消费需求过快扩张，并不是因为增加了雇佣工人（可变资本仅增加 91.2v，比均衡时应增加 228v 要少）而形成的消费需求过剩，增加工人所形成的消费需求往往是生活必需品，而增加的消费分配比例则是资本家留用剩余价值于消费或者是国家通过二次分配增加社会保障，这种消费需求可能主要的是引起对消费产品升级的需求，当不能满足时，更多的可能是引起持币待购、储蓄增加，转为投资性货币进入股市。一般不会引起有机构成等经济结构方面的调整，也不会引起解雇工人（但由投资引起的增量雇工减少），因此对上列式不用作调整。

消费需求过剩，第二部类生产能力不足。实现 GDP 年增长率 9.98 %，与同等情况下均衡投资消费时的 GDP 年增长率 14.97% 比减少 GDP 增长率 4.99%。

同样是偏离均衡，但当加大投资引起消费需求不足时，GDP 年增长率立即下降至 6.27 %，只有原来的 40%，而且产生两大部类比例失衡，远比消费需求过盛对经济发展的影响要大。但是，不管是加大投资所引起的偏离均衡，还是加大消费所引起的偏离均衡，都比不上在投资与消费均衡条件下的增长速度。

10.5.3 国际贸易出超对均衡与增长的影响

国际贸易对国内再生产均衡、增长速度、社会就业率都有较大影响。

取 10.52 节中投资过剩偏离均衡的列式。为了获得贸易出超的条件，国内的均衡必然向投资偏离，以获得超出国内需要的产能。

因国际贸易价格竞争激烈，实际经济中剩余价值率可能下降。但为了方便数据比较，在本模型中仍假设剩余价值率为 150%，其他的各项假设条件都不变。

Ⅰ．　6083c+1520v+2280m = 9883

Ⅱ．　2511c+1255v+1883m = 5649

假设剩余价值投资率 80%，此投资率已在前面进行过演绎，因为偏离均衡较大，引起产能过剩，生产系统作自适应调整。但在国际贸易出超条件下假设这些产能是必须的，这里对（前提中的过剩）产能不作调整：

Ⅰ．（6083c+1459.2）+（1520v+364.8）+456m = 9883

Ⅱ．（2511c+1004.27）+（1255v+502.13）+376.6m = 5649

这时，第二部类有对消费资料有Ⅱ．3515.27 个单位的生产能力，但是，第一部类只有对消费资料Ⅰ．1884.8 个单位的需求。在国际贸易平衡的条件下，国内过剩产能通过出口获得了平衡。第二部类对消费资料的生产能力对国内过剩 1174.47 个单位，通过出口商品被卖出去了，实现了价值。两大部类产品交换改写于：

Ⅰ（v+m/z+m/x）+ 出口 = Ⅱ（c+m/y）。

这个式子的含义是，第二部类对消费资料生产的产量为Ⅱ（c+m/y），在国内有需求并实现了产品价值交换的有Ⅰ（v+m/z+m/x）的量，通过国际贸易出超实现的量等于出口。因此，国内偏离均衡的过量投资在国际贸易出超条件下成立。上列式虽然不平衡，但假设不用作调整仍然通过出口实现价值交换：

Ⅰ．（7542.2c）+（1884.8v）+456m = 9883

Ⅱ．（3515.27c）+（1757.13v）+376.6m = 5649

11057.47c + 3641.93v +832.6m = 15532（社会总产值）

模型演进获得本周期经济运行过程的相关经济指标如下：实现 GDP 年增长率 14.97%。实现社会就业增量（占 GDP 比）5.58%，因出口实现贸易顺差 1630.47 价值单位。

下一个周期保持同等出口结构和出口量不变，继续再生产过程如下：

Ⅰ．（7542c）+（1884v）+2826m = 12252

Ⅱ．（3515 c）+（1757v）+2635m = 7907

如果剩余价值投资率 80% 仍保持不变则：

Ⅰ.（7542c+1808.64）+（1884v+452.16）+565.2m = 12252

Ⅱ.（3515 c+1405.4）+（1757v+702.6）+527m = 7907

14271.04c +4795.76v +1092.2m = 20159（社会总产值）

这一生产过程，除满足与上年等同的出口外，第二部类将产生 388.57 个价值单位的产能过剩：

Ⅱ. 4920.4-（Ⅰ.2901.36+［出口］1630.47）= 388.57（产能过剩）

此说明，当出口（出超）增长时，剩余价值投资率同等增长以对应出口增长的需要，如果出口不增长，高投资率是不可持续的，但仍可处于相对高位。为了避免产能过剩而损失效率，唯一的政策选择只有回到均衡增长轨道上来。

但由于贸易出超原因，前一周期在加大投资实现新增产能的同时，能获得较大的社会就业增量（本例中社会就业增量突增至 5.58%），那么在新的均衡条件下，发展速度也获得倍增。

下面调整投资与消费比，取均衡再生产列式：

Ⅰ.（7542c+1808.64）+（1884v+452.16）+565.2m = 12252

Ⅱ.（3515 c+1016.83）+（1757v+508）+1110.17m = 7907

13882.47c +4601.16v +1657.37m = 20159（社会总产值）

其中：Ⅰ.（1884v+452.16）+565.2m+［出口］1630.47

= Ⅱ.（3515 c+1016.83）

由此，新均衡条件下经济运行的相关指标为：实现 GDP 年增长率 29.79%，与上一周期就业量的倍增比例相同，实现社会就业增量（占 GDP 比）为 4.76%，因出口继续实现贸易顺差 1630.47 价值单位。

此再生产模型证明，因国际贸易出超所产生的投资乘数效应是存在的，GDP 年增长率高达 29.79%，并与出超的增量等比。但在继续的再生产过程中，由于社会就业增量递减，因出口增量所产生的乘数效应也会随之减弱。再生产因贸易出超而打破原有均衡，将在新的较高基础上回归到均衡。

10.6 投资均衡与就业

社会就业是经济发展最重要的指标之一。仅有 GDP 值的增加，没有就业量的增加经济发展很难说是良性的。

在上述社会再生产模型中，可变资本 v 值是一个反映社会就业状况和劳动工资提高的值。在再生产模型中可变资本分两种量：一种是原有存量，一种是因剩余价值用于投资时而追加的可变资本量。因投资而引起的可变资本增量，即可用于增加社会就业，也可用于增加劳动者工资，这需要由劳动市场的供需情况决定，当有增量就业劳动者时，由于就业竞争，新增劳动者会以较低工资加入竞争，自然会引起就业增加；当无新增劳动者时，增加的可变资本投资自然会引起劳动者工资增加。剩余价值分割用于追加资本所有者消费也会引起第二部类消费资料生产的增加，但此就不能看作是就业量的增加，而应看作是整体职工工资水平的提高。

在各种均衡与偏离均衡的条件下，对可变资本的增加值是各有不同的，因而对就业也是有不同影响的。另外，由于经济单位的性质千差万别，有时从单个单位来说，可变资本增加值可能用于增加在职人员工资，而不是用于新增职工，但从社会整体来说，可变资本值的增加由于劳动市场的竞争规律存在，从而引导到社会较充分就业方向是不变的，因此这里假设社会存在不充分就业情况，增加可变资本量就视为就业增加量。

各种均衡与非均衡条件下因追加投资所引起的可变资本增量、与社会总产值的比率关系列表如下（表中为了直观使用就业替代可变资本概念）。

表 10–2 均衡与就业关系表

m增量%	均衡、投资偏离、消费偏离	剩余价值投资率 %	第一、第二部类就业增减或比例变化	就业增量与 GDP 比率 %	GDP 增长值 %
60	均衡	12.38	双增	0.36	–
100	均衡	37	双增	1.67	–
100	第二部类优先均衡	39.29	双增	2.08	–
200	均衡	58.57	双增	5.12	–
300	均衡	65.71	双增	7.6	–
150	**均衡**	**40.95**	**双增**	**2.68**	**14.97**
150	消费偏离	20	双增	1.46	9.98
150	投资偏离	80	第二部类减少	3.31	6.27
150	投资偏离	80	增加Ⅰ：Ⅱ比例	6.23	6.27
150	出口增加投资	80	贸易出超双增	4.76	29.79

表 10–2 中的数据都是上面各节中的模型演进中的数据，其中第 6 行加粗

的数据是第 10.5 节中的投资与消费均衡配置的演进值，其中的 m 增量 150% 与我国 1990—2005 年期间的统计数据 185% 接近。之所以将标准 m 值设置在低于 185% 的值，是因为 m 值与劳动生产率的年提高率和劳动者工资分配的比例相关，不可能像这一时期那样保持在如此的高位，随着劳动生产率提高的放缓与劳动者工资的提高，m 值可能还会下降。

通过对表 10–2 表格数据的分析，可以得出如下重要结论：

①在投资与消费均衡条件下，社会就业量的增加与剩余价值 m 的增量相关。当剩余价值 m 增量小时，均衡时的投资率较低，引起的就业量较低。当剩余价值 m 增量大时，均衡时的投资率较高，引起的就业量较高。例如，当 m 增量为 60 时，均衡条件下的社会就业（与 GDP 比率）增量仅为 0.36%；当 m 增量为 300 时，均衡条件下的社会就业增量达到 7.6%。

②在剩余价值 m 同一增量条件下，如果采用第二部类发展优先的均衡策略，因第二部类有机构成低于第一部类，同一投资增加时就业率高于第一部类，因此，GDP 就业比率稍高。例如，在同样 m 增量为 100，当第一部类投资均衡优先时（默认值），社会就业量（与 GDP 比率）为 1.67%；当第二部类投资均衡优先时，社会就业量为 2.08%，高于前者 0.41%。

③如果采取向消费偏离的非均衡选择，社会就业增量（与 GDP 比率）会大幅下降。例如，表中在剩余价值 150m 同增量条件下，当剩余价值 80% 用于消费，剩余价值投资率仅为 20% 时，发生了向消费偏离的非均衡，社会就业增量由 2.68% 下降到 1.46%。

④如果采取向投资偏离的非均衡选择，如果不考虑比例平衡，在第一个周期内就可获得高达 6.23% 的社会就业量（与 GDP 比率）增加。但同时第一部类产值与第二部类产值比例会跃升，如表格中实例由 1.75∶1 跃升至 2.21∶1（见 10.52 节实例）。这种跃升也可能是需要的，例如，大规模增加基础设施投资，快速工业化过程等，但是不可持续。因为过量投资会使需求主要指向第一部类产品，产生对第二部类产品的需求不足，第二部类产能会过剩，严重影响总体的增长速度。由于对第二部类产品的需求不足，第二部类产能必然会产生自适应性调整，降低产能会使第二部类就业人数反而减少，就业增量主要指向的是第一大部类。与均衡条件下的社会就业量相比，自适应调整后的社会就业增量在总量上还是稍有增加。例如，表中在剩余价值 150m 同增量条件下，当剩余价值投资率为 80% 时，产生向投资偏离的非均

衡，社会就业增量由 2.68% 稍增至 3.31%。

⑤因国际贸易出超而增加投资，会产生较大的社会就业增量和投资乘数效应。初始期曾获得 5.58% 的社会就业增量，后一周期递减到 4.76%。GDP 也获得较高的增速。

结论：只有在均衡条件下才能获得最佳的增长速度和适当的就业量。投资偏离在初期会获得较好的社会就业增量，但会影响 GDP 增长速度，尔后的调整也会使社会就业增量下降。消费偏离所产生的社会就业增量最低，但仍可获得一定的 GDP 增长速度。国际贸易中的出超在增量过程中会获得投资乘数效应，不管对解决就业还是 GDP 增速方面都有好的效果，但不可能有持续的增量，在稳态条件下必然回归均衡。实际经济过程中偏离均衡的发展系统是不稳定的，在作自适应性调整过程中过剩产能会自动失灭，损失增长速度。

但在资本市场经济条件下，由于是按资本利益最大化原则对剩余价值进行分配的，劳动者工资分配比例总是被资本尽量地压低，因而总是消费货币不足，投资货币分配过剩。产能过剩在一定条件下也会转化为投资货币过剩。因此，均衡投资与消费在实体经济实体价值生产过程中依靠自身的力量是很难实现的。已成为常态的投资货币过剩，在经济危机与亚危机的压力下，在社会价值生产必须均衡投资与消费才能获得均衡的增长速度从而实现个体资本利润最大化的牵引下，一种全新的价值生产方式，即信用价值生产方式产生了，接下来的章节中将讨论这个问题。

第十章思考题

1. 扩大再生产的平衡条件是什么？
2. 投资与消费均衡对发展速度有什么影响？
3. 投资与消费偏离均衡对发展速度有什么影响？

第十一章　信用价值生产发生过程

本章导读

从社会再生产中两大部类的投资与消费均衡模型演进中，我们可以得出一个重要的结论，均衡是一种很特殊的情况，一般情况下投资与消费总是处于不均衡的状态，消费需求总是有缺口存在，这是由按资分配制度决定的。而不均衡的状况如果任由发展下去，或者不均衡的矛盾积累到一个临界点，就会引发经济危机。这已经为无数的经济现实所证明。这个由市场经济制度决定的并不断引发经济危机的根，使得各派经济理论都以它为重要的研究对象并开出完全不同的药方。

经济的发展、对经济危机的应对，已经不再是经济问题，而是政治问题了。企业为追求经济效益而创新出各种类型的产品或服务，国家为解救经济的危机状态而产生新的对投资货币与消费货币的调节手段，由此，产生了信用价值生产，信用价值对实体经济的社会再生产调节手段被用上了。

以美国为首的欧美发达国家，在经历1929年世界资本主义经济大危机后，一度采用凯恩斯主义政策主张，把国家的财政税收作为干预和调节经济平衡的工具，用增加政府投资的办法谋求社会充分就业，解决有效消费需求不足，给资本主义带来约30年的大发展，但凯恩斯主义并不能从根本上解决问题，消费需求缺口仍然存在。在经历了20世纪70年代的滞胀危机后，凯恩斯主义也失灵了。是不是资本主义由此就灭亡了呢？事实证明还没有，资本主义在信用价值生产上找到了新的生存空间。下面将要论述的“货币放大”规律、“印钱消费”规律、虚拟经济中的信用价值生产规律，就是这种由经济代偿机制起作用而发展起来的，成为资本主义投资货币过剩时代里普遍起作用的必然规律，虽然人们还没有意识到它的存在并能动性地运用它。

虽然“货币放大”“印钱消费”、虚拟经济信用价值生产等，都是在实体经济价值生产的概念之外，属于独特的信用价值生产体系范畴，却依赖于实体经济，是属于建立在实体经济之上的一种价值生产方式。当人们深入考察还会发现，虽然这种价值生产人们并非自愿，甚至还有人特别地抵制，但为寻求利润、经济寻求增长、危机寻求应对，有时是被迫而不得不为之。

“货币放大”是股市的一种特有机能，由于股市的这种机能，使得股市成为虚拟经济的主体，从而使社会再生产形成全新的“双轮经济”构架。“印钱消费”则与货币发行机制相关。这些全新规律的揭示，将为世界各国经济打开可持续增长的大门。

11.1 凯恩斯对解决有效需求不足问题的贡献

马克思认为资本主义的生产过剩有两种形式：绝对过剩与相对过剩。资本主义生产主要是相对过剩，这是由按资分配的制度所决定的，劳动者工资不过是劳动者商品的价格。前一章在对社会再生产的分析中我们已经看到，社会消费最主要由两部分构成，全体社会成员对生活资料消费品的最终消费与在生产中对生产资料商品的消费，对生活资料消费品的消费主要由劳动者的工资和资本家资本利润中用于资本家自身的生活消费两部分构成。由于劳动者工资的增长受到劳动市场劳动者商品价格竞争的影响以及劳动者作为特殊商品最终取决于生产这种特殊商品的社会平均生产成本的影响，所以，劳动者工资的增长始终会慢于社会劳动生产率的增长，这就必然会引起生产与消费的不平衡，消费需求不足，生产过剩必然发生，是由资本主义这种分配制度所决定的不可克服的矛盾。

但是，要注意到马克思这里所分析的消费需求不足、生产过剩的矛盾是仅仅指社会在生产中的分配，也就是我们现在所说的第一次分配。马克思在《资本论》中，对资本主义的这种分配分析是前所未有的、十分精湛的，此也是构成剩余价值理论的一部分，但同时由于马克思虽然已经分析到了资本主义由这种基本矛盾所引起的经济危机不可避免，1929 年世界资本主义经济危机的大爆发毕竟是马克思身后 40 多年的事，资本主义如何度过经济危机，理论应该如何发展有待于后人的继续努力。因此，马克思没有分析过除社会生产中的分配（即一次分配）以外的分配，这也没有什么奇怪。

1929 年世界资本主义经济危机的大爆发，再一次证明了马克思在《资本论》中对资本主义生产过程中的矛盾分析的无比正确。虽然欧美资本主义在这之前每隔 8 年 -10 年左右就爆发一次经济危机，但这一次不仅持续时间长，而且资本主义经济损失惨重，1931 年美国工业生产总指数比 1929 年危机前下降了 53.8%，整个资本主义世界工业产量下降高达 44%。在危机中，一方面大量的生产过剩，企业商品大量的积压而卖不出去，企业为保持利润，宁可销毁大量的农产品和牲畜，牛奶被倒入密西西比河，另一方面，广大劳动者缺衣少食，据 1932 年 9 月的《幸福》杂志估计，美国全国总人口中 28% 无法维持生计。

由于这场危机，1936 年产生了凯恩斯的《就业、利息和货币通论》。凯恩斯的《通论》虽然也发现了生产过剩、有效需求不足是资本主义经济危机的原因，但他并不是继承马克思《资本论》中的剩余价值理论，而是批判地继承了他之前的边际效用理论，用三大主观动因来解释生产过剩、有效需求不足的发生原因。

我们简要比较一下这些理论之间的差异：

马克思从本质的、内在的方面解释了消费需求缺乏产生的原因，认为资本生产的目的是为了利润，为了利润才雇佣工人从事生产，给工人的工资只不过是劳动力的价值或价格，劳动力的价值或价格取决于社会必要劳动时间。随着社会生产能力的日益提高，劳动力的价格并不会因社会生产力的提高而相应地提高，而是相反，相对于剩余价值来说会日益下降，由劳动者工资所形成的社会生活需求对于社会总产品的比例来说，或者是对于已经形成的社会生产能力来说，相对的比例越来越低，资本过剩，消费需求缺乏是以利润为目的资本主义制度必然造成的。

边际效用理论从边际生产力和消费行为学两方面来解释社会普遍存在的消费需求缺乏。根据克拉克的边际生产力概念，劳动者工资取决于社会劳动的边际生产力。当资本雇佣工人时，最后增加雇佣这个工人所增加的产量等于付给这个工人的工资，而社会平均工资水平取决于最后雇佣这个工人的工资水平。马歇尔认为这是仅从资本对雇工需求的角度解释，是不全面的。需要从劳动要素的需求与供给两方面进行解释。从需求的角度看，工资取决于劳动的边际生产力或劳动的收益产量，从供给的角度看，工资取决于劳动力的生产成本（此与马克思关于工资取决于劳动力生产的社会必要劳动时间的理论一致）和劳动力因劳动而产生的负效应，或闲暇的效用水平。社会平均工资水平取决于劳动力的供给与资本对劳动力的需求两方面因素所形成的均衡。

从这种工资水平的决定可以看出，当社会生产率水平提高时，劳动者的工资水平并不能获得提高，甚至有可能会降低。从资本的投资决定理论可以看出，资本的边际生产力水平是随着社会生产率水平提高而提高的，资本的投资水平与社会劳动生产率正相关。但是，一方面资本的投资水平随着社会劳动生产率的提高而提高，另一方面劳动者的工资水平并不能随着社会生产率的水平提高而提高，这种矛盾的外在表现就是社会的生产能力过剩和消费需求缺乏越来越严重。由于需求缺乏，引起资本投资所生产的商品不能实现价值，资本的投资利润率降低，资本因而减少投资，从而产生资本过剩。

整个 19 世纪至 20 世纪 30 年代的各国经济，几乎都为经济自由主义的理论体系所主导。其代表人物法国经济学家让·巴蒂斯特·萨依（Jean-Baptiste Say）创立的萨伊定律，核心思想是“供给能自行创造其自身的需求”。萨伊定律认为，在一个完全自由的市场经济中，会有一双看不见的手在起自动调节作用，供给会创造需求。1929 年资本主义世界经济危机使传统的萨伊定律、“看不见的手”等经济自由主义理论体系彻底破产。凯恩斯在《通论》中狠批了这种经济自由主义理论，对有效需求不足原理以边际效用理论为武器重新作解释。他认为，人们的消费倾向是递减的，人们的每一收入增量中，用于消费的部分会越来越少，用于储蓄的部分会越来越多。收入分配悬殊，会降低消费倾向。因为富人虽然收入很多，但他们只把一小部分用于消费，把大部分储蓄起来；而穷人虽然会把新增收入的绝大部分用于消费，但他们的新增收入却很有限。社会的有效需求不足，除人们的边际消费倾向递减外，还源于对资本的边际效益递减的心理预期与愿意保留货币现金在手中的流动性偏好。

凯恩斯一反传统经济学所认为的生产重要的观点，把消费需求提到了一个至高无上的地位。在他看来，一切生产的最后目的都在于消费，只有通过消费问题的解决才能解决生产过剩问题。因此，他在《通论》中详细考察了影响消费的客观因素和主观因素，认为有效需求不足源自于三大心理规律。

① 边际消费倾向递减规律。所谓边际消费倾向递减，是指随着人们收入的增加，消费也随之增加，但消费增加的比例不如收入增加的比例大；在收入减少的时候，消费也随之减少，但也不如收入减少的那么厉害；最后一个货币收入单位中用于消费的比例在减少。边际消费倾向取决于收入的性质，富人的边际消费倾向通常低于穷人的边际消费倾向。消费者很大程度上都着眼于长期收入前景来选择他们的消费水平，长期前景被称为永久性收入或生命周期收入，或者是平均的收入水平。如果收入的变动是暂时的，那么，收入增加的相当部分就会被储藏起来；收入不稳定的个人通常具有较低的边际消费倾向。人们对未来收入的预期差也会降低边际消费倾向，使经济危机时期的萧条变得更为萧条。

② 资本边际效率递减规律。所谓资本边际效率递减，是指人们预期从投资中获得的利润率，将因资本投资的增加而递减。资本投资越多，对设备的需求越多，设备的价格会越高，为增加设备而付出的成本会提高；而因投资增加，未来的产品供给将扩大，产品的未来销路越会受影响而预期收益会下降。凯恩斯详细论述了人们对资本边际效率递减的预期，即对资本未来收益的预期，是如何引致了经济周期的。凯恩斯在《通论》中写道："繁荣期之特征，乃一般人对资本之未来收益作乐观预期，故即使资本品逐渐增多，其生产成本逐渐增大，或利率上涨，俱不足阻碍投资增加。但在有组织的投资市场上，大部分购买者都茫然不知所购为何物，投机者所注意的，亦不在对资本资产之未来收益作合理的估计，而在推测市场情绪在最近未来有什么变动，故在乐观过度，购买过多，当失望来临时，来势骤而奇烈。不仅如此，资本之边际效率宣布崩溃时，人们对未来的看法，亦随之黯淡，不放心，于是灵活偏好大增，利率仍上涨，这一点可以使得投资量减退得非常厉害；但是事态之重心，仍在资本之边际效率之前崩溃——尤其是以前被人非常垂青的资本品。至于灵活偏好，则除了由于业务增加或投机增加所引起的以外，须在资本之边际效率崩溃以后才增加。"这里，凯恩斯用人们对资本边际效率预期的崩溃，解释了引起投资需求不足加剧危机的过程。

③ 灵活偏好规律。所谓灵活偏好规律，是指人们愿意保持更多的货币，而不愿意保持其他资本形态的心理规律。凯恩斯认为，灵活偏好是对消费不足和投资不足的反映，具体而言是由以下三个动机决定的：交易动机，指为

了日常生活的方便所产生的持有货币的愿望；谨慎动机，指为了应付各种不测所产生的持有现金的愿望；投机动机，指由于利息率的前途不确定，人们愿意持有现金寻找更好的获利机会。这三种动机，尤其是谨慎动机，说明面对诸多不确定性时，人们通常不敢轻易使用自己的存款[38]。

凯恩斯用边际消费倾向递减规律说明消费不足，又用人们对投资收入预期的变化说明了投资需求不足所引发的经济周期的过程，用资本边际效率崩溃原理说明在经济危机到来时加剧经济危机的过程。人们愈是不敢投资，不敢消费，愈是对灵活偏好更加偏好。

凯恩斯是在有效需求不足理论基础上重建就业均衡理论的，他认为社会就业量取决于总需求与总供给的均衡状态，但均衡可以是充分就业的均衡，也可以是不充分就业的均衡。以往假设的充分就业均衡是建立在萨伊定律基础上的，其前提是错误的，因为通常情况下的均衡是小于充分就业的均衡。社会上存在着非自愿失业和小于充分就业的均衡，其根源在于有效需求不足。有效需求包括消费需求和投资需求，由于有效需求不足，商品滞销，引起生产缩减，解雇工人造成失业，消费需求更加不足。当就业增加时，社会的实际收入增加，消费也增加。但是，在收入增加时消费需求并不同比增加那么多，消费需求增加与收入增加这两者之间还会出现一个差额。总就业量取决于总需求或有效需求，而在消费需求已定的情况下，除非投资增加，人为地增加社会需求，否则就业就无法增加。因此，必须有足够增量的消费需求来支持就业的增长。政府如果听任失业与危机继续存在是危险的，政府必须采取干预措施。

凯恩斯及其继承人都把财政税收看作是国家干预和调节经济并使经济平衡发展的重要工具。凯恩斯认为，解决有效需求不足，不能靠市场经济的自发调节，而必须靠国家的干预，特别是财政税收的干预。他主张不应把年度财政收支平衡作为理财的基本原则，国家可以用发行公债，实行赤字财政的办法刺激需求，增加政府投资，以弥补私人投资的不足。同时，国家必须用改变税收体系等办法，指导消费倾向，增加消费。凯恩斯还认为，收入分配悬殊，会降低消费倾向。主张用收入再分配的办法解决这个问题，即把富人收入的一部分用累进税的办法集中于国家手中，再通过政府转移支出的办法分配给穷人，或由政府兴办公共工程这样的办法，既可解决由消费倾向过低造成的消费需求不足，也可增加政府投资，从而达到刺激需求、促使供求平衡、增加就业的目的。

凯恩斯理论的革命性主要表现在三个方面：首先，凯恩斯认为，是由于三个基本心理因素的共同作用造成社会的有效需求（总需求）不足，而在古典经济学体系强调“看不见的手”的调节作用。其次，凯恩斯认为工资是刚性的，其变化是滞后的，不可能像新古典经济学理论体系中所描绘的那样能迅速地变动、迅速地适应需求不足的变化。第三，凯恩斯认为市场并不能进行自动的调节。因此主张国家干预市场，采取赤字财政手段扩张政府开支。

我们将凯恩斯的政府投资干涉理论用示意图来表示（见图 11–1）：

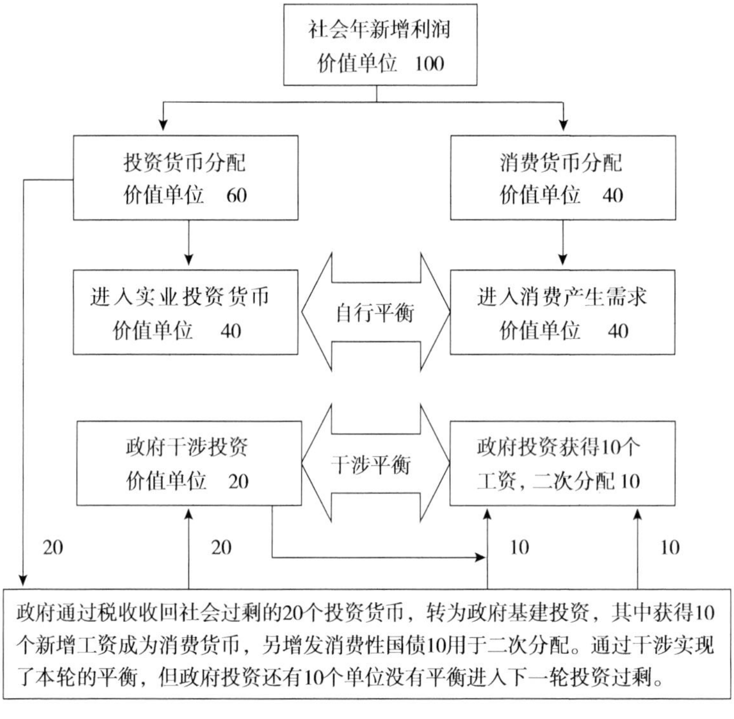

图 11–1 凯恩斯理论政府干涉投资图示

说明：这里的价值单位量并不等于严格的货币量，而是指一种投资消费配比。例如，投资货币价值单位 20，并不直接等于消费货币价值单位 20 的价值量，而是指投资货币价值单位投资后所产生的商品需要 20 个消费货币价值单位来购买，从而实现投资与消费在量上的平衡。如此简化，只是为了说明在宏观经济中投资货币与消费货币必须有比例上的平衡。本图示以及下面的各图示都是这种简单的配比，其准确数量是以上一章中的社会再生产两大部类均衡模型演绎的数据作为基础的。这里再抽象简化，由此来说明宏观经济平衡本质上是投资与消费比率上的平衡。

在图 11–1 中，除了政府投资干涉以增加社会就业以外，凯恩斯也强调政府通过财政税收政策，增加社会公共福利，同时政府增加投资，依靠增量投资中的增加就业（增加了消费货币），从而实现对现有过剩的平衡；但由单纯投资所形成的投资过剩会在下一轮社会再生产中积累。凯恩斯主义理论产生后在资本主义世界风行了半个多世纪，不少资本主义国家政府曾奉若神明。在资本主义必然存在的生产相对过剩的历史条件下，凯恩斯主义政策缓和了资本主义国家生产与需求的矛盾，减轻经济危机的破坏程度，对第二次世界大战后西方国家经济的发展，起到了相当大的积极作用。但它没有也不可能解决马克思所揭示的资本主义社会的基本矛盾。由于不是用从根本上解决资本主义社会基本矛盾的措施和手段，仅依靠赤字财政追加投资以填补消费需求不足的补缺口手段，虽然缓解了就业不足的矛盾，但也造成投资货币与消费货币在下一轮的缺口比率越来越大，投资货币过剩不断地积累。进入 20 世纪 60 年代以后，西方国家经济相继陷入滞胀状态，凯恩斯主义的理论和政策失灵。

受到西方经济学界货币学派、供给学派等的挑战，新自由主义理论重新抬头。新自由主义学派林立，理论体系庞杂，但主要以弗里德曼的现代货币主义学派、卢卡斯的理性预期学派和拉弗的供给学派为代表。1979 年撒切尔夫人出任英国首相，公开宣布实践新自由主义纲领。1980 年里根上台以后，也宣告了新自由主义在美国的实行。此后，其他发达国家也效仿英美，掀起了新自由主义的浪潮。20 世纪 80 年代初，拉美国家成为新自由主义理论和政策的试验场。到 80 年代末，拉美国家深陷债务危机，美国乘势于 1990 年推出“华盛顿共识”，试图以新自由主义模式来规范世界秩序，实现全球经济的自由化、私有化、市场一体化。智利、墨西哥、巴西等拉美国家，以新自由主义经济理论为依据进行了贸易自由化、投资自由化、金融自由化和企业私有化等全方位自由化的经济体制改革，改革之后都陷入动荡与危机之中。前苏联及东欧国家也在新自由主义思潮的影响下，推行了类似自由化、私有化和稳定化三位一体的“休克疗法”经济转轨改革，同样给这些国家带来了政局混乱、经济大幅下滑以及贫富差距迅速扩大等经济与社会危机。而推行新自由主义的美国自己，从来也没有实行单纯的新自由主义经济政策，在国家干预与宏观调控方面仍然有着十分浓厚的凯恩斯主义色彩。

而 2008 年美国次贷危机、国际金融危机又再一次宣告了经济自由主义理论的破产。以美国为首的欧美各国又再一次祭起了由政府干预的救市的大旗，凯恩斯主义又再一次显灵。

凯恩斯主义的有效需求不足理论与马克思的生产过剩、消费需求不足理论，应该说，都抓住了这个资本主义矛盾的核心，但是两者理论产生的原因不同，得出的结论也不同。马克思认为资本主义生产过剩、消费需求不足产生的原因是分配制度问题，而分配制度取决于生产关系，因此，生产过剩、有效需求不足是资本主义制度不可克服的。凯恩斯认为有效需求不足产生的原因是人们的“三大心理动机”，与资本主义制度没关系，不仅仅因为劳动者绝对贫困（失业）会造成有效需求的不足，即使劳动者收入提高了，也会因为消费需求递减规律作用，从而产生生产过剩。马克思主义的结论是应从根本上改变按资分配的制度，凯恩斯主义的结论是通过扩张资本的投资与通过增加富人的税收，增加社会公共福利的二次分配来解决与弥补消费需求不足的缺口。凯恩斯主义的二次分配理论的确缓解了资本主义的危机，延续了资本主义的生命过程。二战后，欧美国家普遍实行凯恩斯主义政策，在提高国民福利水平、促进国家经济持续发展起到了很好的作用。

通过改善二次分配缓解资本主义基本矛盾，使资本主义得以延续，这并不是说明马克思《资本论》中的理论的失败，而是恰恰相反，凯恩斯的通过政府干涉经济与增加二次分配以解决有效需求不足的矛盾，正证明了马克思对资本主义的无限发展的社会生产力与有限消费之间矛盾乃是资本主义生产方式的基本矛盾的理论分析是无比精准与成功的，100 多年前的理论至今也未过时。世界各国经济实践都反复地证明，资本主义的经济危机，其最终的根源都在于产能过剩（早期表现于商品过剩，现又表现为资本过剩）、有效需求不足。在经济运行过程中则具体地表现为投资货币过剩、消费货币分配不足。任何解决危机的办法，最终都要着力到解决有效需求不足、调节投资货币与消费货币的分配比例上来。

11.2 凯恩斯“滞胀”的难解之谜

如果将凯恩斯主义理解为仅仅是通过财政赤字由政府加大对基础设施的投资是错误的。凯恩斯主义所主张的不仅仅是政府投资干涉，也包括了增加劳动者的工资分配比例，以及通过增加税收以获得更多的财政收入用于提高社会公共福利。二战后30多年，欧美各国经过实行凯恩斯主义，加上民主国家制度选票的作用，劳动者的分配比例普遍大为提高。从一般情况看，欧美各国最终消费占GDP的比重一直都在65%以上。美国在两党轮换坐庄的民主制度下，由于两党都需要讨好选票，反而导致“福利自由双膨胀”[39]，在1959年至2000年期间，美国国内的GDP增长速度为3.5%，而个人消费支出年均增长速度为3.6%，在美元霸权坐享货币发行价值的作用下产业空心化，消费增长超过其产能的增长，并最终因借贷消费的次级债引发国际金融危机。

可见，凯恩斯主义对资本主义的“过剩危机”治疗有立竿见影之效。但20世纪70年代的经济滞胀使一度奉若神明的凯恩斯主义拿起来了又被放下了。在2008年国际金融危机的反击战中，当美国为首的欧美国家将凯恩斯主义再次拿起时，却有不少学者不顾明明各国经济都还处于严重通缩、救市确属迫切之事实，以反通胀之由反对的声音不绝于耳。可见，凯恩斯主义虽然被搁置了30多年，理论上对20世纪70年代的凯恩斯主义到底如何引起滞胀的原因并没有真正搞清。这里简要回顾一下这30多年来，经济理论界的领军学者是怎样批判凯恩斯主义的。

新自由主义的重要代表人物弗里德里希·哈耶克（Friedrich August von Hayek）认为，凯恩斯主义引起的“滞胀”，是由于对失业原因与需求不足原因的错误诊断。他认为失业的原因在于背离了均衡的价格和工资，均衡的价格和工资市场是会自己建立起来的，通货膨胀会造成更多的失业。“从长期来看，通货膨胀所带来的失业必然比最初设想要防止的失业更多得多”。新自由主义的领军人物米尔顿·弗里德曼（Milton Friedman）则以“通货膨胀和失业相互加强”论来解释20世纪70年代的“滞胀”。他的论点是，如果企图把国民收入保持在充分就业水平之上，那就将导向不断加速度的通货膨胀率。政府为赤字而发行新的货币也制造了通货膨胀。宏观经济学微观化的最早开拓者约翰·希克斯（John Richard Hicks）认为，由于不管劳动力缺乏与否都得提高工资，经济衰退时期工资上升的程度与经济繁荣时期工资上升的程度相等或接近于相等，因此就造成与经济萧条并存的通货膨胀。新古典综合派经济学家詹姆斯·托宾（James Tobin）认为，失业与空位并存会转化为失业与工资率上升的并存，而失业与工资率上升的并存又必然要转化为失业与通货膨胀的并发。

停滞性通货膨胀包括生产停滞、经济发展缓慢、失业增长和通货膨胀、物价上涨两个相悖方面的内容。经济停滞而又通货膨胀，社会高失业与经济停滞并存，这就是滞胀。上述的各经济学家在批判凯恩斯寻找滞胀的原因时，都是从就业与失业、劳动者工资高低本身找原因，都是从现象到现象。尽管将各种数理分析工具设计得很精巧，但是在分析过程中，将事物的本质属性和本质过程都省略，这样所产生的结论不过是一些主观臆想。凯恩斯主义引发滞胀的真正原因，几乎成了难解之迷。

其实，凯恩斯主义使用过度会引发滞胀。我们只要将凯恩斯主义的国家干预经济过程放到第十章所述的再生产运行模型中考察一下，一切都是真相大白的。

在作本模型演示前，必须明确如下概念与定义：

① 资本有机构成是一定时期经济发展的一个重要指标。在经济发展过程中伴随着不断的产业升级，其资本有机构成是不断提高的，但在一定的历史时期，或是一定的科技条件下，有机构成的提高是有一定限度的，因为它代表着一定时期的科技水平、装备条件，并不是一个可无限发展的概念，特别是在宏观经济中，它会经常地作为限制条件而起作用。但迄今为止，西方传统经济学中所有的分析工具，从未将此作为一个重要的变量纳入其分析模型。忽视资本有机构成的宏观分析必然发生谬误，由此得出的结论实际上是很不可靠的。马克思的再生产模型是建立在一定的资本有机构成的基础上的，关于这一点从上一章的模型演示中就可看出，这里之所以特别强调，是因为凯恩斯主义的过度运用所导致的滞胀就与此指标有关。

② 社会再生产两大部类之间的比例。此实际上仍是一个资本有机构成概念的延伸，其比例关系由资本有机构成所决定。各个国家、各个时期两大部类比例是变化的，例如，当国家加大基础设施建设，如高速路网、水利工程、城市基础设施建设时，就会引起两大部类比例关系发生变化。

资本有机构成、两大部类之间的比例高低还与资本利润率有关系，当这些比例提高时，通常表示资本利润率降低。

③ 可变资本在这里定义为职工工资总额，假设为全部进入生活消费。增量职工工资可理解为就业人数增加。

④ 剩余价值这里暂时定义为企业利润总额。在马克思定义中，剩余价值分割为企业利润、商业利润、利息（银行利润）、税收、地租（土地所有者利

润）等，其中利润是大头。这里为简便起见，省略剩余价值分割的细节，简要表述为企业利润。同时在这里暂时将利润率定义为与劳动工资的比率（注意，仅本节使用）。在演示中可分割为投资需求或消费需求。

⑤ 再生产实现条件的三个等式，仍是市场产品出清、价值实现的条件。等式代表市场，等式成立代表等价交换成立价值实现。

式 1：　Ⅰ（v+m/z+m/x）＝Ⅱ（c+m/y）

式 2：　Ⅰ（c+v+m）＝Ⅰ（c+m/y）+ Ⅱ（c+m/y）

式 3：　Ⅱ（c+v+m）＝Ⅰ（v+m/z+m/x）+ Ⅱ（v+m/z+m/x）

（c 表示不变资本，v 表示职工工资，m 表示企业利润，m/z 表示追加的职工工资，m/y 表示追加的不变资本，m/x 表示用于消费的企业利润）

⑥ 社会总产品当等式成立时表示完成交换，价值实现，因此也可理解为 GDP 总值。

⑦ 假设资本有机构成第一部类为 4∶1，第二部类为 2∶1。起始时第一部类与第二部类比例为 2∶1。

⑧ 假定将政府的投资与消费作为整体投资与消费的一部分。

⑨ 假定剩余价值率（m/v）为 200%。

⑩ 凯恩斯主义的通过提高税收、财政赤字方式，加大政府投资，此可通过将社会全部利润用于投资模拟实现。财政赤字用于加大投资时并不等于都是货币贬值，当投资有适当效益时，可不会发生货币贬值，即使发生货币贬值，但因本模型是取价值形式，可忽略货币贬值因素。

下面通过模拟凯恩斯主义国家干预加大投资，引用第十章第 10.2 节中的投资与消费均衡模型第②扩大再生产列式，作经济运行过程中的各项经济指标变化的考察：

起始第一年：

Ⅰ．4000c+1000v+2000m ＝ 7000（生产资料）

Ⅱ．1500c+ 750v+1500m ＝ 3750（消费资料）

5500c + 1750v+3500m ＝ 10750（总产值）

经济指标：第一部类与第二部类产值比例为 2∶1

设投资率 100% 时，也就是将上列式中的Ⅰ．2000m 和Ⅱ．1500m 的企业全部利润（剩余价值），合计 3500m 全部用于投资。按照资本有机构成第一部类 4∶1，第二部类 2∶1 分配投资，再生产的市场平衡（指产品出清、交换成立）配置如下：

Ⅰ.（4000c+2615.2△c）+（1000v+653.8△v）= 8269

Ⅱ.（1500c+154△c）+（750v+77△v）= 2481

Ⅰ.8269+ Ⅱ.2481 = 10750（总产值）

上模型演进的经济过程产生的经济指标为：增加就业量 730.8△v。占 GDP 比率为：6.8%，投资率（占 GDP 比）32.56%；第一部类与第二部类不变资本比例由 2.6∶1 上升到为 4∶1。

分析与评价：

① 当全部利润用于投资时（凯恩斯主张加大政府投资），第一部类与第二部类之间的原有比例平衡立即被打破。上一个生产周期中的产品Ⅰ.7000（生产资料）、Ⅱ.3750（消费资料），当通过市场实现价值后，如果下一个再生产周期中，第二部类产品不大于Ⅱ.3750（消费资料）时，就会发生第二部类产能过剩，幸好第二个周期所需要的产能为Ⅱ.4135（消费资料）要大于它。

② 在再生产市场配合时，第二部类产能增长的数量受制于第一、第二部类因投资而按资本有机构成比例追加工资的数量。当第一部类按资本有机构成 4∶1 追加投资，其中不变资本为 2615.4△c 时，其工资追加才 653.8△v，第二部类按资本有机构成 2∶1 追加工资，但第二部类总增加的产量只有第一部类的追加 653.8△v 和自己的当前追加 77△v，合计为Ⅰ.653.8△v+ Ⅱ.77△v。这就是总投资中，只有Ⅰ.653.8△v+ Ⅱ.77△v 的量是对消费品的需求，新增产能应该与此相等。因此，所增加的投资只有全部向第一部类倾斜，舍此没有它法。第一部类不受第二部类制约的只有国家的基础设施。在本例中，第一部类追加投资中不变资本为 2615.4△c，第二部类追加投资中不变资本为 153.8△c，配比为 17∶1，远大于原两大部类之间 2∶1 的配比。如此不成比例，对第一部类的追加投资只有流向与第二部类关联不大的基础设施投资才能成立，因为本例中第一部类有 2307△c（2615.4△c×15/17）的追加投资并不是第二部类所需要的。

③ 能实现就业（追加工资与总产值之比）6.8% 的高增长。由于所追加的投资多数可能是新的工作场所，因此，追加的工资可看作是新增就业。但是，

原有劳动者的工资没有增加。

第二个周期再生产：

Ⅰ.6615c+1654v+3308m = 11577（生产资料）

Ⅱ.1654c+827v+1654m = 4135（消费资料）

8269c+2481v+4962m = 15712（总产值）

经济指标：第一部类与第二部类产值比例为 2.8∶1，设利润投资率 100% 时，按照第一个周期中的投资束缚条件，再生产的市场平衡配置如下：

Ⅰ.（6615c+3053△c）+（1654v+763△v）= 12085

Ⅱ.（1654c+763△c）+（827v+383△v）= 3627

Ⅰ.12085+ Ⅱ.3627 = 15712（总产值）

上面模型演进的经济过程产生的经济指标为：增加就业量（职工福利）1146△v；占 GDP 比率为 7.29%；投资率（占 GDP 比）31.58%；GDP 增长 46.16%。第一部类与第二部类不变资本比例上升到 4∶1。

分析与评价：

① 投资再一次向第一部类倾斜，两大部类之间的投资比例为 4∶1，第一部类与第二部类不变资本比例由 2.6∶1 快速上升到 4∶1，两大部类之间的投资比例快速地增加。同时，因为此投资并不取决于第二部类对其支持，新增投资已经完全取决于第一部类的容量，以及资源对投资的支持。当然，此时第一部类的投资容量可能向教育、科研方面扩展，但教育、科研是属于高科技领域，对就业的增加量可能更大，而且在这个领域的资本有机构成也不是原有的 4∶1。此表明，国民经济各部门之间的比例关系会在短期内产生较大的失衡。

② 脱离第二部类发展的对第一部类投资，GDP 可获得快速增长，社会就业量可获得提高，实现了就业（职工福利）7.29% 的高增长。

第三个周期再生产：

Ⅰ.9668c+2417v+4834m = 16919（生产资料）

Ⅱ.2417c+1210v+2420m = 6047（消费资料）

12085c+3627v+7254m = 22966（总产值）

经济指标：第一部类与第二部类产值比例仍为 2.8∶1

设利润投资率 100%，按照第一个周期中的投资束缚条件，再生产的市场平衡配置如下：

Ⅰ．(9668c+4464)+(2417v+1116) = 17665

Ⅱ．(2417c+1116)+(1210v+558) = 5301

Ⅰ.17665+Ⅱ.5301 = 22966（总产值）

上模型演进的经济过程产生的经济指标为：增加就业量 1674△v；占 GDP 比率为 7.29%，投资率（占 GDP 比）31.58%；GDP 增长 46.16%。第一部类与第二部类固定资产比例为 4∶1。

分析与评价：

① 经过三个周期的利润 100% 投资，与原始不变资本的比值第一部类增长了 3.53 倍，第二部类只增长了 2.35 倍。可见，这种投资是完全脱离第二部类需要的投资，也将超出产业升级范围，因为产业升级时两大部类之间仍然是有一个结构比例关系的。

经过几轮对第一部类的持续大比例追加投资后，包括向教育、科研的扩展，持续的投资应考虑第一部类的投资容量和资源的承载能力。

② 如果对第一部类投资其容量能维持，GDP 可获得快速增长，社会就业量（职工福利）也可获（劳动工资总额对 GDP 比值）高达 7.29% 的高增长。

综述：通过上述三个再生产模型演进凯恩斯主义政府干预，当加大比例追加投资时，各项经济指标的变化趋势。需要注意的是，上述再生产演式中有两个数据是取较高的假设值：资本利润率为 200%，利润投资率为 100%。在实际国民经济中发达国家的利润率小于这个数值，100% 的利润投资率除非是战争年代，平常年代也是不可能做到的。之所以加大假设值，目的主要是通过放大效果，缩短考察周期，使演进的模型起到趋向说明作用，从数据的趋向效果上来说，并不影响其经济指标数据趋势变化的定性分析。

通过上述模型演进，证明凯恩斯主义在限定的范围不仅是可行的，而且在其有限制的条件范围内作用巨大，可以得出如下结论：

第一，加大投资，是对消费的挤占。那么在再生产中第二部类所增加的产值只有两大部类中由追加投资所产生的劳动工资增加的部分，这个部分的数量是由资本有机构成决定的（第一部类 4∶1 第二部类 2∶1），这是一个在经济过程中分配比率最低的增加值。因此，向第二部类追加投资的比例必然很低，全部利润用于投资也表明国民福利不提高或提高缓慢。所有追加投资只有向第一部类倾斜，能够脱离第二部类发展对第一部类的投资，只有国家的基础设施，20 世纪 60 年代美苏争霸，对国家基础设施的大量投资实际上向军事、教育、科研方向延伸。

第二，凯恩斯主义的投资只有在国家基础设施方面才有空间。当一个国家的基础设施欠缺时，可投资容量就大，或因战争、冷战而造成军事工业（航空、航天）巨大需求时，凯恩斯主义也很有效果。二战后，各国在修复战争破坏、冷战状态下的军事工业（包括航空、航天）巨大需求，支持了凯恩斯主义 30 多年的发展。

第三，在凯恩斯主义的投资效果内，被加大的投资确实能比正常情况更能增加就业，GDP 获得快速增加。

第四，投资将受限于国家基础设施的容量、资源的瓶颈（包括高科技人力资源的瓶颈，而工资上涨具有刚性）、投资效益的递减而无法持续。基础设施容量是有限的；资源的增加有一个速率，各种资源对来自增长的承受能力不同，承载力也是有限的，当投资超过资源承载力或资源的增长速率时，会引起相关资源大规模的涨价，特别是人力资源的涨价具有刚性。资源的涨价会抬高整体的生产成本。20 世纪 70 年代的石油危机，2007 年的石油、有色金属大涨价，其实质是资源承载力的一种瓶颈表现。高科技人力资源方面有一个人才培养周期，当人力资源结构性短缺时也会引起工资的高速上涨而造成消费失衡。

第五，国民福利增长、国民生活水平的衡量标准是第二部类产能增长和需求实现，但是在凯恩斯主义情况下，第一部类以 3.53 倍速增长，第二部类只以 2.35 倍速增长，第一部类与第二部类严重失衡。当第一部类产业对第二部类产业完全失去比例后，对第一部类的投资也就成为对经济发展本身支持不大的无效率的投资。而对航空、航天、军事工业等投资是无底洞，也不产生直接的经济效益。当得不到第二部类支持的第一部类增长达到极限或遭受瓶颈时，滞胀就会发生。当资源瓶颈引起资源性产品的价格大幅地上涨后（特别是人力资源只涨不跌的特性），会引发生产成本的价格全面上涨，资本投资的边际利润则下降，此时通胀与经济停滞就会同时发生。

综上所述，引起经济增长停滞的原因是：大比例的投资会引起资本有机构成失衡，能产生效益的基础设施的可投资空间的缩小和资源瓶颈的发生。这三方面的因素会从两方面发生作用：一方面资本投资边际效益越来越低，最终引起投资无效益；另一方面因为资源瓶颈引起大幅涨价，特别是人力资源的涨价，具有刚性的只涨不跌的特性。因此说，凯恩斯主义是一种很好的反危机的措施，有一定的适用条件与范围，在这个条件范围内应用成效很高，但不是长期可持续性的经济发展手段，特别是遇到资源瓶颈时。

问题是放弃凯恩斯主义后，或者是凯恩斯主义的政策已经用到不能继续之后，社会消费需求不足的矛盾依然严重地存在，怎么办？是不是就不作为，像一些经济自由者们所说的那样，交给市场的自由之手，任由经济危机肆虐？即使最倡导自由经济的美国，从罗斯福的新政到奥巴马的三轮量化宽松的货币政策，从来也没有看到哪届总统不以发展本国经济为重任。但是，由于西方宏观经济理论脱离马克思的思想方法而走向庸俗化的表面经济学，至今也未能找到比凯恩斯主义更好的理论。而实践已走在理论的前面了，早已经发展出了一套信用价值生产的手段以推动经济的继续发展。尽管信用价值生产已经成为客观现实，但由于与传统的理论框架相违背，抱守传统观点者是不可能看得到的。这就是下面重点要讲述的内容。

11.3 投资货币过剩

凯恩斯投资干涉，对消费货币的不足采用从投资货币端注入货币，依靠增加就业从而增加对工资的分配部分增加消费货币，投资货币分配不足的原因并没有解决，原有的消费货币不足的缺口不仅未能完全补上，新增的投资又会产生新的消费货币分配不足的缺口，从而形成一个剪刀差。因此说，凯恩斯主义国家投资干涉政策的结果，只会使投资货币过剩越来越严重。

从前一章社会再生产过程的演绎我们已经看到，只有投资与消费在均衡条件下，国民福利增长才能获得最好的速度；在各不相同的资本有机构成和剩余价值率条件下，虽然投资和消费的均衡值不同，但一般来说，当用新增利润追加投资时，也必须同时用一部分新增利润追加到消费，用以对追加投资所形成的新增产能增加需求。新增利润只追加投资不追加消费就必然会产生消费需求的不足。但是通常情况人们在得到利润的情况下都是偏好于投资，以获得更多的利润，而少用于消费，由此往往造成消费增量不足。我们可以用下面方程式表示这些关系。

投资与消费均衡：增量产能＝增量需求。因此：增量投资货币配比＝增量消费货币配比。

说明：增量投资货币配比是指在一定的经济技术条件下投资新增产能时所需要的投资货币，它在货币绝对量上并不与同增量消费货币相等。

当：增量产能＜ 增量需求，因消费货币供给过多、需求过大而发生消费物价上涨。

当：增量产能＞ 增量需求，因投资货币投资过多、产能过剩、商品供给过剩而产生物价下跌。在没有资源瓶颈和劳动工资仅随生产率的上涨而上涨的情况下，物价的稳定与货币供应量的多少没有关系，而与“增量投资货币配比＝增量消费货币配比”的等式成立有关。在投资货币过剩的情况下，社会发展的增速取决于增量消费货币的量。

由于人们的利润动机，市场经济会天生地将新增利润多分配于投资货币，少分配给消费货币。现代经济由于生产率极大提高，不仅仅是资本所积累的投资货币数量巨大，由于“边际消费倾向递减规律”作用，在当今证券市场高度发达的条件下，高工资的劳动者收入的一部分，也会由消费货币转为投资货币。因此，“增量投资货币配比＞增量消费货币配比”是市场经济的常态。凯恩斯主义所主张的政府投资，是利用对第二部类产能增加帮助不大的基础设施投资从而产生的增量工资需求来增加“增量消费货币”，仅此增加的增量消费仍赶不上增量产能对消费货币的需求，因而凯恩斯主义主张还应该增加对富人的征税，以增加社会公共福利开支的内容。由政府干涉增加投资与增加社会福利分配，就是对社会新增利润由国家强制给消费货币的分配，实质仍然是以求达到“增量投资货币配比＝增量消费货币配比”。

凯恩斯主义的失效本质是国家基础设施投资与社会福利增加都到了饱和状态、资源则处于瓶颈状态，此时的投资货币更加过剩。事实证明当“双饱和”时，这种由国家强制分配的机制来自资本方面的抵抗也会更强烈，并且由于滞胀而找到了很好的反击凯恩斯理论的理由。其实，要达到社会新增利润分配中“增量投资货币配比＝增量消费货币配比”，必须找到其他的平衡投资货币与消费货币的手段与办法，这个时候“印钱消费”与“货币放大”应运而生，它们就是在这种产能过剩、投资货币与消费货币分配比例失衡情况越来越严重的情况下产生的。

11.4“印钱消费”规律

投资货币过剩、消费货币不足有两种状态：一种状态是产能过剩，再细分有第一部类产能过剩与第二部类产能过剩，消费货币不足主要表现在第二部类产能过剩；另一种状态是在生产中产供销基本平衡，表现于投资货币过剩，消费货币不足。这种状态的发生前提条件是产能过剩已经发生，已生产出来的商品发生库存积压，卖不出去，生产企业没有利润，如果新增投资其边际收益率肯定是很低的，甚至是负利润的。此时无实业可投资，投资货币只能在金融领域寻找投资机会，对实体经济来说它是过剩的。这种状态就叫投资货币过剩，它是以生产过剩为前提的。

这两种状态的过剩需要用两种不同的应对措施。我们先说第一种状态过剩的应对方法。

为了理论分析方便，去除事物非本质方面的因素，抓住事物的本质进行分析。现假设社会年新增利润价值量为 100 个单位，当社会增加一个货币单位的投资时，形成一个货币单位的产值，需要一个货币单位的需求来消化这一个单位的产值，可设置如下抽象的宏观经济平衡模型（见图 11–2）。

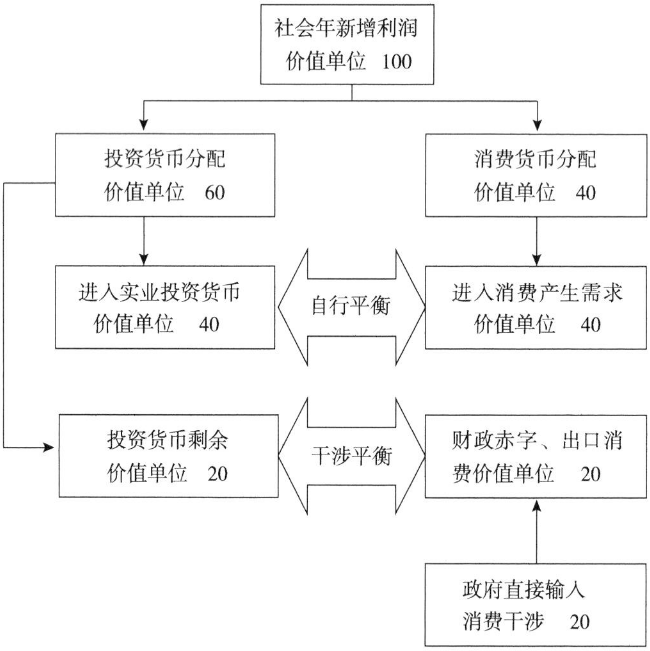

图 11–2 赤字透支消费平衡图示：

从图 11–2 中可以看到，当社会年新增利润 100 个价值单位时，现有机制条件下，假设正常分配的消费货币只有 40 个价值单位，产生 40 个价值单位的消费需求，只能引导 40 个价值单位投资货币进入实业进行投资，产生 40 个价值单位的供给。如果政府不作干涉调节，市场供需平衡的只有消费需求增量为基准的 40 个价值单位，社会 GDP 增量也只 40 个价值单位。这是市场自行平衡的结果。

投资货币还剩余 20 个价值单位闲置。如果任由这 20 个投资货币价值单位闲置，社会即期就有 20 个价值单位产品不能实现价值而发生生产过剩。要使这 20 个价值单位投资货币进入投资产生效益，从图示 11–1 中可见，凯恩斯的办法主要是用政府增加税收用于社会二次分配与政府通过赤字财政追加投资，产生增量就业，从增量的就业中增加消费需求，从而产生政府干涉的总供需平衡。而在图 11–2 中，政府使用不同于凯恩斯主义的办法干涉产生增量消费需求与投资平衡：

一是财政赤字（透支）消费，由政府充当债务人和资本利润提供者，用提供社会公共福利的方法由财政赤字增加生活消费需求。

二是通过干涉汇率产生出口商品价格优势，顺差出口将商品输出国外消费。例如，我国外汇储备 3 万亿美元[①]，其所反映的就是过剩的产能通过出口，以国外消费需求实现商品价值，换取账面上的外汇余额。由于外汇余额是账面上的，被输出商品并没有相应的进口实物补偿，因此，也可以将出口顺差看作是对商品的透支消费，其实质与赤字财政中的透支消费性质是一样的，只不过账目上一个是外汇储备的符号，一个是政府负债的符号。我国国家外汇储备为“人民银行的外汇资产，也是人民币负债”，其实，如果外汇储备等于基础货币发行量时，也可以将外汇储备看作是央行的货币发行价值存留，此在前面的编章中已有论述。但如果将其看作是政府负债的话，这恰恰说明我国近 3 万亿美元的外汇储备与假设的财政赤字负债从形式到内容都是一样的。只不过出口表明有与外汇储备相等额的人民币的商品透支给外国人消费了，而财政赤字则是透支给国民消费。如果与外汇储备相等额的人民币的商品透给外国人消费没有产生通货膨胀，那么同理，如果将与外汇储备相等额的人民币的商品透支给国民消费也同样不会产生通货膨胀。

---

① 2012 年的外汇储备值，至 2014 年 3 月底，我国外汇储备余额为 3.95 万亿美元，

因此，图 11–2 中的政府干涉平衡的两种方式，即用出口输出过剩产能与政府负债消费过剩产能，从总供需平衡的角度上来说，其效果是相同的。而且从前述的理论到透支给外国人消费的实践都已经证明是成立的。与图 11–1 的凯恩斯政府投资干涉消费形式上是相同的，本质上的区别是：图 11–2 用的是政府用直接输入消费的办法谋求总供需平衡，手段直接效果好；而图 11–1 的凯恩斯干涉用的是通过增量投资产生增量就业从而形成增量消费的办法，属于间接手段，虽然也能在一定程度上使投资与消费接近平衡，但明显会形成更大基础上的产能过剩、投资货币过剩的危险。

为何在产能过剩状态下的政府赤字透支消费并不一定产生通货膨胀？从理论上来说，是因为透支的价值会通过生产过程中新创造的商品价值获得补偿；一般来说，已经获得新增价值补偿的部分就不会产生通货膨胀。当然，有些特殊情况下，或者过量的赤字透支消费，产生供需不平衡，也有部分是不能获新增价值补偿的，这种情况下这些不能获得价值补偿的部分就会引起通货膨胀。这种通货膨胀实现过程也是按照第九章 9.4 节中货币赋值的方式实现的。在产能过剩条件下，商品往往由竞争定价，价值与价格不会相距太远。

当社会生产能力不足时，一般表现为对生产资料商品的缺乏，这个时候仅靠增发货币是不行的，因为投资首先需要有新增生产资料的投入，表现为对厂房、设备、原材料的新增需求，但这个时候仅有新增的购买力，投资还没有形成生产能力，投资所需要购买的商品并没有存在，因此，这时所增加的货币购买就必然会引起这些商品的涨价（大量发生时就会引起通货膨胀）。

当投资货币过剩或产能过剩时，情形就不一样。产能过剩表明投资已经完成并已形成了生产能力，赤字新增消费只不过是让这种过剩的生产能力发挥作用。过剩的投资货币虽然还未形成生产能力，但表示有相应的生产要素在闲置等待使用。当过剩的货币投入时，正好可以消化企业库存，所需要购买的这些商品（厂房、设备、原材料和劳动力）原来已经存在并不缺少，这种投资货币投资形成产能的过程中，就不会引起相应商品价格上涨。当形成产能进入生产过程后，生产过程是价值创造过程，只要有消费需求，生产过程才得已延续。消费货币虽然是政府赤字透支的价值，但通过刺激生产过程的发生，其社会价值能获得补偿。只不过是政府多记一笔债务或赤字，但劳动者获得工资和福利，企业获得利润。只要没有资源瓶颈，这种由赤字刺激引导的生产是一直可以进行下去的，在上述限定的条件下不会产生通货膨胀。

资本是以利润为生产目的的，没有需求就没有利润，市场需求是生产得以进行的最基本条件，也是价值创造过程得以进行的基本条件，但在资本主义社会当资本没有利润时，生产就会停止，价值创造过程也就停止了，社会价值生产链条就断了。用财政赤字产生消费需求以给资本输送利润的方式，只不过是诱导这种生产过程得以进行。通过财政赤字的消费需求诱导，价值才能被生产出来。虽然资本获得了大量的利润，但资本家个人的消费需求是递减的，再多的利润也只会变成资本家过剩的投资货币，这种投资货币与国家记在账上的赤字是相对应的。在虚拟经济条件下这种过剩的投资货币一般会存留在股市“储水池”中，不会形成现实的构买力。但是，国家是具有发行货币权的，这笔赤字透支消费其实记不记账不是本质，因为即使为此积累更多的债务在一定条件下是可以不归还的。这就是“印钱消费”产生的理论原理。

从美国因发行货币、财政赤字、“印钱消费”三项都全部采用国债抵押发行的方式，因而积累下巨额的国债情况看，“印钱消费”这一块引起的货币增加虽然比例不大，但也是在积累国债，国债积累到一定的程度就会成为财政与国家信用的负担，产生对货币信用的负面因素，因此，“印钱消费”这一块的货币增加方式，不宜采用国债货币发行方式，而应在严格发行条件的情况下采用直接的财政赤字方式比较好。

“印钱消费”的产生，是宏观经济中投资货币与消费货币的分配比例失衡，在实体经济中已经发生产能过剩情况下必须采取的一种危机处理方式，它并不是一种自动发生的过程，它需要人们从理论原理上对这一客观规律与价值生产本质过程深刻认识的基础上，决策者通过发挥主观能动作用才能实现的一种规律。如果不发挥这种能动作用经济的失衡就会加大，过剩的产能就会湮灭，经济的增长就会进入负循环，严重时甚至会引发经济危机，或者已经处于经济危机中，危机的程度就会更加严重。

宏观经济中发生投资货币与消费货币的分配比例失衡，在资本主义后期社会生产力已经获得高度发展后是经常的现象，在这个总矛盾发生时，并不是唯有“印钱消费”一种方式才能缓解这种矛盾，就“印钱消费”的手段来说，它仅是在两大部类的生产中，消费资料生产部门发生严重产能过剩条件下的一种应对方式。有关“印钱消费”的运行条件与过程，我们将在后面的“印钱消费”章节继续讨论。不同的投资货币与消费货币分配比例失衡的具体形式，有不同的解决矛盾的方法，如果仅是投资货币过剩，实体经济中过剩产能已经湮灭，那么上面的方法可能就失灵，对“货币放大”规律的应用就派上用场了。

11.5 货币放大规律

投资货币与消费货币的存在比例是由分配决定的，由于利润原则、人们的利益动机，在资本统治条件下，资本利润在进行分配时，总是分配给投资货币更多一些，分配给消费货币更少一些；就连被分配给劳动者作为工资的消费货币，劳动者也可能在“边际消费倾向递减规律”的支配下，尽可能地将消费货币转变为投资货币以积累资本谋利，通常被称为获取财产性收入。但一旦被分配于投资货币，它就只具有投资属性，不具有消费属性，过剩的投资货币不会自动地转变为消费货币，也就是说，市场并不存在自动均衡投资货币与消费货币的力量与动能。

因此，这个时候投资货币会进入银行储蓄，或者投入股市、债券市场等，进行银行储蓄的货币形成投资货币的市场供给。使用银行资金的贷款者是否投资于实体经济，取决于银行利率与资本投资利润率。当资本投资边际利润[①]高于银行利率时，资本投资有利可图，资本增加投资；当资本投资边际利润低于银行利率时，资本投资无利可图，资本实业投资停止。当前世界大多数国家利率都是由中央银行作为货币政策工具在使用，利率的高低并不完全是由货币市场中的供求关系决定。央行调节利率的高低，在一定程度上可以调节投资货币进入实业的投资量。由于利率相对固定，投资者做出投资选择决定更主要的因素是波动较大的资本投资的边际利润率。

资本投资利润率的高低，虽然也有边际成本的因素，但最主要的决定因素还是所投资生产的商品有没有市场需求，能不能被卖出去。市场需求大时，资本投资利润率就会高，进入投资的货币量就会增多；市场需求小时，资本投资利润率低，进入投资的货币量就会减少。因此，新增投资资本的利润率最终取决于新增市场需求，而新增市场需求则取决于消费货币进入消费的增量。由消费货币所产生的消费需求量的大小，最终决定投资资本进入实业投资量的大小。社会经济的发展速度也取决于消费货币所产生的消费增量。

---

① 边际利润，是指厂商每增加一单位产出所带来的纯利的增量，其决定取决于边际收入和边际成本。

现今互联网发达，越来越多的商品的价格更实时化与透明化，像网络购物中的大数据能够实时地显示哪种商品畅销，哪种商品滞销。央行的利率调控与实业投资的利润信号都能同样地实现快速传递。因此，以前造成商品过剩、产能过剩的危机条件已经大大减少了。当某个商品的市场需求不足、产品卖不出去时，立即就会形成投资部门的决策参考，新增投资不被执行。在当代信息条件下，发生像1929年那样大范围商品过剩经济危机的可能性大大降低，更多的是投资货币过剩，进入金融领域投资。有时虽然没有发生任何危机，商品市场也可能是均衡的，但投资货币与消费货币的配比未必均衡。当投资货币过剩时，社会生产与消费一定是处于一种较低的均衡水平上，因为多出来的投资货币不能形成生产率，不能进入社会再生产，这就是对已有的社会生产资源闲置性的浪费。为什么当今世界很多国家虽然并不一定发生经济危机，但发展却是停滞的？原因就在于投资货币过剩，社会生产资源被闲置。那么有没有办法使这种被闲置的投资货币进入再生产？有就是通过股市的“货币放大”，重新调配投资货币与消费货币的比例后进入再生产，或者说，将部分原来的投资货币的属性转变成消费货币的属性重新注入实体经济的再生产，实体经济有新增的消费货币后，使消费货币与投资货币在新的基础上获得新的平衡，消费需求增加了，所需要的投资货币也会相应地增加，社会再生产也就获得了新的增长。

股市是如何实现将过剩的投资货币转变为消费货币的？这是人们很疑惑的地方。因为根据人们的直觉，在资本利润原则驱使下，不仅是资本利润尽可能地转变为投资货币，劳动者中的高收入者也会将工资收入的部分转变为投资货币而减少消费，“边际消费倾向递减规律”的作用说明，当劳动者的收入提高以后，部分应该成为消费需求的货币往往不能成为即期的消费需求，相反地转为投资货币。在打工收入阶层、小业主阶层，收入并不稳定，就业也没有铁饭碗，人们对失业、养老、疾病和未来不确定的担忧、对经济的安全需要，储蓄和股市投资仍然是人们谋求经济安全的基本手段。“看菜下饭”是一般的消费心理规律，人们在有条件消费升级（这里指高出基本消费之上的享受性消费，住房是必需消费除外）时，消费升级即使在中产阶级中也会变得有些谨慎。特别是一些“打工皇帝”，企业高级管理人员，有着较高的收入，也会将各方面来的收入转为投资货币。但是，当股市财富效应能放大货币收入时，情形就会变得不一样，货币收入通过股市放大后，消费可能就会变得更大方。

例如，当人们仅有100个货币单位的储蓄，如果消费升级就需要支出这100个货币单位，是继续以这100个货币单位作安全保障还是做消费升级？恐怕多数人都会继续用作安全保障而不是被用作消费升级。但如果这种消费方式成为社会的群体消费行为就糟糕了，因为从社会生产的角度来说，不仅仅是资本利润需要社会需求而实现，而且发给劳动者的货币工资，同样也需要劳动者赶快用工资去购买消费它。大家都将钱存到银行里，所生产出来的商品也就只好放到仓库里睡大觉，社会总体的消费缺口无论采用何种方式都无法替补。但是，如果股市能产生财富效应时，情形就不一样了。假如人们将100个单位货币投资到股市时，股市上涨，再假如这100个单位货币变成300个单位货币时，人们就会产生富有的感觉，消费升级、享受性的消费欲望可能就被激发出来。人们就会很痛快地拿出100个单位货币进行消费，保留200个单位货币继续在股市投资。从个人的角度来说，安全需要获得了满足，消费需求也获得了满足。从社会的角度来说，消费不再有缺口，再生产获得了增长。当然，如果股市产生负向的财富效应、股民在股市下跌中产生亏损时，人们会更加扎紧口袋，由此也会引起经济危机。下图是个抽象的宏观经济投资货币与消费货币实现平衡的模型。假设股市产生正向的“货币放大”时，由股市转变而来的消费货币是如何补消费需求缺口的（见图11–3）。

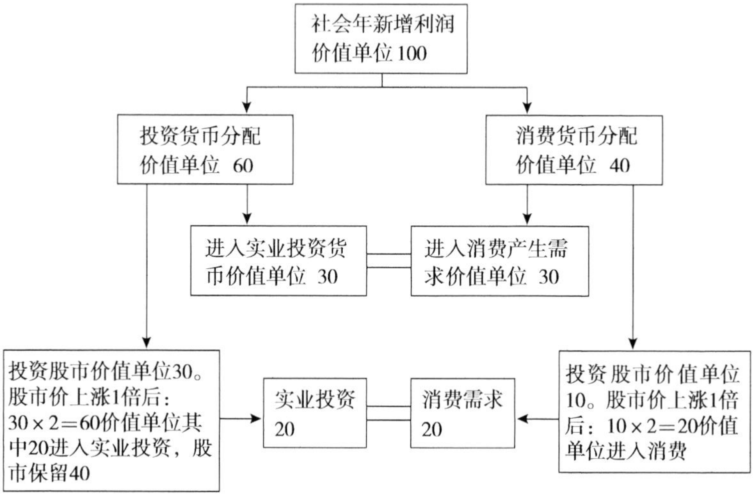

图11–3 股市“货币放大”补消费需求缺口示意图

图 11–3 演示“货币放大”补缺口原理，演示了如何通过正向的“货币放大”后，人们的股市市值所产生的财富感觉，从而增加消费，实现投资与消费的平衡。从图 11–3 中可以看到，社会生产年新增 100 个货币单位，通过分配，投资货币为 60 个价值单位，消费货币为 40 个价值单位，如果直接进入再生产过程，消费缺口为 20 个价值单位。但由于消费者“边际消费倾向递减”“安全需要”“看菜下饭”等消费心理规律作用，实际能直接进入增量消费需求的只有 30 个价值单位，带动投资货币进入实业增量投资的也只有 30 个价值单位。投资货币有 30 个价值单位进入股市投资，消费货币有 10 个价值单位转为投资货币进入股市。现假设股市上涨了 1 倍（省略现金分红，将其价值归于涨价），产生了财富效应，人们心理感觉富有，提振了消费升级的信心，原来的消费者由于投资股市，原有的 10 个价值单位变成了 20 个货币单位，现在用 20 个货币单位进入消费，带动原来的投资资本持有者从股市转移 20 个价值单位的投资货币进入实业投资。这时总的投资和消费实现了各 50 个价值单位，原有的消费需求缺口 20 个价值单位现在补齐了，是通过股市“货币放大”效应后补齐的。只有这时，社会新增的 100 个单位的价值和商品实物才实现平衡。这就是股市在正向“货币放大”效益时所产生的平衡消费需求缺口的作用。如果股市持续下跌而引起负向的“货币放大”效应，则会起到减少消费需求的作用，它对消费需求不仅不能补缺口，反而是放大了缺口，引起经济增长向负，甚至会引发危机。

11.6 消费需求决定发展速度

在社会经济发展过程中，必然会产生两种状态：一种是生产不足，生产不能满足消费需求。例如，我国历史上长期处于粮食紧缺状态。另一种就是生产过剩，有绝对过剩与相对过剩。2013 年我国制造业有 22 个行业产能过剩严重，像钢铁产能超过 10 亿吨，但需求只有 6.66 亿吨。产能过剩是投资货币过剩的一种表现，最终会演变为投资货币过剩。由于产能过剩与产能不足在经济运行过程中有不同的表现与运行规律，因此，区分是产能过剩为主要矛盾还是产能不足为主要矛盾，这对研究经济及其应用规律十分重要。过去的西方经济学理论既不知道有投资货币与消费货币的区分，又不知道有产能过剩与产能不足的区分，只是一味强调市场“看不见的手”进行自平衡的调节，对因为这种自平衡调节需要而产生的经济危机自然就无任何的应对之策，对因经济危机而产生的巨大的破坏作用则只好听之任之。其实，不仅是产能不足有一套发展生产的手段，产能过剩同样也可找到一套可持续发展经济的手段。

产能过剩与消费货币分配不足是相伴而生的，是在生产过程中因分配而产生的。一旦产生了投资货币与消费货币的分配比率，没有特殊的条件，投资货币再过剩也不会自动地转变为消费货币而进入消费。但进入本章，我们已经发现了两种非分配的方式，可以将投资货币转变消费货币，一种是通过股市“货币放大”将投资货币转变为消费货币，一种是“印钱消费”方式，当经济体内有产能过剩时，可以依据货币赋值中的原理增发消费货币补充经济体内消费货币的不足，引导过剩产能实现价值生产的目的。

不同的条件下增加不同的货币（指投资货币或消费货币）对通胀的影响完全不同。当总量货币增加供给时，必须分清是对投资货币的供给还是对消费货币的供给，如果在产能过剩条件下，仅仅是对投资货币供给，不管数量多少，如果没有消费货币的配套增量供给并形成消费需求，就形不成市场消费需求的增量，投资货币会因为没有投资利润而压根就不会进入实业投资，因而也就不能产生对生产资料的商品需求。因此，仅凭货币数量的增加就武断地下结论说会产生通货膨胀，是不明货币运行过程的一种糊涂的说法。当消费货币增量供给时，如果社会有相应过剩产能，这时正好能发挥过剩产能的作用，企业效益提高，税收增加，也不会产生通胀。判断通胀、通缩需要对投资货币与消费货币的流向、实体经济价值生产状况与商品的供需平衡作具体的分析。

市场是以需求为导向的，市场平衡最终以消费需求为基准作平衡。以图示 11-3“股市货币放大补消费需求缺口示意图”中的数据为例，如果当年没有股市的“货币放大”而产生的财富效应，消费增量只有 30 个价值单位，市场平衡也是以这需求 30 个价值单位为基准，引入投资 30 个价值单位。此时的 GDP 增量也只有 30 个价值单位，社会经济是处于一种低水平的均衡。仍有 40 个投资货币过剩处于被闲置状态，货币再多也只是过剩而已，因为它不能进入实体经济发挥作用。

如果股市能够发挥正向的“货币放大”作用，正如图 11-3 示例情况，消费需求增量 20 个价值单位，市场平衡也以这 20 个价值单位为基准，引入投资 20 个价值单位进入实体经济投资，此时的 GDP 增量就不再是原来的 30 个价值单位，而是合计有 50 个价值单位了，社会经济是处于一种高水平的均衡。

很明显，在过剩经济状态，市场平衡是以消费需求增量为基准，消费需求增量决定 GDP 增量。

第十一章思考题

1. 为什么会产生信用价值生产手段？有哪些信用价值生产手段可调节投资货币过剩？

2. “印钱消费”如何调节投资货币过剩？

3. 股市如何调节投资货币过剩？

第四编　宏观经济总构架

引 言

我们每天接触的、耳熟能详的证券市场到底是什么？它对我们的经济与生活到底有哪些影响？本编的“双轮经济”来回答这个问题。

本编不仅要告诉大家，股市不仅会创造与湮灭价值，与实体经济价值生产、国民经济的增长息息相关，更主要的是也与每一个人相关。

如果您是个股民，它能告诉您如何从宏观上去把握市场，如何进行基本面的分析，为自己创造财富；如果您是个经济管理者，它要告诉您，财富生产、价值创造其实分为实体经济生产与看不见的虚拟经济信用价值生产两种方式；掌握虚拟经济信用价值的生产、懂得通过虚拟经济创造价值，才是出色的管理者；如果您不是股民，也不是管理者，本编所涉及的事也与您的经济生活密切相关。其实您的就业、工资水平、社会福利水平都和它紧密相联系。

本编将证券市场放到实体经济之上信用价值生产的宏观全局的角度来研究，这里是一个全新的视角，将为您打开一个全新的窗口。

证券市场的交易主要有两个品种，一个是股票，一个是国债，构成虚拟经济的主体。其他的交易品种不属于常规的交易品种故而不计入研究。金融衍生品归属于各自的主体属性。所谓“双轮经济”，就是指当代经济由实体经济与虚拟经济两个经济体所构成，共同作用，自激平衡，共同驱动经济发展。人们通常只看到实体经济的作用，而看不到虚拟经济所产生的作用。恰恰是虚拟经济会产生正向的或负向的信用价值生产的作用，善驾驭者，促使经济内生增长，不善驾驭者，使经济危机濒发而不知所措。一般地说，信用价值生产是一种对看不见的财富的生产，人们用传统的世俗观念是看不到这种生产的。

当代信用价值生产当然并不仅仅是虚拟经济部分，本著涉及的还有货币信用价值生产、“印钱消费”价值生产、社会资本信用价值生产，这三种信用价值生产都不在虚拟经济的组成中，但既然同为信用价值生产，它就必然地同货币相关联，必然地同投资货币与消费货币的矛盾运动相关联，其本质都是改变投资货币与消费货币的分配比率。但本编中的虚拟经济价值生产，是“双轮经济”构架体系中的一部分，而“双轮经济”构架体系，则是作为当代经济的总结构、社会生产的总过程而提出来的，其中包含的重要新理论主要是如下几方面：

①提出了虚拟经济不是传统观念中的“以钱生钱”，甚至也不是一个仅对实体经济提供服务的系统，虚拟经济是一个通过信用生产价值的系统，它通过信用、信心创造价值或湮灭价值。这是一个突破传统经济学理论与人们传统观念的关键要点。

② 提出了“双轮经济”构架理论。在本编中将详细考察“双轮经济”的构架原理、自激过程、自激产生的条件、如何地引发危机或实现经济内生增长的过程。

在第二编中，我们已经考察了国家信用、商业银行信用、股市中的企业信用这三大信用系统，对货币信用价值的生产过程与影响过程，主要侧重在货币数量方面与价值创生方面的研究。其中企业通过股票市场的信用价值生产，既属于货币信用价值生产的部分，也属于虚拟经济信用价值生产的部分。而本编中的国债货币，由于它是属于证券市场上的主要交易对象，而且也具有半虚拟经济的性质，因而将其划归于虚拟经济的组成部分，但毫无疑问它又是一种货币信用价值生产。因此，我们在研究这些对象时应该注意将他们放到相互联系的过程中进行研究，要注意它们之间的区别与联系。

“双轮经济”构架体系是当代宏观经济理论体系中社会再生产理论的核心。西方经济学中没有社会再生产的过程理论，马克思的社会再生产理论早在140年前就已经产生，由于当时还没有虚拟经济的信用价值生产，或者说还只处于萌芽状态，只是到了20世纪70年代，世界主要资本主义国家重工业化已全面完成，过剩危机再度发生，此时欧美主要资本主义国家实体经济的生产已进入全面过剩状态，只是到了此时虚拟经济信用价值生产的重要性才浮出水面。但是，西方经济学自从斯密、李嘉图的继承者将古典经济学庸俗化后，就不再有对价值生产理论的研究了，有关“双轮经济”构架理论与社会再生产理论中信用价值生产理论——这种必须有价值理论支持并建立在价值生产理论基础上的理论，不抛弃表面现象经济学方法论，这里会是永远的盲区与空白。只有对“双轮经济”构架理论中的价值生产与运行过程进行全面的揭示，我们才能把握其规律，能动地改造世界。

第十二章　虚拟经济理论辩证

本章导读

经济学是概念思维，所定义的概念必须准确地反映事物的本质，否则在推理过程中就有可能失之毫厘、缪以千里，特别是在宏观经济学中，因为事物的现象与事物本质相距比较远，一个基础概念的错误有可能导致整个理论体系的错误。概念模糊或含混不清，通常反映人们对事物的本质认识不清甚至错误。

虚拟经济是个基础性的概念，对这个概念的认识涉及理论体系上的问题。一直以来，就存在着对这个概念定义的争论。正确地理解与定义虚拟经济，才是建立正确的经济构架理论的基础。本章意在厘清传统理论中对虚拟经济定义概念的理解，在重新定义过程中加深对虚拟经济的正确理解，而此对“双轮经济”构架理论的创建是最重要的一步。

特别提醒大家重视的是，本章中所引用的关于价值、交换价值、劳动价值概念与它所包含的理论，都是来自马克思的《资本论》，并在马克思《资本论》原著的本意上使用它。由于本著第三章中已有对马克思《资本论》的简要介绍，为精简起见，本章就没有对这些概念再做详细的解释。

12.1 存在问题的虚拟经济理论

我们首先来看看百度百科是如何解释虚拟经济的：

“虚拟经济（Fictitious Economy）是相对实体经济而言的，是经济虚拟化（西方称之为‘金融深化’）的必然产物。经济的本质是一套价值系统，包括物质价格系统和资产价格系统。与由成本和技术支撑定价的物质价格系统不同，资产价格系统是以资本化定价方式为基础的一套特定的价格体系，这也就是虚拟经济。由于资本化定价，人们的心理因素会对虚拟经济产生重要的影响；这也就是说，虚拟经济在运行上具有内在的波动性。广义地讲，虚拟经济除了目前研究较为集中的金融业、房地产业，还包括体育经济、博彩业、收藏业等。”

百度词条是编辑人对学界认可的学术观点的一种摘要，对一般民众的观念影响比较大，因而百度的这个“虚拟经济”解释，可以看作已成为普通人的认识。但是这个解释中所用的概念容易混乱。下面我们具体分析：

“经济的本质是一套价值系统，包括物质价格系统和资产价格系统。”——这句话有两点值得商榷：

①经济的本质是人类社会通过不断提高效率以实现对价值的生产、交换、分配与消费的过程，不是什么不明不白的“一套价值系统”。以“一套价值系统”来定义经济这个概念，表明该定义者对经济这个概念的理解还处于含混不清的阶段，因为并没有说出经济的本质特征是对价值的生产、分配、交换、消费的过程。这就好像当有人问你动物是什么，你回答说，动物是个物质系统一样，说了等于没说。

②“包括物质价格系统和资产价格系统”这句话存在逻辑上的矛盾，“物质价格”与“资产价格”并不是分别的两个集，而是有交叉与包含关系。在经济组织中，“物质价格”已经就包含有“资产价格”。“物质”相对于“资产”来说是上位概念，当“物质”用于经营赚钱时，就变成了“资产”，所以“资产”只不过是“物质”的一部分、一个子集。在经济理论中，使用“物质价格”这个概念，这本身就有问题的，因为物质这个概念是相对精神而言的，除了精神以外的东西，都是物质的。

“与由成本和技术支撑定价的物质价格系统不同，资产价格系统是以资本化定价方式为基础的一套特定的价格体系，这也就是虚拟经济。”——从上面的分析可以看出，这又是不正确的说法。“资产价格系统……价格体系，这也就是虚拟经济”，将虚拟经济说成是一个“资产价格系统、价格体系”，如果依照此说，那全部的经济都是虚拟经济了，为什么？因为，“资产”是个微观经济学概念，企业凡是用于经营的资产，包括所有的实物、货币、股权都可叫做“资产”，何来虚拟经济与实体经济相对？

将虚拟经济看成是一套价格体系也是不正确的，既然是一种“经济”形态，就绝不可能仅仅是一种“价格”，因为“价格”并不是物，它仅是物的一种属性。将虚拟经济仅定义为一种物的属性，怎能与实体经济相对应？

“虚拟经济（包括）金融业、房地产业，体育经济、博彩业、收藏业等。”——这种划分是不符合逻辑的。如果房地产是虚拟经济的原因是因为房地产可以炒作、可以投机，那么家具业为什么就不能是虚拟经济？家具同样可以炒作（红木家具），也可以用于出租。或许有人争论说，因为房地产中土地征用价格是反映70年的地租的未来收益流折现价，那么高铁、高速公路都需要大量地征用土地，其票价中都包含有土地价在其中，那高铁、高速公路是否都应该是虚拟经济了？如果论炒作就是虚拟经济，那山西煤矿一度炒作得很厉害，那煤矿也是虚拟的了？或者是一会儿虚拟一会儿实体？收藏业是虚拟的了，那考古业也就应该同样是虚拟经济的了？在我看来，这种虚拟经济的划分是不准确的，因为根本就没有一个客观的标准。

下面我们来看看MBA lib智库百科对虚拟经济的定义：

“虚拟经济”是近年来才出现的一个新词语。目前国内对虚拟经济的研究方兴未艾，还处在百家争鸣的阶段。现在关于“虚拟经济”的提法比较乱，大体上来说，可以归纳为4种说法。

第一种理解：成思危先生的定义

成思危先生的定义是：“虚拟经济是指与虚拟资本以金融系统为主要依托的循环运动有关的经济活动，简单地说就是直接以钱生钱的活动”。

关于“循环运动”，成思危先生说：当前，虚拟经济的循环就是在金融市场上，先通过交换，把钱换为借据、股票、债券；然后在适当的时候，再通过交换把借据、股票、债券再变回钱，直接以钱生钱。

这个说法的要点有三个：一是用“虚拟资本”做定义项；二是“直接”以钱生钱的活动；三是“在金融市场上”实现。

这种说法影响最大。这并不因为成思危先生曾是全国人大的副委员长，也不仅因为他是著名的经济学家，而是因为他是目前国内对虚拟经济研究的权威专家、领军人物。他还是南开大学“虚拟经济与管理研究中心”的名誉主任。该中心是国内第一家以“虚拟经济”命名的专业研究机构。

理解与此比较相似、接近的定义，除了南开大学“虚拟经济与管理研究中心”主任刘骏民教授，还有经济学家李晓西、华东师范大学的潘英丽教授、北京师范大学的李羽中教授、中国人民大学国民经济管理系的姜秀谦、南京经济学院的陶文庆等。

第二种理解：涵盖金融业的概念

中国社科院金融研究中心王国刚先生认为，在经济运行中，“虚拟经济”是用于描述以票券方式持有权益并交易权益所形成的经济活动的概念。在现代经济中，它主要指金融业。虚拟经济不仅包括证券业、资本市场，也不仅包括货币市场，而且包括银行业、外汇市场等，是一个涵盖金融业的概念。

经济专家李剑阁先生，用“经济符号”“符号经济”表述“虚拟经济”，实际上也是这种看法。

成思危先生则认为，虚拟经济比金融包括的内容要广，而金融中有一些内容又不属于虚拟经济。风险投资其实质是知识资本和金融资本（权益资本）的结合，知识资本就是一种虚拟资本，但显然不包括在金融的范畴内。

第三种理解：资本独立化运动的经济

这种理解与第一种理解的根本区别在于，着眼于资本，回避了“虚拟资本”。

国务院发展研究中心市场经济研究所副所长陈淮先生认为，虚拟经济是资本独立化运动的经济。资本以脱离实物经济的价值形态独立运动，这是虚拟经济之虚拟属性的根本体现。虚拟经济存在与发展的基础是产权交易。市场经济高度发展的标志在于产权本身也成为市场交易的对象。

清华大学宋逢明教授认为：金融是虚拟经济的重要组成部分，而资本市场才是虚拟经济核心的部分。

“最终幻想X”于2003年3月28日在互联网发表的一个帖子中强调：研究虚拟经济，首先得研究资本的价值。“资本也能创造价值”。

第四种理解：新经济即“虚拟经济”

这种看法的理由是：新经济的切入点便是虚拟空间和虚拟社会。电视就是一个虚拟的生存空间，是真实空间的再现。到了网络时代，这一空间不仅将成为人类生存重要空间，也是人类社会的一笔巨大财富。

姜奇平先生认为：重组信息空间意义上的虚拟经济，才是新经济意义上的虚拟经济。把信息空间这个框架体系，套在国民经济上，就形成了广义虚拟经济（或叫信息化经济）。信息空间包括曼纽尔·卡斯特所说“信息时代三部曲”的“虚拟空间”“流动空间”“网络社会”。

分歧的症结：

对“虚拟经济”的不同理解，症结在于目前人们同时在三种含义上使用着“虚拟”这个词。

英文中有三个词我们都翻译成了“虚拟经济”。

一个词是 Fictitious Economy，是从马克思的“虚拟资本”（Fictitious Capital）的概念衍生出来的。这是成思危先生所说的“虚拟经济”，指证券、期货、期权等虚拟资本的交易活动。

第二个词是 Virtual Economy，主要是指以信息技术为依托所进行的经济运行方式，比如说电子商务等，即“网络经济”。

第三个词是 Visual Economy，是指在计算机上模拟实际经济活动的可视化经济活动。

这三个词都翻译成了“虚拟经济”，就容易产生混淆。为此，成思危先生主张，将第一个译作“虚拟经济”，第二个译作“拟实经济”，第三个译作“可视化经济”。

成思危先生定义的“虚拟经济”，是由马克思的“虚拟资本”的概念衍生出来的。马克思的“虚拟资本”一词，英文是“fictitious capital”，德文是“fiktives Kapital”。因此，成思危先生所理解的“虚拟经济”是英文的“fictitious economy”。

按照马克思的理论，资本的本质可以概括为两点，一是它本身必须有价值，二是它必须产生剩余价值。证券类资本本身没有价值，但却能够产生某种形式的剩余价值，因此马克思称之为虚拟资本。成思危先生认为，所谓“虚拟”是因为某一非真实的东西同真实的东西具有一定的共同性，所以把这一非真实的东西模拟为类似的真实的东西。

问题是，英文的“fictitious”，德文的“fiktives”，原意都是虚假的、虚幻的、虚构的、假象的。在马克思的眼里，所有的投机、泡沫乃至金融危机都是因为虚拟资本过度发展造成的。在马克思的“虚拟资本”的意义上使用虚拟经济，还容易把货币经济中的泡沫现象贬作虚拟经济，虚拟经济等于泡沫经济。

因此，李剑阁等专家学者则认为，与实体经济相对称的虚拟经济，在英文中应是 virtual economy。在我国出版的英文版十六大报告中，“虚拟经济”用的就是 virtual economy。

“虚拟经济”与英文的 virtual　economy 对应，也有烦恼。在英美尤其是美国，“Virtual Economy”（虚拟经济）指的就是“网络经济”。由于前两年在所谓“虚拟经济”的蛊惑下网络经济形成了泡沫膨胀，泡沫破裂给股民造成了惨重的损失，目前在美国把这种“虚拟经济”斥为概念炒做、“文雅谎言”。

因此，对“虚拟经济”的第四种理解是不能采用的。

以上是对 MBA lib 智库百科中关于虚拟经济定义部分的转录。应该说，这四种定义比较百度百科中的对虚拟经济中的定义，在概念上还都有相对明确内涵与外延的，但如果我们深入一步分析它，仍然会发现它的定义还是不够准确，不过要看出它的问题，则需要更多的专业知识。

问题出在那里？问题首先在研究方法上。

经济学研究的对象是什么？是现实的经济，理论是对现实的抽象，而不是对照书本，或者看马克思曾如何说过，或者外国人的那些单词应怎么翻译。现实是丰富的，也是不断发展的，如果是从书本出发，不仅限制了人们的创造性思维，如果书本本身就是错误的呢？如果外国的宏观经济学理论体系本身就不靠谱呢？其实，马克思时代虚拟经济还只处于初始状态，马克思对虚拟经济并没有专门的研究，在这个问题上去追究马克思曾这么说过并不合适。因此，在理论方法上，必须遵循物质世界的现实为第一性，理论抽象的对象首先是现实的经济，只有坚持以现实的经济为理论认识的第一性，才有可能客观地反映现实。

上面这四种虚拟经济的定义都是从经济的表面现象上来划分实体与虚拟，与经济的真正构造本质没关系，与经济的运行本质也没关系。我们知道，人们在认识事物时，首先是从表面现象入手，根据各人的认识水平，每个人都可以从各个侧面建立一套划分标准。上面的四种虚拟经济概念定义其实就是人们从不同侧面对经济的认识的一种划分，这对认识经济这个现象有一定的帮助，但是没有认识到经济本质、经济的运行规律。

由于成思危先生的虚拟经济定义在学界影响最大，我们这里简要分析一下这个定义：

成思危先生的虚拟经济定义其实是依据马克思关于资本的两种不同的运行方式演化而来的。在马克思看来，资本有 G–W–G′ 与 G–G′（式中 G 表示货币，G′ 表示增值货币，W 表示商品）两种不同的运行方式：① G–W–G′ 的运行方式是资本通过购进生产资料，从事商品生产、交换，最后卖出所生产的商品，资本获得了增值；资本的形态从货币形态开始，经过实物形态，最后复归到货币形态。② G–G′ 运行方式是资本不用购进生产资料，也不用从事商品生产、交换，直接让资本获得了增值；资本的货币形态不发生变化。依据这两种资本的运行方式的不同，前者为实体经济，后者为虚拟经济。

依据马克思剩余价值理论原理，价值来源于 G–W–G′ 生产过程中的劳动创造，G–G′ 中没有生产过程，是不创造价值的。G–G′ 过程中的 G′，表示相对于前一个货币 G 产生了货币增值，例如借贷资本产生了利息，但是我们要懂得，马克思明确利息来源于资本对剩余价值的瓜分。如果依据 G–G′ 来划分虚拟经济，也就是成思危先生的“以钱生钱”即为虚拟经济说，虚拟经济就是不创造价值的。成思危先生的虚拟经济说是包括了货币（银行）信贷市场、股票市场、债券市场，这其中的货币信贷部分是不创造价值（价值来自对剩余价值的瓜分）。但另一部分股票市场的性质就不同了，依据第七章中的论证，股票市场是创生价值的。这就使得这个虚拟经济定义所包含的内容产生了矛盾，它是个不同性质的市场。银行的货币信贷市场不创造价值，它的利息来源于剩余价值，而股票市场是创生价值的，当你购买了股票，你就是股东，你相当于一个企业的投资者，通过股权参与公司管理并可获得上市公司的分红。因此，它的价值创生就是来自于上市公司企业的生产过程（创生价值机制后面将会进一步分析）。从价值创造的角度方面来说，这是两种不同的质的东西，怎能将两种不同质的东西放在同一个类中？如此，根本就不可能抽象出它们在价值创造方面共有的质，那么，虚拟经济不创造价值说又从何而来？既然它们在价值创造方面没有共同的质，那么，就不能将它们归于同一类。

成思危先生的“用钱生钱”的逻辑推导出来的虚拟经济值得商榷：货币信贷市场的确是属于 G–G′ 性质，但是，股票市场本质上却不是 G–G′，而是 G →股权→ G′，而股权则代表了 G–W–G′ 中的生产过程，或者用“股权＝G–W–G′”表示也可。那么股市的实际运行过程就是 G →（G–W–G′）→ G′ 的逻辑过程，而不是 G–G′。这就是说，如果按照“以钱生钱”的逻辑所推导出来的虚拟经济范围，就不能包括股票市场。但实际上，虚拟经济必须包括股市，大家说话的语境中也是包括了股市的，甚至可以说，正是因为有股市的日益重要的作用，所以才有对虚拟经济概念的提出与研究的需要。

MBA lib智库百科中的第二种虚拟经济的定义是涵盖金融业的概念，虽然它的外延与成思危先生的定义稍有不同，但在理论的本质上并无大的区别，这里就不再分析。

第四种虚拟经济的定义，由于经济学界绝大多数人不接受，也没有分析的必要。

第三种虚拟经济的定义是由陈淮先生提出来的“虚拟经济是资本以脱离实物经济的价值形态独立运动的经济”。脱离实物经济与价值形态独立运动是这个定义的两个特点。仔细地考究一下，其实与“以钱生钱”的定义并没有本质区别，因为“以钱生钱”也包括了这两个特点。但陈淮先生对虚拟经济的外延划分却只包含产权交易，如果按照其定义来说，是不止产权交易的，货币借贷也是一种价值形态的独立运动；而产权交易包含有股票市场，非股市的产权交易、资产调剂市场、承包市场或租赁市场等，而非股市的产权交易、资产调剂、承包与租赁很难说是资本的“脱离实物经济的以价值形态的独立运动”。

除了网络经济即为虚拟经济的定义外，归纳这三种定义，虽然在划分虚拟经济的范围上各稍有些区别，但思维的角度其实都是同一个，都是从资本的形态、资本运行方式的这个角度来定义虚拟经济的。这就使得人们从思维方式上掉进了同一个窠臼，从而忽略了对我们所讨论的这个经济运行性质的分类来说，资本形态、资本的运行方式并不起决定作用。资本的形态、资本的运行方式对经济运行性质来说，只是一个表面性的现象性的东西，它并不能决定经济运行性质的本质特征，因此用它来做分类会出现困难和争议。

12.2 为何要重新定义虚拟经济

宏观经济从现象上看五花八门，纷繁复杂，每个人都可以看到、感受到其中的一面或者几面，有表层的，有深层的，几乎每个人都可以说得头头是道，每个人都像是个经济学家。但是，却不能解决问题，像梦魇一样的经济危机依然如故；有时甚至人们越使劲越是加剧危机的程度，就连经济管理者的行动其实也是被“看不见的手”所控制。发生这种情况的原因，就是因为大家看到的都是经济的表面现象，没有认识到经济运行的内在逻辑，没有认识到经济运行的规律，意图控制经济的行为者自己也被内在的经济规律所支配。而发生这种情况时往往本人全然不知。

面对这个像万花筒一样的经济现象，要对其实体经济与虚拟经济进行分类，如果不考虑人们的经济实践需要经济理论指导，不考虑理论的目的是为了应用于指导现实的经济政策，解决挥之不去的经济危机，我们大可以根据不同的原则进行分类。例如，以好听的原则、好记的原则、人们的习惯或者先哲书本上已有的原则来分类。因为如果理论不为应用，无论虚拟经济怎样分类都是没关系的。

对事物认识的目的是为了指导实践，把握事物的发展规律。经济事物有其内在的运行逻辑，如果没有按照事物的内在逻辑要求来认识这个事物，就不可能形成正确的理论来正确地指导实践。所以说实体经济与虚拟经济这个分类问题，不可依据主观爱好胡乱划分，必须依据经济运行的内在逻辑，反映事物的发展本质。错误分类不仅不能解决现实经济问题，而且会引起思想混乱。

例如，在我国许多人将虚拟经济看作是以钱生钱的行业。以钱生钱，这不是投机吗？投机这个词在中国向来有不好的名声。以钱生钱往往又同金融业相联系起来，而金融业又是为产业服务的服务业，因此又产生了虚拟经济要为实体经济服务的观点。其实这些都是在表面现象上绕来绕去。这些观念产生了两大致命的理论结论：一是认为虚拟经济带有泡沫属性，属于限制发展的对象；二是不能认识到虚拟经济也是一个能产生价值的经济体，不仅不懂得应用虚拟经济的手段增长社会财富，而且因为对虚拟经济的错误操作引发经济危机，在指导经济政策方面会发生致命的错误。

虚拟经济到底应如何定义？如果是以钱生钱来做区分，那么，除了三个产业外的金融行业内的业务全部都归于虚拟经济，如信贷、保险、股市、国券、金融衍生品、商品期货市场、产权市场等，这些市场特性各不相同，能从中抽象出来的共有本质，也只能是一个以钱生钱（G-G′）。而以钱生钱（G-G′）与通过产业投资而生钱（G-W-G′），只不过是资本循环的一种方式，站在资本持有者的角度看并没有什么区别。而且，在现实中，以钱生钱的行业都是实体的企业组织，遵循的是同一条资本利润规则。例如银行，如果依据现有的虚拟经济理论要限制其发展，这在现实中是不可想象的。

只有正确的定义虚拟经济，才能揭示当代经济运行中实体经济与虚拟经济的“双轮经济”构架原理，如果没有对虚拟经济本质的认识，当代经济运行中的“双轮经济”构架原理是不可能被揭示的。而当代我国已进入过剩经济发展阶段，在这种条件下，唯有运用“双轮经济”构架理论能动地驾驭经济，才能实现我国经济的内需驱动转型，使经济获得新的可持续发展的动力。

12.3 虚拟经济的本质与重新定义

如何来认识虚拟经济的本质？首先研究方法上要对头，必须有正确的理论方法，才能透过现象看本质。

我们先认识虚拟经济是个什么概念？它是在市场经济这个大概念之下的概念。在市场经济大概念下，包含了两个体：一个是实体经济，一个是虚拟经济。实体经济与虚拟经济又是相互对立的两个面，它们是一个矛盾的对立统一体，统一在市场经济这个大概念之中。按事物的矛盾对立统一规律，实体经济与虚拟经济矛盾的对立统一决定着市场经济体总的发展。这就是说，对立的双方，谁也不能缺少谁，谁也不能离开对方而单独地获得发展。

既然是矛盾的对立的两个面，那么，在概念划分上必须遵守概念划分的同一律，即必须是在同一条标准线上进行划分，划分的界限要清，其中的各要素不能发生含混不清、重叠与交叉。例如，就房地产这个产业来说，你不能说当房子买来自住就是实体经济，当投机炒作或被银行抵押时又变成了虚拟经济。再例如，大宗商品交易中的大豆，你不说当在企业直接交易的时候就是实体经济，当在期货市场上交易的时候就变成了虚拟经济。如果产生这种含混不清或自相矛盾的情况，就违反了同一律，表明其对虚拟经济这个概念定义错误。

那么，如何找到虚拟经济的本质特征？

所谓经济，包含有生产、交换、分配、消费四大环节，生产、分配、消费三环节是所有经济体都必须具有的环节，否则就不能称其为经济体。但是，市场经济体却不同于一般的经济体。马克思在《资本论》中指出，资本主义生产商品不是目的，剩余价值生产才是目的，而商品生产必须通过交换才能实现实体价值。因此，没有交换就没有市场经济，“交换”是市场经济区别于其他经济形态的一个本质特征。

从市场经济的交换特性，我们就可以很容易推导出，市场经济体的交换属性也是决定市场经济体内各要素的本质特征。生产环节不能做决定，分配与消费环节更不能做决定。由于生产环节不能做决定，而资本仅是生产环节的其中一个要素，那么，资本的形态就不可能做决定，资本的增值方式也同样不能做决定（例如，是否以钱生钱，还是进入商品生产过程）。

研究市场经济的交换属性，在这里不是研究交换在形态上有何不同，交换就是交换，一种交换同另一种交换没有什么本质的不同。但是，它们的交换对象却会有区别。这里的市场经济的交换属性就是指交换时有对象上的本质区别。由于交换对象上的区别，由此才能产生实体经济与虚拟经济本质的区分。也就是说，只有交换对象的不同，才能区别出实体经济与虚拟经济的不同。这种交换对象的属性，才是决定实体经济与虚拟经济的本质所在。

我们再来考察现实中的交易对象。最早发展起来的是商品交换，在有了国际贸易后，就产生了货币交换，资本因扩展的需要产生了产权交换，在这个基础上最后形成了证券市场，并一步步地发达膨胀起来。

上述这些交换我们再从交换对象的形态来考察：

商品交换：毫无疑问是实物性的交换。交换时，一方是商品，另一方为货币，都是实物。

货币交换：一方为货币，另一方为另一种货币。货币应看作是实物，因货币是从商品转化而来的。

非证券的产权交换：一方为货币，另一方为实体企业。实体企业也是实物。

股票市场交换：一方为货币，另一方为股权。股权不是实物，是一种分红权力。

储户在银行的存款、银行的放贷款，都不是交换，属于有借有还使用。货币所有者或者自己使用，或者借出使用，与交换无关，也不影响生产的本质。

我们知道，交换必须遵循等价交换的原则，违反等价交换的就不是交换，而是赠送。商品交换、货币交换、产权交换都是实物交换，并不会违反等价交换的原则。但是，股票市场交换如何，会不会是违反等价交换原则？如果违背了等价交换原则，这种交换的本身就是不存在的。当你用手中的货币买入一只股票时，其买入价与卖出价一定是双方认可的，买卖双方心理都认为此价是合适的价格，由此才形成交易。因此，股票市场交换必然也是等价交换。但是，它的等价在哪里？它的价格又是如何形成的？

我们先考察一下非证券的产权交易。它是以企业所有权与经营权的买卖或有偿转让为内容的交易，它以净资产为价格基础，或者说，它以投资该企业的成本为计算价格的基础，通过交易后，该企业的经营管理权在买卖双方之间发生转移，一方获得了该企业的经营管理权，另一方获得了该企业的交换价值。因此，它是一种实物的交换。

我们再来考察一下股市中的股票交易。股票是一种权证，当你买入一只股票时，你只是获得该公司分红的权利，该企业的经营管理权并不发生转移，因此它的价格基础，并不是该企业的原始的或者重置的投资成本，而是该企业未来的盈利与分红的能力。而这种以企业未来的盈利与分红能力而形成的价格，我们称它为“未来收益流折现价”。因此，它不是实物交易，它的价格形成也不是以成本作为基础，也不可能以成本作为基础。

由此，什么是实体经济，什么是虚拟经济，在这里就变得十分清楚、一目了然。

不管是商品交易、货币交换、产权（经营管理权）交易，通通都是某种现实实物体的交换，都归属于“实体经济”的范畴。唯有“未来收益流折现交易”则与上述的这些交易有本质的不同。“未来收益流折现交易”不是一种实物体的交换，也不存在直观的价格，它是一种不确定的东西，是人们观念形态的交换，与经济发展的潜力、人们对经济发展的信心、主观判断与预期这些纯理性的因素相关，因此，它才被称为虚拟经济。“虚拟”并不是虚无，它与“实体”相对应就在于它交换的不是现实中的实物体。因此，如果从交易对象的角度看，很容易就区分出，实体经济是指交易对象为实物体，虚拟经济是指交易对象为非实物体。

例如，同是“产权交易”，就包含两种本质不同的交易。一种是以净资产的价格，或者是购置这份资产所花费的成本价为基础的交易，这种交易也是“产权交易”，但实际上仍然是一种商品实物体的交易；另一种就是股票证券市场上的“产权交易”，这种交易不是以资产这种实物体的价格所进行的交易，而是“未来收益流折现”所形成的价格进行交易。因此，“虚拟经济”并不涵盖“产权交易”的全部。而“未来收益流折现交易”也不仅仅是指股票市场。

例如，国债就有两种市场，发行时的国债买卖被称为一级市场，这时候的国债买卖只是一种借贷行为，当它进入国债市场进行交易时，它的价格由两部分组成，一部分是本票价，一部分是到期利息的折合价，这种到期利息的折合价就是一种“未来收益流折现”，这部分价格就包含有预期与风险价在其中（其风险来自两方面：一是兑付风险，二是银行存款利息通常被看作是资金的时间成本，由它的涨跌所映射出来的资本成本风险）。因此，当国债发行完成后进入证券市场进行交易时，普通的国债交易就有部分的虚拟经济的性质。例如，以住房抵押的信贷市场仍归属于实体经济的范畴，但当将住房抵押贷款证券化后，以住房抵押贷款利息构成的收益权所进行的交易，就属于“虚拟经济”范畴。

由此可见，虚拟经济的运行主体是证券市场，它的交易是依靠证券市场来完成的。证券市场是虚拟经济得以运行的基本条件。

笔者最早给虚拟经济重新定义是在《货币迷局——当代信用货币论》论著中，该定义在创源智库内部讨论时引起较大争议，这些争议的内容我已将其收入《双轮经济》一著中。由于虚拟经济理论是当代“双轮经济”构架理论的核心，本著继续继承这一定义，并增加一些因定义所涉及的价值理论的说明。笔者给虚拟经济的定义是：虚拟经济是指以“未来收益流折现交易”为基础的证券市场为主体的经济，这一市场并不包括以保证金交易为基础的衍生品市场和抵押物为基础的信贷市场。

虚拟经济为何明确“不包括以保证金交易为基础的衍生品市场和抵押物为基础的信贷市场”？因为人们传统观念中，总是将以保证金交易为基础的衍生品市场（期货市场）等同于证券市场，这一块交易的管理也通常为同一金融监管部门，例如在我国同为证监会。而以抵押物为基础的信贷市场，则是指商业银行的基础信贷业务。为什么不能包括两方面的市场？因为商品、货币的衍生品交易，标的物仍然是实物，本质上仍是属于实物交易范畴。从实物体交易衍生出来的衍生品交易并不能改变交易性质的原因：其一，交易的标的物是实物，只不过改变了交货期限和交货方式。其二，其价格波动范围仍受制于商品的价值规律。其三，用保证金的方式放大资金倍数，用延期、掉期的交货方式，目的是为实物交易提供套期保值的一种交易服务方式。所有这些方面都仅是交易效益的提高，并不是交易性质的改变。其四，期货交易到期后仍然需要交割实物，从这里就已经体现出实体交易的本质。当然，虽然在期货交易中通过保证金的方式放大交易量，为保值与投机都提供了机会，但仍不能改变实物交易的本质。

以抵押物为基础的信贷市场也是一种以实物体为标的的金融服务业务，不能划归于“虚拟经济”，其理由与以上相同。这里要强调，“货币”并不是虚拟物，而是以纸币为承载的具有价值保障的实物。以抵押物为基础的信贷市场发生在银行与资本使用人之间，是以现实货币与货币的使用价格作为交易的对象，没有“虚拟”的成分包含在其中；如果发生货币信贷不能偿还的情况，就需要以抵押物做偿还，这种原本是中介服务的行为就变成了实际的交换行为。当然，我们也不能否认，相对于商品交换，银行信贷业的特殊性。

债券交易具有两重属性。债券的一级市场同属于货币信贷市场的性质，本身不属于虚拟经济范畴，但与抵押物为基础的信贷市场还是稍有不同。抵押物为基础的信贷市场的价值保证是有抵押物，利息所体现的是货币资金的使用价格，而债券是没有抵押物的，它的价值保障是靠信用，利息所体现的一部分是货币资金的使用价格，一部分是到期的偿还风险价格。虽然有这种风险价格存在，但这种价格仍然是属于确定的价格，将其仍归属于货币信贷的同一性质应该会得到大家的认同。债券一旦进入了债券市场进行交易，债券交易的对象发生了一些变化。交易中债券的价格除了包括本金的价格，到期的偿还风险价格外，原有本属于固定的债券利息，在交易中通过价格的变化现在转变为一种主观判断的预期的收益，通过交易价格的变化使得未来收益流变得不确定。而资金通常以银行存款作为资金使用的时间成本，未来银行存款利息的涨跌变化，也使得所交易的国债对象的收益流具有一定范围内的不确定性。由此所形成的价格其资本风险收益的部分就包含有“虚拟”的成分。所以，将债券的二级市场交易归于虚拟经济是有理由的。本著将债券看作是介于虚拟经济与实体经济中间的一个交易品种，一级市场归于信贷产品，二级市场归于虚拟产品。

其他的各种债券类证券化产品，例如美国的房屋抵押贷款支持证券等，其交易性质与二级市场国债类似，以其利息作为交易定价的对象，应归属于虚拟经济。

股指期货如何界定？股指期货是属于股票市场中的衍生品，自然从属于股票市场的虚拟经济性质。其他各种创新的交易方式，不管其如何的创新，都应以交易对象的“虚”与“实”来划分。凡以实体作为交易对象的，归属于实体经济，凡以利润、利息等未来收益流作为定价交易对象的，都归属于虚拟经济。

12.4 虚拟经济价值属性

从百度百科中引用的对虚拟经济的定义中就有房地产市场也归于虚拟经济的说法，在《货币迷局》QQ 群的专项讨论中，也仍然有人提出，应将房地产市场也归于虚拟经济。理由是，房地产价格同股票一样，买进后会有涨跌，我国的土地价是未来 70 年地租的收入流折现价，尽管这仅是我国土地市场所特有的。商品期货市场也应该是虚拟经济，理由同样也是买进后会有涨跌，再买出时有赚有亏。这明显是仍然受到“以钱生钱”观念的束缚，认为凡发生炒卖就是虚拟经济的这种观念的影响。同时，也与对马克思的劳动价值论缺乏理解有关。为了对这个问题深入理解，在这里简要地介绍一下马克思劳动价值论中的一些相关理论与概念。

马克思告诉我们，商品具有两重性：使用价值与价值。具体劳动生产使用价值、抽象劳动生产价值。价值是一般人类劳动的凝结，它的价值量是在社会生产中由一般人类劳动时间决定的，但必须通过交换才能实现这个价值，这是构成商品交换价值的基础。抽象的交换的本质是等价交换，具体的交换价值表现形式是价格。交换中所形成的价格是围绕着价值而上下波动的。

商品的价值量决定于社会生产该商品的平均劳动时间，这个价值量是在社会生产过程中决定的，不是在交换过程中决定的，商品交换过程中价值量是不会发生变化的。有关这一点一些没学过马克思经济学的人可能会不容易理解，因为此与现实中的常识发生冲突，也与西方经济学中的边际效用、供求曲线决定价格理论发生冲突。其实是不冲突的，因为马克思这里的价值、生产、交换都是高度抽象的概念，它是从人类经济活动的总过程这一级别上来使用这些抽象的概念。而西方经济学中的边际效用、供求曲线决定价格理论，它是具体的价格形成，价格最终是围绕着价值波动的。在高度抽象的价值交换中，也就是人与人之间劳动的交换，这种交换必然是等价的，否则就不能持续进行下去，这是个哲学命题。但在具体交换过程中，所交换的价格就不一定等于价值，是否等价交换用不着去讨论，也无从考察，因为等价交换本来就是指无数交换的总和，它其中就包含了具体各个单次交换时的不等价交换，但各个具体的单次的不等价交换相互抵消，在总和上仍是等价交换。

实物体等价交换的另一个特性，就是凡是实体的商品（在这里应该将服务形态的商品也要看作是实物体的，因为它也是人类的劳动凝结）在交换时，不管其价格是否等于价值，也不管它被转让了多少次，以及每次转让的价格是如何的不同，在交换过程中它的价值量是不再发生变化的，直至被消费，包括一次性消费与多次消费（这里指的是抽象的消费，不是指具体的消费）。为什么在交换过程中价值不会发生变化？因为实物体的商品（包括服务性商品），它所包含的价值量是在该商品生产时就决定了的，由生产该商品的社会必要劳动时间所决定。交换过程只是价值转移的过程，其价值量不会变化。具体的交换会发生价格的变化，这是因为价格不仅是由价值决定，而且会受到市场供求等多方面因素的影响。

看到这里可能还会有人提出来，有些商品在存放过程中并没有投入新的劳动，却会随着时间而升值，怎么解释这个现象？

这是一个古老的命题，在古典经济学中就有很大的争论。有关新陈葡萄酒的争论，在本著的第二章中就进行过论述。而当代引起广泛争议的是房地产业。在房地产中发生因为时间变化而升值的情况，这是人文环境、区位环境因素的变化而使其中的房地产价值发生变化，这是一种很特殊的土地价值因为区位环境变化而发生价值变化的情况，在本著的第二章中也作了论述。房地产表面上看是随着时间的变化而发生价值的变化，本质上是土地因区位环境变化中获得了环境因素的外部性溢价（有正向的，也有负向的）。其实不仅仅是城市，在任何一个地方都有可能发生房子、土地的价值在持有期间发生变化的情况。我们常常可以看到，某地土地一文不值，一旦修通了公路铁路，土地马上值钱了，而人们在这个升值的房子与土地本身上面并没有新价值的投入。房子与土地本身一经投入开发，其体现价值的劳动就固化在土地房子上了，其价值就不再会发生变化了，引起变化的是因为该房子、土地所在区位环境、周边情况发生了变化，如交通运输条件的变化、人文环境的变化。例如，通了铁路公路，周边修了地铁、学校、医院、菜市场等，因各种因素而形成的“聚集效应”，从而使住这个区域中的人们节约了成本、提高了品位、方便了生活等。这些都是价值的增加。而这种价值的增加仍是需要投入人类的劳动才可能发生，只不过是该房地产没有投入，而是周边环境、其他主体有新的投入，这种投入不仅仅是投入主体获得了投入的价值，它还有外部性的影响而输入的价值（正向的或负向的）。有些是因为国家的投入，甚至国家在安全保障上的投入，都会引起土地的升值，因为安全的投入会使得生活在该土地上的人更有安全保障，而战争、社会暴力会使人们失去安全保障。

在抽象的商品交换中，价值量是由一般的人类劳动决定的，实体经济中的商品一旦被生产出来了，它的价值量就不再发生变化，不会因为时间变化而发生变化，也不会因为交换的空间变化而发生变化。这种价值量的不变性是实体经济交换中的一个显著特点。当商品完成交换后，一方获得交换价值，另一方持有商品，所持商品的这一方在持有期间（不包括分次消费引起的价值变化），该商品的价值也是不会发生变化的，发生变化的是价格而不是价值，这一切都是因为它的价值是由生产该商品时就已经被决定了的原因。

我们再来考察虚拟经济就会发现，虚拟经济中的交易对象与实体经济中的交换对象完全相反。虚拟经济中的交换对象价值量在持有期间会发生变化。

以“未来收益流折现”为其交易对象的是“未来收益流”，它的价值基础是“未来收益流”。“未来收益流”的价值构成是多维度的，不像实体经济中的商品在生产过程中所决定，它也不存在生产过程。它在交易这个时间点上的价值，是由三方面因素决定的：①上市公司本身分红能力的变化；②市场环境中股票供求的变化；③股市交易中的市场信心指数的变化。这三个因素都会引起价值变化。

第一，考察上市公司效益的变化引起的股票价值的变化。未来收益流就是上市公司今后每年获取纯利润以及用于分红的能力，收益流是针对股票持有者来说的，所以它是一种分红的能力。企业的纯利润来自对剩余价值的分配（剩余价值还需要支付借款利息、地租、国家税收等），这种纯利润是一种劳动价值。而上市公司获取纯利润的能力不仅会与本企业的素质有关系，而且还同国家产业政策、税收政策的变化、企业竞争环境、市场供求变化、因控股股东变化而引起的本企业管理变化等多方面因素的影响。所以，它每年的实际分红能力是变化的，未来收益流也是变化的。

第二，考察市场环境中股票供求的变化引起的股票价值的变化。我们知道，在实体经济中供求只会引起价格的变化，但在股市中为何供求会引起股票价值的变化呢？这是一个很能体现股市中的价值虚拟经济特点的、而人们的认识往往很难达到的却十分重要的一个变化。

股市供求的变化有两个层次：一是因为发行会引起股市中股票供给的增加，此在资金供给失衡的情况下，会引起股市中所有的股票价格下跌，股票价格持续的下跌会引起产能过剩危机，上市公司的效益下降，剩余价值的生产能力下降，未来收益下降。二是由于市场信心下降引起资金退出股市，需求减少使股票变得过剩，此也会引起股票价格下跌，如果持续下跌也会引起上述原因所发生的未来收益下降。

从这个过程中我们可以看到，股市中供求的变化并不是直接引起股票价值的变化，先是交易价格的变化，短期价格的变化不一定会引起价值的变化，但持续的上涨或下跌就一定会通过对实体经济总供求的变化传导引起上市公司业绩的变化，从而引起股票价值的变化。

第三，考察股市交易中的市场信心指数的变化而引起的股票价值的变化。市场信心指数的变化会直接引起交易价格的变化，还会引起股市中资金供给的变化，而资金供给的变化最终也会通过交易价格的变化反映出来。股市持续的上涨或下跌而引起股票价值变化的传导过程如同上述第二条。

所以说，股市中的股票虽然在每一个时间点上都有确定的价值，但与实体经济完全不同的是虚拟经济中的价值会随着时间的变化而变化。

那么，股票在发生交易的这一个时点上，它是以什么价格进行交易的？当人们在某一时点上用货币购入某只股票的时候，虽然它的价值是一定的，但在交易时的价格并不一定等于这个时点上股票的价值，受炒作因素影响该股票的价格甚至会大幅的波动，因为能干扰交易价格的因素会更多。但不管其短期怎么波动，从长期来看，它的价格一定是围绕着价值波动的。

在完成交易后，持有股票的一方并不能像实体经济中的商品那样用这个股票去进行消费，股票没有使用价值，只能持有它。实体经济中的商品交换，不管转让过多少次，最终都要进入消费，而在虚拟经济中，永远不能进入消费，只能再进行转让，或发生价值生灭。这也是虚拟经济区别于实体经济中的一个显著特点。

由此，我们可以得出实体经济与虚拟经济两个方面的不同特点：其一，实体经济中的交易对象商品在进入交易时其价值就已经确定了的，其价值不会随着时间的变化而变化；虚拟经济则相反，其交易对象的价值会随着时间的变化而变化。其二，实体经济中的交易对象在交易完成后最终会被消费；虚拟经济交易对象在进行交易完成后，不会进入消费，只能继续持有、转让或价值生灭。

虚拟经济中交易对象的本质的揭示，具有理论与现实意义。传统的理论从表面现象上认识虚拟经济，这里之所以特别强调认识虚拟经济的本质，从理论上说，只有认识了虚拟经济的本质，才能产生理论上的突破与飞跃，才能认识“双轮经济”构架理论，并能动地运用“双轮经济”构架理论推动经济可持续发展。

12.5 对虚拟经济特性的辨析

下面用问答形式说明相关问题：

1. 以交易对象作为虚拟经济与实体经济的区别标准，能否以商品交换为实体经济、资产交换为虚拟经济这样的标准来做划分？

答：不能！的确有人提出这种划分的标准，以“以钱生钱”的划分方法其实就是与这种理论相通的。这里首先要澄清“资产”这个概念在这里使用上有问题。例如，当你购买一部机器用于生产时，这部机器就是资产。当你手中的人民币从工资卡上打到公司账上转变为资本时，这个人民币也就是资产，而不再是资金了。在市场经济条件下，劳动者也是一种商品，同时在企业管理者的眼中也是一种资产。所以“资产”是个很宽泛的概念。一般地说，这是在微观经济中使用的概念。但是，我们经常看到一些人在宏观经济中也使用。例如，一些人为了表述房地产价格泡沫或是股票上涨过快，他不说房地产价格泡沫或是股市上涨过快，而是说资产价格泡沫。像我国 2011 年房价处于高位，而股市上证指数持续下跌至 2000 点以下，而一些文章仍然在说 2011 年中国存在严重的资产价格泡沫。股市已经跌到不能再跌了，所有银行股的价格都在净资产以下，怎能说中国的资产价格严重泡沫？使用概念不当就会产生严重的概念含混不清与错误。在宏观经济中“资产”这个概念定义不明确，使用必然含混不清，更不能用来区分实体经济与虚拟经济。

再说，资产没有使用价值的说法也是不对的。当你用股票作为资产时，股票没有使用价值，这是没有错的，但当你将购入的机器作为资产时，怎能说这部机器没有使用价值？其实，当你将货币作为资产时，货币也是有使用价值的，货币的使用价值就是“交换媒介”，货币可作为交换媒介来使用。

因此，用“资产”这样含混不清的概念来作为虚拟经济的区别标准，是绝对不行的。

2. 有关划分实体经济与虚拟经济，能不能列一个表，因为有些经济领域还是不太明确。

答：有关实体经济与虚拟经济划分的标准，就是以是否是“未来收益流”

作为交易的对象——是，即是虚拟经济范围；不是，则是实体经济范围。

在后面的“双轮经济”构架理论中，商业银行业是作为一个特殊的实体专门有说明。为何商业银行特殊？因为，中央银行通过商业银行分配货币、派生货币，也就是商业银行的信贷与储蓄功能，这个功能不属于实体经济也不属于虚拟经济，是中央银行的一种职能下放。但经营货币的业务，也是商品经营的一种，这又属于实体经济。这等于是同一个业务，同是储蓄与放贷，它有两种属性，一方面是中央银行货币派生职能的表现形式，另一方面又是商业银行经营货币的一种主要业务。货币经营涉及贷款风险承担问题，央行不能去承担贷款的风险，必须由商业银行来承担。如果从经营货币的角度来说，它又是实体经济的部分。我们说储蓄信贷业务不属于实体经济与虚拟经济，但是由于其经营货币，货币也是实体的特殊的商品，这就使得商业银行成为实体经济。由于私有的商业银行承担了本属于央行的社会公共职能，这就会产生公共利益与私人利益上的矛盾。这种矛盾也就形成为2008年国际金融危机的根源。这其实就是马克思所述的社会化生产日益扩大与生产资料私人占有矛盾在银行这个领域的特殊表现。

银行大到不能倒，原因是什么，原因就是因为银行还承担了央行所赋予的派生货币的职能。由央行发行货币与商业银行派生货币，形成了经济体内的货币流，这就像人体中的血液一样，银行就是心脏，如果银行停跳，血液就会停止流动，经济就会瘫痪。认识这一点十分重要，而我国要避免类似的国际金融危机，国有银行就不要去做私有化。

特别提起大家注意的是，储蓄信贷银行业务不能归于实体经济，也不能归于虚拟经济。除了储蓄信贷银行业务外的金融业，其实都是实体的企业，都应归于实体经济。将实体的银行业归于虚拟经济是逻辑不通的。我们一些人将其归于虚拟经济，认为是虚拟经济过于膨胀，当发生国际金融危机，人们总是从金融业的大小方面来找原因，或是从金融业的交易量方面来找原因，当发现金融业的大小、交易量并不是依人的意志为转移时，对金融危机也就束手无策了。

关于金融衍生品种中的实体经济和虚拟经济的划分标准，应以金融衍生品归属于衍生原品本身所处的是属于实体经济还是虚拟经济来做区分。例如，属于商品期货交易，商品是实体经济的，那么它的衍生品交易也是属于实体经济的范围。股票交易是属于虚拟经济的，那它的衍生品股指期货也是属于虚拟经济的。资产证券化所包含的内容很复杂，不能一概而论。前面讲了，“资产”这个概念在宏观经济上使用含混不清，因此需要具体地考察它的交易标的物的性质，如果交易标的物是以未来收益流为交易对象，例如，以其未来的利息作为交易定价的基础，那么它就是虚拟经济的，否则就是实体经济的。美国 2008 年引起次贷危机的信贷证券化产品，是以利息的收益流为交易对象，当然是虚拟经济的范围。

如何理解虚拟经济是指以“未来收益流折现”交易为基础的证券市场，不包括以保证金交易为基础的衍生品市场和抵押物为基础的信贷市场？期货市场通常是一种保证金交易，它是一种以少量的资金交易更大量的标的物，也就是通常所说的杠杆交易。这里所指的是交易中使用的资金量的大小，而“未来收益流折现”是指交易的对象，它与交易中使用全资金交易还是少量的资金（保证金）交易是两码事。

我们这里讨论哪项是否是虚拟经济，是在考察它的交易对象是否是以未来收入流为交易对象，而不是看它是否以保证金的方式进行交易。不能混淆交易对象与交易方式的区别。之所以在这里作特别的排除说明，是因为通常人们都将保证金交易的衍生品市场看作是虚拟经济的，这里将其排除，其含义是虚拟经济不能与是否是保证金交易还是衍生品交易为衡量标准，是否是虚拟经济与交易标的物的特性有关，与是否是采用杠杆操作方法无关。

“信贷市场”概念包含范围也比较广，除了银企借贷、私人借贷、国债也属于信贷市场中的品种，除了一级市场还有二级市场等，笼统地使用“信贷市场”容易造成概念含糊。用以“抵押物为基础的信贷市场”，就将信贷市场限定在直接产生借贷关系的一级市场，包括了银企借贷、私人借贷（高利贷也在其中），但却不包括国债市场，因为国债不以抵押物为基础，所以，国债会产生二级市场。

房地产绝不是虚拟经济。有人以房地产是 70 年产权的收益流折现为交易对象，这是不对的。房地产形成价格不是 70 年地租收益折现。房地产价值的形成是由土地开发成本与房建成本、加利润、加国家税收决定的，国家收的土地方面的税费，本质是城市土地上对基础设施的配套，如通水、通电、通路、各种城市基础设施配置的建设成本。我国城市至今还未有过 70 年地租这个东西，即使以后产生，在房价中所占比例也很低，但不影响房地产实体经济的本质。而在国外，则不存在土地 70 年使用权的问题，如果仅因为有一个中国的70年土地产权，岂能就说中国房地产是虚拟经济的，国外是实体经济的？而且国内也有很多土地是没有70年土地使用限制的，如农民的房基地、国有土地上的国有房地产。

3. 关于虚拟经济的交易对象价值特性问题。

在认识之前需要先搞清楚，马克思经济学与西方经济学对此的不同解释。马克思的价值概念是高度抽象的产物，价值与价格是两个概念，商品价值是由社会必要劳动时间决定，价格围绕着价值波动，价格只是价值的表面现象。西方经济学是表面现象经济学，只能看到表面现象，通常否认马克思的价值概念的存在，将价格当作价值，更分不清楚价值与价格的区别与联系。笔者在上一节所说的价值在持有期间会发生变化，西方经济学者通常会看作是价格的变化。价格决定有成本加利润说，有供求曲线说，有边际效用说，就是没有劳动价值说。

虚拟经济交易对象的价值特性有如下几个方面：

①它的交易对象是一种价值的存在，这种价值存在不像商品有使用价值作为载体，它没有实物载体，看不见摸不着，只能从观念上感知它。这应该说也是一种虚拟物比较合适。要注意，这决不是以钱生钱的G–G′过程，交易中买进的仍然是一种“物”，不过不是实物，是虚拟的但是能产生价值的物。从这里我们看到用以钱生钱来定义虚拟经济的第一个错。金融业也包括了证券市场，但这里却不是以钱生钱G–G′过程。

②交易对象中包含有观念上的因素。市场信用、市场信心指数也会引起价值的变化，而信心指数就完全是一种人的观念，对现实的物质世界来说就是虚拟的东西。

③虚拟经济的交易对象不仅是价值，而且交易对象在持有期间，其价值是不断地变化的，或增加，或减少。有四维价值空间：a. 时间系列，交易随着时间的变化而变化；b. 上市公司本身生产效益的变化；c. 市场环境中供求的变化；d. 股市交易中的市场信心指数的变化。在这个四维价值空间中，价值的可变性这一条才是虚拟经济中最本质的特性。我们知道，实体经济中的交易对象在进入交易时，其价值就已经确定了的，直至被消费；虚拟经济交易对象在进行交易时，其价值只是当时时点上的价值，持有期间其价值是会不断地变化的，而且变化幅度在理论上并没有量的规定性。这说明了什么？说明虚拟经济根本就不是一个限制不限制的问题，而是一个搞不搞得好的问

题。搞得好，虚拟经济也可生产价值，可以通过企业内生效益的提高而将价值生产出来；搞得不好，就会湮灭大量的价值，股市的下跌，通过产能过剩的传导，导致企业效益下降，甚至会发生2008年那样人为的经济危机。

第十二章思考题

1.为什么要从市场交易对象方面来划分实体经济与虚拟经济?

2.请比较一下实体经济中的价值属性与虚拟经济中的价值属性有何不同?